UCP600与ISBP681

The Uniform Customs and Practice for Documentary Credits
Standard Banking Practice for the Examination of Documents under Documentary Credits
The Uniform Customs and Practice for Documentary Credits
Documents under Documentary Credits

述评及案例

◉ 黄飞雪 李志洁 编著

厦门大学出版社
XIAMEN UNIVERSITY PRESS

国家一级出版社
全国百佳图书出版单位

前　言

按照世界贸易组织（WTO）公布的数据：2007 年世界仅货物贸易总额就高达 13.57 万亿美元，2007 年中国货物贸易总额达到 2.174 万亿美元，居世界第三位。中国银行在 2007 年国际结算业务量达到 1.4 万亿美元，成为全球银行业首家年国际结算业务量超越万亿美元的商业银行。但权威的调查结果显示，全球范围内 60%～70% 的单据在首次交单时存在不符点。按照国际惯例，每笔不符单据扣除 50～80 美元不符点费计算，2007 年在中国仅此一项损失就高达 2 亿美元。产生上述问题的根本原因是从业人员对国际惯例的了解不够或把握不准确。

- 解决国际贸易争端的依据为什么是国际惯例？
- 国际惯例具有法律效力吗？
- UCP600 的信念是什么？
- UCP600 与 UCP500 的不同点比较；
- ISBP681 的相关变化内容；
- 信用证当事人如何防范欺诈？
- 信用证欺诈产生的根源在于信息不对称。

上述问题将在本书中找到答案。

本书的特色在于：

- 条款解读与案例分析的整合；
- 采用表格对比的方式对条款进行表述；
- 理论与中国国情的实际相结合。

在案例评析中强调 UCP600 的变化，力争达到不仅要使读者知其然，还要知其所以然的目的。

在本书的写作过程中，由于参阅大量的资料，所以只能部分地列在参考文献中；还有一些没能一一列出，在此，谨向所有使作者受益的同仁与朋友们致以诚挚的谢意！正是你们的不断努力，才促成拙作的完成，但愿她能为中国的财经人才的培养贡献绵薄之力。

诚挚地感谢厦门大学出版社的陈丽贞，感谢周筠、靳玲、生乐、金建东等为此书的出版校对做出贡献的相关人员。

限于时间仓促与作者水平，书中存在的疏漏与不当之处，敬请专家与读者斧正。

作者于 2008 年海滨仲夏子夜

目　录

第一章

UCP600 的演进与变化

第一节

信用证概述

一

信用证的演进与含义

（一）信用证的演进

最初的信用证是随着商品经济的不断发展,国际贸易规模的不断扩大以及银行逐步参与结算而形成的。当时的信用证也不用于商业,并且没有合同依附。12 世纪欧洲的教皇、王公和其他统治者在其使臣出国执行任务时就发给一种由教皇等签署和承诺,对任何愿意为使臣垫款的人,他将无条件付款的"信用证"。

13 世纪的时候,伦敦的一些富商派人到欧洲采购货物时,向购货地有往来关系的商人签发信函,由购货人携带,要求该商人在某一金额内,准予购货人凭收据领取现款,并约定所欠款项的偿还办法。这种信用证一直使用到 19 世纪初。随后英国人创造了具有现代意义的信用证。信用证(letter of credit,L/C)是英国商人的最伟大的商业创造之一,被誉为"国际贸易的血液"。

（二）信用证的含义

1. 信用证(letter of credit,L/C)的定义

信用证是一种带有条件的银行付款书面承诺。它是银行(开证行)根据申请人(进口商)的要求和指示作出的在满足信用证要求和提交信用证规定的单据的条件下,向第三方(受益人、出口商)开立的承诺:在即期或在一个可以确定的将来日期,承付一定金额的书面承诺。

其中,"有条件"是指受益人在规定的时间内提交了规定的单据,且单据必须符合信用证的条款。

"承付"是指付款,对远期汇票承兑并支付,或承担延期付款责任,到期付款。

国际商会对信用证所下的定义:跟单信用证和备用信用证是银行有条件的付款承诺。详细地说,信用证是开证银行根据申请人的要求和指示,向受益人开立的,有一定金额的,在一定期限内凭单据,在指定的地点支付(即期、承兑或议付汇票)的书面保证。

可以用一句话来概括信用证的定义:信用证是银行的有条件付款承诺。

2. UCP600 中关于信用证的定义

UCP600 给出了信用证的定义:信用证意指无论其如何命名或描述的一项约定,该约定不可撤销并由此相当于相符提示(complying presentation)予以付款的明确承诺(UCP600 第 2 条)。

"相符提示"是 UCP600 中新的提法,意指与信用证条款 UCP600 中所适用的规定及国际标准银行实务相一致的提示。单据只有在符合信用证和惯例相关的规定,以及国际标准银行实务(International Standard Banking Practice)等三方面要求的情况下,才能作出提示。而在 UCP500 中仅规定单据在"与信用证条款相符的条件下提示"。由此可见,在 UCP600 条款中对提示的要求,较前更为严格,"提示"从符合一方面规定(信用证)到符合三方面规定。

二
_____

信用证的特点与作用

(一)信用证适用的范围与自主性特点

1. 信用证适用的范围

通常,出口商在觉得出口风险较大时,会要求进口商向银行申请开立信用证,由银行作出书面付款承诺,只要出口商能满足有关条件,做出付款承诺的银行就会付款,从而降低了出口商的收款风险。

2. 信用证的自主性与信用证欺诈例外原则

(1)信用证的自主性(autonomy of the documentary credit):独立和分离原则

信用证的自主性,即:允许开证行履行付款承诺,维护银行信誉,不受法庭干扰。

(2)信用证欺诈例外原则(fraud exception principle)

跟单信用证统一惯例肯定了信用证的两个最基本特点就是信用证的独立性和单据交易。信用证欺诈例外原则则是对上述特点适用的排除。如果信用证受益人存在欺诈行为,则付款银行可以拒绝付款,开证申请人可以申请法院发出禁止支付令。

界定欺诈的含义:要注意欺诈与违反合同之间的区别;必须区别一般性欺诈和实质性欺诈;应该分析实施欺诈行为的受益人的主观过错。(最高法院的司法解释)

在国际贸易中,存在着各种各样的欺诈,归结起来有三种:

第一,受益人实施的欺诈,通常是通过提交伪造的或者欺诈性的单据骗取信用证项下的款项。

第二,开证申请人开立假的或者含有"软条款"的信用证来骗取卖方的履约保证金或信用证项下货物。

第三，买卖双方合谋通过虚构基础交易的方式骗取银行款项，然后逃之夭夭。

信用证欺诈例外适用的几项原则：欺诈例外并不是简单否定信用证的独立性，也不旨在于赋予银行审查欺诈的实质性义务；欺诈例外的事实基础是卖方的欺诈，而不是买卖双方之间因合同质量等方面所发生的争执；如果银行支付前已知悉卖方的欺诈，则信用证的独立性、自主性原则不应该适用；银行的免责基础是运用了合理的谨慎去审核单据，这种情况下即使银行支付所依据的单据存在欺诈或伪造，银行也不承担责任。

信用证欺诈例外原则的特点：信用证欺诈例外原则具有很强的不确定性，法官的自由裁量具有很大的空间；信用证欺诈例外是在同"信用证独立性原则"相较量的过程中渐进发展的。法官并不是将所有的欺诈都归入信用证欺诈例外，而是要求"实质性欺诈"，并要求从利益平衡的角度去判断是否应该认定为实质性欺诈；信用证欺诈例外是国内法规的问题；信用证欺诈例外的实质是国家试图通过权威的司法力量来平衡管理所不能制约的"利益冲突"。

欺诈产生的原因有很多，比如恶意的当事人制作假单证骗取货款、银行单证人员素质参差不齐等；但是究其根本原因，还是在于信用证本身的性质——独立性原则。

美国的 Sztejn v. J. Henry Schroder Banking Corporation 案：

1941 年 1 月 7 日，Sztejn（本案原告）与一家名为 Transea Traders，Ltd. 的公司签订了向后者购买猪鬃的合同。双方协商采用信用证方式支付，于是原告与 Schroder（案件被告）签订开证合同，由被告向 Transea 开立不可撤销信用证用以付款。为履行合同，Transea 将 50 箱货物装上船，并从轮船公司获得了信用证所需的提单与发票。但实际上，箱子里面装的全是一些没有价值的垃圾。交货后，Transea 按照信用证的规定开立了一张汇票，将此汇票连同单据交给渣打银行，要求为其托收此笔款项。渣打银行将 Transea 提交的汇票和单据一并交给了开证行 Schroder，要求其付款。在银行付款前，原告起诉要求法院禁止被告支付信用证项下款项，同时宣布信用证和汇票无效。被告之一的渣打银行则提出了要求法院驳回原告起诉的申请。

法官审理后认为，这不是有关卖方违反其质量担保义务的案件，而是存在卖方故意不交付货物的欺诈行为。而且，银行在单据提交之前已经被提醒注意这一情况，因此，信用证独立性原则就不应被适用。这正如负责审理案件的法官 Shientag 在判决中指出："信用证下银行付款义务的独立性原则不应被扩展到用来保护一个不讲道德的卖方。"

但 UCP600 沿袭了 UCP 的一贯做法，在新的版本中找不到任何关于欺诈例外原则的踪迹。这是因为：UCP 本身是协议性质的商业惯例与 UCP 流通性、高效性的初衷。

3. 信用证的特点

第一，信用证是一种银行信用，开证行承担第一性付款责任。

第二，开证行可以自己付款，也可以委托其他银行代付。

第三，银行的付款是有条件的，银行只是在符合条件的情况下才履行付款责任。

第四，信用证是一种自足文件，它不依附于贸易合同而存在，与贸易合同分离。

UCP600 中第 4 条信用证与合同中规定：

a. 就其性质而言，信用证与可能作为其开立基础的销售合同或其他合同是相互独立的交易，即使信用证中含有对此类合同的任何援引，银行也与该合同无关，且不受其约束。因此，银行关于承付、议付或履行信用证项下其他义务的承诺，不受申请人基于与开证行或与受益人之间的关系而产生的任何请求或抗辩的影响。

受益人在任何情况下不得利用银行之间或申请人与开证行之间的合同关系。

b. 开证行应劝阻申请人试图将基础合同、形式发票等文件作为信用证组成部分的做法。

第五，信用证业务是一种纯粹的单据业务，它处理的对象是单据，而不是货物。

信用证不应规定提交由开证申请人出具（issued）及/或副签（countersigned）的单据。如果信用证含有此类条款，则受益人必须要求修改信用证，或者遵守该条款并承担无法满足这一要求的风险。

UCP600 中第 5 条单据与货物、服务或履约行为中规定：

银行处理的是单据，而不是单据可能涉及的货物、服务或履约行为。

有关单据的要求：证明、声明或类似文据可以是单独的单据，也可以包含在信用证要求的其他单据内。如果声明或证明出现在另一份有签字并注明日期的单据里，只要该声明或证明表面看来系由出具和签署该单据的同一人作出，则该声明或证明无须另行签字或加注日期。

---

(1) 在信用证中要求提交证明书以证明装运货物的船只的船龄不超过 20 年，而不是要求装运货物的船只的船龄不超过 20 年。

(2) 在信用证中要求提交证明书以证明货物是经过双层包装并放在防水集装箱内，而不是要求货物的包装要双层、放在防水集装箱内。

(3) 在信用证中要求提交通知买方货物已装船的证明书（例如，电传或电报的副本），而不是要求通知买方货物已装船。

第六，当单证相符时，开证行和保兑行（如果有）应独立履行其付款的承诺，不应该受到其他当事人的干扰。

使用普遍承认的缩略语不导致单据不符，例如，用"Ltd."代替"Limited"（有限），用"Int'l"代替"International"（国际），用"Co."代替"Company"（公司），用"kgs"或"kos."代替"kilos"（千克），用"Ind"代替"Industry"（工业），用"mfr"代替"manufacturer"（制造商），用"mt"代替"metric tons"（公吨）。反过来，用全称代替缩略语也不导致单据不符。

（二）信用证的作用

(1) 使进出口的双方互不信任的矛盾有所缓解，双方的利益都得到照顾。

(2) 使进出口双方能顺利地从银行获得资金融通，加速其资金周转（如打包放款）。

① 对出口商的作用

对出口商来说，他只要收到资信较好银行的有效信用证，就可以向他的往来银行申请信用证打包放款、出口押汇、卖方远期信用证融资。在货物出运之后，只要将符合信用证条款规定的货运单据交到往来银行或信用证指定的银行，即可由该行议付单据（公司签名章：法定代表人签字，有时也可盖法定代表人的签字章来代替。签字须用黑色水性笔，盖章则是蓝色。不能用红色），取得货款，这就增加了收款保障，加速了资金周转。在实行外汇管制的国家里，开证银行开出信用证，都须经过外经委、外管局的批准，所以出口商取得信用证后，就可避免进口国家禁止进口或限制外汇转移所产生的风险。另外，万一开证行因种种原因不能付款或拒绝付款，它必须把代表货物的单据退给出口商。这样，出口商虽收不到货款，但物权仍在自己手中，损失不会太大。

在信用证结算中，无论是出口银行，还是进口银行，都能利用结算环节向客户提供贸易融资。

出口融资指出口银行对出口商(信用证受益人)的融资,融资方式有三种:信用证打包放款、出口押汇、卖方远期信用证融资。

由于一些国家和地区的进口商信誉不是很好,出口商仍关注信用证业务。由于银行信用的介入,跟单信用证削弱了货主的风险,其根本的作用是能够保证卖方得到货款,买方得到货物。从而避免了买卖双方的不信任,所以对于出口商来说信用证仍是最保险的结算方式。

据统计,目前使用信用证作为结算方式的仍占有相当的比例。从国际上看,15％的跨国贸易额使用信用证结算,每年约为 1 万多亿美元。在中国,使用信用证结算的进出口贸易要占到近 30％。

②对进口商的作用

对进口商来说,采用信用证方式付款,可以采用免收押金、进口押汇、买方远期信用证进行进口融资。

在申请开证时不用交付全部开证金额,只需交付一定比例的保证金,并且凭开证行授予的授信额度开证,可以避免流动资金的大量积压。通过信用证条款可以规定出口商的装货日期,使货物的销售能适合时令。通过适当的检验条款,可以保证货物在装船前的质量、数量,使进口商所收到的货物,在一定程度上能符合合同规定。如果开证行履行付款义务后,进口商在筹措资金上有困难,他还可以使用信托收据等方式,要求开证行先交单据,然后再付货款。进口商在付款以后,可以立即取得代表货物的单据。

(3)使银行的收益得到增加(如手续费、通知费、修改费、利息等)

对开证行来说,它开出信用证是贷给进口商信用,而不是资金,不占用其自身资金,还有开证手续费收入,此外,贷出的信用是有保证金或担保的,而不是无条件的。当它履行付款后,还有出口商交来的货运单据作为保证,如进口商不付款,它可以处理货物,以抵补欠款。如果出售的货款不足以抵偿,仍有权利向进口商追偿其不足部分,所以风险较小。

对出口地银行来说,因有开证行的保证,只要出口商交来的单据符合信用证条款规定,即可垫款议付,收取手续费和贴息,然后向开证行或指定的偿付行索偿。

(4)信用证作用的小结

信用证的作用概括起来有两点:一是保证作用;二是资金融通作用。这两点作用可从信用证对进口商、出口商、开证行、出口地银行的作用分别体现出来。

据统计,在 20 世纪六七十年代,有 85％以上的贸易以信用证结算。

(三)信用证的缺陷

使用信用证有很多好处,但是它也存在着一些缺陷:

(1)在信用证结算方式下,进口商可能遭到出口商不交货,或以破坏、假货、假单据进行诈骗的风险。

(2)信用证不能使买卖双方消除分歧和由买卖关系不良而产生的抱怨。

(3)开证行可能遭受进口商倒闭或无理挑剔拒收单据的风险。

(4)出口地银行同样可能遭受开证行倒闭或无理拒付的风险等。

(5)随着国际贸易全球化的发展,跨国公司不断增加,信息的快速增长以及资信报告的普及,使买方市场的趋势越来越强。进口商由于怕占用信用额度和支付一定的手续费而不愿开立信用证。

案例 1-1

南德集团牟其中骗取信用证付款案件

经法院审理查明:1995 年 7 月,被告人牟其中以南德集团法人代表身份,与湖北省轻工业品进出口公司签订了代理进口货物总金额为 1.5 亿美元的委托代理进口协议,并由何君编造虚假的外贸进口合同,通过湖北省轻工业品进出口公司为南德集团从中国银行湖北分行对外开立 180 天远期信用证。

南德集团以非法占有资金为目的,1995 年 8 月 15 日至 1996 年 8 月 21 日期间,以假进口的手段通过湖北省轻工业品进出口公司骗取中国银行湖北省分行开具信用证 33 份,开证金额 80 137 530 美元,实际承兑金额 7 500 余万美元,截至 1997 年 4 月,南德集团共返还湖北省轻工业品进出口公司 3 900 余万美元,用于循环开证,造成湖北中行实际损失 35 499 478.12 美元,折合损失人民币 294 752 166.83 元。

2000 年 5 月 30 日,武汉中院对曾经的"大陆首富"牟其中信用证诈骗一案进行公开宣判,以信用证诈骗罪判处天津开发区南德经济集团原总裁牟其中无期徒刑,剥夺政治权利终身。

南德集团牟其中骗取信用证诈骗始末

牟其中策划信用证诈骗始于 1995 年上半年。当时,天津经济技术开发区南德经济集团资金紧缺,身为总裁的牟其中心急如焚,多次召集下属开会,商量以不进口方式进行信用证融资。

同年 6 月,牟其中通过他人认识了澳大利亚 XGI 公司的何君,两人在南德集团总部商定,由何君寻找可为南德集团开立信用证的外贸公司。

1 个月以后,牟其中又通过他人与香港东泽科技有限公司副董事长王某取得联系,两人在南德集团总部商定,由东泽公司作为信用证的受益人(即东泽公司作为进出口商),与南德集团里应外合。

同年 7 月 2 日,何君在武汉联系到可为南德集团开立信用证的公司,牟其中非常高兴。

牟其中派集团职员姚红、牟臣到武汉,与何君具体商谈有关事宜。8 月 8 日,牟其中根据何君的要求,同意付给何 2% 开证手续费。牟其中还同意支付开立信用证所需的其他费用。

同日,根据牟其中的指示,姚红起草、打印了既无进口货物内容又无进口代理公司,而由何君"协助南德集团进口产品"的协议。牟其中在协议上签了名。

8 月 10 日,姚红持牟其中签署的授权委托书到武汉。何君看过协议后,让姚红在协议上再填进口代理公司为湖北省轻工业品进出口公司、进口产品等内容,姚红照办。何君才在协议上签字盖章。

次日,姚红又与何君签署了上述进口所需费用的补充协议。就在同一天,经牟其中同意,姚红还与何君签署了 1 040 万美元的委托协议书,规定由何君"负责代表外商与外贸公司签署有关合同及相关手续"。

此后,姚红、牟臣按照牟其中的指示,通过何君向湖北省轻工业品进出口公司进口"货物"。湖北省轻工业品进出口公司总经理助理王某为了本公司获取外贸代理费,竟与何君签订虚假进口合同,并向中国银行湖北省分行申请开立总额为 10 727 181.88 美元的 7 单

第一章 UCP600 的演进与变化

信用证。

1996 年元月 4 日,牟其中为支撑业务发展和返还前期即将到期的信用证款项,指使姚红、牟臣继续与何君联系骗开信用证。

同年元月 16 日、2 月 10 日,牟其中先后与何君签署了 2 份承诺书,明确表示由何君作为中介人,委托湖北省轻工业品进出口公司代理进口 2 800 万美元的货物。

何君立即通过湖北省轻工业品进出口公司总经理助理王某,陆续在中行湖北省分行骗开了总额为 28 695 800 美元的 11 单信用证。此后,姚红、牟臣按牟其中的指示,伙同何君通过王某,采取上述手段,陆续又在中行湖北省分行骗开了总额为 35 651 022.22 美元的信用证 13 单。

1995 年 9 月,因开证金额增大,中行湖北分行提出若继续开证,必须提供担保。1996 年元月至 7 月,牟其中指使姚红、牟臣、牟波等人先后多次到贵阳找李某,索取了 18 份鉴证意见书用于开证担保。

1995 年 7 月,牟其中为达到占有信用证项下资金的目的,同意付给东泽公司"总货款"5% 的贴现手续费。从 1995 年 9 月至 1996 年 8 月,东泽公司将骗取的香港力辉船务公司及已注销的中勉有限公司备运提单(表示货已装船),连同编造的装箱单、发票各 29 份通过中介银行转给中行湖北省分行。

中行收到这些"单据"后,曾有一些怀疑,但仍在东泽公司的汇票上盖章,同意承兑。东泽公司将已承兑的汇票在境外贴现,扣除手续费后,余款均按牟其中指令转款至南德集团。为了顺利接受这些款项,牟其中曾召开董事会,授予姚红、牟臣在香港永亨银行的划款权。

值得一提的是,1995 年 10 月,东泽公司王某为利益问题,到南德集团北京总部与牟其中发生争吵。牟唯恐影响继续骗证贴现,同意了王的要求,将贴现手续费增至 10%。

1996 年 6 月,为掩盖假进口事实,牟其中还与湖北省轻工业品进出口公司负责人补签了 6 份代理进口合同。为表明南德集团已收到进口货物,又与湖北省轻工业品进出口公司签订了 23 份备忘录。

三

国际惯例与国际商会

(一)国际惯例的含义与特征

1. 国际结算中国际惯例的含义

国际惯例(international customs)是在国际交往中逐渐形成的一些习惯做法和先例,最初被某些国家长期反复使用,后来为各国接受并承认其法律的效力,这种习惯做法和先例就叫做国际惯例。国际惯例通常是不成文的,但又是国际法的主要来源之一。

国际惯例可分为国际外交惯例和国际贸易惯例。国际贸易惯例指在法律上没有明文规定但在长期的国际交往实践中约定俗成的,为国际社会公认的国际交往行为的惯常模式、规则和原则等。

上世纪以来的许多国际惯例已通过贸易惯例越来越多地被运用。例如,在国际贸易中买卖双方通常采用某些专门的贸易术语,用来表示彼此的权利与义务,但由于各国法律规定、贸易习惯的差别,对各种贸易术语的解释便产生了差异,往往因此导致国际贸易纠纷。

事实上,早在公元 13 世纪,地中海沿岸地区个别商人团体为维护自身利益就开始总结实践中的习惯做法,制定贸易规则。到目前为止,国际经济贸易领域已有很多惯例规则,这些惯例规则已成为指导国际贸易和国际结算的行动准则。国际结算涉及的惯例是国际结算长期实践形成的相关做法和普遍规则,它的形成和发展,保障了当事人各方的权益,保证了一定时期内国际贸易方式和规则的相对稳定;它的运用,减少了国际贸易运作的环节,提高了国际结算的效率。

国际惯例也是国际私法中的重要的组成部分,在国际私法中的国际惯例包括国际习惯或国际贸易惯例。国际习惯一般是不成文的、有强制力的,国际贸易惯例一般是成文的、没有强制性的。

当今国际贸易上最通行的商业语言是英文,诸如进行贸易谈判、通信、电报、签约和处理贸易上的各种单证,大部分都采用英文。但英文在有的地区还不普遍:如东欧北欧通常使用的是德文,法国及中西非国家通行的是法语等,西班牙及大部分中南美国家以西班牙文最为普遍,贸易商如不知晓这些语言,而要与这些地区的商人贸易,就会遇到很大的困难。

2. 国际惯例应具备的条件

发达的商品经济是受市场机制和国家宏观调控引导和制约的经济。这种经济的运行,有着自身性质所决定的客观要求,人们只有满足这些要求,才能发挥其应有的效率和功能。长期的经济活动实践和经验教训,使人们将这些"客观要求"规章化。规章化的结果,一是形成各种法律,更多的则是表现为惯例。这些"惯例",虽然法律上没有明文规定,但过去曾经施行,目前仍可仿此办理。虽然其强制性不如法律,但因不少国家和地区办事重"例",久而久之,"惯例"作为一种约定俗成的规范,也就具有相当大的强制性约束力了。惯例形成条件有四:

(1)经过长期反复的实践而形成,具有明确的、易于被人们接受的内容;

(2)在一定范围内被人们经常、反复地采用,并与现行法律没有冲突或现行法律又未明确规定;

(3)不违背公共秩序和良好风俗;

(4)在该范围内被国际认可并对当事人有约束力。

3. 国际惯例的特征

(1)稳定性,不受政策调整和经济波动的影响;

(2)通用性,在大多数国家和地区通用;

(3)准强制性,受到各国法律的保护,具有一定的法律约束力;(只有在当事人承认或在合同中采用时才对当事人有法律约束力)

(4)重复性,一般都是反复运用;

(5)效益性,在国际交往活动中被验证是成功的。

4. 国际惯例的作用

(1)减少沟通费用,降低交易成本,提高整体社会福利。

(2)它规范当事人的行为活动,协调当事人的权益关系,保证贸易活动在一定时期相对稳定地按照一定的规则和方式进行和发展,从而使贸易活动日益扩大化、稳定化。

(3)可避免经贸活动中的法律冲突。由于国际贸易惯例适用范围大于国际私法,因而以它作为解决贸易纠纷的依据,更易于被当事人接受。

(4)促进世界经济新秩序的建立。它的形成与发展有利于维护自由、公平合理的贸易关系。无论是大国还是小国,在惯例面前一律平等。因此,像我国这样的发展中国家,可以利用国际贸易惯例来对付发达国家的贸易歧视,以维护我国应有的贸易权益。

5. 怎样在国际结算中正确运用国际惯例

国际惯例并不是国际公约,对有关国家或当事人也不能直接发生法律上的强制力和约束力,只有当事人在合同中加以引用或申明适用时,才对其具有约束力;而且当事人还可以约定排除或改变惯例中部分甚至全部规定。因此,国际经济惯例最多不过是经济法,而且还有不少习惯做法连"法"都谈不上。鉴于此,在对外经贸中,我们针对某一具体事件时,不要贸然肯定国际惯例的存在,更不要动辄以适用国际惯例相许诺。

另外,根据我国现行法律和有关司法解释,在对外经贸交流中适用国际商业惯例必须符合下列条件:须是法律未作规定的事项;须不违背公共秩序;须经接受为法律,而非一切国际上的习惯做法。

总之,适用国际惯例应有利于涉外经贸法律问题公正、合理地解决,促进国际经贸关系的正常发展。

(二)国际商会的性质

1. 国际商会(The International Chamber of Commerce, ICC)的性质

长期以来,不同国家和地区对于国际贸易术语有多种不同的解释,而国际商会则把国际贸易术语解释予以统一规范,将制定、普及和推广使用解释通则,作为自己的主要职能。

国际商会的基本目的是为开放的世界经济服务,坚信国际商业交流将导致更大的繁荣和国家之间的和平。

国际商会是为世界商业服务的非政府间组织,是联合国等政府间组织的咨询机构。国际商会于 1919 年在美国发起,1920 年正式成立,其总部设在法国巴黎。

目前,国际商会的会员已扩展到 100 多个国家之中,由数万个具有国际影响的商业组织和企业组成,已在 59 个国家中成立了国家委员会或理事会,组织和协调国家范围内的商业活动。

2. 国际商会的职能

国际商会主要职能有四个:

(1)在国际范围内代表商业界,特别是对联合国和政府专门机构充当商业发言人;

(2)促进建立在自由和公平竞争基础上的世界贸易和投资;

(3)协调统一贸易惯例,并为进出口商制定贸易术语和各种指南;

(4)为商业提供实际服务。

3. 国际商会的组织机构与国际商业惯例

(1)国际商会的组织机构

国际商会的组织机构包括:理事会、执行局、财政委员会、会长、副会长及前任会长和秘书长、所属各专业委员会和会员、会员大会,此外还有国家特派员。国际商会现下属 24 个专业委员会及工作机构。

(2)国际商业惯例委员会

该委员会的职能是:就目前现代化的运输技术的使用、自动信息处理的增长以及市场不稳定诸因素造成的商业惯例变化提供建议;对影响国际贸易的各种法律的差异提出解决意见;积极参加其他有关国际团体,特别是联合国国际贸易法委员会的工作。与信用证有关的国际惯例主要有:UCP500/UCP600(跟单信用证统一惯例,Uniform Customs and Practice for Documentary Credits)。

UCP 是国际惯例,它并非建立在法律基础上,不具有强制性,只有当交易双方在协议中约定适用 UCP 时,该惯例才有约束力。

(3)银行技术和惯例委员会

该委员会的职能是:

在国际银行实务中推动使用自动信息处理技术,并起草新的统一规则。在必要时修订有关托收、跟单信用证等的现行统一规则;与商业管理委员会及其他有关国际团体一起工作,发起旨在获得更为广泛的银行法和技术知识的活动。与信用证有关 ISBP 为:审核跟单信用证项下单据的国际标准银行实务(International Standard Banking Practice for the Examination of Documents Under Documentary Credits,ISBP)。

第二节

UCP600

一

UCP600 的演进

(一)《跟单信用证统一惯例》的历史

1.《商业跟单信用证统一惯例》(1929 年)ICC 第 74 号出版物

共分 5 类 46 条,建议于 1930 年开始执行,但只得到了法国与比利时银行界的支持,并受到英、美等国家的抵触。

2.《商业跟单信用证统一惯例》(1933 年修订本)ICC 第 82 号出版物

共分 5 类 49 条,得到了 40 个国家的银行界支持,但美国银行界直到 1938 年才在保留某些专对美国适用的特殊规定后,才开始采用此惯例。

3.《商业跟单信用证统一惯例》(1951 年修订本)ICC 第 151 号出版物

共分 5 类 49 条。

4.《商业跟单信用证统一惯例》(1962 年修订本)ICC 第 222 号出版物

共分 5 类 46 条,英国银行界开始采用此惯例。

5.《跟单信用证统一惯例》(1974 年修订本)ICC 第 290 号出版物

共分 5 类 47 条。

6.《跟单信用证统一惯例》(1983 年修订本)ICC 第 400 号出版物

共分 5 类 49 条。

7.《跟单信用证统一惯例》(1993 年修订本)ICC 第 500 号出版物

共分 7 类 49 条。

8.《跟单信用证统一惯例》(2007 年修订本)ICC 第 600 号出版物

共分 39 条。

(二)UCP600 的背景

国际商会于 2006 年 10 月 25 日在巴黎举行的 ICC 银行委员会会议上通过《跟单信用证统一惯例》(UCP600),并于 2007 年 7 月 1 日开始实施。为配合 UCP600 的实施,国际商会同时对《审核跟单信用证项下单据的国际标准银行实务》(简称 ISBP,国际商会第 645 号出版物)进行了针对性的修改,修订本(第 681 号出版物)也已于 2007 年 7 月 1 日实施。

《跟单信用证统一惯例》(Uniform Customs and Practice for Documentary Credits,1993 Revision,International Chamber of Commerce,简称 UCP)是国际商会为了减少各国银行、进出口商因对跟单 L/C 有关当事人的权利、责任、付款的定义和术语的解释不同而引起的争端,调和各有关当事人之间的矛盾而制定的。《跟单信用证统一惯例》是国际上公认的最广泛应用的非官方条例,是国际银行界、法律界、学术界遵守的"法律",同时也是全世界公认的、到目前为止最为成功的一套非官方规定。

1993 年修订的《跟单信用证统一惯例》,即国际商会第 500 号出版物(简称 UCP500),由于自身在条款设置和措施方面存在的不足,在其他出版物,如补充解释 UCP500 的《国际标准银行实务》(ISBP)和 ISP98 中反映出的一些问题,以及自其 1994 年 1 月 1 日实施以来银行、运输、保险各行业的发展等,特别是电子商务技术的飞速发展,UCP500 中的一些条款明显不再适用目前贸易环境的变化,所以 ICC 于 2002 年初萌发了修订 UCP500 的动议。

2003 年 5 月批准成立 9 人起草工作小组,英国的 Gary Collyer 是负责人,其他成员由国际商会银行委员会的官员和 Gary Collyer 指定,包括来自丹麦、法国、德国、俄罗斯、新加坡、英国和美国等国的信用证专家。由来自 26 个国家的银行界、运输业(包括空运、海运、陆运等)、货运保险界、贸易界、法律界等多方面的权威人士共 41 人组成顾问小组(counseling group)。顾问小组对起草小组拟提交给各国银行业人士讨论的修订稿草案先进行评议,给出各相关行业的专业意见。这样,使得修订稿更能综合反映各方的意见,配合不同行业的惯例,顺应并贴近国际贸易实务。

在 15 次会议复杂的磋商过程中,起草小组共收到来自各 ICC 国家委员会的 5 000 多份意见书。国际商会中国国家委员会(ICC China)参与了修订的全过程,而且是最主要的几个参与国家之一。对于其每次修订稿,中国银行界在 ICC China 的组织下,都进行了深入研究,并提出了详细的建设性意见,其中很多已经反映在目前的版本中。3 年来,ICC 银行技术与惯例委员会每年的春、秋例会上,UCP 都是重要的讨论议题。许多争议较大的条款,都是在例会上由各国家委员会以投票的方式来决定的。有的条款更是以微弱优势确定的,足见话语权的力量。

在 2006 年 10 月 25 日巴黎举行的 ICC 银行技术与惯例委员会 2006 年秋季例会上,以点名(roll call)投票表决形式,由 71 个国家和地区的 ICC 委员会,按照其国际贸易额的总量大小划分不同权重的投票权,其中,9 个国家(中、英、法、德、意、美、加、荷、日)各有最高的 3 票权重,20 个国家和地区各有 2 票权重,44 个国家和地区各有 1 票(中国大陆 3 票、香港 2 票、台湾地区 2 票),共 105 票赞成通过,并定于 2007 年 7 月 1 日正式生效实施。

目前适用于信用证的国际惯例主要是 2007 年 7 月 1 日正式生效的《跟单信用证统一惯

例》2007 年修订本（国际商会第 600 号出版物），简称 UCP600。UCP600 是一套适用于所有在其文本中明确表示受本惯例约束的跟单信用证（在可适用的范围内，包括备用信用证）的规则。除非信用证明确修改或排除，该惯例各条文对信用证所有当事人均具有约束力。

从整体上讲，《跟单信用证统一惯例》（UCP600）更加适应了国际贸易发展的需求，给国际贸易发展松了绑，将更加便于企业参与到国际贸易中来。

目前，各国银行开立的信用证大多通过 SWIFT 电报传递。按照 SWIFT 口径统计，从全球范围看，信用证的使用量呈现下降趋势，2005 年下降幅度约为 2%。鉴于此，UCP600 的修订精神有了变更。UCP600 的精神根据第 14 条 d 款，表明：即使在单证间也不要求"等同"，仅要求"不得矛盾"，这样比过去单单之间"不得互不一致"的说法更体现了审单标准宽松化的倾向。从这点上来讲，UCP600 的最大作用就是扶持信用证的使用，规范信用证业务的实施。

二

UCP500 存在的问题

（一）UCP500 的问题案例

UCP600 生效之前，有这么一个案例，外贸 A 公司向 B 公司出口某商品，达成一份 CIF 合约，合约价格为 315 美元/吨，共计 1 000 吨，支付方式为不可撤销即期信用证，表明该信用证受 UCP500 的约束。随后，B 公司开来一张不可撤销即期信用证，A 公司审核无误后，在信用证规定的装运期完成装运，备齐信用证要求的全套单据，经通知行向开证行交单。

由于货物市场行情变化很快，交单的前两天货物市场价降至 300 美元/吨，并表现出可能不断降价的趋势。A 公司数次询问开证行单据审核情况，但直到开证行接到单据后第 5 天才来电拒付，理由是装货单中货物数量的描述与发票不符。A 公司经查不符点确实存在。银行拒付当天，货物市场价降至 290 美元/吨。银行拒付后 A 公司与 B 公司协商，B 公司要求降价，否则不交受单据。此时，货物已经到港，A 公司只得同意价格降至 280 美元/吨。为此 A 公司损失 6 万多美元。

银行这样做归结起来遵循的是以下两个方面的原则：

首先，UCP500 确定的"合理时间"本身是一个较为模糊的概念。UCP500 第 13 条、第 14 条规定，银行必须在不超过 7 个工作日的"合理时间"内审结单据，决定是否接受单据，并"毫不延迟"地通知送单一方。表面看来规定没有什么问题，然而"合理时间"在 UCP500 中并没有清晰的定义，只不过是一个有上限的时间段。在大多数情况下，合理时间应该少于收到单据的翌日起算第 7 个工作日，也就是说银行应该在 7 个工作日内完成两件事：

一是审核单据；

二是决定接受或拒收单据，并通知交单人或者受益人。

然而银行直到第 5 天才发出拒付通知是不正常的，很显然，在这次交易中，银行在申请人的授意下故意推迟发出拒付通知，以观察市场行情。期间受益人对单据的状况一无所知，事实上就丧失了对单据的处理权。

其次，也是最重要的原因，UCP500 第 14 条关于单据不符情况下的规定不尽完善。UCP500 没有强化银行在单据不符情况下，保护交单人或者受益人权益的措施和程序，主要表现为以下两点：

一是该条款没有规定银行发现单据不符点后通知交单人或者受益人的义务，损害了受益人的权益，增加了银行审核单据时的"单据外因素"。一旦贸易合约成立，信用证申请书为银行接受，银行向受益人开立信用证，银行与受益人和申请人形成了对等的关系，银行的地位是"独立的"和"中性的"，就应该为受益人和申请人提供权利和义务对等的服务。但是 UCP500 的制定和实施在很大程度上保护银行利益，也就间接保护了最终付款申请人的利益。

二是 UCP500 第 14 条 d 款规定，银行没有必要在发现单据不符点后立即通知交单人或者受益人，而是作出拒付决定后必须立即通知交单人或者受益人。银行在发现单据不符点到决定是否拒付这个时间段内的运作程序，从根本上侵害了交单人或者受益人的权益。

（二）信用证拒付率高的问题

自 20 世纪 90 年代起，随着信用证拒付率的提高（首次拒付率达到 70%）和其他一些支付方式的发展，信用证使用的比例出现越来越小的趋势，他们更多地使用基于相互信任基础上的赊销、保理等方式进行结算或融资，有相当一部分进出口企业已经不再采用信用证作为结算方式。根据英国贸易便捷化组织 2003 年的调查显示，欧盟、北美信用证的使用率仅在 10% 左右。亚洲（包括中国）、非洲、中东地区早已成为信用证最大的用户，其使用率在 50% 左右。

（三）审单标准的发展

1. UCP500 关于审单标准的规定

UCP500 对单据相符的具体要求是"银行必须合理谨慎地审核信用证上规定的一切单据，以便确定这些单据是否表面与信用证条款相符合。本惯例所体现的国际标准银行实务是确定信用证所规定的单据表面与信用证条款相符的依据。单据之间表面不一致，即视为表面与信用证条款不符。""开证行及/或保兑行（如有），或代其行事的指定银行，收到单据后，必须仅以单据为依据，确定这些单据是否表面与信用证条款相符。……"即要求"单单一致，单证一致"。并且这里要求的是单据和信用证要"相符合"，单据与单据之间不能够"不一致"。对相符的要求还是比较高的，但具体的操作标准上，UCP500 并没有过多地提及。在作为 UCP500 补充的《关于审核跟单信用证项下单据的国际标准银行实务》（简称 ISBP）中，第 24 条规定："信用证项下提交的单据在表面上不得互相矛盾。该原则并不要求数据内容完全同一……"这里就从"不一致"放宽到"不得相互矛盾"，其标准明显有所宽松。

虽然从表述上来看，"不一致"、"不矛盾"等词语并不是严格要求单单、单据之间一字不差，但是在国际银行的实务中，开证行及开证申请人出于对自身利益的考虑，各国银行和实务界都将严格相符作为审核单据的唯一标准，甚至非常苛刻地遵循这一标准，造成拒付率居高不下。我们应当建立一种明确的统一的标准，在严格审单、让欺诈者无可乘之机的同时，合理地接受一些具有微小瑕疵的单据，使信用证的使用变得更加便利。

2. UCP600 关于审单标准的规定

在审单标准方面，新修订的 UCP600 比之 UCP500 又多了一项要求，即要求"单内一致，单单一致，单证一致"。UCP600 第 14 条 d 款规定："单据中的数据，在与信用证、单据本身以及国际标准银行实务参照解读时，无须与该单据本身中的数据、其他要求的数据或信用证中的数据等同一致，但不得矛盾。"第 14 条 e 款规定："除商业发票外，其他单据中的货物、服务或履约行为的描述（如果有的话）可使用与信用证中的描述不矛盾的概括性用语。"也就是说在新的统一惯例中,单内、单单、单证之间仅要求"不矛盾",当然在单证之间还分两种情况:对于商业发票中一些具体行为或合同标的的描述需要与信用证的描述一致,除了商业发票之外的票据仅要求与信用证不矛盾即可。此外,UCP600中还增加了单据相符的对照标准,即要与信用证条款、惯例及国际银行标准实务相符合。

从UCP600新的规定来看,增加"单内一致"的要求是更加严格了一些。然而同时,不论是单单、单证之间还是单内都只要求不矛盾即可。所谓的"不矛盾",意味着对商业发票以外的其他单据,即使商品名称只是信用证上名称种类的统称,这种单据也是可以接受的,这一要求比之UCP500又宽松了一些。这样的修改使得在保证信用证安全性的同时,尽量减少提交的单据不符合要求的情况,改变信用证业务萎缩的现状。

3. 表面相符原则的演化

对于表面相符原则,纵观国际上和世界各国的审单标准,历史上曾经出现过绝对一致原则、严格相符原则和实质相符原则三个标准。

(1)绝对一致原则

绝对一致原则也称为"镜像标准",最初理解的单证表面一致是单证完全一致,单据与信用证条款之间像镜子反射一样,即镜像标准。在美、英和法等国的判例中,曾经提出过这一标准,即要求受益人提供的票据与信用证的条件和条款没有任何差异,"像照镜子一样审单"。镜像标准过于僵化、机械化、绝对化,虽然能够增强信用证交易的安全性和确定性,但是其缺陷是无法忍受的:

一是在实践中明显不可行。

信用证实务表明,60%以上的受益人第一次交单存在不符点,若银行执行镜像标准,则银行拒付,当事人在国际贸易中将很难再选择信用证支付。受益人在第一次交单被拒后,将对单据进行修改,并第二次交单,这无疑将增加交易成本。

二是对受益人明显不公平。

在国际贸易中,恶意的开证行或开证申请人往往为了摆脱付款责任,凭借镜像标准可以轻而易举地找到一些极为勉强的不符点,达到拒付的目的。信用证失去了信用,就会使信赖信用证付款保障功能的善意受益人非常容易失去货款保障。

从现有的国际惯例和一些国家的法律来看,也并非要求做到如此地步。因此,各国在选择标准上渐渐还是舍弃了这种标准,倾向于较为宽松的选择。

(2)实质相符原则

实质相符原则实际上是严格相符原则的例外,即当受益人提交的单据与信用证的要求存在一定差异时,只要接受不符点对开证行无害就可以接受这一票据。实质一致说认为,应当抛开信用证条款的字面意思,考虑不符点是否给银行在审查信用证的单证时造成了不确定感,不符点是否将误导开证行做出对自身有害的决定等。实质相符的标准要求首先考虑信用证交易的背景,然后从字面上判断受益人所提交的单据与信用证的要求是否相符。但是,由于这一原则要求银行在审单时不仅要考虑单据,还要考虑基础合同中的一些实际情况,或者去征求客户的意见,这对银行的要求无疑过高,加重了银行的负担,伤害了银行开立信用证的积极性,同时还破坏了信用证的独立抽象原则。适用这一标准等于默示地允许和授权开证行单方面修改信用证,从而对信用证制度造成严重的打击,因此并未形成主流观点。

实质相符原则标准严重危害了信用证交易的基础——单据交易原则和独立性原则。正如在 Airlines Reporting Corp. v. Norwest Bank 一案中法官所说:"实质相符标准根本就不是标准……这是对信用证这一商业机制高效率功能的诅咒。它使迅速（quick）、有效（efficient）、费用低廉（inexpensive）的信用证被转变成为不便、费用高昂的履约保函（performance bonds）。"

（3）严格相符原则

严格相符原则是指，受益人向银行提交各种单据请求银行依信用证付款时，这些单据从表面上看必须严格符合信用证的要求时银行才予以付款；银行有权拒收没有严格符合信用证条款的单据。

严格相符原则是目前绝大多数国家坚持的审单标准，它既不是要求绝对一致，也不是要求实质相符，而是处于两者中间的一个标准。严格相符原则在国际惯例和各国法律中都有所规定。UCP500 和 UCP600 中都对审单原则进行了阐述，英美国家的审单标准也一向是严格相符标准，压倒性数量的美国判例和学者支持这一原则。《美国统一商法典》第 5-108 条就明确提出了"严格相符"的要求，英国、加拿大等国家的判例也都确定了这一标准。此外，法国、德国、日本等大陆法系国家在司法实践中也体现了这一原则。

然而，由于在《跟单信用证统一惯例》中该原则的规定过于概括，各国法院的态度不一，具体的实务操作中银行就显得无所适从。有些银行为了保护自身利益，导致审单人员对表面过分地进行审查，甚至不能允许任何一点笔误或打字错误，造成银行拒付率过高。这样严格地理解和执行严格相符原则虽然能够最大限度地保护开证申请人的利益，同时也是必要的。但是过分主张严格相符原则多多少少会使开证行和申请人处于有利地位，在保护了开证申请人和银行自身的同时加重了受益人的负担，对信用证的发展也起着负面的影响。况且，开证申请人甚至可以借助此种有利地位，不放过单据中任何一个微小瑕疵，当他想要货物时就对不符点予以接受；当他不想要货物时，尤其是货物市值下跌时，他就可以对这些不符点予以拒绝，使信用证不再是支付工具这么简单。这么一来就有违于信用证最初创设的意义，也不利于树立国际贸易进出口商对信用证的信心。[①]

UCP600 对银行的审单责任和义务所强调的单据与信用证条款相符和单据与单据之间相互一致，这两个相符中都仅仅要求表面上相符。"表面相符"原则的理论根据是，银行是处理单据的专家而不是处理货物的专家，银行不能也不必对单据下货物的情况进行调查，否则就混淆了银行在国际贸易中应充当的角色。什么是表面相符？按照通常的说法，表面相符指的是单与证和单与单两者就同一项内容在文字的描述上应当一致。国内外不少有关论著，在提到信用证的这项原则时，用了"严格相符"的提法。应当说，仅是从立法精神、政策取向和对有关当事人的业务要求这个角度去理解 UCP600 的规定，这样的提法是正确的。但不能把它解释为单证之间和单单之间一些并不涉及内容的纯粹文法上的或者文字缩写和单词拼写上的微小差别，也构成单据的不符点。实际上 UCP600 并没有明确列出"严格相符"的字眼，国外有关案例也几乎都不把此类差别视作不符点。例如，在 NEW BRAUNFLS NAT. BANK V. ODIORNE 一案中，汇票上要求凭编号为"Letter of Credit No. 86－122－S"，错将"5"打成了"S"，法院在判决中认为严格一致的标准并未提出令人难以忍受的完美主义要求，依开证行处理信用证业务的标准实务判断，二者是相符的，因此受益人有权从开证行取得货款。UCP600 建立的审单新标准——软化的严格相符标准。

---

① 张婷婷.信用证银行审单的发展——从 UCP600 与 UCP500 的差异说起.法制与社会.2007,(10)：583～584.

三

UCP600 与 UCP500 的比较

(一)UCP600 的新特点

UCP600 共有 39 个条款,比 UCP500 减少 10 条,但却比 UCP500 更准确、清晰,更易读、易掌握、易操作。它将一个环节涉及的问题归集在一个条款中,将 L/C 业务涉及的关系方及其重要行为进行了定义,如第 2 条的 14 个定义和第 3 条对具体行为的解释。

1. UCP600 纠正了 UCP500 造成的许多误解

(1)把 UCP500 难懂的词语改变为简洁明了的语言。

取消了易造成误解的条款,如"合理关注"、"合理时间"及"在其表面"等短语。

(2)UCP600 取消了无实际意义的许多条款。

如"可撤销信用证"、"风帆动力批注"、"货运代理提单"及 UCP500 第 5 条"信用证完整明确要求"及第 12 条有关"不完整不清楚指示"的内容也从 UCP600 中消失。

(3)UCP600 的新概念描述极其清楚准确。

如对兑付(honor)和议付(negotiation)行为的界定,另外还有"相符交单"、"申请人"、"银行日"等等。

(4)更换了一些定义。

如对审单做出单证相符决定的天数,由"合理时间"变为"最多为改单翌日起第 5 个工作日"。

2. UCP600 行文更顺畅,条款更明确,易于阅读和理解

(1)除非确需在单据中使用,银行对诸如"迅速"、"立即"、"尽快"之类词语将不予置理。

(2)"于或约于"或类似措辞将被理解为一项约定,按此约定,某项事件将在所述日期前后各 5 天内发生,起讫日均包括在内。

3. 结合时代性

UCP600 第 36 条保留了原条款的精神,在涉及由不可抗力引起的风险的分摊问题上,保护了开证行、保兑行、被指定银行、通知行、转让行或偿付行的利益,即当出现不可抗力事件时,上述各方对由此产生的后果不承担任何责任。和 UCP500 相比一个最大的变动就是在描述不可抗力事件时增加了"恐怖主义"事件(ACTS OF TERRORISM)。可见,恐怖主义在恐怖袭击肆虐的当今社会,特别是在 9·11 事件之后被大多数国家所重视,并被视为一种不可抗力。

4. UCP600 更加维护受益人权利

近年来的统计表明,信用证第一次交单时,被认为存在不符点遭到拒付的比例高达 60%~70%,这其中的一个重要原因是,UCP500 采用了"严格相符"原则,许多国际贸易业务中,虽然货物质量良好,数量相符,但因为单据文字上的差错和疏忽而遭遇拒付。

2007 年 7 月 1 日起生效的 UCP600,相对于 UCP500,从强化开证行的责任入手,革新了国际贸易和国际结算实务的方式与操作,放松了对单据的要求,更大限度地维护了受益人的权利。

5. UCP600 比 UCP500 更具有可操作性

（1）提单日期与装运日期

在实际业务中，提单上常出现"装船日期"和"提单签发日期"不同的情况（一般提单签发日期晚于装船日期），UCP500 中并未规定哪一天视作装运期，因此在出口商计算收款时间、进口商计算交单时间时常发生不一致的理解而引发纠纷。UCP600 中增加了对装运日期的明确规定："提单签发日期视为装运日期，除非提单上有已装船批注。此时该批注中的日期视为装运日期。"以解决进出口商相关问题的纠纷。

（2）对交单期的规定

与 UCP500 一样，UCP600 第 14 条规定了"受益人须于不迟于装运日后 21 天内向银行交单，但无论如何不得迟于信用证的有效期。"不同的是取消了原有"除规定一个交单到期日外，信用证尚需规定一个在装运日后按信用证规定必须交单的特定期限"条款，即 UCP600 信用证无须规定特定交单期，受益人的交单均不能迟于装运日后 21 天，且在信用证有效期内。

（3）UCP600 比 UCP500 更加宽松

UCP600 条款并不要求单据内容与信用证的规定或其他单据完全同一，只要不相矛盾即可。其具体措辞从 UCP500 的"not contradiction"，到 UCP600 的"not conflict"的变化，体现了审单标准宽松化的倾向，大大减少了不必要的误解，便利了实务操作。

第一，对于拒付后的单据处理，增加了"拒付后，如果开证行收到申请人放弃不符点的通知，则可以释放单据"；增加了拒付后单据处理的选择项，包括持单候示、退单、按预先指示行使。这样便利了受益人和申请人及相关银行操作，减少了因此产生纠纷的可能，并且有望缩短不符点单据处理的时间。

第二，单据在途遗失，UCP600 规定"即使单据遗失，开证行也必须付款"，UCP600 强调只要指定银行确定单证相符并已向开证行或保兑行寄单，不管指定行是兑付还是议付，开证行及兑付行均对丢失的单据负责。这一规定对于消除误解，减少纠纷，加强开证行的付款责任将起到重要作用。

第三，转让信用证，UCP600 强调第二受益人的交单必须经过转让行，此条款主要是为了避免第二受益人绕过第一受益人直接交单给开证行，损害第一受益人的利益。但 UCP600 又规定，当第二受益人提交的单据与转让后的信用证一致，而第一受益人换单导致单据与原证出现不符时，又在第一次要求时不能做出修改的，转让行有权直接将第二受益人提交的单据寄开证行。UCP600 中这项规定旨在保护正当发货制单没有过错的第二受益人的利益。这些条款的规定，都大大便利了国际贸易及结算的顺利运行。[①]

（二）UCP600 与 UCP500 相比的主要变化

1. 形式方面的变化

UCP600 修订版的条文编排参照了 ISP98 的格式，对 UCP500 的 49 个条款进行了大幅度的调整及增删，变成现在的 39 条。

第 1～5 条为总则部分，包括 UCP 的适用范围、定义条款、解释规则、信用证的独立性等；第 6～13 条明确了有关信用证的开立、修改、各当事人的关系与责任等问题；第 14～16 条是关于单据的审核标准、单证相符或不符的处理的规定；第 17～28 条属单据条款，包括商业发票、

---

①　蒋志芬.《跟单信用证统一惯例》600 号与 500 号的比较研究.南京审计学院学报,2007,4(4):33～35.

运输单据、保险单据等;第 29～32 条规定了有关款项支取的问题;第 33～37 条属银行的免责条款;第 38 条是关于可转让信用证的规定;第 39 条是关于款项让渡的规定。

其中第 2 条(定义条款)和第 15 条(相符交单)为新增条款;删除了原 UCP500 中 7 个不必要或过时的条款:第 5 条(开立信用证的指示)、第 6 条(可撤销与不可撤销信用证)、第 8 条(信用证的撤销)、第 12 条(不完整与不清楚的指示)、第 30 条(运输行出具的运输单据)、第 33 条(运费到付/预付运输单据)、第 38 条(其他单据)。

2. 内容方面的变化

内容作了一些整合,吸纳国际商会出版的其他相关规则,将 UCP500 中 ART.2,6,9,10, 20,21,22,30,31,33,35,36,46&47 合并或整合到 UCP600 中,重新归纳、编排,结构更加严谨,措辞更为简洁明晰。

(1)增加了专门的定义条款,体现了 UCP600 细化规定的精神,对一些术语作出定义不仅可以使概念明晰化,从而有利于条款的理解与适用,而且更可以解决一些地方法律适用的问题;引入了"honour"(兑付)的概念;改进了议付的定义。

(2)约定了解释规则,摒弃了可撤销信用证。

(3)开证行、保兑行及指定银行的责任更清晰、确定,规范了第二通知行的做法。

(4)银行的审单标准更为明确。

将审单时间从"不超过 7 个银行工作日的合理时间"改为"最多不超过 5 个银行工作日";明确了交单期限的适用范围;将单据与信用证相符的要求细化为"单内相符、单单相符、单证相符"。

(5)将银行处理不符单据的选择增加到四种:

第一,持单听候交单人的处理;

第二,持单直到开证申请人接受不符单据;

第三,径直退单;

第四,依据事先得到交单人的指示行事。

业界人士应对 UCP 的修订及最终文本加以更多的关注,以便尽早了解并适应新规则。

3. 概念的变化

(1)对基本概念进行了定义

UCP 自上世纪 30 年代问世以来,先后经历了六次修订。然而,不论哪一个版本,均未对诸如开证行、申请人、受益人等相关当事人及保兑、议付和交单等相关行为进行定义。对这些概念,只能通过上下文及实务中形成的习惯来理解。针对同一个概念,由于语言、文化、案例乃至价值取向的不同,不同国家、不同当事人,甚至不同法院往往会有不同的解释,因此就会造成对 UCP 条款的曲解与误用,出现惯例统一而标准相异的现象。

对众多概念进行定义,是一项复杂而又系统的正本清源工程,它不仅涉及概念本身,更重要的是涉及各概念之间的相互联系。统一实务中形成的不同观点,建立一套既与 ICC 以往观点不相矛盾又能经得起实践和时间检验的清晰标准是非常有意义的。ICC 在制定 ISP98 时曾表示,概念的定义是一个"可怕的尝试"。尽管如此,UCP600 最终还是迈出了关键性的一步。

UCP600 出现了一个新定义——"兑付(honour)"。"兑付"概括了在即期付款、延期付款和承兑信用证下,开证行、保兑行或指定行除议付外的其他向受益人进行支付的行为。同时,对"议付"的定义也进行了修订,争议颇大的"给付对价"的说法被删除,在新条款中被称为"购买",明确了议付是对票据和单据的"购买",属于对受益人的预付或承诺预付。实际上,这个说法就意味着对"议付"的解释又回到了俗称的"买单"之说法。如此设计使得"议付"从 UCP500 中规定的四种支付方式中单列出来,用"买单说"来解释议付行的行为也表明了其融资的性质,从而将议付信用证对受益人的融资功能纳入了统一惯例的保护范围。

"兑付(honour)"的新定义及对"议付(negotiation)"的重新定义,厘清了长久以来对这两者的易混淆观念。

(2)删除了信用证"可撤销"的概念

按照 UCP500 第 6 条和第 8 条,信用证可分为可撤销和不可撤销两种。可撤销信用证可由开证行随时修改或撤销而无须征得受益人的同意。可撤销信用证可根据申请人要求规定到期日,也可以不规定。如不规定到期日,从银行通知受益人那天算起,有效期为 6 个月。而且进口商对出口方所交货物或交货日期等任何地方不满意时,都可以对信用证加以修改或撤销,这种行为受到 UCP500 的保护。

可撤销信用证对受益人有很大的风险。因为跟单信用证在货物运输中及单据提示前,或者虽然单据已提示却在付款前,或者在延期付款跟单信用证的情况下,单据未被接收以前,都可能被修改或取消。在此情况下,信用证成了一纸空文,卖方无奈只能直接要求买方付款。可见,可撤销信用证对受益人没有提供任何保障,因此不能为受益人提供货物、服务的公平交易保障。

在实际贸易中,可撤销信用证的比例并不大,因为:其一是贸易本身要受到贸易合同的约束,单方不履约的行为会被罚款并影响商业信誉。其二是出口商对某些滞销货物才使用这种信用证。一般是有库存现货,接到信用证马上发货交单,或在信用证开出之前就已发货制单。正因如此,UCP500 才规定早于信用证开出之日出具的单据银行应予接受。其三是开这种信用证一般为美洲一些国家的习惯。当地贸易市场较为成熟和规范,当买卖双方长期友好往来,而且开证行资信又较好时,开证行可以允许申请人不必存入过多的开证保证金,对开证申请人是一种资金上的融通。有时用于有附属关系的当事人之间或分支机构之间,还用于一些特殊交易,或者用来代替付款承诺或付款通知。

不幸的是,在国际贸易实务中,可撤销信用证却往往被一些不法进口商打着"受惯例保护"的旗号进行利用,使出口商的利益受到威胁。可撤销信用证的开证行对于受益人的交单,并不构成"确定的"付款"承诺",即开证行对受益人的义务处于不稳定状态,因而也是不充分的,因此和其他形式的付款方式没有任何区别:信用证的"银行"信用沦为"商业"信用。

可撤销信用证因早期实务的需要而得以在历次版本中保留,但其对受益人明显缺乏保护,信用证的性质也容易受到质疑,因此不利于信用证业务的存在与发展。这也就是 UCP600 删除信用证"可撤销"内容的根本原因。如果实务中确有开立可撤销信用证的需要,按照 UCP600 起草小组的评述,必须在信用证中列明具体条款以反映信用证的可撤销特性。

(3)单据审核时间缩短为 5 天,维护了受益人的利益

关于银行审核单据以确定是否接受的时间,UCP500 为"自收到单据次日起 7 个工作日"。然而,随着市场竞争日趋剧烈,多数银行收到单据的当日便开始审核。UCP600 为了反映实务的变化,将其修改为"收到单据次日起最长不超过 5 个工作日",从而加快了银行处理单据的速度,确立了新的审单标准。

明显缩短了单据处理的时间,有助于受益人提前收汇,并将促使银行更有效率地处理信用证业务。另外,UCP500 的 7 个工作日是以"reasonable time"即"合理时间"为前提的,UCP600 删除了该条件。这就意味着不论单据有多么简单,单证人员多么轻闲,拒付只要不超过 5 天这

一限度,就是符合规定的。而按照 UCP500,在单据比较简单的情况下,若开证行拖到最后一天拒付,一旦引起纠纷,法院可能会援引"合理时间"这一概念,判决开证行所用时间不合理,从而宣称其拒付无效。而此类案例在以往法院的判例中是不胜枚举的。UCP600 从根本上消除了旧惯例规定的不确定性及过于理想化给银行带来的困扰,同时也消除了法院以"不合理"为由轻易地干涉银行业务的隐患。

(4)明确了沉默不等于接受

为了兼顾申请人与受益人的利益,UCP500 并没有强制受益人必须发出接受或拒绝修改的通知,并给予其"以最后交单表示接受或拒绝"的权利。这种对受益人的优惠,常常带来问题。比如,若欲对曾经修改过的信用证再次修改,由于尚未收到单据而不知受益人是否已接受了上次修改,在两次修改有关联的情况下,就难以确定这次修改的内容。于是,一些银行便在信用证的修改通知中加列"如果在一个规定时间内,受益人没有正式拒绝修改,修改就自动生效"等类似语句。ICC 强烈反对此类错误做法,认为这是"沉默等于接受"的翻版,称其改变了"不可撤销信用证未经开证行、保兑行及受益人的同意,不得修改和撤销的性质"。而受益人的沉默被假设为接受,这也是与许多国家的法律相违背的。因此,这类想要凌驾于 UCP 本质之上的企图是没有法律效力的。

鉴于这种对惯例的错误运用及 ICC 曾表达的观点,UCP600 做出了明确的规定:如果修改中加列了接受或拒绝修改的时限,银行将不予理睬。

4. ART. 3 对 12 项词语的解释

第一,单数词形包含复数含义,复数词形包含单数含义。

第二,信用证是不可撤销的,即使未如此表明。

第三,单据签字可用手签、摹样签字、穿孔签字、印戳、符号或任何其他机械或电子的证实方法为之。

第四,诸如单据须履行法定手续、签证、证明等类似要求,可由单据上任何看似满足该要求的签字、标记、印戳或标签来满足。

第五,一家银行在不同国家的分支机构被视为不同的银行。

第六,用诸如"第一流的"、"著名的"、"合格的"、"独立的"、"正式的"、"有资格的"或"本地的"等词语描述单据的出单人时,允许除受益人之外的任何人出具该单据。

第七,除非要求在单据中使用,否则诸如"迅速地"、"立刻地"或"尽快地"等词语将被不予理会。

第八,"在或大概在(on or about)"或类似用语将被视为规定事件发生在指定日期的前后5个日历日之间,起讫日期计算在内。

第九,"至(to)"、"直至(until、till)"、"从……开始(from)"及"在……之间(between)"等词用于确定发运日期时包含提及的日期,使用"在……之前(before)"及"在……之后(after)"时则不包含提及的日期。

第十,"从……开始(from)"及"在……之后(after)"等词用于确定到期日期时不包含提及的日期。

第十一,"前半月"及"后半月"分别指一个月的第一日到第十五日及第十六日到该月的最后一日,起讫日期计算在内。

第十二,一个月的"开始(beginning)"、"中间(middle)"及"末尾(end)"分别指第一到第十日、第十一日到第二十日及第二十一日到该月的最后一日,起讫日期计算在内。

5. ART. 16 不符单据的放弃和通知

银行处理不符单据方式增加。UCP500 在银行处理不符点单据方面,没有强化保护交单人或者受益人权益的措施和程序。为强化银行的"中性"地位和举证责任,坚持充分保护交单人或者受益人的权益的原则,还原银行作为支付中介和授信机构的本来面目,UCP600 做出了较大的修改。

第一,"当开证行、保兑行、指定行认为是不符交单时,可以拒付或拒绝议付。"此条款中除规定开证行、保兑行的拒付不符单据的权利外,增加了议付行拒绝议付的权利。

第二,如开证行、保兑行、指定行决定拒付或拒绝议付,必须向交单人发出单独的拒付通知。

第三,该拒付通知须于收到单据翌日起算第五个银行工作日内以电讯方式,如不可能,以其他快捷方式发出。

第四,如银行根据规定发出拒付通知,不符单据的退单时间则不加以限制。同时,UCP600 条款中,将银行处理不符单据的选择增加到四种,即持单听候交单人的处理;持单直到开证申请人接受不符单据;径直退单;依据事先得到交单人的指示行事。

6. ART. 19～23 关于运输单据

UCP600 不再限制出单人身份。UCP500 中,提单的出单人明确规定为船长和/或船东,而将运输行签发的单据单独加以描述。UCP600 中提单的出单人可以是承运人、船东、船长或租船人以外的人士,并可签发运输单据,解决了过去海运提单的签发和银行押汇过程中面临的困扰。实际上,这是运输行业地位提升的表现,也说明 UCP600 的修改顺应了海运业务实际发展的需要。此外,取消多式联运经营人的身份,归纳为承运人,也有类似的考虑。同时,承认由保险代理人签发的保险单的效力,对除发票、保险单、提单等主要单据外的其他单据不限制出单人身份。

7. 删除条款

(1)UCP500 ART. 5 信用证开立和修改;

(2)UCP500 ART. 6 可撤销信用证与不可撤销信用证;

(3)UCP500 ART. 12 不完整与不清楚的指示;

(4)UCP500 ART. 30 运输行出具的运输单据;

(5)UCP500 ART. 38 其他单据(重量证明等)。

8. 明确的条款

(1)明确沉默不等于接受(Art. 10)。

(2)明确单据签发日期不得迟于单据提交日期(Art. 14)。

(3)明确即使单据遗失,开证行也必须付款(Art. 35)。

如果指定银行确定交单相符并将单据发往开证行或保兑行,无论指定银行是否已经承付或议付,开证行或保兑行必须承付或议付,或偿付指定银行,即使单据在指定银行送往开证行或保兑行的途中,或保兑行送往开证行的途中丢失。

需要注意的是,开证行付款责任的确立,必须满足以下两个条件:一是 L/C 的要求得以满足,即单证相符、单据递送方式和次数符合 L/C 的规定;二是单据必须是在指定银行与开证行之间丢失的。

(4)增加对 between 和 before 的解释,对 from 的解释更加明确(Art. 3)。如表 1.1 所示:

表 1.1　UCP600 与 UCP500 中对 between、before 与 from 等的解释

	UCP500	UCP600
"×月×日止"(to)、"至×月×日"(until)、"直至×月×日"(till)	包含提到的日期	包含提到的日期（包括所述日期）
×月×日之后(after)	不包含提到的日期	不包含提到的日期
×月×日之前(before)	无	不包含提到的日期
在×月×日至×月×日之间(between)	无	包含提到的日期
从×月×日(from)	（确定装运日期时）包含提及的日期	确定装运日期时包含提及的日期；在确定到期日时不包含提及的日期。

第一，术语"上半月"和"下半月"应分别理解为自每月"1 日至 15 日"和"16 日至月末最后一天"，包括起讫日期。

（The terms"first half"and"second half"of a month shall be construed respectively as the 1st to the 15th and the 16th to the last day of the month, all dates inclusive.）

第二，术语"月初"、"月中"和"月末"应分别理解为每月 1 日至 10 日、11 日至 20 日和 21 日至月末最后一天，包括起讫日期。

（The terms"beginning"，"middle"and"end"of a month shall be construed respectively as the 1st to the 10th, the 11th to the 20th and the 21st to the last day of the month, all dates inclusive.）

（5）UCP600 中允许延期付款信用证贴现（Art. 7）。

无论指定银行是否在到期日之前预付或购买了单据，对承兑或延期付款信用证下相符交单金额的偿付应在到期日办理。

（Reimbursement for the amount of a complying presentation under a credit available by acceptance or deferred payment is due at maturity, whether or not the nominated bank prepaid or purchased before maturity.）

（6）单据审核时间的不同。

UCP600 中单据审核时间从"7 个工作日"缩短为"5 个工作日"，删除 UCP500 中"合理时间"的表述（Art. 16）。

UCP600 对审核时间的修改将对银行审核时间由双重判断标准简化为单纯的天数，并且将最长时限缩短，对受益人更为有利，能够尽快地完成整个交易的运作过程。

四

阅读 UCP600 应注意的问题

（一）UCP600 词汇的特点

1. UCP600 词汇的专业性

UCP600 借用普通英语词汇赋予专业意义，主要的如表 1.2 所示，在阅读 UCP600 时一定

要注意其词义变化。例如，

hono(u)r：

《英汉简明辞典》：n. 尊敬，敬意，荣誉，光荣；vt. 尊敬，给以荣誉。

《现代英汉综合大辞典》：vt. 给……以光荣；礼遇；赐给尊敬；崇拜

【商】承兑；兑现；hono(u)r a check 承兑支票

表 1.2　UCP600 中主要的专业词汇

词　汇	普通用词的意义	UCP600 专业用词的意义
Acceptance	接受；赞同	承兑
Confirmation	证实	保兑
Credit	信用；贷款；名誉	跟单信用证
Drawing	画图	支取款项
Honour	荣誉	承兑付款（承付）
Negotiation	谈判	议付
Original	原始的	正本的
Party	聚会	当事人，一方
Presentation	陈述；提供	交单

2. 词汇准确性

表 1.3　UCP600 第 3 条释义的部分内容

"于或约于"或类似措辞将被理解为一项约定，按此约定，某项事件将在所述日期前后各五天内发生，起讫日均包括在内。

The expression "on or about" or similar will be interpreted as a stipulation that an event is to occur during a period of five calendar days before until five calendar days after the specified date, both start and end dates included.

词语"×月×日止"（to）、"至×月×日"（until）、"直至×月×日"（till）、"从×月×日"（from）及"在×月×日至×月×日之间"（between）用于确定装运期限时，包括所述日期。词语"×月×日之前"（before）及"×月×日之后"（after）不包括所述日期。

The words "to", "until", "till", "from" and "between" when used to determine a period of shipment include the date or dates mentioned, and the words "before" and "after" exclude the date mentioned.

词语"从×月×日"（from）以及"×月×日之后"（after）用于确定到期日时不包括所述日期。

The words "from" and "after" when used to determine a maturity date exclude the date mentioned.

术语"上半月"和"下半月"应分别理解为自每月"1 日至 15 日"和"16 日至月末最后一天"，包括起讫日期。

The terms "first half" and "second half" of a month shall be construed respectively as the 1st to the 15th and the 16th to the last day of the month, all dates inclusive.

术语"月初"、"月中"和"月末"应分别理解为每月 1 日至 10 日、11 日至 20 日和 21 日至月末最后一天，包括起讫日期。

The terms "beginning", "middle" and "end" of a month shall be construed respectively as the 1st to the 10th, the 11th to the 20th and the 21st to the last day of the month, all dates inclusive.

其中装运期限:有装运日记载的依记载,没有装运日记载的依出单日。

在普通英语中,上述单词与介词用于日期时,是否包括提及的日期是没有明确规定的,而UCP600 则对此给出明确规定,以避免贸易纠纷。

3. 情态动词的大量使用

UCP600 是规定跟单信用证有关当事人的权利和义务的规则,使用"must"、"may"、"shall"、"need"等情态动词,能充分表述有关当事人"必须"、"可以"、"应该"、"须"做什么,他们的权利义务是什么。

4. 词汇的变化与调整

与 UCP500 相比,UCP600 的某些条款在语言上出现了一些变化,有的条款出现了增词、换词、删词的现象。UCP600 词汇的变化与调整,使得文句更严谨、缜密,条款明确清晰。

表 1.4 UCP600 第 5 条与 UCP500 第 4 条的比较

UCP600 第 5 条	UCP500 第 4 条
Banks deal with documents and not with goods, services or performance to which the documents may relate.	In Credit operations all parties concerned deal with documents, and not with goods, services and/or other performances to which the documents may relate.
银行处理的是单据,而不是单据可能涉及的货物、服务或履约行为。	在信用证业务中各有关当事人处理的是单据,而不是与单据有关的货物、服务及/或其他行为。

表 1.5 UCP600 第 5 条与 UCP500 第 4 条词汇替换部分的比较

UCP600 第 5 条	UCP500 第 4 条
"Banks" 在信用证业务中,处理单据的当事人实际上就是银行。	In Credit operations all parties concerned
"or" 从语言的角度来看,"and"和"or"均为并列连接词,and(及)含有"增加"的意义,or(或)含有"选择"的意义,UCP600 去掉 and,保留了 or,突出了在货物、服务和履约行为之间的选择的意义。	and/or
"Performance" 从语言的角度分析,"other+名词"只是泛指,比较模糊,"goods, services or performance"后有"to which the documents may relate"语义上的限定,故可把"other"删除;"performance"意为"演出、表演"时为可数名词,意为"执行、履行"时为不可数名词,UCP600 把"performances"改为"performance"更为恰当、准确。	other performances

总之,UCP600 词汇具有专业性、准确性等特点,同时书面语、情态动词使用较多,与 UCP500 相比较,某些条款出现了增词、换词、删词的现象。较之普通英语,UCP600 大量使用陈述句、完整句和长句,普通英语文体中使用较少的平行并列结构在 UCP600 中却是很常见的。[①]

(二)条款的增减及审单标准的变化

UCP600 从原先 49 条调整为 39 条,减多增少。

(1)合并条款:原保险单据共三个条款现合并为第 28 条"保险单据和投保范围"。

---

① 高洁英.浅析 UCP600 的语言特点.五邑大学学报(社会科学版),2007,9(3):92～95.

（2）分拆条款：原第9条"开证行和保兑行的责任"分拆成现第7条和第8条，分别规定。

（3）其内容被完全删除的条款：原第8条"信用证的撤销"、第30条"运输行出具的运输单据"、第33条"运费待付/预付的运输单据"、第38条"其他单据"；但后三条的内容在补充解释UCP500的《国际标准银行实务》(ISBP)中却有详细规定。

（4）增加的条款：第2条"定义"，第3条"解释"；第3条合并了原第8、46、47等条款许多内容。

（5）为强调其意义从原各条款内容中单列出来的条款有：第6条"兑用(可用)方式、交单到期日和地点"、第10条"修改"、第12条"指定"、第15条"相符提交或相符单据"、第17条"正本单据和副本"、第29条"到期日或最迟交单日的顺延"。相应被删除的原单列条款有：第10条"信用证的类型"、第12条"不完整或不清楚的指示"、第21条"未规定单据出具人或单据的内容"、第22条"单据的出具日期与信用证日期"、第42条"交单到期日和地点"、第43条"到期日的限制"、第44条"到期日的顺延"、第46条"装运日期的一般用语"、第47条"装运期间的日期术语"等。以这些名称冠名的条款虽被删除，但其部分内容也被安排在其他条款中，部分表述作了调整。

要注意的是，新条款虽为39条，但业界要比照阅读的条款实际却大大增加了，那就是ISBP约200条。UCP600第14条d款明确规定对照解读单据中的数据内容(data)时除了具体信用证、单据本身外还有ISBP。与UCP600匹配的新的ISBP条款修订为185条。UCP调整开证行、保兑行(如有)与申请人、受益人及各指定银行间的单据交易和债权债务清偿关系，而ISBP规范的是银行根据什么标准来审核受益人提交的单据，其内容不能穷尽却很详尽。要指出的是，UCP500的精神是"单证相符、单单不得互不一致"，而UCP600的精神根据第14条d款，即使在单证之间也不要求"等同"(identical)，仅要求"不得矛盾"(must not conflict with)，这样比过去单单之间"不得互不一致"(not inconsistent with)的说法更体现了审单标准宽松化的倾向。当然该条款并不表明审单放弃了"相符"的原则。有一例很能说明问题：ISBP(ICC第645号出版物)第28条举例，将"model"写成"modle"不应视为不符，而将"model321"写成"modle123"则为不符。过去银行根据所谓"严格相符"的原则大量退单，从而成为导致信用证业务萎缩的原因之一。在这个意义上说ICC修改UCP及制定ISBP，其动因之一是为拯救信用证业务。

（三）UCP600 的一些新规定

（1）第2条"定义"共列出14条，但原条款中的一些定义并未被删除。

如新条款的第37条"清洁运输单据"、第20、21、24条"转运"等都是被保留下来的定义；第38条对"可转让信用证"下了新的定义，并新列了"转让行"的定义，其中包括开证行也可担任转让行这一新规定。在14条定义中，要注意的是：

①Presentation，是指受益人向银行交单(的行为)，也可以指被提交的单据。在 Presentation 定义中，交单人包括银行，但指定银行向开证行交单在其他条款中却用了 Forward(递交、转交)一词，一般应包括指定银行作为单据权利人交单的含义。此外，Complying presentation 是一个新名词，可以解读为交单(的行为)或提交的单据是否符合具体信用证、UCP及ISBP的规定。UCP500的表述与汉语的思维比较一致，而在解读UCP600时要适当改变一下汉语传统的阅读习惯。

②Honour(兑付)与 Negotiation(议付)的区别。新条款将"议付"从老条款的四种兑用方式中单列出来。Honour是指即期付款、延期付款、承兑信用证下指定银行或开证行自己对受

益人兑付,而 Negotiation 在 UCP500 中被称为"Giving the value"(给予对价),在新条款中却被称为 Purchase,因而又回到了俗称的"买单"之说法。议付行在其可获偿付的银行工作日当天或之前向受益人预付或同意预付。汇票不能做成以议付行为付款人,其意义在于除非该议付行为保兑行,否则对受益人享有追索权。议付之于追索权以区别于其他三种类型的信用证的意义并没有改变。

(2)关于第三条"解释"中的到期日问题。

汇票到期日无论用 after 还是 from,一律从第二天起算;而以运输单据日(有装运日记载的依记载,没有记载的依出单日)为依据计算交单日,用 from 的从当天起算。汇票中以运输单据日为基准日按规定天数计算汇票到期日的,不管用 from 还是 after 均从第二天起算。

(3)第 6 条要求信用证不得规定汇票以开证申请人为付款人,而在老条款中则表达为"不应、如果"。

这个规定使得开证行信用证下第一性付款责任与其最终汇票付款人地位更为一致。

(4)第 7 条 c 款、第 12 条 b 款在强调开证行对承兑信用证下的承兑行、延期付款信用证下的付款行的付款责任时,明确规定"指定"即等于授权该承兑行、该延期付款行分别可以预付已承兑但未到期的汇票、先期实现(purchase)对受益人的付款承诺。也就是授权指定银行可不经由第三家银行直接贴现于受益人,实现两利。只要做到 complying presentation,开证行应在到期日予以偿付。

(5)第 9 条 c 款确认了第二通知行的存在。

(6)第 10 条 f 款明确否认了银行在其修改通知书中声称受益人某几天内不表示拒绝即为承认修改的做法。信用证之于受益人的不可撤销性质更为突出。新条款也取消了可撤销信用证。

(7)第 14 条 b 款将各银行 7 个银行工作日审单时间明确缩短为至多 5 个银行工作日。

(8)第 14 条 c 款将交单不迟于装运日后的 21 天明确为 21 个日历日。第 14 条 j 款:各运输单据上收货人栏或通知人栏内关于开证申请人地址和联系细节必须与信用证相同。第 31 条 b 款中有规定,一票货物以两个或更多运输工具同时装运出发也视为分批。

(9)第 14 条 l 款:在符合各运输单据条款规定的条件下,运输单据可由任何人出具,应指各运输代理人、直接以承运人身份签发运输单据的运输行(forwarder)及可能是被"承运人"这一概念同样吸收了的"多式运输经营人"。

(10)第 17 条 a 款规定:凡信用证规定的每一种单据必须至少提交一份正本,而在老条款中并不十分明确。至于什么单据视为正本单据,该条款作了些宽松的规定。

(11)第 18 条 a 款 i 项:发票必须以信用证同样货币表示。

(12)第 22 条实际承认了租船人及其具名代理人也可出具承租人自己的,并呈船长签字的提单。这种提单不一定是指该条款所规定的租船合同关系下的提单,当然也不是向自己签发,而是向相对托运人签发,即租船人实际为二船东。

(13)第 28 条保险单据条款。

新条款关于保险单据上投保险别如何记载可接受的规定比老条款更为宽松,如果信用证对投保险别未予明确规定,银行接受其投保险别属含糊其辞记载的保险单据而不论是否有漏保风险,甚至援引任何除外条款的保险单据也可接受。但须知货物运输保险乃单据交易的第一保障,否则谁敢从事这种无须顾及货物及其运输事实的抽象化交易? UCP600 是根据西方人的价值理念制定的,西方发达国家商业信用发达使银行不必过多担心申请人违约,但对其他地区的商人来说不能掉以轻心,仍须明确约定。经验老到的银行事实上仍会以"另有规定"来加以规避。虽然如此,又明确规定保险单据必须全部提交,可见 ICC 并没有忘记保险单据的补偿功能。

(四)对单据制作的要求

1. UCP600 对单据制作的细化

UCP500 在单据的制作上并未给出详细的指导,而 UCP600 在此部分引入了 ISBP 的很多内容,例如各单据有关当事人的填写,正副本的要求等,同时语言表述更为清楚,操作指导性更强。对于受益人来说,可以根据自己的需要在 UCP600 中有针对性地查找到某种单据的制作要求。同时对于开证申请人来说,也避免了因为受益人提交的单据模糊而在提货或者日后业务中产生争议。例如:单复数同义;明确哪些可作为无单据化的处理;第三方单据的认同;货物描述除发票以外可使用统称,只要不与信用证相矛盾等等,都与 UCP500 有所不同。

2. 合格单据的标准

在信用证交易中,出口商提供的单据必须符合信用证和 UCP600 的规定,但是这样的单据并不一定符合合格单据的标准。例如,信用证中没有汇票必须由出票人签字的规定。但是一张没有出票人签字的汇票肯定是不合格的,根据票据法,没有这项内容,票据不成立。所以合格的单据,还必须符合法规以及常规,譬如毛重应大于净重,否则进口商或开证行有权拒付。

(五)扩大了出口商融资的范围

UCP600 增订新规定,允许指定银行对延期付款信用证(deferred payment credits)办理贴现(预付或购入)。

在延期付款信用证和保兑信用证项下,UCP500 中没有授权指定银行一个提前融资的权利,而 UCP600 允许银行在这两种信用证项下能做提前融资,UCP600 明确了开证行对于指定行进行承兑、做出延期付款承诺的授权,同时包含允许指定行进行提前买入的授权。这项规定旨在保护指定行在信用证下对受益人进行融资的行为,同时银行也能得到国际惯例的保护。

总之,UCP600 的出台必将对国际信用证业务产生巨大影响,并使信用证以其独特之处(主要指变商业信用为银行信用,独立于基础合同)在国际结算领域发挥更大的作用。

(六)银行间偿付的规定

在 UCP500 中,开证行必须向偿付行发出授权。但是在 UCP600 框架内,开证行必须在信用证中声明是否按照信用证开立日正在生效的国际商会《银行间偿付规则》办理,而不须发出授权书。若信用证中无此声明,则开证行必须向偿付行发出偿付授权书,并承担因偿付行未能按期偿付所产生的利息损失和相关费用。

五

UCP600 对当事人的不同影响

从总体上说,UCP600 与 UCP500 相比,更加倾向于保护信用证交易中处于相对弱势地位的受益人(出口商)以及被指定银行的利益,更加强化开证行及保兑行的责任,也就是强化信用证开证申请人(进口商)的责任,这种倾向在 UCP600 的诸多条款中都有所体现。

UCP600 对当事人的影响按信用证的业务流程可依次分为五个环节,即信用证的开立与修改、交单、审单及拒付、信用证融资、信用证转让。

（一）信用证开立与修改

1.进口商在申请开立信用证时,需注明信用证所遵循的 UCP 版本

同样出口商在收到信用证后,要注意审核来证遵循的 UCP 版本。值得关注的是,UCP600 在 2007 年 7 月 1 日实施后,UCP500 并非就此失效,它依然是一部有效的国际惯例。如果信用证中注明遵循 UCP500,那么该信用证项下所有问题依然要按照 UCP500 条款的规定处理。而且,即使信用证注明遵循 UCP600,开证申请人也可以在信用证中修改或排除自己不愿接受的 UCP600 相关条款。所以出口商要注意审核信用证的内容,决定是否接受该信用证。

开证行在审核开证申请人提交的开证申请书时,应注意避免申请人使用符号或模糊的词语,例如"One copy of the invoice/Bill of Lading",其中"/"的意思无法确定,斜线（"/"）可能有不同的含义,不得用来替代词语,除非在上下文中可以明了其含义。再如:"Either one invoice or Bill of Lading"。在此,"or"的意思比较模糊,在交单时可能会产生不符点争议,对开证行不利。另外,在开证申请书中要避免使用"collection"字样,以免被误会为托收。

2.遵循 UCP600 开立的信用证即为不可撤销信用证,无须另外注明

这就剥夺了进口商在 UCP600 下可以开立可撤销信用证的权利,强调了信用证一经开出即不可撤销,便构成了开证行对相符的交单予以承付的确定承诺,能够更充分地保护受益人的利益。所以就要求开证行在开立信用证时应承担更多的注意义务。

3.进口商在开立信用证时必须注明是否遵循国际商会《银行间偿付规则》,否则将遵循 UCP600 规定的偿付规则

当信用证中有可以向偿付行电索的条款时,对出口商来说,可以快速收回货款。而对于进口商来说,开证行先付款,后见单,一旦单据中存在实质性不符点,款项已付给受益人,退款及追讨利息就会有一定难度。

4.信用证或其修改不应规定该信用证以通知行或第二通知行收到其费用为条件

通知行或第二通知行原来往往会在收取通知费后再向受益人通知信用证或修改,而 UCP600 第 37 条明确反对银行在收妥费用后才将信用证或修改书通知受益人的做法。这意味着出口商在收到信用证后即使不支付通知费,信用证也依然有效。甚至该信用证项下所有应向出口商收取而未收到的费用,最终都将由发出信用证指示的一方（开证行）来承担,也就是由进口商承担,所以进口商在开证时要有负担所有银行费用的心理准备及成本考虑。

5.强调信用证的独立性原则

银行处理的只是单据,而不是单据可能涉及的货物、服务或履约行为。这要求进口商不能以货物、服务或履约行为作为理由要求开证行拒付。对出口商来说,只要做到单证相符、单单一致,就能保证安全收汇。

6.UCP600 明确了沉默不等于接受

关于信用证的修改,UCP600 在第 10 条中比 UCP500 进一步明确了受益人对修改保持沉默不等于接受修改的规定。这突出了信用证不可撤销的性质,保护了受益人的利益。

（二）交单

(1)受益人可以交单取款的银行范围扩大。

UCP600 第 6 条 a 款的规定,意味着无论是何种支款方式的信用证,均可规定在任何一家银行交单取款,同时即使信用证规定了被指定银行,受益人也可以直接向开证行寄单索汇。UCP600 规则下受益人交单取款的权利具有更大的灵活性。

(2)除信用证规定的交单地点外,开证行所在地也是交单地点。也就是说,如果出口商在信用证规定的交单地点找不到一家银行为其议付或代为寄单,就可以自行直接将单据寄往开证行,或者亲自持单到开证行柜台交单。这就更加明确了开证行不可推卸的第一性付款责任,保证出口商在相符交单下获得货款的权利。

(3)如果被指定银行确认单据相符并将单据寄送开证或保兑行,即使单据在寄送过程中遗失,开证行也必须偿付被指定银行。这种在单据遗失后依然可以得到偿付的权利有两个条件,第一,出口商必须通过信用证中指定的银行寄送单据;第二,必须依照信用证规定的方式寄送单据。

这一条款充分保护了出口商的利益,而对进口商来说,可能面对必须付款而又拿不到提单的困境。

(4)对于第二受益人交单的严格限制也在很大程度上保护了第一受益人的利益。

(5)有种远期承兑交单信用证,附带补偿受益人远期利息条款:"INTEREST AT LIBOR PLUS 0.5 POINTS OR PRIME RATE WHICHEVER IS LOWER WILL BE PAYABLE BY OPENER FOR 120 DAYS ONLY ON THE DUE DATE."

缮制这类利息汇票前,应先向当地信用证通知行询问当日该信用证远期天数和币制的 LIBOR 利率,然后将此利率加上该信用证条款规定的另加 0.5 个百分点。假设该信用证的发票金额是 \$1 万,2007 年 7 月 18 日交单议付,远期天数为 120 天,当日的 LIBOR 是 5.38%,则利息是:

$$10\ 000.00 \times (5.38\% + 0.5\%) \times \frac{120}{360} = \$196.00$$

信用证的汇票付款人,如果有用括号补充的内容,也需全部照打。

(6)UCP600 中的很多条款都表现了对申请人的安全收货权的保障,例如第 20 条 a 款指出:"无论其称谓如何,提单必须表面上看来显示承运人名称并由下列人员签署……",这样的规定明显减少了受益人诈骗的可能。

(三)审单及拒付

1. UCP600 体现了审单标准宽松化的倾向

根据 UCP600 第 14 条 d 款表明:即使单证间也不要求"等同",仅要求"不得矛盾",这比 UCP500 要求单单之间"不得互不一致"的说法更体现了审单标准宽松化的倾向。

UCP600 放宽了对受益人和申请人地址的要求。这体现了审单标准由 UCP500 的严格相符原则,朝着实质相符原则迈进。这对出口商更加有利,因为它会大量减少单证不一致引起的拒单。

例如,将"style"写成"styel",按照 UCP500 的规定,银行往往会根据所谓"严格相符"的原则视为不符而退单,若根据 UCP600 的规定,不应视为不符,而将"style ABC"写成"style CBA"才为不符。

2. 银行审核单据的时间以"5 个工作日"代替"合理时间,7 个工作日"

一般来说,银行处理一套不太复杂的单据时,整套程序的合理工作时间也就在两三天之内,并不需要 7 个工作日的时间。只有在单据极其复杂或在银行放长假后收到单据而不能及时处理的情况下,银行才有可能用足 7 个工作日。实务中开证行如果每单都到第 7 个工作日才对外付款,不仅会影响自身信誉,而且可能会被寄单行追索迟付利息,引起不该有的纠纷。UCP600 彻底抛弃含糊不清的"合理时间",直接规定为不超过 5 个银行工作日。因此,银行、公司各个环节的操作人员都要更加富有效率。银行审单时间的减少,可以缩短出口商收汇周期,便于资金周转。

而对于开证行,如果不能在 5 个银行工作日内提出实质性的不符点,则丧失了拒付的权利,显然要求银行在处理单据上应提高效率,承担更多的时间义务,但对出口商更为有利。

3. 信用证规定的每一种单据至少提交一份正本

当信用证要求副本单据时可以接受正本或副本,这就给了出口商更大的自由度。而对进口商来说,开证时应明确正副本份数,以及是否只接受正本或副本。

4. UCP600 对租船提单的要求更加宽松

可以由出口商自行签发租船提单,而提单中的卸货港可以是信用证规定的港口的大致地理范围,这对出口商来说非常方便灵活。而对进口商来说,货权始终在出口商手中,在运输过程中出口商有可能将货物转卖其他买主,进口商难以取得主动权,所以在开证时要考虑是否接受租船提单。

5. 关于打印或拼写错误是否构成实质性不符点的判断标准

因单词中的拼写或打字错误不构成另一个单词,从而不构成歧义的,不视为不符点。国际商会关于信用证审单标准的趋势是逐步宽松的,让出口商更容易提交相符的单据,从而获得信用证项下款项。

6. 单据传递和翻译的免责

UCP600 规定,只要受益人或指定银行提交的单据没有不符点,那么他们就有权从开证行或保兑行那里获得偿付,即使单据在指定银行送往开证行或保兑行的途中,或保兑行送往开证行的途中丢失。这一规定有利于保护受益人和指定银行的相关合法权益,只要他们提交的单据符合信用证规定,就可以保证获得偿付。

7. 拒付后单据的处理

在 UCP600 的条款中,将银行处理不符单据的选择由 UCP500 的 2 种增加到 4 种:即持单听候交单人的处理;持单直到开证申请人接受不符单据;径直退单;依据事先得到交单人的指示行事。

其中最实用的就是增加了极具争议的条款:"拒付后,如果开证行收到申请人放弃不符点的通知,则可以释放单据。"即只要进口商付款,开证行就有权将存在不符点的单据放给进口商。这一行为符合出口商收回货款的根本利益,也有利于进出口交易的最终实现。

加入这一条款主要是考虑到受益人提交单据最基本的目的是获得款项,因此可以推定,如果申请人同意放弃不符点并支付,对受益人利益不会造成根本性的损害。特别是当受益人明知单据存在不符点,依然要求指定行向开证行寄送单据的情况下,隐含了其希望申请人接受不符点并支付款项的意愿。现实业务中,已经有银行在开立信用证中加具此类条款,应该说其做法与 UCP500 是矛盾的,并且容易引起纠纷,甚至导致诉讼。银行往往会因为在拒付通知中表明将"寻求进口人放弃不符点放单"而被法院认定为拒付无效。UCP600 把这种条款纳入合理的范围内,符合了现实业务的发展需要,减少了因此产生纠纷的可能,并且有望缩短不符点单据处理的周期。当然,如果出口商出于各种考虑不愿意给予对方这种权利,可以在交单时明确指示按照惯例中另一个选项来处理,即拒付后"银行将按照先前收到的交单人指令行事",或者干脆要求进口商委托开立信用证时直接排除这一选项。

8. 开证银行应该适应拒付方式增加的变化和摈弃掉一些旧的行为

开证银行应该适应拒付方式增加的变化和摈弃掉通常迫使受益人表明是否接受修改的通知行为,因为这样做是违反 UCP600 条款规定的,是无效的。通知行也应彻底放弃收不到通知费便扣押信用证正本的错误做法,开证行也不应在信用证内容中规定"缴费才可放证、费用与自己无关"等条款,放弃这些实务中存在的陋习等等。

(四)信用证融资与费用

1. 兑付(honour)

新增"兑付"一词进一步明确了开证行、保兑行、指定行的义务,使受益人的权利有了明确的承担人。

2. 议付(negotiation)

是指被指定银行在相符交单下,在其应获偿付的银行工作日当天或之前向受益人预付或同意预付款项,从而购买汇票或单据的行为。这是 UCP 中首次以定义的形式对指定银行的议付行为做出界定。对于出口商来说,被指定银行同意预付款项也是议付行为,那么被指定银行做了议付后出口商可能并不能得到融资,因此在与银行沟通时要注意明确自己的融资要求。

3. 在议付信用证下,开证行必须偿付善意议付单据的被指定银行

对进口商来说,被指定银行更容易获得善意第三方的地位,只要信用证交易中存在善意第三方,即使出口商欺诈,也不能向法院申请止付。法院在这种情况下签发止付令往往也难以阻止开证行的付款行为,因为善意第三方可以通过直接起诉开证行或其分支机构而获得偿付,由此产生的费用最终也要由进口商承担。这一点一定要提请进口商注意。

4. 保护指定行在信用证下对受益人进行融资的行为

UCP600 第 12 条还明确了开证行对于指定行进行承兑、做出延期付款承诺的授权,以及允许指定行进行提前买入的授权。即通过指定一家银行承兑汇票或承担延期付款承诺,开证行即授权该被指定银行预付或购买经其承兑的汇票或由其承担延期付款的承诺。这项规定旨在保护指定行在信用证下对受益人进行融资的行为,同时也增加了银行的中间业务收入。

5. 明确了一些费用的负担方

依据 UCP600 第 13 条 b 款规定,受益人可以根据具体情况来明确选择是否负担偿付行费用,减少不必要的成本。

在一些条款中也表明:信用证或其修改不应规定该信用证以通知行或第二通知行收到其费用为条件。这意味着出口商在收到信用证后即使不支付通知费,信用证也依然有效。甚至该信用证项下所有应向出口商收取而未收到的费用,最终都将由发出信用证指示的一方——开证行来承担,也就是由进口商承担。

6. 开证行及保兑行对丢失单据的责任

在 UCP500 中,未对单据在传送途中丢失后,开证行或保兑行是否有付款责任作明确规定。根据 UCP600 第 35 条规定,如果发送相符的单据给开证行(或保兑行)的银行是一家被指定银行,而单据在途中遗失,那么开证行(或保兑行)依然有责任付款。这一规定保护了受益人的利益。

（五）信用证转让

1. UCP600 规定转让行有权将第二受益人的单据照交开证行,并不再对第一受益人承担责任

这一做法有两个先决条件:

第一,第一受益人不能换单或要换的单据有不能及时更正的不符点;

第二,第二受益人的单据必须通过转让银行提交开证行,而不能由第二受益人自行提交。

这一条款充分保护了最终卖方的利益,因为此时卖方已经将出口货物发运并取得相关单据,如果第一受益人倒闭或者其要换的单据存在不符点,就会导致第二受益人无法安全收回货款。在这种情况下,进口商可能仅仅收到第二受益人的单据,而对第二受益人的情况完全不了解。进口商在开立可转让信用证时要充分考虑这方面的风险。①

2. UCP600 明确规定,受益人或受益人的代表必须向转让银行提交单据

此条款主要是为了避免第二受益人绕过第一受益人直接交单给开证行,从而损害第一受益人的利益,明确了第二受益人和转让银行的责任。同时,这条规定也与其他关于转让行操作的规定相匹配。

3. 转让信用证下第二受益人接受修改的独立性

UCP600 在"可转让信用证"条文中对转让信用证下第二受益人接受修改的独立性予以确定,即第二受益人接受修改与否并不影响他人。与之相应,从开证行的角度看,一个修改,可能既有人接受也有人拒绝。因此,开证行开立可转让信用证所面临的责任要大大增加。

六

UCP600 存在的问题

（一）议付信用证是否取消

不少成员建议取消议付信用证,理由是:这种信用证经常引起纠纷,遭到开证行所在地法院止付,受益人和议付行的利益得不到很好保护,而其所具有的即期和远期、要求及不要求汇票的特性,完全可以由其他三种信用证代替。而关于议付信用证项下的追索权,UCP 并未作相应的规定,ICC 的观点及实务操作一直是"取决于议付行与受益人的协议"。此说尽管有一定道理,但议付信用证仍然被认为是一种融资方式,最后得以在 UCP600 中保留。

（二）受益人对于修改的接受与拒绝是否必须予以通知尚不明确

UCP600 未就受益人对信用证修改接受与否的通知做强制要求。UCP500 第 9 条 d 款 ⅲ 项规定:(1)受益人须发出接受或拒绝修改的通知。(2)如受益人未发出此项通知,则在其向被指定银行或开证行提交了符合经修改后的信用证单据时,将被视为受益人已接受了修改的通知,且从此时起该证即被修改;如受益人提交的单据仅符合原证的要求,则在提交单据时,受益

---

① 李钢.解读 UCP600 对进出口商的影响.经济论坛,2007,(14):44~45.

人须发出拒绝修改的通知,表明受益人拒绝了修改。但是该条款并没有表述受益人提供接受或拒绝接受修改的通知的方式,尤其是拒绝或隐含拒绝意思时,受益人应如何进行通知。在实践中,发生了有些银行因为没有收到受益人的拒绝接受修改通知而拒绝单据的问题。由此给信用证操作特别是开证行和申请人带来了极大的不便。UCP600 最初几稿因此规定:受益人必须提供接受或拒绝修改的通知。但是由于存有争议与出于从不可撤销信用证的本质以及许多国家合同法的原则考虑,最终又完全恢复了原来的规定,即受益人"should give notice",并且仍然有权以交单表示接受或拒绝修改,这虽然是出于加强对受益人权益保护的考虑,但致使问题仍然存在。

结果就是受益人对信用证修改接受与否的通知未做强制要求,这就造成了实际业务处理当中涉及信用证修改相关问题的不确定性,并可能引发业务操作风险。

(三)远期付款信用证项下是否应该允许贴现仍会造成困扰

远期付款信用证是否允许贴现,是近年争论不休的问题。特别是 2000 年 11 月"桑坦德诉巴黎巴银行案"中远期信用证项下贴现被法院判决并不受欺诈例外原则保护后,更加引起各行的注意。此次 UCP600 拟稿过程中,37 个国家投票,27 个国家赞成应将允许远期信用证贴现写进惯例中,但是最终通过的 UCP600 中没有体现这一意思。

(四)海运提单与海洋运单的"无论如何命名"有缺陷

尽管 UCP600 几易其稿,但还未尽善尽美,不少条款仍值得商榷,甚至有明显的漏洞。比如仍规定海运提单与海洋运单可以"无论如何命名"。如此却忽视了这样的事实,即:对于这两种单据,UCP 在行文时,除了一个叫做"marine bill of lading",另一个叫做"sea waybill"之外,关于两种单据的描述,相应条款要求的要素甚至措词是完全一样的。因此,若仍然允许它们"无论如何命名",将会出现信用证要求"marine bill of lading",却提交了名称为"sea waybill"的单据。尽管单据内容符合提单的要求,但就它们两者来说,名称不同显然是两种性质不同的单据。比如"marine bill of lading"代表物权,而"sea waybill"仅仅是一种运输凭证,并不能凭以提货。

(五)国际惯例应对信用证项下汇票的问题进行澄清

各国票据法基本都有汇票不得附条件支付的规定。只要汇票符合票据法的要式性要求,其付款就具有强制性,但信用证是一种或有支付,其付款具有很多的不确定性,取决于单据的质量。这两者之间是相矛盾的。因此,要从根本上解决对于信用证项下汇票的模糊认识问题,应在 UCP 中进行明确和澄清。

既然是否提交汇票对买卖双方的贸易和开证行的付款责任并没有根本的影响,而且即期信用证项下的汇票,基本上失去了传统意义上汇票的作用,可以考虑用跟单索款凭证(documentary demand for payment)代替汇票,并规定该索款凭证必须满足的基本要求,在性质上该索款凭证是信用证支付本身所必需的凭证,不同于一般单据,也不同于普通汇票,从而从根本上避免关于信用证项下汇票存在的法律问题。当然,远期汇票由于受益人融资的需要,以及融资银行需要根据国内票据法取得法律上的保护,其存在仍有一定的必要性。不过,在国际惯例进行调整后,相信国内法会逐步根据国际惯例进行调整并趋向一致。

（六）是否将 eUCP 规则纳入 UCP600

有人建议 UCP 由两部分组成，一部分是为纸质文件而制定的规则和程序，另一部分则是为电子商务而制定的，以适用于如电子交单、电子通知和电子保兑等更广泛的交易领域。但国际商会认为单据及数据传输的电子时代还没有真正到来，将 eUCP 并入 UCP600 的时机尚未成熟，仍将其作为 UCP 的补充。由于电子化贸易融资业务规则未被广泛接受，其后果之一便是电子化贸易融资业务发展受阻。根据一位系统软件供应商合伙人的说法，妨碍无纸化贸易融资系统广泛使用的根源是法律而非技术原因。

UCP600 并未将 eUCP 写入正式的规则，但随着电子交单的不断增多，显然，启动电子贸易融资业务这一革命的困难是弥漫在新 UCP 面前的阴影。在不久的将来 ICC 必然会对此做出回应，还有待于日后使用过程中不断暴露新问题，ICC 的解释也将在所难免。

（七）没有对押汇做出定义

对于从事国际结算工作的人士而言，"押汇"和"议付"是两个耳熟能详的专业词汇。但是很多人并不能区分两者。UCP600 对议付进行了定义，但是 UCP 却从未对"押汇"作出过定义。就银行实务而言，"押汇"的内涵要大于"议付"。随着市场竞争的日益激烈和国际贸易结算方式的转变，银行向贸易商提供贸易融资早已不仅仅局限于信用证结算方式，不具备银行"汇信"的出口发票贴现、出口托收押汇、出口保理等非信用证结算方式项下的贸易融资形式近十几年来得到了广泛的运用。因此广义的押汇应是指国际结算和贸易融资的统称。狭义的押汇应是指银行以代表货物所有权的证明文件作为抵押向进出口商提供的贸易融资。如同银行提供的房屋按揭贷款（mortgage loan）大大促进了房地产市场的发展，由于进出口押汇能够为国际贸易提供必要的资金融通，因而对于促进国际贸易的发展具有重要的作用。所以，今后的 UCP 修改有必要对"押汇"做出定义。[①]

UCP600 第 2 条明确了议付是对票据及单据的一种买入行为，是对受益人预付或承诺预付。这表明出口商在向议付行交单以后，议付行在对单据进行审核后，只要单据不存在不符点，议付行即可购买单据。而出口押汇却要求受益人首先向议付行提交总质押书或押汇申请书，经银行审核后符合要求，然后议付行才可向受益人办理银行贴现的一种结汇方式。

对于出口商来说，在押汇业务上还涉及出口企业在银行的授信额度与授信时间问题。如果说企业在授信年度内评级或授信等达不到要求，那么就不能办理押汇。目前我国银行不仅对授信额度有限制，而且对一个未建立信贷关系的企业进行评级授信工作至少要 2 周的时间。因此，押汇不便于出口商具体某一笔贸易的外汇收取。

另外，出口押汇一般包括三种方式：

（1）在指定议付信用证项下，由被指定行进行押汇；

（2）在自由议付信用证项下，任何银行进行的押汇；

（3）在开证行未指定的情况下，自愿办理出口押汇。

其中第三种方式由于缺乏开证行授权，属押汇行与受益人的私下约定，自然难以获得法律上成为正当持票人资格，因而，押汇行无法获得票据法的保护。

从上面对比分析来看，出口押汇完全不同于议付，是一项很具中国特色的国际贸易融资业

---

① 朱晓芳,孙磊.小议 UCP600 变动及存在的问题.财经界,2007,(7):251~152.

务,对于银行来讲,押汇的目的多半在于减少融资风险。那么,现在押汇业务已与议付相分离,议付行对受益人的融资也受到了惯例的保护。银行应按新国际惯例的要求重新调整其业务操作,以便出口商获得更便利的融资,同时也拓展了自己的业务空间。

（八）议付行作为汇票的收款人能否得到票据法的保护

信用证一般对信用证项下汇票的收款人是不作规定的。现行的国际结算教材及银行的习惯做法认为:如信用证没有特别规定,信用证项下汇票的收款人应是议付行。

UCP600 没有继续沿用 UCP500 中的善意持票人(bona fide holders)(UCP500 第 9 条的 a 款的第四点)的这一提法,表明 UCP600 有意将信用证关系当事人之间票据关系留给国内票据法来处理。那么,在信用证中,议付行是不是票据法中的正当持票人呢? 也就是说,假如议付行作为信用证项下汇票的收款人,那么,议付行能否得到票据法的保护?

英美票据法中的正当持票人(holder in due course),是指汇票从一人转让给另一人,以使受让人成为持有汇票之人。正当持票人构成要件包括:受让人的前手背书是真实的,汇票票面完整;取得汇票时,没有过期,不知道曾被退票,也不知道转让人的权利有何缺陷;受让人取得票据是善意的和付了对价给转让人的。若满足了上述要件,受让人才成为该票据及其所代表的全部财产的完全的合法所有人。即持票人就是正当持票人,其持有的票据不受任何原有当事人所有权瑕疵的拘束,不受票据债务人行使票据抗辩权的影响,并可向所有对票据负有责任的当事人请求付款。

从以上票据法的条文中可以看到,汇票可以被签发给受票人或其指定人,也可以签发给出票人或其指定人。但汇票的收款人不能成为善意持票人,因为汇票总是签发给收款人的,而不是转让给收款人的。

这个问题的纠纷在法院判案中经常出现,如在 2000 年新加坡法院的判例中,由于涉嫌受益人欺诈,法院签发了止付令,议付行以自己是正当持票人为由要求开证行付款。法院认为,议付行作为收款人,而不是被背书人,无法取得正当持票人的地位。该判例还引用了英国法院的意见,即"票据的流通转让是通过交付或背书交付实现的,如果要成为正当持票人,必须是票据的被背书人或来人,但绝不是收款人。"

因此,议付行要成为正当持票人,汇票的收款人不能缮制成"Pay to the order of XX Bank",而应缮制成"Pay to the order of ourselves",即做成受益人的指定人,然后,再由受益人背书转让给议付行,只有这样,议付行在发生因单据伪造、欺诈及法院下达止付令等情况下,跟单汇票才可受到国内票据法的保护。①

（九）UCP600 仍未明确议付行的善意持票人地位,没有从根本上区分"议付"与"贴现"

虽然国际商会在其第 459 号出版物中指出:"若指定银行确实进行了议付,对受益人有追索权。"但有人认为,若议付行接受了标有"对出票人无追索权"字样的汇票则不再享有对受益人的追索权。在修订工作中,部分专家建议在 UCP600 中明确规定议付行是否享有追索权,但国际商会考虑到该问题涉及背书人与被背书人之间的汇票法律关系,属于各国票据法范畴,超出了 UCP 的管辖范围,因此通过各国票据法的协调来解决该问题会更适合。

---

① 张素珍.新国际惯例下跟单信用证汇票运用的思考.对外经贸实务,70～73.

(十)关于"不符点收费"问题

据统计,约 70% 的单据在初次交单时被认为存在不符点而遭拒付,与此同时,一些银行也将再次检查单据视为一个重要的收入来源,即"不符点收费(discrepancy fee)"。有研究者认为不符点收费为不合理收费。因为:

(1)单据审核本是开证行的分内工作,缘何发现不符点还要收费而徒增受益人的交易成本?

(2)收了费是否就意味着应该接受存在不符点的单据?

因此,信用证中常出现如下条款:"All costs arising from discrepancies in documents are to be borne by beneficiaries. This does not constitute an automatic acceptance of discrepant documents."(由于单据不符而产生的费用由受益人承担,这并不意味着开证行自动接受了不符单据。)

不符点收费极大损害了跟单信用证的商业价值,进而影响其在国际结算市场的竞争力。在 UCP600 修订过程中,各方专家普遍要求 ICC 对此做出明确规定,但令人遗憾的是,正式文本中并未找到相关规定。

(十一)不够严谨的表达仍然存在

虽然与 UCP500 相比,UCP600 在语言表述上已经更简练、更确切易懂,但仍存在一些不够严谨的表达,有可能引起交易纠纷。例如:

(1)UCP600 第 14 条规定"如果信用证要求提交运输单据、保险单和发票以外的单据,对出单人或单据内容并未加要求,那么银行将接受内容上与所需单据具有同等作用的单据",何谓"同等作用"? 判断标准究竟应该是依银行的主观判断,还是依开证申请人的主观判断? 但无论依靠谁的判断,交单人所面临的单据被视为不符要求的风险都将增大。[1]

(2)第 20 条规定:"提单必须标明从指定装运港运到指定目的港(A bill of lading, however named, must appear to indicate shipment from the port of loading to the port of discharge stated in the credit)",这里用"from… to…"来表示,是否意味着提单上必须用词语表示抑或港口名称必须列入提单相应栏目方能符合信用证要求? 实际业务中,常出现在已装船批注中列明装运港的情况,是否不符信用证要求? 类似这样措辞上的歧义还有可能引起交易纠纷。[2]

(十二)拒付后的处理

UCP600 第 16 条 c 款关于银行拒付后向交单人发出拒付通知的规定,增加了一项"开证行可以留存单据直到其从申请人处接到放弃不符点的通知并同意接受该放弃"。增加这一选择的出发点是从受益人的角度考虑,符合了现实业务的发展需要,减少了因此产生纠纷的可能,并且有望缩短不符点单据处理的周期,有利于信用证的流通。当申请人对不符点表示放弃时,银行就可以尊重申请人的意愿向受益人付款,当然在银行是否决定放弃这一点上银行还有主动权。在银行拒付以后,如果申请人在规定时间内通过了解情况、验货等手续发现不符点并

---

① 王璇.信用证业务新惯例分析:UCP600 的改进与不足.金融经济,2007,(4):9~14.

② 孙晓琴,张南雪.国际贸易中信用证惯例的新发展——UCP600 与出口企业.国际经贸探索,2007,23(4):79~82.

不重要,申请人就有可能放弃这一不符点,从某一方面来说,这种放弃对受益人是有益的。然而,这样处理的话就有可能产生两个问题:

第一,从理论上来说,这种处理方式实际上是将信用证与实际的基础交易联系起来,从某种程度上来说,是有违于信用证的独立抽象原则的,而且审单标准也有向实质相符的原则发展的倾向。

第二,从实务上看,如果选择了这种处理方式,那么是否放弃不符点的主动权很大程度上就掌握在申请人的手上。假如受益人希望通过这种方式取得申请人对不符点的认可,而申请人又不想要这批货物时,申请人就极有可能借助这种优势滥用权利,引起一些争端,对受益人不利。而且,由于这种放弃是在银行发出拒付通知后做出的,UCP600 并没有规定申请人需要在多长时间内做这种反应,也就是说不必遵守 UCP600 中关于 5 天审单做出反应的期限。这样一来,周转的时间就有可能增加,造成受益人既不能及时处理货物,又不能回笼资金。因此在实际交易中,如果买卖合同中的卖方不愿意给予对方这种权利,应当在信用证中明确约定,排除这一选项,避免不必要的麻烦。[①]

(十三)UCP600 对可转让信用证的规定可能导致转让银行在实际业务中面临争议

例如,国外某转让银行向代第二受益人提交单据的国内 N 银行提出了一个不符点,而 N 银行认为不符点不成立,与转让银行进行了多次交涉,但转让银行坚持不符点的存在并明确表示只有 N 银行授权后才邮寄单据给原开证行。由此而导致了单据最终没有邮寄给原开证行,造成了第二受益人的直接损失。在这个案例中,转让银行对第二受益人提交的单据进行了审核,提出了不符点,引起了争议,并导致第二受益人的损失。

那么,转让银行是否有责任审核第二受益人提交的单据呢? 根据 UCP600 第 38 款的规定,第二受益人的单据必须提交给转让银行。如果第一受益人以自己的发票和汇票(如有)替换第二受益人的发票和汇票(如有)而导致不符点,且第一受益人又未能在第一次要求时作出修改,则转让银行有权将其从第二受益人处收到的单据向开证行提示,并不再对第一受益人负责。从这个条款看,似乎转让银行应负责审核单据。

但是,UCP600 第 14 款规定,按照指定行事的被指定银行、保兑行(如有)以及开证行必须对提示的单据进行审核,并仅以单据为基础,以决定单据在表面上看来是否构成相符提示。也就是说,需要审核单据的银行只能是指定银行、保兑行和开证行,并不包括转让银行,因此转让银行没有必要去审核单据,进而提出不符点。这又与第 38 款的规定有些矛盾,因为转让银行若不审核单据,如何能发现第一受益人替换的单据有不符点,并要求其修改呢?[②]

上述案例只是对转让银行的权利和义务需要进一步明确的一个方面。

---

① 张婷婷.信用证银行审单的发展——从 UCP600 与 UCP500 的差异说起.法制与社会.2007,(10):583~584.

② 赵海荣,高扬.UCP600 框架下转让银行的权利与义务探讨.商场现代化,2007,(6)(上旬刊):275~276.

第二章

UCP600 中英文对照与解析

第一节

UCP600 的总则与定义(1~5条)

一

第1条 统一惯例(UCP)的适用范围

(一)UCP600 第 1 条中英文对照

表 2.1 第 1 条:统一惯例的适用范围

第 1 条:统一惯例(UCP)的适用范围	Article 1:Application of UCP
跟单信用证统一惯例,2007 年修订本,国际商会第 600 号出版物,适用于任何在正文中标明受本惯例约束的跟单信用证(简称"信用证")(包括本惯例适用范围内的备用信用证)。除非在信用证中被明确地修改或排除,本惯例对一切有关当事人均具有约束力。	The Uniform Customs and Practice for Documentary Credits, 2007 Revision, ICC Publication No. 600 ("UCP") are rules that apply to any documentary credit ("credit") (including, to the extent to which they may be applicable, any standby letter of credit) when the text of the credit expressly indicates that it is subject to these rules. They are binding on all parties thereto unless expressly modified or excluded by the credit.

(二)UCP600 第 1 条与 UCP500 的比较评析

(1)UCP600 第 1 条涉及 UCP500 的第 1 条。

(2)"any"替代"all"

UCP600 第 1 条规定:本惯例适合"任何(any)跟单信用证",替代 UCP500 的规定:适合"所有(all)跟单信用证"。

"任何(any)更突出信用证自身,含义明确,所以更准确。

(3)"修改或排除"替代"另有规定"

UCP600 第 1 条规定:"除非在信用证中被明确地'修改或排除',本惯例对一切有关当事人均具有约束力。(They are binding on all parties thereto unless expressly'modified or excluded'by the credit.)"替代 UCP500 中出现 30 多次的规定:"除非信用证中'另有规定',本惯例对一切有关当事人均具有约束力。(They are binding on all parties thereto,unless'otherwise'expressly stipulated in the Credit.)"

每个信用证都可以对 UCP600 的条款进行修改和排除,但强调修改和排除,所以语气更肯定、坚决,用词更准确。

(4)"标明"替代"表明"

UCP600 第 1 条规定:"适用于任何在正文中'标明'受本惯例约束的跟单信用证(when the text of the credit expressly indicates that it is subject to these rules.)",替代 UCP500 的规定:"适用于任何在正文中'表明'按本惯例办理的跟单信用证(where they are incorporated into the text of the credit)"。

UCP600 中的含义明确,所以更准确。

(三)UCP600 的适用范围为什么特别提出备用信用证(standby letters of credit)

1. 备用信用证的在世界经济中的作用

据统计,仅在 1998 年,全球备用信用证与商业信用证业务量之比高达 7∶1;在备用信用证广泛使用并且是发源地的美国,国外银行向美国开立的备用信用证余额已经超过了美国本土银行所开立的备用信用证余额。时至今日,虽然在美国有关的法律限制已经被取消,但由于备用信用证具有独立性、单据化和见索即付的特点,深受交易各方的欢迎,因此,备用信用证已经成为国际经济活动一个重要的信用工具。

2. 备用信用证的含义与关系人

备用信用证又称担保信用证、履约信用证、商业票据信用证、不履行信用证(nonperforming letters of credit),是指不以清偿商品交易的价款为目的,而以贷款融资,或担保债务偿还为目的所开立的信用证。

具体来说,备用信用证是一种特殊形式的信用证,它是开证行根据申请人的请求,对受益人开立的承诺承担某项义务的凭证,即开证行保证在开证申请人未履行其应履行的义务时,受益人只要按照备用信用证的规定向开证银行开具汇票(或不开汇票),并提交开证申请人未履行义务的声明或证明文件,即可取得开证行的偿付。这样相当于买方承担了额外风险。

备用信用证起源于 19 世纪中叶的美国,美国商业银行创立备用信用证,用以代替保函,逃避法规的管制。因当时美国的法律只允许担保公司开立保函,而禁止商业银行提供担保或保证书服务。为了拓展业务,银行创立备用信用证来代替保函,从而避免使用"保函"字样,规避了法规的管制。故后来其逐渐发展成为为国际性合同提供履约担保的信用工具。

由于《跟单信用证统一惯例(1993 年修订本)》(以下简称 UCP500)的跟单信用证定义中的"单据"一词意指信用证规定的任何单据,而不特指代表货物的商业单据,因此,按 UCP500 规定,备用信用证属跟单信用证的一种,它是相对于一般附有商业单据的商业信用证(commercial letter of credit)而言的。商业信用证由受益人将货物装运出口并提交符合信用证要求的单据这一履约行为而使信用证成为可使用的结算方式;备用信用证则由于开证申请人的违约而支持了受益人,如到时开证申请人履约无误,则备用信用证就成为备而不用的结算方式,故称为备用信用证。由于备用信用证所具有的担保性质,所以有时也称做担保信用证(guarantee L/C)。商业信用证和担保信用证合称跟单信用证。

备用信用证的关系人包括:申请人、受益人、开证行、保兑行、通知行、指定人和提示人。

3. 备用信用证与一般信用证的比较

表 2.2　备用信用证与一般信用证的比较

	备用信用证	一般信用证
适用的情况不同	备用信用证是在买方拒付后自动生效。即受益人提供单据证明债务人未履行基础交易的义务时,开证行才支付信用证项下的款项。	一般商业信用证在贸易正常时用。即仅在受益人提交有关单据证明其已履行基础交易义务时,开证行才支付信用证项下的款项。
开证行承担的风险程度不同	在备用信用证业务中,开证行不一定有商业单据,开证行风险较大。备用信用证是一种银行保证,开证行一般处于次债务人的地位,其付款责任是第二性的,即只有在开证申请人违约时开证行才承担付款责任。	一般商业信用证开证行的风险小于备用信用证。因为开证行的付款责任是第一性的,只要受益人提交信用证规定的单据,且"单证相符",开证行就必须立即付款,而不管此时开证申请人是否付款。
受益人提交的单据不同	备用信用证可不提交单据但需要提交拒付证明。开证行则不希望按信用证的规定向受益人开出的汇票及单据付款,因为这表明买卖双方的交易出现了问题。	一般商业信用证必须提交商业单据。开证行愿意按信用证的规定向受益人开出的汇票及单据付款,因为这表明买卖双方的基础交易关系正常进行。
申请人与受益人不同	备用信用证的开证申请人与受益人既可以是进口方也可以是出口方。	一般商业信用证,总是货物的进口方为开证申请人,以出口方为受益人。
适用的贸易方式不同	备用信用证适用于所有的贸易。	一般商业信用证仅用于正常的货物买卖。
开证的缘由不同	备用信用证开证的缘由不确定。	一般商业信用证应申请人的要求开立。

4. 备用信用证的种类与用途

与商业信用证相比,备用信用证用途更广,它并不限于进出口贸易结算,还可用于投标及履约担保等。再者,按照 ISP98(《国际备用证惯例》,由国际商会以"第 590 号出版物"公布)的规定,备用信用证的开立者并不限于银行,也可是保险公司等非银行机构;而按照 UCP500 的规定,商业信用证的开立者只能是银行。备用信用证通常用作履约、投标、还款的担保业务。按照用途的不同,备用信用证主要可分成以下五种:

(1)履约备用信用证(performance standby L/C)

用于担保履行责任而非担保付款,包括对申请人在基础交易中违约所造成的损失进行赔偿的保证。在履约备用信用证有效期内如发生申请人违反合同的情况,开证人将根据受益人提交的符合备用信用证的单据(如索款要求书、违约声明等)代申请人赔偿信用证规定的金额。

(2)投标备用信用证(tender bond standby L/C)

用于担保申请人中标后执行合同的责任和义务。若投标人未能履行合同,开证人须按备用信用证的规定向受益人履行赔款义务。投标备用信用证的金额一般为投保报价的1%～5%(具体比例视招标文件规定而定)。

(3)预付款备用信用证(advance payment standby L/C)

用于担保申请人对受益人的预付款所应承担的责任和义务。预付款备用信用证常用于国际工程承包项目中业主向承包人支付的合同总价 10%～25%的工程预付款,以及进出口贸易中进口商向出口商的预付款。

(4)直接付款备用信用证(direct payment standby L/C)

用于担保到期付款,尤指到期没有任何违约时支付本金和利息。直接付款备用信用证主要用于担保企业发行债券或订立债务契约时的到期支付本息义务。直接付款备用信用证已经突破了备用信用证备而不用的传统担保性质。

(5)保险备用信用证(insurance standby L/C)

对申请人的保险或再保险义务进行担保。

案例 2-1

备用信用证纠纷案

原告:澳大利亚悉尼 S 银行(下称 S 银行)

被告:香港 B 银行(下称 B 银行)

S 银行拟凭 B 银行开立的以 S 银行为受益人的备用信用证向 D 客户提供 100 万美元的信贷。S 银行因缺少 B 银行的印鉴本,便去 B 银行悉尼分行核对。尽管在核对过程中双方还有争议,但毕竟在信用证签注了"印鉴相符,B 银行"的字样,落款是 B 银行分行的两位职员的签字。然后,S 银行凭持有的 B 银行悉尼分行的印鉴本核对了该两位职员的签字,完全相符。就此,D 客户从 S 银行取得了 100 万美元。不久,S 银行为信用证的一些小修改和 B 银行联系时,B 银行否认曾经开立过此证,并表示对该信用证不承担任何责任。因而,S 银行要求凭信用证支取 100 万美元遭到 B 银行的拒付。B 银行声称该信用证是伪造的,而且信用证上某些内容也足以引起 S 银行的警觉。S 银行反驳称,印鉴经核对相符,说明信用证是真实的,为此 B 银行应对该证负责。

审理结果:

法庭鉴定原告提示的信用证确属伪造。

原告 S 银行以其对汇入汇款业务中印鉴核对的处理引作证明,是按当地银行惯例行事的,因而也是确定信用证真伪的有效方法,并且如果通过具有代理关系的银行核对印鉴可以确认信用证的真伪,那么通过开证行的分行核对印鉴当然可以确认信用证的真伪。

被告声称信用证若干内容应引起 S 银行的警觉,因此被告可不受"禁止翻供"的约束。本法庭认为只有原告对于该伪证真正知情,被告不受"禁止翻供"的约束。对于原告来说,因不知道该信用证是伪造的而把被告的信用证当成是真实的,是合情合理的。

本法院裁决被告对该信用证承担完全责任。

评析:

本案涉及的信用证是备用信用证。备用信用证又称商业票据信用证、担保信用证,是一种特殊形式的光票信用证。备用信用证是开证银行对受益人承担一项义务的凭证。在此凭证中,开证银行保证在开证申请人未能履行其应履行的义务时,受益人只要按照备用信用证的规定向开证银行开具汇票,并随附开证申请人未履行义务的声明或证明文件即可得到开证银行的偿付。

备用信用证起源于 19 世纪中叶的美国,美国商业银行创立备用信用证,用以代替保函,逃避法规的管制。备用信用证的用途几乎与银行保函相同,既可用于成套设备、大型机械、运输工具的分期付款、延期付款和租金支付,又可用于一般进出口贸易、国际投标、国际融资、加工装配、补偿贸易及技术贸易的履约保证。由此可见,备用信用证是一种介入商业信用中的银行信用,当申请人违约时,受益人有权根据备用信用证的规定向开证行索偿。本案的备用信用证是用于资金融通担保。

尽管备用信用证实质上是一种银行保函,但备用信用证在遵循的规则、所要求的单据及付款的依据方面都与银行保函有所不同。《跟单信用证统一惯例》(国际商会第 400 号出版物)开始将备用信用证纳入它的适用范围,并与跟单信用证一起作出同样的界定(见上述 UCP400 第 1 条)。因此,备用信用证与跟单信用证具有同样的性质和特征,在业务处理上都遵循《跟单信用证统一惯例》,凭有关单据而不是货物进行付款。当然,具体来说,还是有区别的,主要在于:

(1)付款责任不同。在跟单信用证业务中,开证行的付款责任是第一性的,只要受益人提示信用证中规定的单据,开证行就必须立即付款,而不管此时申请人是否或能否付款。备用信用证实质上是一种银行保函,开证行一般处于次债务人的地位,其付款责任是第二性的,即只有在申请人违约或不能付款时才承担付款责任。

(2)单据作用不同。跟单信用证一般都要凭符合信用证规定的代表货权的单据付款,而备用信用证则要凭受益人证明申请人违约的声明或单据付款。

(3)适用范围不同。跟单信用证一般只适用于货物贸易结算,而备用信用证则可适用于诸多经济活动中的履约担保,其用途与银行保函几乎相同,运用十分广泛。

本案争执的焦点是备用信用证的真伪,以及伪造备用信用证项下"开证行"与受益人之间的责任权益问题。信用证与其他所有合同一样受同一的一般法律原则管辖。信用证不是流通工具。当提款权利的享受取决于某些行为的完成或某些事实的存在时,必须表明该行为的完成或该事实的存在。本案中 B 银行声称该信用证是伪造的,并提出:如果开证行与核对印鉴银行之间有代理关系,则核对印鉴可以是确定信用证真伪的合适方法,但实际上它与其悉尼分行并没有代理关系,因此 S 银行曾到其悉尼分行核对过印鉴并不能证明本案的备用信用证是真实的。事实情况是,S 银行以其对汇入汇款业务印鉴核对的处理引作证明,是按当地银行惯例行事的,因而也是确定信用证真伪的有效方法,从另一方面来说,如果通过具有代理关系的银行核对印鉴可以确认信用证的真伪,那么通过开证行的分行核对印鉴当然可以确认信用证的真伪。因为分行不具有独立的法人资格,其法律行为的权责直接归于总行。B 银行还声称信用证若干内容应引起 S 银行警觉,因此它可不受"禁止翻供"的约束。在信用证业务中,开证行必须对自己的任何疏忽行为承担责任,开证行的信用证是一种付款承诺,对方即受益人确实信赖的话,那么法律是不允许开证行事后再反口,企图推翻其先前的承诺的。受益人没有义务在合理诚信的范围之外,去探究开证行的真实意图。当然,这些都是基于公平的原则之上的,如果说受益人明知道开证行有误,而借以利用之,则情形会不一样。英国法很早以前就有一种说法,即任何手脚不干净的人是不可以到衡平法院去寻求支持的。结合本案来说,若受益人 S 银行本身行事不公或不正当的话,它是不能以对方"禁止翻供"来作为抗辩的。事实上,S 银行对于该伪证并不知情,且依合理审慎原则,按当地银行惯例对该伪证作了核对,因此 S 银行有理由依赖开证行的承诺。本案审理法庭认为只有 S 银行对于该伪证真正知情,B 银行才可不受"禁止翻供"的约束,正是基于上述法律原则。对于S银行来说,因不知道该信用证是伪造的而把B银行的信用证当成是真实的,是合情合理的。

本案的审理适用了《跟单信用证统一惯例》(国际商会第400号出版物)及其他相关法律。如果适用 UCP600 的话,法庭的判决可能会不一样,即 UCP600 第3条规定:一家银行在不同国家设立的分支机构均视为另一银行。据此,同一银行在各国的分支行虽然在组织上和管理上可能同属于它的总行,但在信用证业务中应被视作为各自独立的银行。结合本案来说,S银行到B银行悉尼分行核对印鉴,将不能证明信用证是由B银行开立的,因为B银行与其悉尼分行在信用证业务中是独立的银行,且没有证据表明它们之间具有代理委托关系,如此,B银行与该信用证不存在法律意义上的关系,当然不能要求其承担付款责任。弄清楚 UCP600 的这项新规定是必要的,从银行角度来讲,将不因其他相关银行的信用证业务所累,从受益人角度来讲,则能明确法律关系,不受迷惑。

5. 备用信用证诈骗的常见方式及其特点[①]

(1)进口备用信用证诈骗

是指诈骗分子以向我方提供紧俏商品为名,采取鱼目混珠、蒙骗诱惑的手法,迫使买方银行开出不可撤销的备用信用证,以达到骗取实际供货商之货物或进口商定金和银行融资的目的。

这种诈骗常常具有如下特点:

①诈骗分子以提供国内紧俏商品为理由,引诱买方向银行申请出具备用信用证;

②备用信用证以买卖双方签订的合同为基础,付款期为远期一年;

③诈骗分子要求买方指示银行按其提供的所谓"标准格式"开立,且规定其指定银行为受益人;

④备用金额较大,以诈骗大笔款项;

⑤受骗对象包括国内进口企业、外方实际供货商和银行。

案例 2-2

利用进口备用信用证诈骗

1995年初,大连市保税区D公司(申请人)向大连市B银行(开证行)提交了合同、申请书和保函格式,并存足了百分之百的保证金,要求开证行为其开出金额为50万美元的远期备用信用征,用于进口"豪华级"轿车,受益人(卖方)为香港T公司。银行经办员在审核有关资料时,发现合同确实显示T公司为卖方,且上面有关买卖双方人员的签章,合同条款还规定:"T公司保证在收到开证行(担保行)开出的备用信用证后,立即发货,买方一年后付款,不计利息。"但对方提供的备用证格式却有两个疑点:

①此格式(据称为广州中行标准格式)的申请人和受益人分别是T公司和香港P银行,而非D公司和T公司;

②责任条款是开证行保证T公司向P银行归还贷款,而不是保证D公司付款。

---

① 孙满.对利用保函和备用信用证的诈骗的识别与防范.对外经贸实务,1997,(12):21~24

于是提醒 D 公司注意，并提供了专门作为付款保证的备用证格式给 D 公司参考，D 公司将此格式传真给 T 公司请其确认，但 T 公司拒绝接受，并诡称："此格式在香港不能使用"，一定要按原提供的"广州中行标准格式"开具，而且必须开给 P 银行，否则，将把货转卖他人。D 公司眼看轿车市场价格上涨，唯恐失去赚钱机会，便再三要求开证行开证。鉴此，开证行设法通过香港某咨询机构调查受益人资信情况，获悉 T 公司曾有利用备用证诈骗供货商货物和买方定金的前科，当即转告申请人，随后，又致电广州中行查询，收到复电称"该行从来开过上述格式的备用信用证"。至此，真相大白，从而戳穿了诈骗分子这一骗术，使我方企业免遭重大经济损失。

(2)出口备用信用证诈骗

这是指诈骗分子打着正常贸易的旗号，以向我方提供出口付款保证为名，在所开备用信用证中故意添加某些对出口商非常不利或者制约出口商主动权的"陷阱条款"，并玩弄花样，企图骗取出口商的出口货物或履约金。

这种诈骗大多具有如下特点：

①诈骗分子以向出口商提供付款保证为名，通过银行开来备用信用证；

②所开备用证带有"不利条款"或"陷阱条款"，制约了出口商的主动权；

③申请人要求受益人向其指定代表支付合同金额或开证金额的一定比例履约金；

④申请人串通开证行不择手段地拒付出口货款，使出口商钱货两空；

⑤受害方主要是中国国内出口企业。

(3)引资/融资备用信用证诈骗

这是指诈骗分子打着"国际财团"的牌子，以帮助地方政府引进外资为借口，诱使国内银行开具备用信用证，借以在国外招摇撞骗，或者穿着"外资企业"的外衣，以合作投资为理由，伪冒国外银行的备用信用证，以此作为融资保证，企图骗取我方银行的融资或贷款。

这种诈骗多数具有如下特点：

①诈骗分子声称背后有"国际财团"支持，可以为国内引进大笔资金，或者以"外资企业"身份出现，寻求合作投资伙伴；

②诈骗分子巧舌如簧，以引资为借口，诱使国内银行出具备用信用证，或者以合资为理由，不择手段地伪冒国外银行的备用信用证，且金额巨大，以诈取暴利；

③诈骗分子施以小利，千方百计拉关系、托熟人，试图通过地方政府官员出面促成其事，而本人则在幕后操纵指挥；

④诈骗分子利用我方银行的备用信用证到处招摇撞骗，或者以伪冒的国外银行备用信用证作抵押，企图骗取我方银行的融资或贷款；

⑤受骗者包括国内企业、地方政府官员和银行。

案例 2-3

利用引资备用信用证诈骗

1993 年初，某不法分子通过熟人介绍找到河北某地区办银行负责人，自称是"××国际财团"的代表，可以帮当地政府引进巨额资金，支持地方经济建设，但条件是该行必须开出以"××集团"为申请人的大额备用信用证,并支付一定比例的手续费。由于该地区地处偏远,经济不发达,急需引进外资,且 A 行负责人素质不高,求财心切,竟然不顾后果,以该行名义开出了总额为 100 亿美元的备用信用证,给不法分子到处招摇撞骗,造成了极坏影响,也严重损害了该行的声誉,令人震惊。

案例 2-4

利用融资备用信用证诈骗

1992 年 9 月,天津市某高级干部与地方政府几位退休干部一起陪同香港 M 公司代表来到天津中行洽谈有关合作投资事宜。该代表出示了一份亚洲 B 银行开立的备用信用证,金额为 10 亿美元,还款期限为 5 年,并声称:"这是国际商会认可的'3039'格式,开证行资产总值达 100 亿美元、信誉和资力绝对可靠。"接着,该代表向天津中行提出以此备用证作保证或抵押,向 M 公司融资或贷款,以便共同投资开发天津市,另外还称:"M 公司经济实力雄厚,在亚洲 B 银行有足够存款来偿付中行所融资的款项。"与此同时,市里有关领导也多次电话询问,并要求尽力促成此事。在此情况下,天津中行仔细查核了银行年鉴,但发现根本无此银行。因此,该中行一方面要求 M 公司落实反担保,另一方面迅速电查伦敦中行,不久收到复电:"3039 格式并非国际商会认可的备用信用证格式,而是被大部分国际诈骗集团所利用的信用证格式。"至此,香港 M 公司的诈骗意图已暴露无遗。

(4)备用信用证风险分析

①备用信用证风险产生的基础原因

备用信用证的风险是由它的支付条件所造成的。备用信用证是独立于合同而存在的,都具有独立性、单据化和见索即付的特点,即备用信用证不受基础合同影响,它所处理的都只是相关的单据业务,一旦银行或其他担保机构应申请人的要求,开立了备用信用证,申请人的违约风险即转移给了银行或担保机构。在这种情况下,担保人所应履行的责任就是,只要受益人提供与备用信用证项下或与保函条款表面相符的书面文件和规定的其他单据,担保人就要履行付款责任。这就带来了银行和其他担保机构的风险。同时,因申请人、担保机构和受益人之间的关系,也可能产生申请人和受益人的风险。

②备用信用证使用中的特殊风险分析

在延期付款备用信用证中,由于受益人的交单在先,银行付款在后,万一付款到期时开证行破产等,作为没有作出延期付款承诺的被指定的付款银行,它并没有付款义务,完全可以不向受益人付款,这就给受益人的顺利收款带来风险。为减少风险,在对开证行资信无把握时,受益人应要求延期付款备用证由出口地一家银行加具保兑,以获得保兑行在开证行之外对受益人的延期付款的独立保证责任。[①]

6.防范备用信用证诈骗的措施

正如一位风险专家曾说过的:"任何事情本身都不是风险,世界上也本无风险。但是在另一方面,任何事情都能成为风险,这依赖于人们如何分析风险,考虑事件。"因此,风险的重要性不在于风险本身,而在于风险的附着对象。

---

① 于雪松.备用信用证与见索即付保函使用中的风险问题.大众科学研究与实践,2007,(23):108~109

（1）开证行的风险防范

①为避免银行付款后向申请人索款遭遇风险，银行应对申请人的资格及资信情况进行严格审查。

第一，对于国外银行开来的备用信用证，我方银行应指定专人核验印、押，严格审查有关条款，确保其真实性和合理性。

只有印、押相符的备用信用证，才是真实、有效的，也只有条款正常、合理的备用信用证，才能真正维护我方企业的合法权益。因此，若发现印、押不符，则应立即查询，如有不利条款，则需及时联系修改，不可掉以轻心，留下隐患。

第二，为避免受益人伪造单据或其他欺诈风险，银行应对受益人的资信情况进行严格审查。为防止基础合同或项目的合法性给银行带来的法律风险，银行应对交易合同或项目进行严格审查。银行为避免文字风险，应对备用信用证的主要内容进行审查，从而防止有关利害方有机可乘。审核备用信用证适用的法律条款时，一般不接受规定适用受益人所在国法律的信用证条款。

②备用信用证可以加注"如果发生不可抗力，备用信用证自动失效"或类似已经"格式化"的条款。

③如果可能的话，银行可以建议申请人以多个小额的备用信用证来代替一个大额的备用信用证，以减少全额索赔的可能性。

④我方银行对外出具备用信用证时，应认真审核合同、申请书等有关资料，调查、了解贸易双方的资信情况，适当增加一些"稻草条款"（即自我保护条款），以减少和防范风险。

只有知彼知己，才能稳操胜券，也只有棋高一着，才能掌握主动。故一旦发现疑点，就要一查到底，若有诈骗嫌疑，则需马上报案，不可草率用事，上当受骗。

（2）申请人的风险防范

①申请人应该提前对受益人的资信情况进行仔细了解，以免遭到受益人的欺诈。

②申请人应在自己已经履行合同项下的义务后，立即通知开证行或担保行，不再对所开立的备用信用证付款。

③申请人最好要求开证行在对外赔款前，能提前一定时间通知申请人，以便申请人有足够的时间根据情况向法院申请禁止令。

④申请人应设法使备用信用证从属于有关合同。尽管这在实务中很难办到，但它对避免"无理索赔"是有一定好处的。

（3）受益人的风险防范

①受益人应该仔细审阅备用信用证，特别注意其中是否存在对将来索赔造成障碍的软条款，如要求受益人索赔时，要提供申请人签字或确认的单据。对于此类条款，受益人应要求申请人删除。

②受益人应该对备用信用证的生效期和有效期进行仔细审查，确保其与所担保的基础合同的履约期相衔接，以便受益人能够在其有效期内进行有效索赔。

③受益人应该预先对开证行的资信进行调查，这样才能在申请人不履约的情况下得到有效赔偿。

（4）其他当事人的风险防范

备用信用证中的保兑人，是指经开证行指定在开证行的承诺上加上其自身保证保兑备用信用证的人。保兑人与开证行同样承担第一性的付款责任。因此，作为保兑人，也应该对开证行、备用信用证的内容及申请人的资信情况进行必要的了解。①

（四）为适应 UCP600,SWIFT 的变化

1. SWIFT 报文格式变化的原因

2006 年 11 月 18 日,SWIFT 组织对跟单信用证类报文格式进行了升级,升级涉及的报文格式包括 MT700/701 开立跟单信用证、MT705 跟单信用证的预先通知、MT707 跟单信用证的修改、MT710/711 通知由第三家银行开立的信用证、MT720/721 跟单信用证的转让、MT740 偿付授权。此次升级的主要目的是为了适应于 2007 年 7 月 1 日生效的 UCP600。并规定 2007 年 7 月 1 日之后开立的信用证均依照 UCP600 规定处理。

2. SWIFT 开立信用证简介

目前,银行间传递的信用证,几乎都使用"环球同业银行金融电讯协会"(Society for Worldwide Interbank Financial Telecommunication,简称 SWIFT)的处理和信息传递系统,SWIFT 开证占所有电开信用证的 90% 左右。

SWIFT 项下开立跟单信用证 MT 格式一般有 17 种:

(1)MT700/701 格式:开立信用证时使用。

(2)MT705 格式:信用证预先通知用。

(3)MT707 格式:信用证修改用。

(4)MT710/711 格式:通知由第三家银行开立跟单信用证用。

(5)MT720/721 格式:转让跟单信用证用。

(6)MT730 格式:确认收妥跟单信用证,并证实已通知受益人用。

(7)MT732 格式:发报行通知收报行有关单据已被开证申请人接受用。

(8)MT734 格式:发报行通知收报行单证不符的拒付通知用。

(9)MT740 格式:发报行授权收报行偿付信用证项下款项,即偿付授权用。

(10)MT742 格式:发报行向收报行索偿用。

(11)MT750 格式:发报行通知收报行有关单据不符点,即所谓"电提"用。

(12)MT752 格式:发报行授权收报行在单据没有其他不符点的情况下,可以付款/承兑/议付,该报文是对 MT750 的答复。

(13)MT754 格式:发报行通知收报行单证相符,已对有关单据进行付款/承兑/议付,并已按批示寄单,即所谓"通知电"。

(14)MT756 格式:发报行通知收报行,已进行了偿付/付款。

MT701 三个数字,第一个数字 7 是规定具体业务的品种的,也就是大类的,如:7 打头的都是信用证;4 打头的是托收;1,2 打头的是汇款。而后两个数字是表示一类中的具体格式的,其中 99 是表示自由格式,如 799,999,199 等。

现在受益人收到的信用证大多是 SWIFT-MT700/MT701 格式,SWIFT 的开立信用证格式为 MT700/701,与信开相比,SWIFT 省略了保证条款,但加注密押,软件系统自动核对密押无误后,SWIFT 信用证才生效。除非特别规定,SWIFT 信用证受 UCP600 约束。SWIFT 修改信用证格式为 MT707。

SWIFT 报文(text)的每一种报文格式(message type,简称 MT)规定了由哪些项目

---

① 于雪松. 备用信用证与见索即付保函使用中的风险问题. 大众科学研究与实践,2007,(23):108~109.

(field)组成,每一个项目又严格规定了有多少字母,多少数字或字符。这些规定的表示方法及含义如下:

  n:只表示数字

  a:只表示字母

  Q:表示数字或字母

  X:表示 SWIFT 电讯中允许出现任何一个字符(包括 10 个数字、26 个字母、有关标点符号、空格键、回车键和跳行键)

  *:行数

  譬如:2n:表示最多填入 2 位数字。

  3a:表示必须填入 3 个字母。

  4*35X:表示所填入的内容最多 4 行,每行最多 35 个字符。

在一份 SWIFT 报文中,有些规定项目是必不可少的,称为必选项目(mandatory field);有些规定项目可以由操作员根据业务需要确定是否选用,这些项目称为可选项目(optional field)。

项目代号由 2 位数字或 2 位数字加一个小写字母后缀组成,该小写字母后缀在某一份报文中必须由某一个规定的大写字母替换。如项目"52a",该项目在某一份报文中可能成为"52A",在另一份报文中就可能成为 52B。带上不同的大写字母后缀,其含义和用法也就不一样。

MT700/701 是由开证行发送给通知行,用来列明发报行(开证行)开立的跟单信用证条款的报文格式。当跟单信用证内容超过 MT700 报文格式的容量时,可以使用一个或几个(最多三个)MT701 报文格式传送有关跟单信用证条款。

3. SWIFT 跟单信用证 MT700/701 的代码解读

(1)跟单信用证 MT700/701

开立跟单信用证 MT700/701 分别如表 2.3 与表 2.4 所示:

表 2.3　SWIFT 跟单信用证 MT700 的代码解读

M/O[①]	Tag 代号	Field Name 栏位名称	Content/Options 内容	No. 序号[③]
M	27	Sequence of Total 页次[②]	1! n/1! n 1 个数字/1 个数字	1
M	40A	Form of Documentary Credit 跟单信用证类别	24X 24 个字符	2
M	20	Documentary Credit Number 信用证号码	16X 16 个字符	3
O	23	Reference to Pre-Advice 预通知的编号	16X 16 个字符	4
O	31C	Date of Issue 开证日期	6! n 6 个数字	5
M	40E	Applicable Rules 适用的规则	30X[/35X]	6
M	31D	Date and Place of Expiry 到期日及地点	6! n29X 6 个数字/29 个字符	7
O	51a	Applicant Bank 申请人的银行	A or D A 或 D	8

续表

M/O①	Tag 代号	Field Name 栏位名称	Content/Options 内容	No. 序号③
M	50	Applicant 申请人	4 * 35X 4 行 35 个字符	9
M	59	Beneficiary 受益人	[/34x]4 * 35X [/34 个字符] 4 行 35 个字符	10
M	32B	Currency Code，Amount 币别代号、金额	3! a15d 3 个字母，15 个数字	11
O	39A	Percentage Credit Amount Tolerance 信用证金额加减百分率	2n/2n 2 个数字/2 个数字	12
O	39B	Maximum Credit Amount 最高信用证金额	13X 13 个字符	13
O	39C	Additional Amounts Covered 可附加金额	4 * 35X 4 行×35 个字符	14
M	41a	Available With… By… 向……银行押汇，押汇方式……	A or D A 或 D	15
O	42C	Drafts at… 汇票期限	3 * 35X 3 行 * 35 个字符	16
O	42a	Drawee 付款人	A or D A 或 D	17
O	42M	Mixed Payment Details 混合付款指示	4 * 35X 4 行×35 个字符	18
O	42P	Deferred Payment Details 延迟付款指示	4 * 35X 4 行×35 个字符	19
O	43P	Partial Shipments 分批装运	1 * 35X 1 行×35 个字符	20
O	43T	Transhipment 转运	1 * 35X 1 行×35 个字符	21
O	44A	Place of Taking in Charge/Dispatch from … /Place of Receipt 货物监管地/发货地/收货地点	1 * 65X 1 行×65 个字符	22
O	44E	Port of Loading/Airport of Departure 装货港或装货机场	1 * 65X 1 行×65 个字符	23
O	44F	Port of Discharge/Airport of Destination 目的港或到达机场	1 * 65X 1 行×65 个字符	24
O	44B	Place of Final Destination/ For Transportation to… /Place of Delivery 最后目的地/货物运至地/交货地	1 * 65X 1 行×65 个字符	25
O	44C	Latest Date of Shipment 最后装运日	6! n 6 个数字	26
O	44D	Shipment Period 装运期间	6 * 65X 6 行×65 个字符	27
O	45A	Description of Goods and /or Services 货物描述及/或交易条件	100 * 65X 100 行×65 个字符	28

续表

M/O[1]	Tag 代号	Field Name 栏位名称	Content/Options 内容	No. 序号[3]
O	46A	Documents Required 应提交的单据	100 * 65X 100 行×65 个字符	29
O	47A	Additional Conditions 附加条件	100 * 65X 100 行×65 个字符	30
O	71B	Charges 费用	6 * 35X 6 行×35 字符	31
O	48	Period for Presentation 提示期间	4 * 35X 4 行×35 个字符	32
M	49	Confirmation Instructions 保兑指示	7! X 7 个字符	33
O	53a	Reimbursing Bank 清算银行	A or D A 或 D	34
O	78	Instructions to the Paying/Accepting/Negotiating Bank 对付款/承兑/议付银行之指示	12 * 65X 12 行×65 个字符	35
O	57a	"Advise Through"Bank 收讯银行以外的通知银行	A,B or D A,B 或 D	36
O	72	Sender to Receiver Information 银行间的通知	6 * 35X 6 行×35 个字符	37

①M/O 为 Mandatory 与 Optional 的缩写,前者指必要项目,后者为任意项目。

②页次是指本证的发报次数,用分数来表示,分母分子各一位数字,分母表示发报的总次数,分子则表示这是其中的第几次,如"1/2",其中"2"指本证总共发报 2 次,"1"指本次为第 1 次发报。

③这个序号表示的是这些代号(Tag)如果在一份信用证中出现的话,其出现的顺序即按此序号的顺序出现的。

④表中带下画线部分的内容为 SWIFT 为适应 UCP600 而在 2006 年 11 月份所做的升级。

表 2.4 SWIFT 跟单信用证的开立 MT701 格式

M/O	Tag 代号	Field Name 栏位名称	Content/Options 内容	No. 序号
M	27	Sequence of Total 页次	1! n/1! n 1 个数字/1 个数字	1
M	20	Documentary Credit Number 信用证编号	16X 16 个字符	2
O	45B	Description Goods and/or Services 货物描述及/或交易条件	100 * 65X 100 行×65 个字符	3
O	46B	Documents Required 应提交的单据	100 * 65X 100 行×65 个字符	4
O	47B	Additional Conditions 附加条件	100 * 65X 100 行×65 个字符	5

(2)MT700 与 MT701 有什么区别

MT700 与 MT701 都是开立信用证的,当 L/C 内容超过 MT700 格式的容量时,可以使用一个或多个(最多三个)MT701 传送有关条款。MT701 的 45B,46B,47B 中的 B 是 SWIFT 的格式规定。SEQUENCE OF TOTAL 是指 L/C 总共有几页,每一页在总页数中的次序。A OR D 是指选 A 或者选 D。

4. SWIFT 报文格式变化的方面与评析

（1）删除 MT700 的下面两个使用规则：

①除非另有规定，所开立的跟单信用证将遵循现时有效的巴黎国际商会制定的《跟单信用证统一惯例》。如果该信用证遵循这一惯例，通知行（即该报文的收报行）必须将此通知受益人或另一家通知行。

②除非另有规定，跟单信用证项下的偿付，在适用的情况下，将遵循现时有效的巴黎国际商会制定的《银行间偿付统一规则》。如果该偿付遵循这一惯例，通知行（即该报文的收报行），在适用的情况下，应该通知指定行；在自由议付的情况下，通知受益人。

（2）在 MT700、MT710、MT720、MT740 中增加必选栏位 40E（使用规则）：

40E：使用规则

结构：30X[/35X]（使用规则）（描述）

必选项

定义：该栏位列明信用证遵循的使用规则。

代码选项（必选使用以下代码之一），该项有 6 种可供使用的选择，分别为：

①UCP LATEST VERSION（统一惯例最新版本）

跟单信用证遵循现时有效的巴黎国际商会制定的《ICC 跟单信用证统一惯例》，并于开证日生效。

②EUCP LATEST VERSION（电子化交单统一惯例最新版本）

跟单信用证遵循现时有效的巴黎国际商会制定的《ICC 跟单信用证统一惯例电子交单规则》，并于开证日生效。

当信用证遵循 EUCP 条款时：

第一，如果同时允许使用电子单据和纸质单据，该栏位必须指明提交电子单据的地址和纸质单据的地址。

第二，如果只允许提交电子单据，那么该栏位必须指明提交电子单据的地址。

第三，如果已不是原始信用证的一部分，通知行（即报文的接收方）必须向受益人或其他通知行提供开证行的电子地址。而且，通知行必须向受益人或其他通知行提供他们将提交的电子地址。

第四，如果电子地址中包含"@"符号，应由"（AT）"来代替。

第五，如果电子地址中包含"_"符号，应由"（UNDERSCORE）"来代替。

第六，描述每一个条款应另开始一行，并由"＋"开始。

③UCPURR LATEST VERSION（统一惯例及偿付统一规则最新版本）

跟单信用证遵循现时有效的巴黎国际商会制定的《ICC 跟单信用证统一惯例》和《银行间偿付统一规则》，并于开证日生效。

④EUCPURR LATEST VERSION（电子化交单统一惯例及偿付统一规则最新版本）

跟单信用证遵循现时有效的巴黎国际商会制定的《ICC 跟单信用证统一惯例电子交单规则》和《银行间偿付统一规则》，并于开证日生效。

⑤ISP LATEST VERSION（《国际备用证惯例》最新版本）

备用信用证遵循现时有效的巴黎国际商会制定的《ICC 备用信用证统一惯例》，并于开证日生效。

⑥OTHER（其他）

信用证遵循其他条款。

网络监察规则：

只有使用代码字 OTHER 时，才可以后跟附加信息。

SWIFT 报文格式的这一变动，是为了更好地体现 UCP600 适用于所有在正文中标明按其办理的跟单信用证这一规定。同时，增加一个专门场次来注明信用证适用的规则，更便于受益人清楚地了解约束信用证的规则，从而减少发生误解的可能性。

（3）将 MT710/711 的报文格式名称由"通知由第三家银行开立的信用证"改为"通知由第三家银行或非银行开立的信用证"，并在 MT710 中，新增加了项目编号为 50B Non-Bank Issuer（非银行开证人），用来显示开立信用证的非银行开证人。同时还在 MT720 中，新增加了项目编号为 50B Non-Bank Issuer of the Original Documentary Credit（原信用证非银行开证人），用来显示开立原信用证的非银行开证人。

非银行机构开立信用证是一个在实务中早就存在的事实，对此，国际商会银行委员会在其编号为 TA537 的意见中表示，非银行机构开立遵守 UCP 的信用证并不违反 UCP，并建议通知行在其通知函中明确披露开证人的非银行身份，避免给受益人造成错误印象。SWIFT MT710 中直接增加非银行开证人及 MT720 中直接增加原信用证非银行开证人，是为了方便地披露非银行机构开证人的身份，让受益人很方便地了解开证人身份，同时消除了因通知业务处理不够细致可能给受益人造成的不便。

（4）对 MT700、MT705、MT707、MT710、MT720 格式运输路线的场次进行了全面调整，将原先用于各种运输方式各种运输单据的项目编号为第 44A "装船/发运/接受监管地"及第 44B 场"运输至"取消，并设立了第 44A、44E、44F、44B 这四个项目编号来体现不同运输方式不同运输单据的具体要求。

①项目编号为第 44A Place of Taking in Charge/Dispatch from…/Place of Receipt（接受监管地/发运地/收货地），用来表明应在运输单据上显示的接受监管地（如为多式运输单据）、收货地（如为公路、铁路或内河运输单据或快件或速递单据）、或发运地或装运地。

②新增项目编号为第 44E Port of Loading/Airport of Departure（装运港/出发机场），用来注明应在运输单据上显示的装运港或出发机场。

③新增项目编号为第 44F Port of Discharge/Airport of Destination（卸货港/目的地机场），用来注明应在运输单据上显示的卸货港或目的地机场。

④项目编号为第 44B Place of Final Destination/For Transportation to…/Place of Delivery（最终目的地/运往……/交货地），用来注明应在运输单据上显示的最终目的地或交货地。

上述有关运输路线的项目编号变更，彻底改变了过去各种运输单据上的运输起讫地栏目的名称与信用证上 SWIFT 项目编号无法一一对应的尴尬局面。如过去项目编号为第 44A "装船/发运/接受监管地"中的地点，对应于多式运输单据，应出现在收货地，对应于提单，则应出现在装运港。而现在根据新的 SWIFT 场次的规定，提单、不可转让的海运单、租船合同提单、空运单据上的运输起讫地装运港/出发机场及卸货港/目的地机场分别与项目编号为第 44E 及第 44F 一一对应，而多式运输单据（即涵盖至少两种不同运输方式的运输单据）、公路铁路或内河运输单据、快件收据、邮政收据或邮寄证明上的运输起讫地接受监管地/发运地/收货地及最终目的地/运往……/交货地分别与项目编号为第 44A 及第 44B 一一对应。这一变动对申请人正确地提出开证申请、受益人提交正确的运输单据均有很大帮助。

综上所述，此次升级后，SWIFT 报文将更清晰地显示出信用证适用的规则、开证人是否是银行机构情况，并使要求提交的运输单据上的栏目与运输路线起讫地名称更好地对应，让受益人更好地明确信用证的要求，更加便于国际贸易的顺利进行。

二

第2条　定义

（一）UCP600 第 2 条中英文对照

表 2.5　第 2 条:定义

第 2 条:定义	Article 2:Definitions
就本惯例而言:	For the purpose of these rules:
通知行意指应开证行要求通知信用证的银行。	Advising bank means the bank that advises the credit at the request of the issuing bank.
申请人意指申请开立信用证申请的一方。	Applicant means the party on whose request the credit is issued.
银行日意指银行在其营业地正常营业,按照本惯例行事的行为得以在银行履行的日子。	Banking day means a day on which a bank is regularly open at the place at which an act subject to these rules is to be performed.
受益人意指开立信用证中受益的一方。	Beneficiary means the party in whose favour a credit is issued.
相符提示意指与信用证中的条款及条件、本惯例中所适用的规定及国际标准银行实务相一致的提示。	Complying presentation means a presentation that is in accordance with the terms and conditions of the credit, the applicable provisions of these rules and international standard banking practice.
保兑意指保兑行在开证行之外对于相符提示做出兑付或议付的确定承诺。	Confirmation means a definite undertaking of the confirming bank, in addition to that of the issuing bank, to honour or negotiate a complying presentation.
保兑行意指应开证行的授权或请求对信用证加具保兑的银行。	Confirming bank means the bank that adds its confirmation to a credit upon the issuing bank's authorization or request.
信用证意指无论其如何命名或描述的一项约定,该约定不可撤销并因此构成开证行对于相符提示予以兑付的确定承诺。	Credit means any arrangement, however named or described, that is irrevocable and thereby constitutes a definite undertaking of the issuing bank to honour a complying presentation.
兑付意指: a. 对于即期付款信用证即期付款。	Honour means: a. To pay at sight if the credit is available by sight payment.
b. 对于延期付款信用证发出延期付款承诺并于到期日付款。	b. To incur a deferred payment undertaking and pay at maturity if the credit is available by deferred payment.
c. 对于承兑信用证承兑由受益人出具的汇票并于到期日付款。	c. To accept a bill of exchange("draft") drawn by the beneficiary and pay at maturity if the credit is available by acceptance.

开证行意指应申请人要求或代表其自身开立信用证的银行。

Issuing bank means the bank that issues a credit at the request of an applicant or on its own behalf.

议付意指被指定银行在其应获得偿付的银行日当日或在此之前,通过向受益人预付或者同意向受益人预付款项的方式购买相符提示项下的汇票(汇票付款人为被指定银行以外的银行)及/或单据。

Negotiation means the purchase by the nominated bank of drafts(drawn on a bank other than the nominated bank) and/or documents under a complying presentation, by advancing or agreeing to advance funds to the beneficiary on or before the banking day on which reimbursement is due to the nominated bank.

被指定银行意指信用证可在其处兑用的银行,对于可供任何银行兑用的信用证而言,任何银行均为被指定银行。

Nominated bank means the bank with which the credit is available or any bank in the case of a credit available with any bank.

提示意指信用证项下单据被提交至开证行或被指定银行,抑或按此方式提交的单据。

Presentation means either the delivery of documents under a credit to the issuing bank or nominated bank or the documents so delivered.

提示人意指发出提示的受益人、银行或其他参与方。

Presenter means a beneficiary, bank or other party that makes a presentation.

(二)UCP600 第 2 条与 UCP500 的比较评析

(1)UCP600 第 2 条增加了一些新内容,部分内容涉及 UCP500 的第 2、14 条。

(2)开证行可以是"代表其自身开立信用证的银行"。

UCP600 第 2 条规定:"开证行意指应申请人要求或'代表其自身开立信用证的银行'(Issuing bank means the bank that issues a credit at the request of an applicant or on its own behalf)。"明确了开证行不仅可应申请人要求开立信用证,而且可以为自身融资的需要而开立备用信用证。

(3)申请人意指申请开立信用证申请的一方(the party)。

UCP600 第 2 条采用"一方(the party)"替代了 UCP500 中的"客户(customer)",显然,UCP600 更加严谨明确。

(4)兑付(honour)

UCP600 出现了一个新定义——"honour",有人翻译成"兑付、承付('承兑'和'付款'合为一词)",有人翻译成"付款[广义付款,不仅包括最后'付款(payment)'环节,还包括'付款'前的环节,诸如'提示'、'付款承诺'及'承兑'等]"。在本书中采用"兑付",因为本条对"honour"进行了三点解释:

a. 对于即期付款信用证即期付款;

b. 对于延期付款信用证发出延期付款承诺并于到期日付款;

c. 对于承兑信用证承兑由受益人出具的汇票并于到期日付款。

可以看出,"兑付"概括了在即期付款、延期付款和承兑信用证下,开证行、保兑行或指定行除议付外的其他向受益人进行支付的行为。

延期付款信用证多用于资本货物交易,旨在便于进口商在付款前先凭单提货,并安装、调试甚至投入使用后,再支付设备价款。因此,这种信用证对出口商来说并无多大好处,除了银行的保证到期付款作用外,无资金融通作用。

延期付款信用证不要求汇票,节省了汇票所需付的印花税。因为在欧洲许多国家承兑汇票也纳税,所以延期付款信用证在欧洲非常的普及。

(5)相符提示(complying presentation)

相符提示是 UCP600 中的新概念,意指与信用证中的条款及条件、本惯例中所适用的规定及国际标准银行实务(ISBP)相一致的情况下,(单据)才能作提示。而在 UCP500 中仅规定单据在"与信用证中的条款相符的条件下提示"。可见,在 UCP600 中对提示的要求比 UCP500 更为严格,"提示"从符合一方面(信用证)规定到符合三方面(与信用证中的条款及条件、本惯例中所适用的规定及国际标准银行实务)规定。另外,开证行接受了电提的不符点后,提示仍视为"相符提示"。

(6)UCP600 中对"议付"进行了重新的定义并删除了议付信用证

①UCP600 中对"议付"重新的定义

加拿大信用证专家李道安先生曾说过:"Please don't try to ride on the elephant named 'negotiation',we may fall unless we can fly."(除非有飞翔的翅膀,请勿驾驭"议付"之象,否则我们可能会跌落下来)

议付意指被指定银行在其应获得偿付的银行日或在此之前,通过向受益人预付或者同意向受益人预付款项的方式购买相符提示项下的汇票(汇票付款人为被指定银行以外的银行)及/或单据。

首先,这个定义取代了原议付即付对价的定义,即对 UCP500 中争议颇大的"给付对价(the giving of value)"的说法予以删除,"对价"是英美法系中合同的要件之一,在大陆法系中并无此规定。在 Currie 诉 Misa 1875 中对价被定义为"一方产生或取得的一些权利、利息、利润或利益或者另一方遭受或承担的一些债务延展、损失、损害或责任"。

在新 UCP600 条款中议付被称为"购买(purchase)",明确了议付是对票据和单据的"购买",属于对受益人的预付或承诺预付。实际上,这个说法就意味着对"议付"的解释又回到了俗称的"买单"之说法。如此设计使得"议付"从 UCP500 中规定的四种支付方式中单列出来,用"买单说"来解释议付行的行为也表明了其融资的性质,从而将议付信用证对受益人的融资功能纳入了统一惯例的保护范围。

其次,UCP600 明确要求 purchase 行为必须 under a complying presentation,而做出上述承诺时尚未发生交单,自然不能算是议付。

最后,引入了"agreeing to advance funds"、"advancing(预付)"、"advance funds(预付款项)"。

第一,agreeing 应该以何种形式出现:口头还是书面?

根据 ICC China(国际商会中国国家委员会)意见推敲,口头似无不可,但是书面显然更可取,至少可以避免双方对承诺内容及条件等发生争执。但从实务角度来看,口头形式几乎是不可能的,因为承诺预付必然涉及适用的利率、约定的付款日期、是否有权追索等一系列问题,因此,agreeing 应落实到书面,这对企业与议付行来说都比较有保障。

第二,强调了议付的融资特性,即指定银行在开证行偿付之前的付款行为。

并将"advancing(预付)"和"advance funds(预付款项)"特定为"purchase(购买)"的方式,强调了议付不仅仅只有议付行立即对受益人付款一种方式,还包括议付行对受益人预付款项的允诺,使以前实务中屡有争议的远期议付的概念明确了。而 UCP500 仅指明有延期付款和承兑信用证两种,对于议付信用证是否可以有远期,则只字未提,致使实际操作无据可依。

第三,"被指定银行在其应获得偿付的银行日当日或在此之前"(on or before the banking

day on which reimbursement is due to the nominated bank)如何理解？

既然可以在得到偿付的同一天进行议付，那还算预付吗？在即期议付信用证下，如果议付行采用承诺预付的形式，会根据估算的大致时间，并参考开证行过往的收汇记录，估算一个从开证行收到款项的日期，进而与客户约定支付款项的时间。由于开证行具体哪天支付议付行并不知情，所以恰好在同一天垫付并收款是可能的。

第四，开证行的责任。

开证行的责任分为两类：对于执行了指定的指定行（已对受益人的相符交单做出承付或议付）承担偿付责任；对于受益人承担承付责任。需要注意的是，在任何一个时点上，都不会出现开证行同时承担两个责任的可能，这一点在所有信用证下都是一样的。当议付行采取 advance funds（预付款项）的形式实现议付时，从其将款项垫付给受益人的一刻起，开证行的责任仅指向议付行，其所支付的资金性质为偿付。当议付行采取 agreeing to advance（同意预付款项）的形式实现议付时，只要其做出 agreeing，开证行的责任也仅指向议付行；此时虽然受益人尚未收到款项，但有义务向他给付资金的是做出承诺的议付行，而非开证行。较为特殊的情况有两种：

其一是议付行未按照约定向受益人垫付资金，那么这种情况下开证行所支付的资金性质为 honour，虽然开证行以为他是在偿付指定行。

其二是开证行资金早于议付行与受益人约定的资金垫付日期到达，那么此时议付行无权再声称议付，而应将开证行的款项解付给受益人，不过这时开证行已经做出终极支付，讨论议付与否已经没有实际意义了。这种情况通常不会在到期日可确定的远期议付信用证下出现。因此在即期信用证下，银行在使用 agreeing to advance 这种形式时，有可能置自己于两难境地，一旦出现上述第二种情况，至少一个问题会有争议：银行是否有资格收取议付利息？

第五，议付行为的有效时点。

议付应该在哪一个时点上发生？在即期议付信用证下，这个问题较为简单，我们直接讨论远期议付信用证的情况。有的银行习惯在收到开证行承兑/承付后再实施议付，这种做法恐怕难以被认定为有效议付。当指定行将单据提交给开证行时，如果其尚未做出议付，那么就应该适用 UCP600 第 7 条 a～v 款而不是第 7 条 c 款，此时，开证行的承兑/承付直接指向受益人，其性质为 honour，此时指定行再声称自己议付，恐怕难以自圆其说，开证行在已经向受益人承担责任的情况下，将不会再对指定行承担责任。当然，指定行若做福费廷另当别论，这与信用证交易本身无关。那么，如果指定行在交单时并未声称议付，却在随后向开证行发送电报声称已议付，是否有效呢？这个问题的答案比较模糊，但是首先指定行必须已在交单面函上注明单据相符，否则不满足做议付的前提；其次，电报应该在单据到达开证行之前发送，否则会因为上述情况同样的原因不被认可。因此，为稳妥起见，如企业希望指定行以议付行身份出现，则必须要求议付行为在向开证行做出交单以前做出；如果采取 agreeing to advance 的形式，一定要确保约定垫付日在开证行履行支付之前。

当开证行以欺诈为由否认其支付义务时，善意的议付行可以享受欺诈豁免的保护，从而避免进口方滥用欺诈侵犯出口商权益。虽然在支付时，开证行并不能够 100% 的确定资金是支付给谁，更不会去在乎它的性质是偿付还是承付，但一旦涉及诉讼，能否有充足证据证明议付行的身份从而说服法院撤销止付令，则成为能否保护议付行进而保护企业的关键所在。[1]

②UCP600 中删除了议付信用证

① 孙磊.认清议付要点规避贸易风险.进出口经理人,2008,(1):50～51.

UCP500 中将信用证分为四种：即期付款信用证、延期付款信用证、承兑信用证与议付信用证。在中国，议付信用证却占据了绝大多数。而在 UCP600 第 2 条中删除了议付信用证，将跟单信用证分成三种形式：即期付款信用证、承兑付款信用证和延期付款信用证。有的学者认为这样的修改是正确的，因为任何一种跟单信用证根据开证人的意愿，在开出的信用证中允许议付（无论自由或限制议付），那么无论这份信用证是即期/承兑/延期付款的信用证中的哪一种，只要受益人能够满足证内规定的条件，提交证内所要求的单据，银行都可以办理议付手续。因此，如果把议付单独列为一种信用证的形式，显然是不太合适。

③银行议付的形式

UCP600 中的议付对银行的影响表现在银行议付有两种形式，即预付和同意预付款项。银行与客户签订的合同中可以有预付和同意预付款项两种选择。在受益人交单要求银行议付时，应明确表示希望银行预付或同意预付款项。如果选择预付款项，银行确认单证相符后就应给客户融通资金；如果选择同意预付款项，议付银行则应在受益人需要资金时才支付融资款项。

（三）信用证"承诺"的法律问题

UCP600 第 2 条中"承诺"对应的英文为"undertaking"而不是"promise"。"undertaking"意思是保证、约定或许诺。该词在英美法中具有特定含义，指行为人单方自行承担的一种义务，无须支付对价即具有可执行性，一般具有无因性、独立性，不受其可能基于的其他交易下的抗辩影响。这对行为人而言是一种允诺和责任，对受益人而言是一种保证。而"promise"表示的"允诺"，往往需要一些附加条件。因此，从英美合同法的角度看，开证行向受益人开立的不可撤销的信用证是一个要约。

承诺是受要约人同意要约的意思表示。通常认为承诺的要件有：

（1）承诺必须由受要约人作出。

（2）承诺必须在合理的期限内向要约人发出。承诺应当在要约确定的期限内到达受要约人。

（3）承诺的内容必须与要约的内容相一致。

在信用证交易中，受益人作出承诺须具备的要件是：

（1）承诺必须由受益人作出；

（2）承诺必须在交单的截止日或截止日之前在交单地点向兑用信用证的银行发出；

（3）提交的单据符合信用证的规定。

如果受益人在交单的截止日之后作出承诺，开证行必须及时以拒付电的方式通知受益人，否则该迟到的承诺发生承诺的效力；如开证行及时通知了，则该迟到的承诺可因其符合要约的要件而视为新要约，合同未成立。

承诺的效力表现为：承诺生效时合同成立。对于承诺的生效时间，两大法系有着不同的立法例。大陆法系采到达主义或送达主义，即主张承诺的意思表示于到达要约人支配的范围内时生效。英美法系采发送主义或送信主义，即主张如果承诺的意思表示是以邮件、电报方式作出，则承诺于投入邮筒或交付电信局时生效，除非要约人与承诺人另有约定。UCP600 采到达主义原则。①

①　魏敏，胡忠宁.信用证的法律性质分析.湘潮（下半月），2007，(9)：25～26.

信用证不像土地登记和公司那样是法律的产物。信用证业务是在没有特别立法的情况下由商人在商事活动中发展起来的。对于信用证相关纠纷的法律适用问题,首先应依照当事人的约定确定准据法,当事人不仅可以选择一国的国内法,而且可以选择相关的国际惯例,比如UCP600。在当事人没有就法律适用进行约定时,一般依照最密切联系原则来确定准据法。大陆法系国家倾向于开证行所在地是最密切联系地,英美法系国家倾向于交单付款地是最密切联系地。为了确保当事人权利义务关系的稳定性,最有效的手段是在信用证中约定所适用的法律或国际惯例。

三

第 3 条　释义

(一)UCP600 第 3 条中英文对照

表 2.6　第 3 条:释义

第 3 条:释义	Article 3:Interpretations
就本惯例而言:	For the purpose of these rules:
在适用的条款中,词汇的单复数同义。	Where applicable,words in the singular include the plural and in the plural include the singular.
信用证是不可撤销的,即使信用证中对此未作指示也是如此。	A credit is irrevocable even if there is no indication to that effect.
单据可以通过手签、签样印制、穿孔签字、盖章、符号表示的方式签署,也可以通过其他任何机械或电子证实的方法签署。	A document may be signed by handwriting,facsimile signature,perforated signature,stamp,symbol or any other mechanical or electronic method of authentication.
当信用证含有要求使单据合法、签证、证实或对单据有类似要求的条件时,只要单据表面已满足上述条件,即可由在单据上签字、标注、盖章或标签来满足。	A requirement for a document to be legalized,visaed,certified or similar will be satisfied by any signature,mark,stamp or label on the document which appears to satisfy that requirement.
一家银行在不同国家设立的分支机构均视为另一家银行。	Branches of a bank in different countries are considered to be separate banks.
诸如"第一流"、"著名"、"合格"、"独立"、"正式"、"有资格"、"当地"等用语用于描述单据出单人的身份时,单据的出单人可以是除受益人以外的任何人。	Terms such as"first class","well known","qualified","independent","official","competent"or"local" used to describe the issuer of a document allow any issuer except the beneficiary to issue that document.
除非确需在单据中使用,银行对诸如"迅速"、"立即"、"尽快"之类词语将不予置理。	Unless required to be used in a document,words such as"prompt","immediately"or"as soon as possible" will be disregarded.
"于或约于"或类似措辞将被理解为一项约定,按此约定,某项事件将在所述日期前后各五天内发生,起讫日均包括在内。	The expression"on or about"or similar will be interpreted as a stipulation that an event is to occur during a period of five calendar days before until five calendar days after the specified date,both start and end dates included.

词语"×月×日止"(to)、"至×月×日"(until)、"直至×月×日"(till)、"从×月×日"(from)及"在×月×日至×月×日之间"(between)用于确定装运期限时,包括所述日期。词语"×月×日之前"(before)及"×月×日之后"(after)不包括所述日期。

The words"to","until","till","from"and"between"when used to determine a period of shipment include the date or dates mentioned,and the words"before"and"after"exclude the date mentioned.

词语"从×月×日"(from)以及"×月×日之后"(after)用于确定到期日时不包括所述日期。

The words"from"and"after"when used to determine a maturity date exclude the date mentioned.

术语"上半月"和"下半月"应分别理解为自每月"1日至 15 日"和"16 日至月末最后一天",包括起讫日期。

The terms"first half"and"second half"of a month shall be construed respectively as the 1st to the 15th and the 16th to the last day of the month,all dates inclusive.

术语"月初"、"月中"和"月末"应分别理解为每月 1日至 10 日、11 日至 20 日和 21 日至月末最后一天,包括起讫日期。

The terms"beginning","middle"and"end"of a month shall be construed respectively as the 1st to the 10th,the 11th to the 20th and the 21st to the last day of the month,all dates inclusive.

(二)UCP600 第 3 条与 UCP500 的比较评析

(1)UCP600 第 3 条涉及 UCP500 的第 2、6、20 及 47 条。

(2)UCP600 第 3 条规定:在适用的条款中,词汇的单复数同义。主要考虑某些语言是不区分单复数的,比如英文的"Banks"表示多家银行,但中文翻译时习惯译成"银行"。

(3)UCP600 第 3 条规定:信用证是不可撤销的,即使信用证中对此未作指示也是如此。这相当于取消了"可撤销的信用证"的规定,2007 年 7 月 1 日以后开立的信用证都是"不可撤销的"。这样一方面增强了对受益人利益的保护,另一方面加大了开证行的责任。

(4)UCP600 第 3 条规定:诸如"第一流"、"著名"、"合格"、"独立"、"正式"、"有资格"、"当地"等用语用于描述单据出单人的身份时,单据的出单人可以是除受益人以外的任何人。而UCP500 规定:不应使用诸如"第一流"、"著名"、"合格"、"独立"、"正式"、"有资格"、"当地"等用语用于描述信用证项下应提交的任何单据的出单人。如信用证中含有此类词语,只要所提交的单据表面与其他条款相符,且并非由受益人出具,银行将照予接受。可见 UCP600 的规定比 UCP500 更简洁、明确、肯定。

(5)UCP600 第 3 条规定:"于或约于"或类似措辞将被理解为一项约定,按此约定,某项事件将在所述日期前后各五天内发生,起讫日均包括在内。而 UCP500 规定:此条款仅适用于装运时间,可见 UCP600 的适用范围更广。

(6)在装运时间的规定上,与 UCP500 相比,除沿用原有的外,新增加"'before'、'after'并对'between'与'before'进行了诠释"。这样 UCP600 在装运日期上比 UCP500 适用范围更广,更灵活。

(7)UCP600 第 3 条规定:词语"从×月×日"(from)以及"×月×日之后"(after)用于确定到期日时不包括所述日期。明确了用于确定"到期日(maturity date)"时 from 与 after 的含义。

(三)案例:UCP600 关于不可撤销信用证

某出口商收到一份信用证,上面没有明确该信用证属于可撤销信用证还是不可撤销信用证。在出口商备货过程中,忽然收到通知,声明信用证已被撤销。请分析,该做法是否符合 UCP600 的惯例。

分析：

UCP400 规定,信用证如未注明"不可撤销"字样,均视为可撤销信用证。这种规定的缺陷是：如果稍有疏忽,必将导致受益人遭受严重的经济损失。UCP500 对此作了根本性的修改：凡信用证未注明可撤销或不可撤销字样的,应视为不可撤销信用证。鉴于可撤销信用证给各方带来诸多不利这样一种现状,UCP600 取消了可撤销信用证这一种类,今后所有的信用证均为不可撤销信用证。

启示：

信用证可否撤销是信用证分类的一项重要标准。对于可撤销信用证和不可撤销信用证,开证银行的责任迥然有别,其受益人所获得的保证也大不相同。受益人一般都要求开证申请人开立不可撤销信用证,以保障受益人的权利。UCP600 的这项修改,对国际贸易的发展,产生了巨大的促进作用。

四

第 4 条　信用证与合同

(一)UCP600 第 4 条中英文对照

表 2.7　第 4 条:信用证与合同

第 4 条:信用证与合同	Article 4:Credits v. Contracts
a. 信用证就性质而言是独立于可能作为其依据的销售合同或其他合同的交易。即使信用证中提及该合同,银行亦与该合同完全无关,且不受其约束。因此,一家银行作出兑付、议付或履行信用证项下其他义务的承诺,并不受申请人与开证行之间或与受益人之间在已有关系下产生的索偿或抗辩的制约。	a. A credit by its nature is a separate transaction from the sale or other contract on which it may be based. Banks are in no way concerned with or bound by such contract,even if any reference whatsoever to it is included in the credit. Consequently,the undertaking of a bank to honour, to negotiate or to fulfil any other obligation under the credit is not subject to claims or defences by the applicant resulting from its relationships with the issuing bank or the beneficiary.
受益人在任何情况下,不得利用银行之间或申请人与开证行之间的契约关系。	A beneficiary can in no case avail itself of the contractual relationships existing between banks or between the applicant and the issuing bank.
b. 开证行应劝阻申请人将基础合同、形式发票或其他类似文件的副本作为信用证整体组成部分的做法。	b. An issuing bank should discourage any attempt by the applicant to include, as an integral part of the credit,copies of the underlying contract,proforma invoice and the like.

(二)UCP600 第 4 条与 UCP500 的比较评析

(1)UCP600 第 4 条涉及 UCP500 的第 3、5、47 条。

(2)UCP600 第 4 条 b 款规定:开证行应劝阻申请人将基础合同、形式发票或其他类似文件的副本作为信用证整体组成部分的做法;而 UCP500 规定:开证行在开证时要尽量劝阻开证人引用原来开出的信用证包括修改过的有关内容,为了避免由于引用过多内容造成混乱,导致单据发生差错。在进出口实务中,客户常以形式发票为基础开立信用证,在某种程度上认可了形式发票的效力与合同相似。可见,UCP600 的劝阻的范围扩大了,这进一步强调了信用证的独立性。

此规定表明,进口商如果在信用证中针对出口商列出一些无法在单据中得以体现的要求,造成银行审核时无法通过单据判断出口商是否按进口商的要求履行了,银行将对此类要求"忽略",并且不承担任何责任。例如,某进口商在信用证中列出一条款,要求出口商装运货物必须按照某一特定航线行驶,途径某某海港,但是该出口商提交的所有单据都无法显示其所航行的具体线路和途径的港口,导致银行无法从单据判断出口商是否按进口商在信用证中的要求行驶了该特定航线,银行可以对此条款忽略,并且在相符交单的情况下承付,开证行不得以此为由拒绝偿付。

(三)案例:信用证指示不明确,不完整

欧洲某银行开立一张不可撤销议付信用证,该信用证要求受益人提供"Certificate of Origin:E. E. C. Countries(标明产地为欧共体国家的原产地证明书)"。该证经通知行通知后,在信用证规定的时间内受益人交来了全套单据。在受益人交来的单据中,商业发票上关于产地描述为"Country of Origin:E. E. C. ",产地证则表明"Country of Origin:E. E. C. Countries"。

议付付行审核受益人提交的全套单据后认为,单单、单证完全一致,于是该行对受益人付款,同时向开证行索汇。

开证行在收到议付行交来的全套单据后,认为单单、单证不符:

(1)发票上产地一栏标明:E. E. C. ,而信用证要求为 E. E. C. Countries。

(2)产地证上产地一栏标明 E. E. C. Countries,而发票产地标明 E. E. C.

开证行明确表明拒付,并且保留单据听候处理。

收到开证行拒付通知后,议付行据理力争:信用证对于发票并未要求提供产地证明,况且发票上的产地系与产地证一致。故议付行认为不能接受拒付,要求开证行立即付款。

评析:

该案的争议源于信用证条款的不完整、不明确,在开证行开列的信用证中,开证行对产地的要求为 E. E. C. Countries,而并未具体要求哪一国。在此情况下,受益人提供的单据中涉及产地一栏时既可笼统表示为欧共体国家,也可具体指明某一特定国家(只要该国是欧共体成员国即可)。倘若开证行认为不符合其规定,它应在开证时将产地国予以明确表示。

UCP600 规定:开立信用证的指示,信用证本身,修改信用证的指示以及修改书本身必须完整,明确。

既然开证行开立的信用证指示不明确,它将自己承担此后果。故在此案中开证行的拒付理由是不成立的。

此案中给我们的启示是:作为开证行在开立信用证时必须完整、明确地列明条款。

议付行在收到不明确、不完整的指示时,应及时与对方联系,以免不必要的纠纷。

受益人必须严格按照信用证条款行事。对于非信用证所要求的千万别画蛇添足。在本案中既然商业发票中不必显示产地,虽然商业发票中显示产地是许多国家的习惯做法,但为避免麻烦也不应该出现原产地。

五

第 5 条　单据与货物/服务/行为

（一）UCP600 第 5 条中英文对照

表 2.8　第 5 条：单据与货物/服务/行为

第 5 条：单据与货物/服务/行为	Article 5：Documents v. Goods，Services or Performance
银行处理的是单据，而不是单据所涉及的货物、服务或其他行为。	Banks deal with documents and not with goods，services or performance to which the documents may relate.

（二）UCP600 第 5 条与 UCP500 的比较评析

（1）UCP600 第 5 条涉及 UCP500 的第 4 条。

（2）采用"银行（banks）"替代"各有关当事人（all parties）"。

UCP600 第 5 条规定：银行处理的是单据，而不是单据所涉及的货物、服务或其他行为。而其他当事人确实会涉及货物等。可见 UCP600 的用语更严谨了。

（3）再次强调：银行处理的仅是单据。例如，一批芯片装上飞机后，飞机在起飞后，发生故障，掉入大海，芯片全部损失。但是，只要受益人提交给银行的单据符合信用证上的规定，银行就必须付款。至于其他善后事项，由保险等相关当事人来处理，与银行付款无关。

第二节

责任、审核及拒绝（6～16 条）

六

第 6 条　有效性、有效期限及提示地点

（一）UCP600 第 6 条中英文对照

表 2.9　第 6 条：有效性、有效期限及提示地点

第 6 条：有效性、有效期限及提示地点	Article 6：Availability，Expiry Date and Place for Presentation
a.信用证必须规定可以有效使用信用证的银行，或者信用证是否对任何银行均为有效。对于被指定银行有效的信用证同样也对开证行有效。	a. A credit must state the bank with which it is available or whether it is available with any bank. A credit available with a nominated bank is also available with the issuing bank.

b.信用证必须规定它是否适用于即期付款、延期付款、承兑抑或议付。

b. A credit must state whether it is available by sight payment, deferred payment, acceptance or negotiation.

c.不得开立包含有以申请人为汇票付款人条款的信用证。

c. A credit must not be issued available by a draft drawn on the applicant.

d.

d.

ⅰ.信用证必须规定提示单据的有效期限。规定的用于兑付或者议付的有效期限将被认为是提示单据的有效期限。

ⅰ. A credit must state an expiry date for presentation. An expiry date stated for honour or negotiation will be deemed to be an expiry date for presentation.

ⅱ.可以有效使用信用证的银行所在的地点是提示单据的地点。对任何银行均为有效的信用证项下单据提示的地点是任何银行所在的地点。不同于开证行地点的提示单据的地点是开证行地点之外提交单据的地点。

ⅱ. The place of the bank with which the credit is available is the place for presentation. The place for presentation under a credit available with any bank is that of any bank. A place for presentation other than that of the issuing bank is in addition to the place of the issuing bank.

e.除非如第 29 条 a 款中规定,由受益人或代表受益人提示的单据必须在到期日当日或在此之前提交。

e. Except as provided in sub-article 29(a), a presentation by or on behalf of the beneficiary must be made on or before the expiry date.

(二)UCP600 第 6 条与 UCP500 的比较评析

(1)UCP600 第 6 条涉及 UCP500 的第 10、42、43 条。

(2)UCP600 第 6 条新增加"有效性(availability)",开出的信用证要指明对哪个银行有效,还是对一切银行有效,开出的信用证适用于何种付款方法:即期付款、延期付款、承兑抑或议付。而 UCP500 规定仅有议付信用证才被允许议付付款。

(3)UCP600 第 6 条 a 款规定:对于被指定银行有效的信用证同样也对开证行有效。即受益人可以直接向开证行交单,但对受益人不利,即一旦单据在邮寄途中丢失,开证行不会承担对受益人的偿付责任。如果单据交到指定银行,一旦单据在邮寄途中丢失,开证行必须偿付指定银行,见 UCP600 第 35 条。

(4)UCP600 第 6 条 c 款规定:不得(must not)开立包含有以申请人为汇票付款人条款的信用证。UCP600 强调禁止;而 UCP500 中则表达为"不应(should not)",并允许以开证申请人作为付款人的汇票存在,银行将其作为额外单据;UCP400 允许以开证申请人作为付款人。

例如,有份印度国家来证,要求把汇票的付款人做成某某银行转账某客户:"DRAFTS TO BE DRAWN IN THE NAME OF STATE BANK OF MYSORE BR MARKET BRANCH BANGALORE 560002 A/C ARJUN SILKS BANGALORE 560002."这种条款是违反 UCP600 第 6 条 c 款的,应予及时修改,否则,出口商在该信用证项下的交单类同于托收性质的交单,不利安全收汇。

(5)信用证的到期日、交单期与交单地点之间的关系

①信用证的到期日

信用证的到期日在业务中常被称为有效期(expiry date),UCP600 翻译为"有效期限"或"截止日"。UCP600 第 6 条 d 款 ⅰ 项规定:如信用证未规定到期日,则该证无效。L/C 的到期日通常规定为装运日后的第 15 天。有些 L/C 的到期日规定得不够明确,如规定 L/C 有效期为"一个月"、"三个月"等,此时需注明起算日期,否则按照 UCP500 第 42 条 c 款的规定,以开证行的开证日期视为起算日,从而确定该证的到期日。不过 UCP600 已删除此规定,这提醒

银行以后不要再采用这种方式注明 L/C 的到期日。

关于到期日的起算问题,UCP600 及 ISBP 对此也有规定:"after"和"from"应从装船日后次日算起;而"of"起算的日期要包括提单"装船日"当天在内。例如信用证条款规定:"Documents must be presented for negotiation within 10 days after/from the date of B/L but within the validity of this credit."或"Documents must be presented for negotiation within 10 days of the date of B/L but within the validity of this credit."上述信用证中两种交单期规定用语中,因为使用了"after/from"和"of"不同的用词,起算日不同,到期日要相差一天。

②信用证的交单地点

关于交单地点(place for presentation),按照 UCP600 第 6 条 d 款 ⅱ 项规定,此条规定与 UCP500 有实质性的不同:UCP600 强调信用证的使用地与提示单据地的一致性,而 UCP500 中没有相应的规定。

据第 6 条 d 款 ⅱ 项规定,受益人可以在任何地点提交单据,而不仅仅限于受益人所在的国家。位于 A 国的受益人可以在 B 国交单。这一解释可以方便跨国企业在各地的分支机构灵活地开展业务,理论上允许全球交单的存在。但由于交单地点的难以确定,且基于时差关系,全球交单存在难以判断信用证是否过期和是否迟交单的问题。因此,在 UCP600 实施后,议付信用证的兑用地点不应模糊地规定为 any bank,而应该明确注明一个地点,如 any bank in xx country,以便开证行判断交单的路径以及交单的时间。

UCP500 第 42 条规定:"所有信用证均须规定一个到期日及一个付款、承兑交单地。议付信用证尚须规定一个议付交单地,但自由议付信用证除外。"由于此前不少 L/C 就交单地点的问题存在相互矛盾的做法,比如一份自由议付的 L/C 却规定交单地点或到期地点为开证行所在地,因此 UCP600 明确了交单地点应在指定银行及开证行所在地,而且按照 UCP600 第 6 条 a 款"信用证必须规定可在其处兑用的银行,或是否可以在任一银行兑用。规定在指定银行兑用的信用证同时也可以在开证行兑用"的规定,即使存在指定银行,开证行也不得拒绝受益人直接向其提交的单据,也就是受益人(包括交单行)可以自由选择向指定银行还是开证行交单,但是受益人必须清楚此种选择潜在的风险,比如受益人要承担交单时间延误造成遗期交单的风险。

如果采用电子交单方式,按照 eUCP1.1 第 e3 条 a 款 ⅲ 项的规定,电子记录的交单地点意指电子地址。第 e5 条 a 款规定:"eUCP 信用证允许提交:ⅰ.电子记录,则必须注明电子记录的交单地点;ⅱ.电子记录和纸制单据者,还必须注明纸制单据的交单地点。"

③信用证的交单地点与到期日、交单期的关系

案例:我国某公司向意大利出口一批货物,意大利开来的 L/C 中规定:"有效期:2006 年 4 月 15 日于中国,最晚装船期:2006 年 3 月 31 日。单据须于装运日后 21 天内寄达我行。"货物于 3 月 13 日装运完毕,提单签发日为 3 月 13 日,由于准备其他单据耽搁了时间,我国公司于 3 月 25 日向议付行交单议付,议付行即向开证行寄单。开证行于 4 月 6 日收到单据。结果开证行以遗期交单为由拒付货款,理由是因为 L/C 中规定:"单据须于装运日后 21 天内寄达我行",而货物于 3 月 13 日装运,3 月 13 日距 4 月 6 日超过了 21 天交单。

该案例中我国公司原以为 3 月 25 日向议付行交单议付是符合 L/C 要求的,因为 L/C 规定"有效期:2006 年 4 月 15 日于中国",而且从 3 月 13 日到 3 月 25 日并没有超过 21 天。其实开证行拒付是有道理的。本来该 L/C 规定在中国到期,而 L/C 中又规定单据须于装运日后 21 天内寄达开证行,这等于将 4 月 15 日的有效期的地点否定了,变成有效期的地点在国外开

证行,这是互相矛盾的规定,我国公司的失误在于审查 L/C 的交单期时忽视了交单地点,最终没有提出修改 L/C 的请求而遭受损失。

L/C 交单地点的问题,涉及交单时间和 L/C 有效期的掌握。L/C 规定的到期地点实际上就是交单地点,如果到期地点在出口国,出口商只要在交单期和有效期内将单据交到出口地银行即可,而不管开证行收到单据时是否已经超过有效期。我国的出口业务中,如使用 L/C 支付,L/C 的到期地点通常都规定在我国到期,这对我国出口商较为有利。如:"This L/C is valid for negotiation in China until September 30th, 2006."

如果 L/C 规定到期地点在进口国或第三国,则受益人必须在 L/C 有效期内将单据交至进口国或第三国的有关银行。由于受益人难以掌握单据邮递的时间,因此,容易造成 L/C 过期,开证行有权以"late presentation"(遗期交单)为由而拒付货款。所以,如遇 L/C 到期地点规定在进口国或第三国,受益人最好提出修改,要求将 L/C 到期地点改在出口国(受益人所在地),较为有利。若不能修改,则要充分考虑到寄单所需要的时间,以便在 L/C 规定的有效期内寄达开证行或指定银行。

④L/C 的到期日与交单期的关系

A. 以交单日期表达 L/C 到期日。

如:"Documents should be presented to negotiation bank within 15 days after shipment."此时到期日与最迟交单日相同。

B. L/C 各自明确规定到期日和交单期。

如"最迟装运期为 9 月 30 日,最迟交单期为 10 月 10 日,到期日为 10 月 15 日",交单期比有效期早,这种规定方法下,笔者认为到期日的规定失去意义,因为受益人无论如何不能超过交单期提交单据。

C. L/C 明确规定到期日,而交单期规定为装运日后××天。

如"最迟装运期为 6 月 15 日,交单期为装船后 16 天内,有效期为 6 月 30 日"。如果实际装船日为 6 月 15 日,则最晚交单日为 7 月 1 日,此时受益人提交单据需同时满足两个时间要求,即要在 L/C 规定的交单期内提交单据,但无论如何不得超过 L/C 的有效期 6 月 30 日。

D. L/C 中只规定到期日,而没有规定交单期,则最迟交单期就是装运日后的 21 个日历日之内。此时受益人的交单也要满足两个时间要求,既要在到期日前提交,也不能超过装运日后的 21 个日历日。

L/C 的到期日和交单期存在顺延问题。UCP600 第 29 条 a 款规定:"若信用证的截止日或最迟交单日适逢接受单据的银行非因第 36 条所述原因而歇业,则截止日或最迟交单日将顺延至其重新开业的第一个银行工作日。"(对应于 UCP500 第 44 条 a 款,该条没有实质性变化,只是表述更简洁。)例如,某 L/C 到期日为 12 月 31 日,该日适逢星期日,银行对外不办公,可顺延到 1 月 1 日,该日又为法定假日,则可再顺延至 1 月 2 日。在实际业务中,由于各国的风俗习惯、宗教信仰、法定节假日的规定各不相同,在使用 L/C 时,如 L/C 的到期日、交单日的最后一天恰逢这些节假日而银行停业,即可按此惯例的规定往后顺延至银行的下一个营业日。当采用电子交单方式时,eUCP1.1 第 e5 条 e 款也规定:"在规定的到期日和/或装运日后交单期限的最后一天,若接收交单的银行正在营业中,但它的系统不能接收电子记录,则该银行将被视为不营业,且交单期和/或到期日应顺延至该银行能够接收电子记录的第一个银行工作日。"

按照 UCP600 第 29 条 b 款规定,如果该笔单据是按"顺延"处理的,一定要在银行"面函"里打上受益人的"交单日期",银行的具体"议付日期",并且说明此笔单据的处理情况,即信用证规定的"到期日"适逢银行休假日,银行已按惯例作"逢假顺延"处理了,以免双方银行往来函电交涉和解释原因,耽误时间和金钱。①

(6)UCP600 对于开证行付款或延期付款信用证,规定交单地点在开证行,信用证截止日也在开证行。受益人一定要计算好邮寄时间,提前寄单,以便在信用证截止日前将单据寄到开证行。如果发生邮寄延误,单据在截止日后到达开证行,就产生了"信用证截止日过"的不符点。

(7)此条没有像 UCP500 的第 43 条那样规定:交单日不能超过装运日期后 21 天。因为 UCP600 后面的条文对 21 天有更加明确、具体的规定。所以本条就没有规定最迟交单日期。

(三)案例:议付条款不明确引起纠纷

某进出口公司与伊朗某公司以 CFR 价签订一份电机出口合同,由伊朗某银行开立信用证。偿付行为开证行伦敦分行,通知行为 B 行北京总行,到期日为某年 5 月 26 日,可分批,可转运。

信用证规定商业发票由贸促会或其他公证机构证实,并由伊朗驻中国大使馆确认,产地证由贸促会签署并由伊朗大使馆确认。

该公司按如上要求办好手续,于 5 月 10 日备齐全套单据后,已是装船后 20 天了,该公司将全套单据交其开户行 kk 当地 C 行交单议付,银行审单人员在仔细审核全套单据后,发现信用证有一条款不甚明确:"Sole Bank Authorized to Negotiate",对此条款有两种理解:一是只能在一家银行办理交单议付(因信用证有可分批装运条款);二是该条款应理解为限制议付条款,但信用证未说明到底哪家银行为议付行,而除偿付行和通知行外未出现其他银行,故推测为限制通知行议付。

鉴于距最后交单期只有 1 天时间,单寄北京或到北京议付都不可能。而受益人声称与申请人曾有多次合作关系,全套单据无其他不符点,因此,C 行缮制面函,单寄开证行并声称:"我行随附单证相符的单据于贵行,并根据信用证条款向偿付行索偿。"寄单当日,电传偿付行,要求偿付。

偿付行于 5 月 11 日将其给开证行的电传抄送一份给 C 行,电文内容如下:"我行收到 C 行索偿指示,系你行××信用证项下,金额 USD30 000,但我行记录索偿行为 B 行北京总行,请速指示。"之后 C 行多次电传偿付行,查询此笔款项结果,偿付行以尚未收到开证行指示为由拒绝付款。

6 月 3 日,C 行致电开证行,要求其授权其伦敦分行付款。6 月 11 日,开证行电复如下:"Pls note Bank B is the sole Bank Authorized to negotiate relative docs not you. Therefore we treat docs on collection Basis. Meanwhile the payment will be effected upon releasing the goods from Customs House In Iran Complied With L/C terms. In view of above,contact the bene and let us know if we may deliver the docs to the buyer."(请注意是 B 行而不是你行被授权为唯一的单据议付行。因此,我们将单据按证下托收处理。款项将在单证一致、从伊朗海关释放货物后支付。根据上述情况,请洽受益人并告我方可否向买方放单。)

6 月 13 日 C 行在取得受益人一致意见后致电开证行:"贵行信用证中并未明确限制 B 行

① 张照玉.信用证中到期日、交单期及交单地点的相关分析.对外经贸实务,2007,(4):45~47.

北京总行为议付行,我行在受益人要求下将单证相符的单据提示贵行要求付款,根据 UCP500 第 9 条(A)款'在不可撤销信用证下,若将规定之单据提交于被指定银行或开证行且符合信用证条款,即构成开证行的确定承诺……',并提醒开证行参阅国际商会第 535 号出版物《跟单信用证案例研究》案例 27 银行委员会的意见:'允许议付的信用证下,受益人没有到指定银行议付并不影响开证行和保兑行(如有)的责任,也不构成对信用证条款的不符,只要受益人在信用证效期内并根据情况在 UCP500 第 43 条(A)款规定的期限内向指定银行或直接向保兑行(如有)或开证行提交相符的单据。'"据此,要求开证行立即付款。

开证行在收到此份电传后未付款未做任何答复。与此同时,受益人也积极地做申请人的工作,从申请人处得知,开证行于 6 月 11 日曾电传 B 行北京总行要求证实该行未做议付。

C 行于 6 月 26 日致电 B 行总行请其协助尽快发电证实,以求收回货款。6 月 28 日当地 B 行致电开证行证实 B 行未做议付。

C 行于 7 月 2 日收到开证行的付款(本金),结束此笔业务。

分析和启示:

此笔业务中该进出口公司虽然最终收回货款,但是还是造成了利息损失。其主要原因是:

第一,议付条款不明确。

一般议付条款明确规定是自由议付还是限制议付。限制议付时,一般是这样表述的,即"AVAILABLE WITH XXX BANK BY NEGOTIATION",而自由议付则为"AVAILABLE WITH ANY BANK BY NEGOTIATION。"而本案中"SOLE BANK AUTHORIZED TO NEGOTIATION"的情况则非常少见,其意义不明确,容易产生前面所述的歧义,受益人按照任一理解交单是可以理解的。而开证行对偿付行的指示指的议付行是 B 行。这样一来一往的解释与争论浪费了很多时间和费用。从道理上说开证行指示不明导致受益人的不应有的损失,责任应在开证行一方,而且国际商会第 535 号出版物对此类问题作出了明确的解释,开证行不能摆脱自己的付款责任。

第二,受益人本身的失误。

表现在两个方面:一是没有审证。按理说受益人在收到信用证后应认真审证看是否有不能接受的条款或不清楚的地方,以便更好地履行信用证方式下的义务和保障自身的合法权益。如果受益人收到信用证后能仔细检查,就会及时发现这一重大模糊之处,也就会及时向开证行核实。可受益人对此没有引起注意。二是备单交单太慢。即使在收证时没有仔细审证,如果能迅速装运并取得相关单据,提前一点向银行交单,银行发现这一模糊之处时,受益人才会有足够的时间到最有可能的指定银行交单。可受益人备单太慢,离最后交单日只有一天的时间才向银行交单。这时按最稳妥的办法向北京交单已是来不及了。三是单据比较苛刻。之所以交单慢,一个很重要的原因在于产地证和商业发票均要伊朗大使馆确认,这对受益人取单很不方便。

第三,通知行未尽"合理谨慎"之责。

UCP500 第 12 条规定:"如收到通知、保兑或修改信用证的指示不完整或不清楚,被要求按指示办理的银行可给受益人作仅供参考和不负任何责任的预先通知。该预先通知应清楚表明该通知仅供参考,通知行对此不负任何责任。在任何情况下,通知行必须把采取的行动通知开证行并要求它提供必要的内容。开证行必须不延误地提供必要的内容。只有在收到完整和清楚的指示后,而该通知行又准备按指示办理时,方可通知、保兑或修改信用证。"从本案来看,通知行理所当然地认为本信用证是清楚的,限制议付就是在本行议付。但受益人是否也这样认为呢?同时,本着对客户负责的精神,通知行对信用证中的不明白之处应向受益人提醒注意。特别是对于限制由本行议付的信用证更应在通知时向受益人说明。

此笔业务留给我们的教训是：一是开证行开证的用语要规范，尽量不要使用有可能产生分歧的用语。二是通知行、受益人要认真审证，发现疑问或对自己取单交单不利的条款要及时查询，并作出相应修改。三是受益人要尽快备单，以免被动。四是分歧产生后，发生损失的银行和受益人要以跟单信用证统一惯例为依据据理力争。伊朗银行（开证行）的漏洞就是没有具体的议付行，这样议付就可以成为自由议付了，况且按国际商会第 535 号出版物银行委员会的意见，在允许议付的信用证下，即使受益人没有到指定银行"议付"并不影响开证行和保兑行（如有）的责任，也不构成对信用证条款的不符。因此该进出口公司和议付行抓住这一点变被动为主动，化险为夷。五是买卖双方良好的合作关系是争取信用证分歧的最后保证。只要贸易双方能相互信任、相互配合，银行间的纠纷也就好解决了。

值得注意的是，在 UCP600 中第 6 条 a 款中明确规定："信用证必须规定可以有效使用信用证的银行，或者信用证是否对任何银行均为有效。"这样就可更加有效地避免本案例中的纠纷。在 UCP500 中，同样要求开证指示"均须完整和明确"，但规定得比较笼统，而不像 UCP600 这样落实到开证时的各个环节和方面。这可能也是 UCP600 的一大进步吧。

七

第 7 条　开证行的承诺

（一）UCP600 第 7 条中英文对照

表 2.10　第 7 条：开证行的承诺

第 7 条：开证行的承诺	Article 7：Issuing Bank Undertaking
a. 倘若规定的单据被提交至被指定银行或开证行并构成相符提示，开证行必须按下述信用证所适用的情形予以兑付：	a. Provided that the stipulated documents are presented to the nominated bank or to the issuing bank and that they constitute a complying presentation, the issuing bank must honour if the credit is available by:
ⅰ. 由开证行即期付款、延期付款或者承兑；	ⅰ. sight payment, deferred payment or acceptance with the issuing bank;
ⅱ. 由被指定银行即期付款而该被指定银行未予付款；	ⅱ. sight payment with a nominated bank and that nominated bank does not pay;
ⅲ. 由被指定银行延期付款而该被指定银行未承担其延期付款承诺，或者虽已承担延期付款承诺但到期未予付款；	ⅲ. deferred payment with a nominated bank and that nominated bank does not incur its deferred payment undertaking or, having incurred its deferred payment undertaking, does not pay at maturity;
ⅳ. 由被指定银行承兑而该被指定银行未予承兑以其为付款人的汇票，或者虽已承兑以其为付款人的汇票但到期未予付款；	ⅳ. acceptance with a nominated bank and that nominated bank does not accept a draft drawn on it or, having accepted a draft drawn on it, does not pay at maturity;
ⅴ. 由被指定银行议付而该被指定银行未予议付。	ⅴ. negotiation with a nominated bank and that nominated bank does not negotiate.

b. 自信用证开立之时起,开证行即不可撤销地受到兑付责任的约束。

c. 但被指定银行对于相符提示已经予以兑付或者议付且这些单据已经寄往开证行的情况下,开证行有义务对被指定银行进行偿付。无论被指定银行是否于到期日前已经对相符提示予以预付或者购买,开证行对于承兑或延期付款信用证项下相符提示的金额的偿付都应于到期日进行。开证行偿付被指定银行的承诺独立于开证行对于受益人的承诺。

b. An issuing bank is irrevocably bound to honour as of the time it issues the credit.

c. An issuing bank undertakes to reimburse a nominated bank that has honoured or negotiated a complying presentation and forwarded the documents to the issuing bank. Reimbursement for the amount of a complying presentation under a credit available by acceptance or deferred payment is due at maturity, whether or not the nominated bank prepaid or purchased before maturity. An issuing bank's undertaking to reimburse a nominated bank is independent of the issuing bank's undertaking to the beneficiary.

(二)UCP600 第 7 条与 UCP500 的比较评析

(1)UCP600 第 7 条涉及 UCP500 的第 9 条部分内容。

(2)UCP600 第 7 条开证行的承诺(责任)与保兑行的承诺分两条单独陈述;而 UCP500 中开证行与保兑行的责任合在一起陈述。可见,UCP600 更加明确地规定了开证行的责任,增强了对受益人的保护程度。

(3)UCP600 第 7 条 b 款明确了开证行不可撤销的责任从开立信用证之时起。

开证行自何时受信用证的约束?

英美法系与大陆法系关于要约生效时间的规定不同。按照英美法系的投邮主义原则,要约在要约人发出后即产生法律效力。依 UCP600 第 7 条第 b 款,开证行自开立信用证之时起即不可撤销地承担承付责任。据此,UCP600 采投邮主义原则。按照大陆法系的到达主义原则,要约必须到达受要约人才能产生法律效力。在信用证通知到达受益人之前,开证行仍有权对信用证予以修改或撤销。信用证理论中,关于此问题,学者的观点存在分歧。一部分认为,信用证是不可撤销的,开证行在开出信用证之后就不得单方面修改或撤销;另一部分人认为,受益人只有收到信用证时才取得信用证项下的权利,开证行在受益人收到信用证时才受约束。

(4)UCP600 第 7 条明确保护了在到期日前对承兑或延期付款信用证已作出的预付或者购买的被指定银行;而 UCP500 没有提及。按照 UCP600 的规定,被指定银行兑付或者议付后,即使存在诈骗等,开证行也必须兑付。

(三)案例:开证申请人倒闭可以构成开证行拒绝付款的理由吗?

某出口公司收到一份国外开来的 L/C,出口公司按 L/C 规定将货物装出,但在尚未将单据送交当地银行议付之前,突然接到开证行通知,称开证申请人已经倒闭,因此开证行不再承担付款责任。开证申请人倒闭可以构成开证行拒绝付款的理由吗?如果不可以的话,那么开证行在付款后,很难从已倒闭的开证申请人那里得到全额付款,结果是银行产生信贷损失。对银行而言,开证业务产生的信贷损失与普通贷款的信贷损失完全一样吗?银行可以采取哪些做法来减少开证业务产生的信贷损失?

分析:

在单证严格相符的情况下,信用证的开证行必须承担第一性的付款责任。

银行的第一性的付款责任并不因为进口商即开证申请人发生无力或无意愿偿付货款的情况而解除。开证业务的信贷风险与普通贷款的信贷风险的主要区别之处是,开证行在付款后即取得了对货物的所有权,如果进口商不偿还货款,银行可以从变卖货物所得款项中(部分)获偿。

启示:

在开证业务中,银行管理信用风险的根本在于了解开证申请人(即进口商)的业务及财务情况。例如,公司所在的行业情况,公司的财务流动性等等。如果申请人所在的行业竞争激烈,并且商品更新换代很快,一旦开证申请人经营不良,或产品滞销,再加之流动性偏紧的话,其偿付货款能力就会受到影响。此外,银行还应对与信用证相关的贸易有所了解。对银行而言,开证业务的信贷风险与普通贷款的信贷风险的主要区别之处是,开证行在付款后即取得了对货物的所有权,如果进口商不偿还货款,银行可以从变卖货物所得款项中(部分)获偿。银行应了解货物的性质,并据此判断从变卖货物所得款项中获偿的可能性,获偿的大致比例及相应成本。

在了解了开证申请人(即进口商)的业务及财务情况,以及货物的性质以后,银行就应制定相应的信贷策略。首先,在开立信用证时,可以根据对进口商的了解,确定是否给予免担保的信贷额度,或是要求一定形式的担保,如要求存入保证金,抵押出口信用证,或要求其他银行的保函担保,等等。

其次,银行需要慎重考虑信贷额度的结构,使得信贷额度的金额、期限、币种等等都与相应的进口贸易相联系,以确保信贷额度的正当使用。

八

第 8 条　保兑行的承诺

(一)UCP600 第 8 条中英文对照

表 2.11　第 8 条:保兑行的承诺

第 8 条:保兑行的承诺	Article 8:Confirming Bank Undertaking
a. 倘若规定的单据被提交至保兑行或者任何其他被指定银行并构成相符提示,保兑行必须:	a. Provided that the stipulated documents are presented to the confirming bank or to any other nominated bank and that they constitute a complying presentation,the confirming bank must:
i. 兑付,如果信用证适用于:	i. honour,if the credit is available by:
a)由保兑行即期付款、延期付款或者承兑;	a) sight payment,deferred payment or acceptance with the confirming bank;
b)由另一家被指定银行即期付款而该被指定银行未予付款;	b) sight payment with another nominated bank and that nominated bank does not pay;
c)由另一家被指定银行延期付款而该被指定银行未承担其延期付款承诺,或者虽已承担延期付款承诺但到期未予付款;	c)deferred payment with another nominated bank and that nominated bank does not incur its deferred payment undertaking or, having incurred its deferred payment undertaking,does not pay at maturity;

d) 由另一家被指定银行承兑而该被指定银行未予承兑以其为付款人的汇票，或者虽已承兑以其为付款人的汇票但到期未予付款；

d) acceptance with another nominated bank and that nominated bank does not accept a draft drawn on it or, having accepted a draft drawn on it, does not pay at maturity;

e) 由另一家被指定银行议付而该被指定银行未予议付。

e) negotiation with another nominated bank and that nominated bank does not negotiate.

ⅱ. 若信用证由保兑行议付，则无追索权地议付。

ⅱ. negotiate, without recourse, if the credit is available by negotiation with the confirming bank.

b. 自为信用证加具保兑之时起，保兑行即不可撤销地受到兑付或者议付责任的约束。

b. A confirming bank is irrevocably bound to honour or negotiate as of the time it adds its confirmation to the credit.

c. 保兑行承诺向对于相符提示已经予以兑付或者议付并将单据寄往开证行的另一家被指定银行进行偿付。无论另一家被指定银行是否于到期日前已经对相符提示予以预付或者购买，保兑行对于承兑或延期付款信用证项下相符提示的金额的偿付于到期日进行。保兑行偿付另一家被指定银行的承诺独立于保兑行对于受益人的承诺。

c. A confirming bank undertakes to reimburse another nominated bank that has honoured or negotiated a complying presentation and forwarded the documents to the confirming bank. Reimbursement for the amount of a complying presentation under a credit available by acceptance or deferred payment is due at maturity, whether or not another nominated bank prepaid or purchased before maturity. A confirming bank's undertaking to reimburse another nominated bank is independent of the confirming bank's undertaking to the beneficiary.

d. 如开证行授权或要求另一家银行对信用证加具保兑，而该银行不准备照办时，它必须毫不延误地告知开证行，同时仍可通知此份未经加具保兑的信用证的受益人。

d. If a bank is authorized or requested by the issuing bank to confirm a credit but is not prepared to do so, it must inform the issuing bank without delay and may advise the credit without confirmation.

（二）UCP600 第 8 条与 UCP500 的比较评析

（1）UCP600 第 8 条涉及 UCP500 的第 9 条部分内容。

（2）保兑行的责任同开证行基本相同，都承担第一性付款责任，绝不是开证行履行不了其付款责任时，才由保兑行承担起付款的责任；不同之处在于保兑行议付后没有追索权。

（三）案例：保兑行的职责

甲国出口商出口一批货物到乙国，进出口双方约定以信用证方式结算。于是乙国进口商委托其银行（乙银行）开立了一张不可撤销议付信用证，该证由丁银行保兑。在甲出口商根据信用证的规定完成了一切之后，他将全套单据，在规定的信用证有效期内，向丁银行提示，丁银行认为单据与信用证条款相符，并对单据进行了议付。事后乙银行收单后经审核认为单据不合格而拒受。丁银行因此而蒙受了巨大的损失。

分析：

根据 UCP600 第 8 条的规定，保兑行已经接受单据，保兑行因此没有追索权。如果开证行因为不符点而拒收单据，那些不符点是被保兑行忽略的，这样的后果应由保兑行负责，保兑行不能反过来让出票人或善意持票人负责它在审核单据上的错误。本例中作为保兑行的丁银行因未发觉单据的不符点，而错误地议付，它就丧失了对受益人（甲出口商）的追索权。同时，由于开证行的付款依据是单单、单证一致,所以,丁银行也无从获得偿付。最终损失的只能是丁银行自己。

启示:

(1)不可撤销保兑信用证对受益人来说有着双重付款的保证,无论是开证行还是保兑行都对受益人承担了第一性付款的责任。

(2)信用证项下的付款必须严格按照统一惯例进行,必须以单单、单证一致作为付款的唯一依据。

(四)保兑责任的延伸

I 银行开立一张以 M 为受益人的不可撤销信用证,并且要求通知行 A 加保。A 银行对信用证加保后通知了 M,在信用证到期日两天之前,M 将全套单据交 A 行议付。A 行发现全套单据有两处不符:其一是提单抬头做成了托运人抬头并空白背书,而信用证的要求是提单做成买方抬头;其二是信用证超支 USD10 000.00,考虑到信用证即将到期,A 行立即将此情况通知 M,M 要求 A 行立即电传开证行 I 银行要求其授权付款。开证行在接到 A 行的电文后与其开证申请人协商,在后者的同意下,I 银行授权 A 行议付提示的单据。

在 I 银行电告 A 银行对不符单据付款后,I 行国内的政局开始动荡,政变使政府行将倒台,结果使 I 银行营业中断。有鉴于此,A 行通知 M:尽管它已收到 I 行同意对不符单据付款的指示,A 行不准备照办,因为 I 行的资金账户已被冻结。如果 A 行对 M 付款,它将无处取得偿付。

受益人于是求助于其律师,律师称既然 A 行已对该证进行了保兑,根据规定在未征得受益人同意的情况下,该行不得撤销保兑,故 A 行必须付款。而 A 行则认为:保兑只是在单单、单证严格一致的情况下有效。鉴于受益人提供的单据已有两处不符,故该保兑已自动终止。

受益人律师答复到:A 行既然已无条件同意与 I 行联系,要求后者授权对提示的不符单据付款,这一行为已构成 A 行同意付款的承诺。因此,受益人要求 A 行支付信用证的全部款项外加 I 行同意付款之日起至 A 行实际付款之日间的利息,以及处理这一事件过程中的一些费用支出。

评析:

此案涉及的是保兑行的保兑责任问题。UCP600 第 8 条规定:另一家银行(保兑行)经开证行授权或应其请求对不可撤销信用证加以保兑,即构成开证行以外的保兑行的确定责任,但以向保兑行或被指定的银行提交规定的单据并符合信用证条款为条件。UCP600 第 10 条 b 款:开证行自发出修改书之日起,即对该修改书负有不可撤销的义务。保兑行可将其保兑扩大至修改书,并自通知该修改书之日起负有不可撤销的义务。但是,保兑行可以选择不扩大其保兑而将修改书通知受益人,如果保兑行这样做,它必须毫不延误地将此情况通知开证行及受益人。

第 8 条论述了保兑行的责任。如果一张信用证除了开证行的付款保证之外,还有另一家银行作了付款保证,那么这个信用证就是保兑信用证。信用证加以保兑后,即构成保兑行在开证行承诺以外的确认承诺,对受益人承担必须付款或议付的责任。保兑行不是以开证行的代理身份,而是以独立的"本人"身份,对受益人独立负责,并对受益人负首先付款责任,受益人不必先向开证行要求付款,碰壁后再找保兑行。在首先付款责任这一点上,保兑行对于开证行的关系,正好相当于开证行对进口商的关系。保兑行有必须议付或代付之责,在已经议付和代付后,不论开证行倒闭或无理拒付,都不能向受益人追索,它的责任同开证行的责任相同。保兑行对信用证加保兑后,它担负的责任相当于其本身开证,不论开证行发生什么变化,它不能片面撤销其保兑。

联系此案,A 行作为保兑行即负担起与 I 行的同等责任。但 A 行的保兑责任仅限于 M 行提供符合信用证要求的单据。鉴于 M 提供的单据不符合信用证要求,可以认为 A 行的保兑责任就此终止。但问题是 A 银行无条件地同意请求 I 银行授权对不符单据议付,这事实上等于是 A 银行请求 I 银行修改信用证,而 I 银行同意授权付款则意味着该修改成立,那么 A 行自然而然地将其保兑之责扩展到了修改。所以 A 行应该对受益人 M 付款。

其实,根据 UCP600 的规定,保兑行可以接受修改,也可以拒绝修改,若拒绝修改的话,保兑责任只对原证有效而绝不扩展至新证。在此案中,作为保兑行的 A 行完全可以采取自我保护的做法。那就是它可以替受益人与开证行接洽要求其授权对不符单据议付,但同时声明其保兑责任就此终止。它也可以通知受益人直接与开证申请人联系,要求申请人说服开证行接受单据并指示议付行付款。

倘若 A 行这样做的话,它完全可以使自己处于有利地位。

九

第 9 条　信用证及修改的通知

(一)UCP600 第 9 条中英文对照

表 2.12　第 9 条:信用证及修改的通知

第 9 条:信用证及修改的通知	Article 9:Advising of Credits and Amendments
a.信用证及其修改可以通过通知行通知受益人。如果通知行不是保兑行,通知行通知信用证不构成兑付或议付的承诺。	a. A credit and any amendment may be advised to a beneficiary through an advising bank. An advising bank that is not a confirming bank advises the credit and any amendment without any undertaking to honour or negotiate.
b.信用证或修改的通知表明通知行认为信用证或修改的表面真实性得到满足,且该通知准确地反映了所收到的信用证或修改的条款及条件。	b. By advising the credit or amendment,the advising bank signifies that it has satisfied itself as to the apparent authenticity of the credit or amendment and that the advice accurately reflects the terms and conditions of the credit or amendment received.
c.通知行可以利用另一家银行的服务("第二通知行")向受益人通知信用证及其任何修改。信用证或修改的通知表明第二通知行认为所收到的通知的表面真实性得到满足,且通知准确地反映了所收到的信用证或修改的条款及条件。	c. An advising bank may utilize the services of another bank("second advising bank")to advise the credit and any amendment to the beneficiary. By advising the credit or amendment,the second advising bank signifies that it has satisfied itself as to the apparent authenticity of the advice it has received and that the advice accurately reflects the terms and conditions of the credit or amendment received.

d. 如一家银行利用另一家通知行或第二通知行的服务将信用证通知给受益人,它也必须利用同一家银行的服务通知修改书。

d. A bank utilizing the services of an advising bank or second advising bank to advise a credit must use the same bank to advise any amendment thereto.

e. 如果一家银行被要求通知信用证或修改但决定不予通知,它必须毫不延误地通知向其发送信用证、修改或通知的银行。

e. If a bank is requested to advise a credit or amendment but elects not to do so, it must so inform, without delay, the bank from which the credit, amendment or advice has been received.

f. 如果一家银行被要求通知信用证或修改,但不能确定信用证、修改或通知的表面真实性,就必须毫不延误地告知向其发出该指示的银行。如果通知行或第二通知行仍决定通知信用证或修改,则必须告知受益人或第二通知行其未能核实信用证、修改或通知的表面真实性。

f. If a bank is requested to advise a credit or amendment but cannot satisfy itself as to the apparent authenticity of the credit, the amendment or the advice, it must so inform, without delay, the bank from which the instructions appear to have been received. If the advising bank or second advising bank elects nonetheless to advise the credit or amendment, it must inform the beneficiary or second advising bank that it has not been able to satisfy itself as to the apparent authenticity of the credit, the amendment or the advice.

(二)UCP600 第 9 条与 UCP500 的比较评析

(1)UCP600 第 9 条涉及 UCP500 的第 7、11 条。

(2)UCP600 第 9 条 a 款的规定的言外之意是:作为保兑行的通知行通知信用证并加具保兑后要承担兑付或议付的承诺(责任)。

(3)UCP600 第 9 条 b 款的规定表明:通知应该准确反映(accurately reflect)所收到的信用证或修改的条文或情况,由此增加了通知行的义务,这意味着如果通知行没有能够准确通知或最后发现信用证系伪造,都将承担相应的责任。表明通知行通知行为本身即确认了信用证的真实性和信用证内容的准确性。

对信用证的真实性,UCP600 第 9 条 b 款规定银行"已确信(has satisfied)";而 UCP500 规定银行"合理谨慎地审核(take reasonable care to check)",显然,UCP500 中的银行的责任不够明确。

解决了在实际操作中难免出现通知行因疏忽而造成通知有误的情况,受益人根据该错误通知提交单据,势必与开证行实际开立的信用证规定不符。当开证行开出的信用证与通知行通知的信用证两者出现差异时,究竟应以何为准?而 UCP500 并未对此做出明确说明。

(4)UCP600 第 9 条 c 款的规定:明确了通知行可以使用"第二通知行"通知信用证和修改。在银行业务的实务中,不少信用证是通过第二通知行传递给受益人的,但在 UCP500 中,对此未出现"第二通知行"这一概念;而 UCP600 对此进行了明确。当然,最好选择受益人所在地的往来银行作为通知行,可以避免邮寄延误并节省费用。

(5)UCP600 第 9 条 d 款的规定表明:信用证的通知及修改的通知必须经由同一家银行进行,即所有修改都必须仍选择该家银行通知。这是为了尽量减少修改在通知过程中出现差错的可能性,加强修改通知的迅捷性。有时在实务中会碰到信用证的受益人被修改为另一家公司,而新受益人可能和该信用证通知行没有任何往来关系,此时新受益人可能要求申请人向开证行提出将通知行换为其往来银行。开证行应对改换通知行可能产生的风险进行评估,并告知相应各方。

(6)UCP600 第 9 条 f 款的规定：表明一家银行在无法确定信用证或修改的表面真实性时，其合理的做法应是及时告知向其发送通知指示的银行，以避免造成信用证业务的延误。对未能核实真实性的信用证，如果通知行在通知面函上未能告知受益人，通知行将承担责任。在信用证的表面真实性未确定时，通知行或第二通知行应在通知面函上注明信用证表面真实性未确定，不能只注明印押不符。

十

第 10 条　修改

(一)UCP600 第 10 条中英文对照

表 2.13　第 10 条：修改

第 10 条：修改	Article 10：Amendments
a.除本惯例第 38 条另有规定外，凡未经开证行、保兑行(如有)以及受益人同意，信用证既不能修改也不能撤销。	a. Except as otherwise provided by article 38, a credit can neither be amended nor cancelled without the agreement of the issuing bank, the confirming bank, if any, and the beneficiary.
b.自发出信用证修改书之时起，开证行就不可撤销地受其发出修改的约束。保兑行可将其保兑承诺扩展至修改，且自其通知该修改之时起，即不可撤销地受到该修改的约束。然而，保兑行可选择仅将修改通知受益人而不对其加具保兑，但必须毫不延误地将此情况通知开证行和受益人。	b. An issuing bank is irrevocably bound by an amendment as of the time it issues the amendment. A confirming bank may extend its confirmation to an amendment and will be irrevocably bound as of the time it advises the amendment. A confirming bank may, however, choose to advise an amendment without extending its confirmation and, if so, it must inform the issuing bank without delay and inform the beneficiary in its advice.
c.在受益人向通知修改的银行表示接受该修改内容之前，原信用证(或包含先前已被接受修改过的信用证)的条款和条件对受益人仍然有效。受益人应发出接受或拒绝接受修改的通知。如受益人未发出上述通知，当其提交至被指定银行或开证行的单据与信用证以及尚未表示接受的修改的要求一致时，则该事实即视为受益人已做出接受修改的通知，并从此时起，该信用证已被修改。	c. The terms and conditions of the original credit(or a credit incorporating previously accepted amendments) will remain in force for the beneficiary until the beneficiary communicates its acceptance of the amendment to the bank that advised such amendment. The beneficiary should give notification of acceptance or rejection of an amendment. If the beneficiary fails to give such notification, a presentation that complies with the credit and to any not yet accepted amendment will be deemed to be notification of acceptance by the beneficiary of such amendment. As of that moment the credit will be amended.
d.通知修改的银行应当通知向其发出修改书的银行任何有关接受或拒绝接受修改的通知。	d. A bank that advises an amendment should inform the bank from which it received the amendment of any notification of acceptance or rejection.

e. 不允许部分接受修改内容,部分接受修改将被视为拒绝接受修改的通知。

e. Partial acceptance of an amendment is not allowed and will be deemed to be notification of rejection of the amendment.

f. 修改书中作出的除非受益人在某一时间内拒绝接受修改,否则该修改将开始生效的条款将被不予置理。

f. A provision in an amendment to the effect that the amendment shall enter into force unless rejected by the beneficiary within a certain time shall be disregarded.

(二)UCP600 第 10 条与 UCP500 的比较评析

(1)UCP600 第 10 条涉及 UCP500 的第 9 条部分内容。

(2)信用证在修改过程中,常出现的一些问题,UCP600 第 10 条分成 6 款分别明确地列出了有关当事者的职责;而 UCP500 中有关信用证修改事宜,只作为第 9 条部分内容。但在实务中,修改信用证内容的情况是经常出现的,如增减金额、延展期限、修改货描、修改单据等等。尽管信用证修改本身往往并不复杂,但是信用证开立后,一旦要对其进行修改,则必然要涉及对信用证修改的接受与否,修改是生效还是无效,银行应按原证还是改证进行业务处理的问题。

(3)UCP600 第 10 条 b 款与 c 款规定了信用证修改对开证行/保兑行的约束性及受益人接受修改的自主性。在受益人接受修改的自主性上,UCP600 的规定是修改的生效取决于受益人的接受,但对受益人接受修改与否的通知并未做强制要求,因这可能有违许多国家的合同法原则。而以"所提交的单据符合修改后的信用证"去判断受益人接受修改只是可能出现的、但却又不是简单的"是与非"的一种选择,所以,必然导致实际上受益人有权在任何时候接受或拒绝修改。

(4)UCP600 第 10 条 d 款是新增加的规定,UCP500 中没有。这表明任何有关接受或拒绝接受修改的通知的重要性,同时也增加了通知行告知修改接受与否的责任。显然,这一责任履行的前提应是依赖于受益人对修改接受与否的通知。

(5)UCP600 第 10 条 e 款的规定:不允许部分接受修改内容,部分接受修改将被视为拒绝接受修改的通知;而 UCP500 第 9 条 d 款 iv 项规定:对同意修改通知中的修改内容不允许部分接受,因而,部分接受修改内容当属无效。可见,UCP600 调整了相关措辞,将部分接受修改"是无效的"进一步明确为"视为拒绝修改"。

UCP600 规定修改内容是一个"原子"的,不可分割的事物:例如,银行一笔电子转账操作,要么转账成功(转入账号增加、转出账号减少同等金额),要么转账失败(转入账号与转出账号都恢复原值,保持不变;而不允许出现转出账号减少,但转入账号又没有增加的情况)。UCP600 的规定更加明确,保护了受益人的利益。

(6)UCP600 第 10 条 f 款的规定表明 UCP600 不同意在修改中添加此类条款的态度,明确了受益人"默认接受"无效。纠正了以前 UCP500 中修改的滥用。开证行在修改中也不应加入此类条款。

f 款再次重申了国际商会"默认不等于接受"的一贯原则。对以往实务中存在的"默认等于接受"的做法,国际商会表示强烈的反对。因为如此做法不仅改变了信用证不可撤销的本质,也与许多国家合同法的原则相悖。

(三)与信用证修改相关的实务要求

根据以上所述,开证行对所开立的信用证一旦进行修改,即受其约束。但直到其被受益人接受或拒绝后,才确知该修改是成立还是无效,除非是归因于转让信用证下第二受益人接受修改的独立性,开证行相应的确知该修改是成立还是无效也将是独立和分别的。

(1)开证行信用证修改的业务处理,可分为以下 3 种情况:

①如受益人接受修改,则修改成立,开证行应按改证审单处理;

②如受益人拒绝修改,则修改无效,开证行应按原证审单处理;

③受益人接受或拒绝修改之前,修改既未成立也未无效,开证行也应按原证审单处理,但须一直受该修改约束。

(2)何谓受益人接受修改,何谓受益人拒绝修改?受益人信用证修改的业务处理与开证行相比,大致类同,但具体可分为以下几种情况:

①如受益人明示接受修改,则修改生效,银行应按改证审单处理(含受益人直接交单,但未明示接受或拒绝修改与否,且单据与改证相符的特例);

②如受益人明示拒绝修改,则修改无效,银行应按原证审单处理(含受益人部分接受修改的特例);

③如受益人直接交单,但未明示接受或拒绝修改与否,除前述两个特例之外,银行宜谨慎行事,应接洽受益人对修改的接受与否加以确认,如获受益人明示接受或拒绝修改,则同上述情况一样处理。按国际商会的意见,受益人有权保持沉默和争取主动,这将被视为受益人尚未接受,修改既未生效也未无效,对此银行也应按原证审单处理。

(3)案例评析

①信用证原证金额为 USD10 000 元,且允许分批装运;信用证修改减额至 USD1 000 元,且禁止分批装运;受益人交单 USD1 000 元且符合改证。

问题:这是否表示受益人一定接受该修改?

分析结论:本案中,受益人交单符合改证,但同时也符合原证,从信用证不可撤销的本质及最大限度保护受益人利益的角度出发,在此情况下,并不表示其一定接受该修改,而仅仅可视其为尚未接受该修改。但按 UCP 的规定,受益人交单符合改证,则视为其已接受该修改,笔者以为,这正是 UCP 所存在的一个盲点,也是其有待改进的一个地方。与之不同的是,ISP98 则在此方面有所完善:所提交单据与修改后条款相符且与修改前条款不符方构成受益人对该修改的接受。

②原证允许分批装运;信用证修改更改装货港,但之前受益人已备妥按原证要求装运的第一批的单据;受益人欲从第二批装运开始再变更装货港。

问题:受益人第一次交单是否有不符? 交单与改证不符是否应视为对修改的拒绝?

分析结论:UCP 从未述及受益人交单与改证不符视为对修改的拒绝。受益人交单与改证不符并不表示其一定不接受该修改,而仅仅可视其为尚未接受该修改。按前所述,银行应按原证审单处理。因为,在 UCP 的规则下,受益人是有权在任何时候接受或拒绝修改的。受益人第一次交单与改证装货港不符,但与原证装货港相符,如无受益人进一步确认接受该修改,可认为没有不符点。①

(四)案例:如何看待信用证的修改

某日,上海大众食品公司出口黑龙江大豆 5 000 吨至朝鲜,双方约定采用信用证方式结

---

① 于宏伟.信用证修改相关问题探析.中国外汇,2007,(9):46～47.

算。于是,朝鲜客商要求朝鲜外贸银行开出不可撤销信用证一份,该不可撤销信用证的受益人为上海大众食品公司,开证申请人为朝鲜客商,开证行为朝鲜外贸银行,议付行则为上海大同银行。信用证的有效期为 2004 年 5 月 30 日,货物的装运期为 2004 年 5 月 15 日。

2004 年 4 月,朝鲜客商通过朝鲜外贸银行发来修改电一份,要求货物分两批分别于 5 月 15 日、30 日出运,信用证的有效期展延至 6 月 15 日。上海大同银行在第一时间将信用证修改通知了受益人。

5 月 30 日,上海大众食品公司将 5 000 吨黑龙江大豆装船出运,在备齐了所有信用证所要求的单据后,于 6 月 3 日向上海大同银行要求议付。上海大同银行审单后拒绝对其付款。

分析:

这是一起典型的信用证修改案例。本例中信用证的修改通知了受益人,而受益人没有明确表明接受或拒绝,在此情况下,若其按旧证内容办理,我们认为他拒绝了修改,若按新证内容办理,我们则认为他接受了修改。本例的情形显然是大众食品公司接受了信用证的修改。由于该信用证的修改项目有三项:分批装运、装运期、有效期。既然大众食品公司接受了信用证的修改,它就必须全盘接受,而不能接受部分,拒绝部分。因此,大众食品公司接受展延装运期和有效期而拒绝分批装运的做法不符合规定,议付行的拒付完全正确。

启示:

在不可撤销信用证情况下,任何方对信用证的修改,都必须经过各当事人的同意,特别是受益人的同意,方能生效。当修改项目不止一项时,则必须接受全部项目,否则必须退回全部项目,不能只接受其中一项,而拒绝其他各项。

十一

第 11 条　电讯传递与预先通知的信用证及其修改

(一)UCP600 第 11 条中英文对照

表 2.14　第 11 条:电讯传递与预先通知的信用证及其修改

第 11 条:电讯传递与预先通知的信用证及其修改	Article 11: Teletransmitted and Pre-Advised Credits and Amendments
a. 经证实的信用证或修改的电讯文件将被视为有效的信用证或修改,任何随后的邮寄证实书将被不予置理。	a. An authenticated teletransmission of a credit or amendment will be deemed to be the operative credit or amendment, and any subsequent mail confirmation shall be disregarded.
若该电讯文件声明"详情后告"(或类似词语)或声明随后寄出的邮寄证实书将是有效的信用证或修改,则该电讯文件将被视为无效的信用证或修改。开证行必须毫不延误地开出有效的信用证或修改,且条款不能与电讯文件相矛盾。	If a teletransmission states "full details to follow" (or words of similar effect), or states that the mail confirmation is to be the operative credit or amendment, then the teletransmission will not be deemed to be the operative credit or amendment. The issuing bank must then issue the operative credit or amendment without delay in terms not inconsistent with the teletransmission.

b. 只有准备开立有效信用证或修改的开证行,才可以发出开立信用证或修改预先通知书。发出预先通知的开证行应不可撤销地承诺将毫不延误地开出有效的信用证或修改,且条款不能与预先通知书相矛盾。

b. A preliminary advice of the issuance of a credit or amendment("pre-advice")shall only be sent if the issuing bank is prepared to issue the operative credit or amendment. An issuing bank that sends a pre-advice is irrevocably committed to issue the operative credit or amendment, without delay, in terms not inconsistent with the pre-advice.

(二)UCP600 第 11 条与 UCP500 的比较评析

UCP600 第 11 条与 UCP500 的第 11 条基本相同,但语气更强、更肯定。

(三)案例:文电传递错误

I 银行以电传方式开立了一份不可撤销自由议付信用证,信用证的通知行为 A 行。该信用证规定如下:

信用证金额 USD60 000.00;

装运 2 200 件计算机零件;

不允许分批装运;

该电传信用证同时宣称:随后寄上"邮寄证实书"。

但 A 行收到的加押开证电传内容如下:

信用证金额 USD60 000.00;

装运 220 件计算机零件;

不允许分批装运;

A 行将其收到的加押开证电传通过第二通知行 B 行通知给了受益人。受益人在出运了 220 件计算机零件后,提交全套单据给 B 行,要求支付信用证项下全部款项 USD60 000.00。

经审核无误,B 行议付了单据,寄单至 I 行,并向被指定的偿付行 R 银行索偿。

由于 I 银行的偿付指示并未限制由何家银行索偿,这就意味着 R 行可对任何议付行偿付。于是 R 行偿付了 B 行。

I 行在审核后认为单证不符,电告 B 行拒受单据,理由如下:

货物短装,信用证要求装运 2 200 件计算机零件,价值为 USD60 000.00,而今金额为 USD60 000.00 的单据装货只有 220 件。

B 行立即通知了 I 行,他们完全按照信用证条款议付了单据,由 A 行发来的信用证项下货物为 220 件计算机零件而非 2 200 件。为证实此点,它将 A 行发来的信用证原始通知副本,以快件邮寄 I 银行。

得悉此讯,I 行立即电询 A 行有关信用证误传之事,A 行核查了来证电文,发现它所收到的电文中货物描述确为 220 件计算机零件。故即通知了 I 行,并将其收到的电传副本一起邮寄去。

收到 A,B 两行发来的信用证电传通知副本后,I 行认为在其电讯传递过程中发生了错误。尽管如此,I 行仍要求 B 行立即退还已索偿的款项,强调其在开证指示中声明寄发邮寄信用证证实书。因此,B 行理应审核邮寄证实书并更正电传中的错误。

B 行复告 I 行,它们从未收到过该证实书,此事应与 A 行联系。然而,B 行已试图与受益人联系,以求问题的解决,但始终未能如愿。

I 行随即联系 A 行。它们认为既然信用证明确表明寄送邮寄证实书,因此在收到邮寄证实书后,A 行有责任确认该证的电传通知与证实书是否一致,它们未尽此责,故应对未更正的差错负责,偿还 I 行 USD60 000.00。

分析:

I 行以其在开立的信用证中明确表明寄送邮寄证实书为由,迫使 A 行审核邮寄证实书与加押开证电传,从而更正错误的做法是不对的。

UCP600 第 11 条 a 款如此表明:

当开证行用任何有效的电讯传递方式指示通知行,通知信用证或信用证的修改,该电讯将被认为是有效信用证文件或有效修改书,并且不需要再发出邮寄证实书。如果邮寄证实书终究被发出,它也是无效的,通知行亦无义务把该邮寄证实书与通过电讯方式收到的有效信用证文件和有效修改书进行核对。

如果电讯声明"详情后告"(或类似词语)或声明邮寄证实书将是有效信用证文件或有效修改书,则该电讯将不作为有效信用证文件或有效修改书。开证行必须毫不延误地将有效信用证文件或有效修改书径寄该通知行。

另外 UCP600 相关条款表明:银行对于任何信息、信函或单据在传递过程中发生的迟延及/或遗失而产生的后果,或电讯传递过程中发生的迟延、残缺或者其他差错,概不负责。银行对专门性术语在翻译中产生的误解不负其他责任,并保留传送信用证条款而不作翻译的权利。因而 A 行完全可以援引此二条款自我保护。I 银行的索赔要求不能成立。

那么 I 行是否可以通过借记申请人之账的方法向其行使追索权呢?

回答是可以的。这一问题的解决主要取决于申请人与开证行间开立信用证的合约。因此,在解决争端时,可参照"开立信用证申请书"或"偿付协议"。但这些契约性的安排只是开证行与申请人之间的事,已超出了 UCP 的范围。

十二

第 12 条　指定

(一)UCP600 第 12 条中英文对照

表 2.15　第 12 条:指定

第 12 条:指定	Article 12:Nomination
a.除非一家被指定银行是保兑行,对被指定银行进行兑付或议付的授权并不构成其必须兑付或议付的义务,但被指定银行明确同意并照此通知受益人的情形除外。	a. Unless a nominated bank is the confirming bank,an authorization to honour or negotiate does not impose any obligation on that nominated bank to honour or negotiate,except when expressly agreed to by that nominated bank and so communicated to the beneficiary.

b.通过指定一家银行承兑汇票或承担延期付款承诺,开证行即授权该被指定银行预付或购买经其承兑的汇票或由其承担延期付款的承诺。

b. By nominating a bank to accept a draft or incur a deferred payment undertaking,an issuing bank authorizes that nominated bank to prepay or purchase a draft accepted or a deferred payment undertaking incurred by that nominated bank.

c.非保兑行身份的被指定银行接受、审核并寄送单据的行为既不使得该被指定银行具有兑付或议付的义务,也不构成该银行的兑付或议付。

c. Receipt or examination and forwarding of documents by a nominated bank that is not a confirming bank does not make that nominated bank liable to honour or negotiate,nor does it constitute honour or negotiation.

(二)UCP600 第 12 条与 UCP500 的比较评析

(1)UCP600 第 12 条涉及 UCP500 的第 18 条部分内容。

(2)UCP600 第 12 条规定表明强调被指示银行的独立性。

对于开证行的一些指示,被指定银行既可以执行,也可以拒绝执行。

(3)UCP600 第 12 条 b 款规定是新增加的。保护了指定银行在承兑汇票或承担延期付款信用证下的预付或购买,增强信用证的流通性;对受益人来说,在指定银行延期付款信用证下也能得到融资,而在 UCP500 中规定:只有议付信用证项下的被指定银行有这种来自开证行的提前融资授权,其他信用证项下的被指定银行没有这种授权。所以在 UCP500 的时代对这种信用证指定银行往往不愿意融资。因此,新惯例必将受到商界的欢迎。

(4)UCP500 第 18 条 c 款规定了一些费用由何方承担的问题;而 UCP600 未提及这方面的内容,总的来说,开证行应该承担经其发出指示在执行过程中产生的费用。

(三)案例:桑坦德银行诉巴黎巴银行

案情介绍:

著名的桑坦德银行诉巴黎巴银行一案(Banco Santander SA v. Banque Paribas)是于 2000 年在英国判决的,多年后的今天这一案例仍经常被各国信用证专家们提及。

该案中,根据开证申请人要求,开证行巴黎巴银行于 1998 年 6 月开立了一份以 BAY-FERN Ltd. 为受益人,金额为 USD18 469 000(允许 10%溢短装),提单日后 180 天延期付款的跟单信用证。该证中开证行指定桑坦德银行做延期付款并授权桑坦德银行对信用证加具保兑。桑坦德银行对信用证加保并通知了受益人。随后受益人提交了金额为 USD20 315 796 的证下单据。桑坦德银行审单后认为单证相符,接受了单据并承担了在到期日 1998 年 11 月 27 日(即提单日后 180 天)付款的责任。同时桑坦德银行应受益人要求向其支付了 USD19 667 239 的贴现融资款项,并要求受益人将证下应收款项书面让渡给该行。一周后,开证行巴黎巴银行发现桑坦德银行提交来的单据中有伪造的单据,因此以受益人欺诈为由通知桑坦德银行拒绝偿付。经交涉无果,桑坦德银行遂起诉巴黎巴银行,要求其履行偿付责任。桑坦德银行认为:根据 UCP500,该行是信用证项下被指定银行,根据开证行的授权当受益人提交表面相符单据时承担了延期付款责任,并通过给受益人的提前融资解除了该行的到期付款责任。巴黎巴银行应该偿付该行。

调查结果:

欺诈确定成立；桑坦德银行在保兑信用证及贴现有关单据时不知悉欺诈存在，保兑行和开证行均是在到期日前获悉欺诈。

争议的焦点：

Santander 案争议的焦点是：在信用证到期日前保兑行自行贴现完成了它对受益人的付款义务，并向受益人支付了贴现款，而诈骗行为在此之后，但又在信用证到期日之前被发现，此时诈骗风险究竟应由开证行承担（同时涉及信用证申请人）还是由保兑行承担？

法院判决：

法院主要对桑坦德银行在到期日之前的贴现行为是否是延期付款信用证下开证行的授权行为进行了深入剖析。法院认为：在延期付款信用证下，开证行对被指定银行的授权是被指定银行对相符单据做出延期付款的允诺并在到期日付款，本案中桑坦德银行做出延期付款的允诺只是执行了开证行指令的一半，此时不能得到开证行的偿付；延期付款信用证中开证行并没有给予被指定银行向受益人融资的授权，本案中巴黎巴银行并未要求桑坦德银行在到期日1998 年 11 月 27 日前贴现或支付任何对价，桑坦德银行给予受益人的融资完全是该行自己的决定，风险自负。法院认为，如果桑坦德银行没有在到期日前贴现，当得知存在受益人欺诈时，完全可以在到期日以欺诈例外的抗辩来拒绝对受益人付款。最终，法院判决桑坦德银行败诉，开证行巴黎巴银行没有偿付桑坦德银行的义务。

评析：

（1）按照 UCP500（于情不忍，于理如此）

法官的判决正是根据 UCP500 的规定作出的：根据 UCP500 第 9 条的规定，"开证行（保兑行）对延期付款信用证的付款责任是凭相符单据按信用证所确定的到期日到期付款"。UCP500 第 10 条 d 款规定，"如开证行指定另一家银行或允许任何银行议付或授权或要求另一家银行加具保兑，开证行即据此分别授权上述银行凭表面与信用证条款相符的单据办理付款、承兑汇票或者议付，并保证依照本惯例对上述银行予以偿付"。正如法官意见，在本案中，开证行对保兑行的授权是承诺并到期付款，开证行相应的偿付责任是到期偿付。保兑行提前履行了付款责任，属于开证行授权以外的保兑行和受益人之间的融资，在开证行那里得不到对被指定银行的合法地位，所产生的风险只能由保兑行自行承担。

对于延期付款信用证来说，UCP500 没有授权被指定银行可以对受益人提交的相符单据做融资。上述案例判决结果显示，根据英国法律，延期付款信用证项下的被指定银行如果自行对受益人提交的单据进行贴现融资并"善意地"成为信用证款项的受让人，其地位与票据的正当持票人不同，其权利将不能优于前手出让人（本案中为受益人），因此如果有证据表明受益人欺诈，该行将无法得到开证行的偿付。

对于承兑信用证来说，UCP500 同样没有授权被指定银行可以对受益人提交的相符单据做融资。然而根据英国法律，承兑信用证项下的被指定银行如果自行对受益人提交的汇票和单据进行贴现融资（包括对该行自身承兑的汇票进行贴现），只要是"善意而为"，就可以根据票据法的规定，取得与正当持票人同等地位，即使在汇票到期日前有证据表明受益人欺诈，该行也有权得到开证行的偿付。

然而各国法律互不相同，上述分析仅是就英国法律而言。假如桑坦德银行诉巴黎巴银行一案是根据美国法律审理，则判决的结果将完全相反。美国的《统一商法典》（UCC）第 5 章第109 条特别强调信用证的"善意"融资人在受益人欺诈的情况下有权从开证行获得偿付，将延期付款信用证款项受让人的权利等同于流通票据的正当持票人。

（2）按照 UCP600

根据 UCP600 第 12 条 b 款规定，当开证行指定一家银行对其开立的信用证做出延期付款承诺或承兑汇票时，也即授权该行在受益人提交相符单据时，可以向受益人提供预付融资或贴现已承兑的汇票。由于这种预付融资或贴现行为被明确是开证行的授权行为，该被指定银行将取得与议付信用证项下的被指定议付行同样的地位；当开证行以受益人实施欺诈为由拒绝对受益人付款时，仍有权要求开证行对该行予以偿付。

与此项规定相呼应，UCP600 在关于开证行和保兑行责任的第 7 条和第 8 条中增加了下列字句："开证行/保兑行偿付被指定银行的责任独立于开证行/保兑行对受益人的责任。"这表明，当开证行/保兑行发现受益人实施欺诈时，可以解除对受益人的付款责任，但如果这时被指定银行根据开证行的授权对受益人提交的表面相符单据善意地做了融资，开证行/保兑行仍必须履行对被指定银行的偿付责任。

UCP600 的这一修改明确了开证行对于被指定行进行承兑、做出延期付款承诺的授权，同时包含允许被指定行进行提前买入的授权。若换作 UCP600 实施后，桑坦德的案子就不会输！

UCP600 对这一问题的修订表明了国际商会力求顺应实务发展的需要，以便利国际贸易开展的立场。2007 年 7 月 1 日 UCP600 实施后，出口商可获得银行提前融资的信用证种类不再局限于议付信用证，而将扩展到延期付款信用证和承兑信用证。但需要特别注意的是，延期付款信用证和承兑信用证项下，只有被指定银行（当信用证可在任何银行兑用时，任何银行都是被指定银行）被授权对受益人提交的相符单据给予提前融资，非被指定银行没有得到这种授权。当延期付款信用证或承兑信用证只能在开证行兑用时（即没有被指定银行），则没有银行得到这种授权。未得到授权的银行如果对受益人提交的单据给予了提前融资，则不受 UCP600 的保护，而应由适用的当地法律来规范。[①]

十三

第 13 条　银行间的偿付约定

（一）UCP600 第 13 条中英文对照

表 2.16　第 13 条：银行间的偿付约定

第 13 条：银行间的偿付约定

a. 如果信用证规定被指定银行（"索偿行"）须通过向另一方银行（"偿付行"）索偿而获得偿付，则信用证中必须声明是否按照信用证开立生效日起适用于国际商会《银行间偿付规则》。

Article 13: Bank-to-Bank Reimbursement Arrangements

a. If a credit states that reimbursement is to be obtained by a nominated bank ("claiming bank") claiming on another party ("reimbursing bank"), the credit must state if the reimbursement is subject to the ICC rules for bank-to-bank reimbursements in effect on the date of issuance of the credit.

---

① 程军. 简析 UCP600 对被指定银行的融资授权. 中国外汇. 2007，(6)：54～55.

b. 如果信用证中未声明是否按照国际商会《银行间偿付规则》办理,则适用于下列条款:

ⅰ.开证行必须向偿付行提供偿付授权书,该授权书须与信用证中声明的有效条款一致。偿付授权书不应规定有效日期。

ⅱ.不应要求索偿行向偿付行提供证实单据与信用证条款及条件相符的证明。

ⅲ.如果偿付行未能按照信用证的条款及条件在首次索偿时即行偿付,则开证行应对索偿行的利息损失以及产生的费用负责。

ⅳ.偿付行的费用应由开证行承担。然而,如果费用系由受益人承担,则开证行有责任在信用证和偿付授权书中予以注明。如偿付行的费用系由受益人承担,则该费用应在偿付时从支付索偿行的总金额中扣除。如果未发生偿付,开证行仍有义务承担偿付行的费用。

c. 如果偿付行未能于首次索偿时即行偿付,则开证行不能解除其自身的偿付责任。

b. If a credit does not state that reimbursement is subject to the ICC rules for bank-to-bank reimbursements, the following apply:

ⅰ. An issuing bank must provide a reimbursing bank with a reimbursement authorization that conforms with the availability stated in the credit. The reimbursement authorization should not be subject to an expiry date.

ⅱ. A claiming bank shall not be required to supply a reimbursing bank with a certificate of compliance with the terms and conditions of the credit.

ⅲ. An issuing bank will be responsible for any loss of interest, together with any expenses incurred, if reimbursement is not provided on first demand by a reimbursing bank in accordance with the terms and conditions of the credit.

ⅳ. A reimbursing bank's charges are for the account of the issuing bank. However, if the charges are for the account of the beneficiary, it is the responsibility of an issuing bank to so indicate in the credit and in the reimbursement authorization. If a reimbursing bank's charges are for the account of the beneficiary, they shall be deducted from the amount due to a claiming bank when reimbursement is made. If no reimbursement is made, the reimbursing bank's charges remain the obligation of the issuing bank.

c. An issuing bank is not relieved of any of its obligations to provide reimbursement if reimbursement is not made by a reimbursing bank on first demand.

(二)UCP600 第 13 条与 UCP500 的比较评析

(1)UCP600 第 13 条涉及 UCP500 的第 19 条。

(2)UCP600 第 13 条增加了如果信用证规定被指定银行("索偿行")获得偿付时,信用证必须注明是否接受国际商会《银行间偿付规则》的约束。如果信用证没有规定以上条款,偿付授权不受有截止日的约束,不应要求索偿行提供相符的证明;开证行要承担偿付行未偿付所产生的损失。

(3)UCP600 第 13 条 b 款 ⅲ 项规定:如果偿付行未能按照信用证的条款及条件在首次索偿时即行偿付,则开证行应对索偿行的"利息损失以及产生的费用负责"。而 UCP500 第 19 条 d 款规定:如果偿付行未能按照信用证的条款及条件在首次索偿时即行偿付,则开证行应对索偿行的"利息损失负责"。显然 UCP600 更加强调保护偿付行的权益。

(4)UCP600 第 13 条 b 款 ⅳ 项规定:偿付行的费用应由开证行承担。解决了偿付行在付款给受益人时往往自行扣除费用这个长期存在的问题。

十四

第 14 条　单据审核的标准

（一）UCP600 第 14 条中英文对照

表 2.17　第 14 条：单据审核的标准

第 14 条：单据审核的标准	Article 14：Standard for Examination of Documents
a. 按照指定行事的被指定银行、保兑行（如有）以及开证行必须仅以单据为基础对提示的单据进行审核，并且以此决定单据在表面上看来是否与信用证条款构成相符提示。	a. A nominated bank acting on its nomination, a confirming bank, if any, and the issuing bank must examine a presentation to determine, on the basis of the documents alone, whether or not the documents appear on their face to constitute a complying presentation.
b. 按照指定行事的被指定银行、保兑行（如有）以及开证行，自其收到提示单据的翌日起算，应各自拥有最多不超过 5 个银行工作日的时间以决定提示是否相符。该期限不因单据提示日当天或之后信用证截止日或最迟交单日届至而受到缩减或受到其他影响。	b. A nominated bank acting on its nomination, a confirming bank, if any, and the issuing bank shall each have a maximum of five banking days following the day of presentation to determine if a presentation is complying. This period is not curtailed or otherwise affected by the occurrence on or after the date of presentation of any expiry date or last day for presentation.
c. 提示若包含一份或多份按照本惯例第 19 条、20 条、21 条、22 条、23 条、24 条或 25 条出具的正本运输单据，则必须由受益人或其代表按照相关条款在不迟于装运日后的 21 个公历日内提交，但是在任何情况下都不得迟于信用证的截止日。	c. A presentation including one or more original transport documents subject to articles 19, 20, 21, 22, 23, 24 or 25 must be made by or on behalf of the beneficiary not later than 21 calendar days after the date of shipment as described in these rules, but in any event not later than the expiry date of the credit.
d. 单据中内容的描述不必与信用证、该项单据本身以及国际标准银行实务完全一致，但该项单据中的内容之间、或与其他规定的单据或信用证不得互相冲突。	d. Data in a document, when read in context with the credit, the document itself and international standard banking practice, need not be identical to, but must not conflict with, data in that document, any other stipulated document or the credit.
e. 除商业发票外，其他单据中的货物、服务或行为描述若须规定，可使用统称，但不得与信用证规定的描述相矛盾。	e. In documents other than the commercial invoice, the description of the goods, services or performance, if stated, may be in general terms not conflicting with their description in the credit.
f. 如果信用证要求提示运输单据、保险单据和商业发票以外的其他单据，但未规定该单据由何人出具或单据的内容。只要所提交单据的内容看来满足其功能需要且其他方面与 14 条 d 款相符，银行将对提示的单据予以接受。	f. If a credit requires presentation of a document other than a transport document, insurance document or commercial invoice, without stipulating by whom the document is to be issued or its data content, banks will accept the document as presented if its content appears to fulfil the function of the required document and otherwise complies with sub-article 14(d).

g. 提示信用证中未要求提交的单据,银行将不予置理。如果收到此类单据,可以退还提示人。

g. A document presented but not required by the credit will be disregarded and may be returned to the presenter.

h. 如果信用证含有一项条件,但未规定用以表明该条件得到满足的单据,银行将认为未列明此条件,并对此不予置理。

h. If a credit contains a condition without stipulating the document to indicate compliance with the condition, banks will deem such condition as not stated and will disregard it.

i. 单据的出单日期可以早于信用证开立日期,但不得迟于信用证规定的提示日期。

i. A document may be dated prior to the issuance date of the credit, but must not be dated later than its date of presentation.

j. 当受益人和申请人的地址显示在任何规定的单据上时,不必与信用证或其他规定单据中显示的地址相同,但必须分别与信用证中所述及的地址处于同一国家内。联系的细节信息(电传、电话、电子邮箱及类似方式)如作为受益人和申请人地址的组成部分,银行将对此不予置理。然而,当申请人的地址及联系信息作为按照 19 条、20 条、21 条、22 条、23 条、24 条或 25 条出具的运输单据中收货人或通知方详址的组成部分时,则必须按照信用证规定予以显示。

j. When the addresses of the beneficiary and the applicant appear in any stipulated document, they need not be the same as those stated in the credit or in any other stipulated document, but must be within the same country as the respective addresses mentioned in the credit. Contact details(telefax, telephone, email and the like) stated as part of the beneficiary's and the applicant's address will be disregarded. However, when the address and contact details of the applicant appear as part of the consignee or notify party details on a transport document subject to articles 19,20,21,22,23,24 or 25, they must be as stated in the credit.

k. 显示在任何单据中的货物的托运人或发货人不必是信用证的受益人。

k. The shipper or consignor of the goods indicated on any document need not be the beneficiary of the credit.

l. 若运输单据能够满足本惯例第 19 条、20 条、21 条、22 条、23 条或 24 条的要求,则运输单据可以由任何人出具,无须为承运人、船东、船长或租船人。

l. A transport document may be issued by any party other than a carrier, owner, master or charterer provided that the transport document meets the requirements of articles 19,20,21,22,23 or 24 of these rules.

(二)UCP600 第 14 条与 UCP500 的比较评析

(1)UCP600 第 14 条涉及 UCP500 的第 13、21、22、31、33、37 和 43 条等。

(2)各国向国际商会提出的 400 多条关于信用证业务的意见中有 58% 集中在 UCP500 的 7 个条款(即第 9,13,14,21,23,37,48 条),其中,第 13 条的审核单据的标准的提议有 43 个,第 21 条的对单据出单人或单据内容未作规定的提议有 29 个。

(3)建立了"单据必须满足其功能"的审单标准。

UCP500 第 21 条规定:"对于运输、保险及发票之外的单据,如果信用证未规定单据的出具人和内容,只要内容与其他单据不相矛盾,银行将予接受。"限于篇幅和简洁的需要,信用证不会对每一种单据内容面面俱到,一般情况下只给出单据的名称。第 21 条提供的宽松条件便成了受益人处理单据的万应灵药,以致造成对该条款的滥用。比如装箱单不表明包装,质量证不显示质量,检验证没有检验结果,凡此种种均缺乏单据所应具有的效力。对这种明显既不符合常理又可能会对申请人清关提货以及生产销售造成影响的单据,却因"内容与其他单据并不冲突"而不得不接受,使得收到的单据与信用证要求的初衷相违背。针对 UCP500 第 21 条的不足,UCP600 第 14 条增加了更加符合实务的规定,即"要满足所要求单据的功能(appears to fulfil the function of the required document)"。也就是说,无须拘泥于单据是如何称谓的,只要其内容在表面上满足了信用证所要求单据的功能即可。从而明确了合格的单据还必须符合法规及常规。既包含了对汇票的要式性作出了明确要求,又建立了新的审单标准。

(4)UCP600 第 14 条 a 款不再使用 UCP500 中"合理谨慎(reasonable care)"这一含义模糊的用词,增加了"相符提示(complying presentation)"。并且,UCP600 专门增设了第 15 条,具体规定构成了"相符提示"的条件后,相关的被指定银行、开证行与保兑行的兑付或议付责任。

要求"指定银行、保兑行(如有的话)和开证行必须仅以单据为基础,审核单据是否表面构成相符"。结合第 2 条中新增的"相符交单"定义,这里的"相符"是指交单与信用证条款、统一惯例的适用条款和国际标准银行实务相一致。

(5)UCP600 第 14 条 b 款规定:被指定银行、保兑行(如有)以及开证行,自其收到提示单据的翌日起算,应各自拥有最多不超过 5 个银行工作日的时间以决定提示是否相符。替代了 UCP500 中"合理时间,不超过 7 个工作日(reasonable time,not to exceed 7 working days)"。显然,UCP600 更加明确,减少了矛盾,缩短了单据在银行审核的时间,增强了对受益人的保护。

在 UCP500 实行期间,美国有个案例,开证行在收到单据后的第三个工作日因单据存在不符点作出拒付。但议付行认为,开证行做出拒付时已超过合理审单时间,因此开证行拒付无效,应予付款。而开证行认为自己审单拒付并未超过 UCP500 规定的 7 个银行工作日,坚持不付款。双方走上法庭。最后法院判决支持议付行的请求。法院认为,该证项下提交的单据只有一页纸,开证行用 3 个工作日来审核该单据,显然超出了合理工作时间,因而拒付无效。

案例:BVA v. NBP

BVA(Bayerische Vereinsbank Aktiengesellschaft)是议付行,NBP(National Bank of Pakistan)为开证行,信用证根据 UCP500 签发。8 月 1 日,受益人向 BVA 提交了单据,BVA 接受了单据并进行议付。之后,BVA 把单据寄交开证行 NBP 要求其偿付。8 月 9 日,NBP 收到单据,当天直接将单据交给了开证申请人。申请人花了 4 天时间检查单据,发现了很多不符点。8 月 13 日开证申请人拒绝接受单据,并把其找到的不符点附在通知中。该案法官认为,开证行自己没有履行审核单据的义务,而是直接把该义务转嫁给了开证申请人,开证申请人因为不是专业的审单员,花了 4 天时间来审核单据,并且事无巨细地把所有不一致的地方都列了出来。因此,开证行审核单据所花的时间是不合理的,其拒绝通知是有延误的。4 天时间是否为"合理时间"("reasonable time"),作出拒绝通知是否"毫不迟延"("without delay")?显然这是 UCP500 中出现的模糊概念,给断案造成了不确定性。而一旦诉诸法律,还会受到法官主观判断的影响。如果按修订后的 UCP600 来看,银行处理单据的时间"最多为收到单据次日起第 5 个工作日",把单据处理时间的模糊判断标准简化为单纯的天数标准,使得判断依据简单化,同时也消除了法院以"不合理"为由轻易地干涉银行业务的隐患。

(6)信用证的"交单期"(period for presentation of document)就是出口商在货物装运后必须向银行交单要求兑付的日期。通常交单期规定为运输单据出具后的 7~15 天。

L/C 对交单期的规定是为约束受益人,促使其在货物出运后及时交单,避免由于受益人迟交单据而使得单据"过期",如晚于货物抵达目的地,从而会给进口商带来不必要的费用支出和风险(如滞港费等),也会影响进口商及时提货转运,贻误商机。当然受益人尽早交单对其自身也有好处,如果单证相符,则受益人可早日收款,加速资金流转;如果单证不符,在不符点是被议付行发现的情况下,可以有较充裕的时间更正单据;即使单据已经寄到了开证行,开证行发现不符点并提出拒付的情况下,若时间允许,受益人也会有可能补交更正后的单据,以确保收款安全。

当然,L/C 也可以不规定交单期,因为 UCP600 第 14 条 c 款规定:提示若包含一份或多份按照本惯例第 19 条、20 条、21 条、22 条、23 条、24 条或 25 条出具的正本运输单据,则必须由受益人或其代表按照相关条款在不迟于装运日后的 21 个公历日内提交,但是在任何情况下都不得迟于信用证的截止日。而 UCP500 第 43 条 a 款有类似规定,但是 UCP600 把过去的"21 天"明确规定为"21 个公历日(21 calendar days)"。也就是说,如果 L/C 中没有规定交单期,那么最迟交单期就是装运日后的 21 个公历日之内,此时受益人的交单要受到 L/C 的到期日与交单期这两个日期的约束。不过 21 个公历日的规定仅适用于要求提交的单据中包括一份或多份正本运输单据的情况。在 L/C 没有要求提交正本运输单据时,受益人只需在 L/C 的有效期内交单即可。显然,UCP600 更加明确。

为保证收汇安全,受益人可采取两次交单方式,即在运输单据签发前,先将其他已备妥的单据交银行预审,发现问题及时更正,待货物装运后取得运输单据再向银行提交运输单据要求兑付。另外,在电子信用证业务中,关于受益人交单问题,eUCP1.1 第 e3 条 a 款 ⅱ 项规定:"'单据'应包括电子记录。"第 e5 条 b 款规定:"电子记录可以分别提交,无须同时提交。"c 款规定:"若 eUCP 信用证允许提交一条或多条电子记录,受益人有责任向接受交单的银行提供表明交单完毕的通知。该通知可以电子记录或纸制单据的方式做出,同时必须注明有关的 eUCP 信用证。如果银行未收到受益人的此项通知,将被视为未曾交单。"此规定值得注意,因为当提交纸制单据时,UCP600 并未规定受益人要提交交单完毕的通知。①

(7)UCP600 第 14 条 d 款吸收了 ISBP645 第 24 条的为解决单据间不一致(inconsistence)问题而规定的内容。UCP500 规定,单据之间表面不一致(be inconsistent with),即视为表面与信用证条款不符。UCP600 第 14 条 d 款规定为"不必完全一致,但不能冲突"(need not be identical to,but must not conflict with)。用词由 inconsistent 向 conflict 转变,此项规定应可导致瑕疵之减少,表明信用证的严格相符原则有所放松。

单词中的拼写或打字错误不构成另一个单词,从而不构成歧义的,前后不相矛盾的,可以不视为不符点。例如,发票上注明"合同(contract)"而信用证是"销售合约(sales contract)";发票上商品重量是公斤(kg),而信用证是公吨(m/t),如果这些单据内容不会使人产生误解,可以认为单据之间不存在不符。

但另一情况下,某信用证对远期汇票期限的规定是"30 days after sight of draft",而随附汇票上的期限却误为"30 days after date of draft",虽然汇票上的内容仅差一个英文单词,但是所表明的起算日期却相差甚远,因为汇票期限对买方不利,所以被认为单证之间存在不符。

显然,UCP600 审单标准更加宽松,可减少不符点,提高了信用证的效率,这将促进信用证的结算方式的发展。

(8)UCP600 第 14 条 f 款是新增加的,解决了 UCP500 的注重名称而不注重内容的问题。

ISBP645 规定:"单据可以使用信用证规定的名称或相似名称,或不使用名称,只要单据内容满足所要求的单据功能即可。如信用证要求'装箱单(packing list)',无论该单据的名称为'装箱说明(packing note)',还是'装箱和重量单(packing and weight list)'等或者没有名称,只要单据描述了装箱细节,即为单据相符。"这些规定被 UCP600 吸收。

① 张照玉.信用证中到期日、交单期及交单地点的相关分析.对外经贸实务,2007,(4):45~47.

例如,信用证要求运输单据 Packing List,而受益人提交的单据抬头没有 Packing List 字样或抬头为 Weight List,但是单据的内容包含了包装单的相关因素,如每个包装单据单位中的数量、毛(净)重、尺码等,则认为内容满足了其功能。

对出单人或单据内容未作规定的情况,只需"符合单据功能"即可,更进一步细化明确了单据审核标准,体现审单标准的放松。

(9)UCP600 第 14 条 h 款规定明确了信用证要求的单据的范围。将非单据化条件(non-documentary)排除在信用证审核的范围之外,避免了实务中纠纷的发生。

在实际操作中,如中东地区信用证经常有这样的规定:"货物必须保证非以色列产品并且不含以色列的材料(Goods are not of Israeli origin and do not contain any Israeli material)",按照该信用证的要求,"货物产地不能含以色列的材料",如果没有要求提交"产地证或其他单据证明",仅就"产地"可以视为"非单据条件",按照 UCP600 规定,对此可以不予理会。但是若在信用证中规定了产地证,那就不是"非单据条件"了,则必须出具表明"产地"满足以上条件的产地证。

因此,对于跟单信用证出现一个条件明确地规定需提交与之相符的单据时,则需出具与此条件相符合的单据。例如:Rubber stamp signatures of the beneficiary on documents are not acceptable(盖有受益人橡皮图章的单据将不予接受)。显然,此条件中"盖章"与"单据"有必然的联系,这种条款不但需要由受益人出具单据,还应注意在单据上不应出现受益人的橡皮图章。

所以我们应当注意,如果信用证的条件与信用证中要求的单据之间存在联系,不应视为"非单据条件",例如"Shipment from Qingdao to Hongkong,CIF Hongkong(INCOTERMS 2000)"等不属于"非单据条件",一定要按照信用证要求在出具的有关单据中,诸如"发票"、"提单"中反映出该条件。因此,在审单、制单中有把握不准的条件规定,或按照信用证中的条件出单有困难,应及时与开证申请人联系予与澄清或删除,尽量避免在信用证中因出现"非单据条件"而造成单据的不符点,如有确实无法取消的"非单据条件",受益人要以 UCP600 为依据,结合实际情况,做妥善处理,以免在交单时出现纠纷,影响及时收汇。[①]

(10)UCP600 第 14 条 i 款规定:"单据的出单日期可以早于信用证开立日期,但不得迟于信用证规定的提示日期。"替代了 UCP500 中 22 条规定:"除非信用证种类有规定,银行将接受出单日期早于信用证开立日期的单据。"显然,UCP600 更明确地考虑了受益人(出口商)的商品出运在前,签署合同在后的实际情况。商品在签署正式合同之前,已装上运输工具,并向目标市场出发。同时卖方积极寻找买方,如果找到并签署合同,卖方所提交单据的日期必然早于信用证开立日期;如果未签署合同,则等待商品到达目的地后,由卖方委托代理人提货、销售。这种方式适用于一些竞争激烈的时令商品,为了让商品占领市场。

(11)UCP600 第 14 条 j 款是新增加的,本款规定顺应了国际贸易中很多公司在交易中分别涉及同一国家内不同营业机构的现实,可以有效减少不符点的出现。解决了 UCP500 的过分强调"单单一致、单证相符"的问题。显然,UCP600 可以提高信用证结算方式的效率。

例如,有些信用证上的开证行的地址很长,单据上印就的空间打不下,可以在开证行名后,打上该证的城市名+国名即可。还有的中东国家开来的信用证,要求发票上注明受益人的全称及详细地址,但信用证上的受益人有其电话或传真号码的,可不予理会。如果信用证所列单据前有(3/3)字样的,表示要 3 份正本,且需在单据上显示,如:(3/3)INVOICE,我们可以在发

---

① 刘启萍. UCP600 关于单据处理的若干问题. 对外经贸实务,2007,(8):50~53.

票上注明,"ISSUED IN THREE ORIGINALS ONLY",表示 3 份正本发票。

对于出口商(受益人)而言,此项新规定,可以减少实务中由于所提交单据中受益人和申请人地址或其他联络细节与信用证中所载内容不符,而被开证行或指定银行拒付的风险。但受益人应注意,如果信用证中明确要求所提交单据中受益人和申请人地址或其他联络细节必须与信用证中的内容相符,则需要按照信用证规定办理,而不能以 UCP600 中的此项规定抗辩。为避免纠纷,受益人仍应尽可能地按照信用证中所载内容膳制单据。

(12)UCP600 第 14 条 k 款规定:任何单据上载明之货物装运人(shipper)或发货人(con-signor)不必是受益人。此项规定应可避免在三角贸易时,当事人对此解释不同之争议。

(13)UCP600 第 14 条规定:任何单据都可以将受益人以外的一方作为发货人,而 UCP500 中规定:仅允许提单可以将受益人以外的一方作为发货人。显然,保护了使用"背对背信用证"的中间商,即中间商可以在较长时间内获取商品的差价(高于佣金)。因为中间商可以在单据上"隐藏掉"实际的供应商,避免了买方的"跳单"(越过中间商而直接与实际的供应商签署合同)。

(四)案例:UCP600 规定的审单合理期限

某银行开立一份不可撤销的议付信用证,并通过另一家银行将信用证传递给受益人。受益人发货后取得单据并向通知银行议付,议付银行议付后将单据传递给开证行。开证行在收到单据后第九个工作日以不符点为由拒付。开证行在收到单据后第九个工作日拒付是否合理?

分析:

开证行拒付超过了 UCP600 规定的合理期限,不能免除其偿付责任。开证行如未能在规定期限内表示拒绝,则必须履行偿付责任。这种情况下,因为单据有不符点,开证申请人有理由拒付。银行无法从申请人处收取货款,只能因为本身操作中的疏忽而承担损失。

启示:

为了防范过期拒付的风险,开证行一般都有严格的计时机制,确保银行在不迟于收到单据次日起的 5 个工作日内作出合理的反应。

(五)案例:单据轻微瑕疵

某日,受益人向议付行交来全套单据,经审核,议付行认为单单、单证一致,于是一面向受益人办理结汇,一面寄单向开证行取得索偿。开证行经审核后,认为议付行交来的全套单据不能接受,因为提单上申请人的通信地址的街名少了一个 G。(正确的地址为:Sun Chinag Road,现写成:Sun China Road)

获此信息后,受益人即与申请人取得联系,要求取消此不符点,而申请人执意不肯。事实上,开证申请人已通过借单看过货物后才决定拒绝接受货物,并由此寻找单据中的不符点,以此为借口拒绝付款。目前此案在进一步磋商之中。

分析:

这是一起由于单证不符招致拒付的案例,按 UCP600 的规定,银行审单遵循"严格相符"的原则,也即受益人提交的单据必须做到"单据与信用证规定一致"和"单据与单据一致",银行才会接受单据并付款。这是一条刚性原则,虽然曾有不少人提出应软化这一刚性原则,即银行应接受只有轻微瑕疵的单据并付款,但这一主张并未得到大多数国家的接受,也未得到国际商会的认可。实际上,对"轻微瑕疵"的认定,即何种程度的不符才能构成银行拒付的理由,

UCP600 没有作明确的规定,法院或仲裁庭有很大的自由裁量权。

古特里奇及梅格拉的《银行商业信用证法》第 7 版第 120 页中写道:"什姆纳勋爵在纽约衡平信托公司诉道生合伙公司案中提请大家注意的'严格一致',并不扩展到字母 i 遗漏一点或字母 t 遗漏一横,或信用证或单据中明显的打字错误。因为信用证与单据所使用语言的巨大差异,以教条的甚至是一般化的方式对待这个问题都是行不通的。"

与上述相反的意见是在拜伦诉欧文信托公司案的裁决中,地区法院引用了玛里诺工业公司诉大通银行一案,并作出结论说:"仅一处不符,包括对当事人姓氏的误拼,都足以成为保兑行拒付信用证款项的借口。"

可见,重要的不是某个人对不符点重要性的看法,而是法院采取的态度。

启示:

本案给我们的启示是,议付行一定要本着认真、负责的态度审好每笔单子,以把各个不符点尽可能扼杀在萌芽状态。如本案,若议付行及早发现、及早更改的话是完全可以做到单单、单证一致的。议付行决不能存有侥幸心理。当然在具体处理时,作为议付行也可据理力争,多找一些有利于己方的判例,争取此事得以圆满解决。

(六)案例:备用信用证与商业信用证的不同

某银行开出不可撤销的备用信用证,经 A 银行加保并通知受益人。该证要求:

(1)提供一份违约证书,声明"根据 X 公司与 Y 公司 1994 年 1 月 1 日签订的第 111 号合同,我们在 1994 年 2 月 2 日装运 S 毫升油。按照上述合同条款要求,我们从装船日起已等待 Y 方付款达 120 天,Y 方未付应付款。因此 Y 方已违约,应在备用信用证项下向我方支付 X 美元。"

(2)商业发票副本一份,注明装运商品的细目。

(3)运输单据副本一份,证明货物已装运及注明装运日期。

受益人按合约发了货,并按销货条件向 Y 开出了 120 天到期付款的发票。在发货后的120 天,由于未直接从 Y 方收到款项,受益人缮制了备用信用证所要求的文件,提交给保兑行。

保兑行审核了违约证书、商业发票副本和运输单据副本,认为单证相符,即向受益人付了款,并以快邮向开证行寄单索款。

开证行接到单据审核后,开证行以下述理由拒绝付款,并把付款情况通知了 A 行。该不符为:晚提示。根据 UCP600 第 14 条 c 款,单据不得迟于装船后 21 天提示,而货物早已于1994 年 2 月 2 日装运,单据迟至 1994 年 3 月 6 日才提示。

A 行对此拒付不同意,复电如下:"来电拒付无理。UCP600 第 14 条 c 款适用于商业跟单信用证,而非备用信用证。后者是担保你客户履约而立的。只要你证明你客户违反和受益人之间的商业合同条款,即为有效。此外,为了履行商业合同,受益人必须在发货后等待 120 天,以便你客户付款。如后者违约不付,则受益人将使用备用信用证取得该证项下的付款。因此,在装运后,做出必要的违约证书以前,受益人既要给予 120 天的融资,同时又要按信用证要求,在发货后 21 天之内,提交信用证要求的单据是不可能的。据此,我行认为你行拒付无根据,并即希望偿付我行已付的款项,加上我行付款日到你行偿付我行之日的利息。"

分析:

此案中保兑行的解释是正确的,开证行的拒付无理。因为在备用信用证项下,受益人在做违约证书之前,需有一段必要等待的时间,以证实开证申请人确已违约。因此 UCP600 第 14条 c 款对本案不适用。

那么,我们假设:如果开证行拒绝偿付保兑行,保兑行能否向受益人行使追索权?回答是否定的,因为作为保兑行,在已做出付款的情况下,不得行使追索权。

备用信用证被认为是第二性付款手段。因此,这种信用证只凭违约证书有效,不应附加任何副本商业单据的要求,否则将导致不恰当的银行业务做法,引起所谓"单证不符"的纠纷。

在此案中,由于申请人已破产,其资产已由法院控制。开证行即以所谓的不符点延迟付款,以便其有足够的时间与法院协商,解除对申请人资产的部分冻结,以便付款。在等待 4 个月后,开证行终于偿付了通知行,但并未支付利息。

(七)案例:检验证书是否一定要注明检验日期

国内 A 公司向德国 B 公司出口化工原料,单据提交议付行审核后未发现不符点,于是议付行将单据寄给德国某开证行,开证行审单后,发现检验证书没有注明检验日期,遂提出拒付。

分析:

由于检验证书没有注明检验日期,进口商无法确定货物是在装运之前做出的检验还是在装运之后做出的检验,如果是在装运之后检验,许多商品的检验过程实际上是无法进行的。即使能够进行,其检验结果也很难合乎要求,因此,检验证书一定要注明检验日期。

十五

第 15 条　相符提示

(一)UCP600 第 15 条中英文对照

表 2.18　第 15 条:相符提示

第 15 条:相符提示	Article 15:Complying Presentation
a. 当开证行确定提示相符时,就必须予以兑付。	a. When an issuing bank determines that a presentation is complying, it must honour.
b. 当保兑行确定提示相符时,就必须予以兑付或议付,并将单据寄往开证行。	b. When a confirming bank determines that a presentation is complying, it must honour or negotiate and forward the documents to the issuing bank.
c. 当被指定银行确定提示相符并予以兑付或议付时,必须将单据寄往保兑行或开证行。	c. When a nominated bank determines that a presentation is complying and honours or negotiates, it must forward the documents to the confirming bank or issuing bank.

(二)UCP600 第 15 条与 UCP500 的比较评析

(1)UCP600 第 15 条涉及 UCP500 的相关内容基本相同,只是单列"相符提示"这条。

(2)UCP600 第 15 条规定:开证行确定提示相符时,就必须予以兑付;保兑行确定提示相符时,就必须予以兑付或议付并将单据寄往开证行;当被指定银行确定提示相符并予以兑付或议付时,必须将单据寄往保兑行或开证行。并且兑付或议付都应在 5 个银行工作日内完成。显然,UCP600 更加明确了银行的责任,增强了对受益人的保护。

十六

第 16 条　不符单据、放弃与通知

（一）UCP600 第 16 条中英文对照

表 2.19　第 16 条：不符单据、放弃与通知

第 16 条：不符单据、放弃与通知	Article 16：Discrepant Documents，Waiver and Notice
a. 当按照指定行事的被指定银行、保兑行（如有）或开证行确定提示不符时，可以拒绝兑付或议付。	a. When a nominated bank acting on its nomination，a confirming bank，if any，or the issuing bank determines that a presentation does not comply，it may refuse to honour or negotiate。
b. 当开证行确定提示不符时，可以依据其独立的判断联系申请人放弃有关不符点。然而，这并不因此延长 14 条 b 款中述及的期限。	b. When an issuing bank determines that a presentation does not comply，it may in its sole judgement approach the applicant for a waiver of the discrepancies. This does not，however，extend the period mentioned in sub-article 14(b)。
c. 当按照指定行事的被指定银行、保兑行（如有）或开证行决定拒绝兑付或议付时，必须给提示人一份单独的拒付通知。	c. When a nominated bank acting on its nomination，a confirming bank，if any，or the issuing bank decides to refuse to honour or negotiate，it must give a single notice to that effect to the presenter。
通知必须声明：	The notice must state：
ⅰ. 银行拒绝兑付或议付；及	ⅰ. that the bank is refusing to honour or negotiate；and
ⅱ. 银行凭以拒绝兑付或议付的各个不符点；及	ⅱ. each discrepancy in respect of which the bank refuses to honour or negotiate；and
ⅲ. a）银行持有单据等候提示人进一步指示；或	ⅲ. a）that the bank is holding the documents pending further instructions from the presenter；or
b）开证行持有单据直至收到申请人的不符点放弃通知且同意接受该弃权，或在同意接受弃权前从提示人处收到进一步指示；或	b）that the issuing bank is holding the documents until it receives a waiver from the applicant and agrees to accept it，or receives further instructions from the presenter prior to agreeing to accept a waiver；or
c）银行退回单据；或	c）that the bank is returning the documents；or
d）银行按照先前从提示人处收到的指示行事。	d）that the bank is acting in accordance with instructions previously received from the presenter。
d. 第 16 条 c 款中要求的通知必须以电讯方式发出，或者，如果不可能以电讯方式通知时，则以其他快捷方式通知，但不得迟于提示单据日期翌日起第 5 个银行工作日结束前发出。	d. The notice required in sub-article 16(c) must be given by telecommunication or，if that is not possible，by other expeditious means no later than the close of the fifth banking day following the day of presentation。
e. 按照指定行事的被指定银行、保兑行（如有）或开证行可以在提供第 16 条 c 款 ⅲ 项、a 款或 b 款要求提供的通知后，在任何时间将单据退还提示人。	e. A nominated bank acting on its nomination，a confirming bank，if any，or the issuing bank may，after providing notice required by sub-article 16(c)(ⅲ)(a) or (b)，return the documents to the presenter at any time。

f.如果开证行或保兑行未能按照本条款的规定行事，则无权宣称交单不符。

f. If an issuing bank or a confirming bank fails to act in accordance with the provisions of this article, it shall be precluded from claiming that the documents do not constitute a complying presentation.

g.当开证行拒绝兑付或保兑行拒绝兑付或议付，并已经按照本条款发出通知时，该银行将有权就已经履行的偿付索取退款及其利息。

g. When an issuing bank refuses to honour or a confirming bank refuses to honour or negotiate and has given notice to that effect in accordance with this article, it shall then be entitled to claim a refund, with interest, of any reimbursement made.

(二)UCP600 第 16 条与 UCP500 的比较评析

(1)UCP600 第 16 条与 UCP500 的第 14 条内容相似。

(2)UCP600 第 16 条的标题比 UCP500 第 14 条的标题多了"放弃(WAIVER)"一词。由此不难看出,ICC 的观点是鼓励对不符点的放弃的。

(3)UCP600 第 16 条的规定对银行的实务操作有很大影响,如明确了银行处理单证的日期从 7 天变成 5 天;国内的部分外资银行已承诺,单据议付后不再追索,即放弃保留追索权,原因在于这些议付银行的业务(审单)能力强,一旦遭到开证行的拒付,非常自信能够与开证行进行协商,并最终收回款项。

(4)UCP600 第 16 条增加了被指定银行的规定,而 UCP500 中仅对保兑行与开证行有规定。显然,UCP600 更加明确了银行的责任。

(5)UCP600 拒付电的规定第 16 条 c 款:"Banks must give a single notice"替换了 UCP500 中的"Banks must give notice",增加了"a single",就使关于拒付电的规定更加明确而更利于操作。在实务中,开证行应用 MT734 的格式发出拒付通知,避免使用 MT799。如果在没有密押而不得不发 MT999 的情况下,一定要用明确的措辞。

(6)UCP600 第 16 条对开证行的影响:c 款ⅲ项 b)规定开证行持有单据直至收到申请人通知弃权并同意接受该弃权,或在同意接受弃权前从提示人处收到进一步指示。即虽然开证行已拒付并持有单据,但申请人接受不符点后,开证行可放单给申请人,或者开证行同意接受对不符点的放弃之前,从交单人收到了进一步的指示,比如退单,则应退单给交单人。拒绝承付通知必须在 5 个银行工作日内发出。在来单面函有指示的情况下,应选择第 16 条的 c 款ⅲ项 d);银行按照先前从提示人处收到的指示行事。在来单面函没有指示的情况下,开证行可征求申请人的意见,在拒付通知中可选择第 16 条的 c 款ⅲ项 a),c 款ⅲ项 b),c 款ⅲ项 c),最好选择 c 款ⅲ项 b)。

(7)UCP600 第 16 条对被指定银行、保兑行的影响:在交单人有指示的情况下,应选择第 16 条的 c 款ⅲ项 d);银行按照先前从提示人处收到的指示行事;在交单人没有指示的情况下,被指定银行、保兑行可选择第 16 条的 c 款ⅲ项 a),c 款ⅲ项 c),最好选择 c 款ⅲ项 a)。拒绝兑付或议付通知必须在 5 个银行工作日内发出。

(8)UCP600 第 16 条对被指定银行、保兑行或开证行虽然持有单据,但在按照第 16 条的 c 款ⅲ项 a)或 c 款ⅲ项 b)发出了通知以后,仍可以在任何时候退单。

(9)在单据因瑕疵拒付时,允许开证银行选择保留单据直到从申请人处收到 waiver(指抛弃瑕疵主张之权利)并同意接受该项抛弃,或在同意接受申请人之(抛弃权)前,收到提示人之进一步指示时。

(10)拒付后对单据的处理。

UCP600 第 16 条 c 款将拒付后开证行对银行单据的处理办法由 UCP500 第 14 条 d 款中的持单听候处理或将单据退还交单人这两种增加为四种,分别为:

①通知交单人银行持单听候交单人的进一步指示;

②通知交单人银行持单直到收到开证申请人放弃不符点并同意接受单据的通知或者收到交单人在此之前的进一步指示;

③通知交单人银行退还单据;

④通知交单人银行依据交单人以前的指示行事。

这扩大了银行决定拒绝兑付或议付时的选择权和为受益人在交单时提供了更多的选择。其中第二点在以往的 UCP 条款中一直被认为存在争议,因为此解释和信用证本身的定义有矛盾之处。但实际业务中,申请人放弃不符点而开证行付款的现象普遍存在。在 UCP600 中列出此条款,顺应了实践业务的发展,也将缩短不符点单据的处理周期,减少了不符点争议的产生。国际商会这样修改的目的在于促进信用证交易目的的实现,使交单人尽可能获得信用证下的支付。

(三)案例:接受已拒绝的不符单据

某日,B 银行开立一张不可撤销保兑信用证,该证的保兑行与通知行均为 A 银行。受益人在接到 A 银行通知后,即刻备货装运,且将全套单据送 A 行议付。A 行审核单据后,发现有两处不符:其一是迟装,其二是单据晚提示。于是 A 行与受益人电话联系,征求受益人意见。受益人要求 A 行单寄开证行并授权议付。

收到议付行寄来的不符单据,B 行认为其不能接受此两不符点,并且将此情况通知了开证申请人。开证申请人也认为单据严重不符,拒绝付款。于是 B 行电告 A 行:"由于货物迟装运以及单据晚提示的原因,金额为×××的第×号信用证项下的款项被拒付。我们掌握单据听候你们方便处理。我们已与申请人联系,他们会直接与受益人协商,请指示。"

A 行收到 B 行电传即告受益人。受益人要求 A 行电告 B 行单据交由 B 行掌握并等待受益人的进一步指示。遵受益人指示,A 行即电告 B 行上述内容。

收到 A 行要求单据交由其掌握,听候受益人进一步指示的电传后,B 行与申请人取得了联系。由于申请人迫切希望得到这批货物,他随即指示 B 行付款。于是 B 行电传 A 行道:"你方要求单据交由你方掌握,进一步听候受益人指示的电传已收到,经进一步与申请人联系,他已同意接受不符的单据,并且授权付款×××,请即对受益人付款,并借记我方开在你处的账户外加所有的银行费用。"

收到 B 银行电传指示,A 行打电话通知受益人。受益人认为他们不能接受。因为在得到申请人拒付的信息后,货物市价突然上涨,他们已将货物以更高的价格转卖给了另一买主。况且在对方拒付后,他们毫不延迟地作出决定:单据交由 A 行掌握,听候处理。得此信息后,A 银行给 B 银行发了一则电传:"由于你方拒绝接受我方的不符单据,在此情况下,受益人已将货物转卖给另一客商。因此他们不能接受你方在拒绝不符单据后再次接受该单据的做法。此外,据受益人称,申请人已掌握了代表货物所有权的正本提单。我们认为未经我方许可,你方擅自放单的做法严重违反 UCP600 的规定。"

B 银行电告 A 银行称申请人与其关系极好。该行的放单纯粹是为了有利于争端的解决。B 行认为由于受益人提供的单据与信用证严重不符,据其估计该笔业务只能以跟单托收的方法进行。既然申请人随后接受了单据并且支付了货款,B 行在此情况下将提单背书给买方,即将货物所有权转至买方,故 B 行也无须再将全套单据退 A 行掌握。

如何妥善解决此案?

评析:

此案中开证行 B 行的做法显然是严重违反了 UCP600 的规定。根据 UCP600 规定:①如果开证行及/或保兑行(如已保兑)或代表他们的被指定银行决定拒收单据,则其必须在不迟于自收到单据之日起第 5 个银行营业日结束前,不延误地以电讯,如不可能则以其他快捷方式,发出通知。该通知应发至从其处收到单据的银行,如直接从受益人处收到单据,则将通知发至受益人。②通知必须叙明原因而拒收单据的所有不符点,并且必须说明银行是否留存单据听候处理,或已将单据退还交单人。开证行及/或保兑行(如已保兑)未能按本条规定办理,及/或未能留存单据等待处理或将单据退还交单人,开证行及/或(如已保兑)则无权宣称单据不符合信用证条款。

由于受益人提供的单据存有严重不符,在此情况下 B 银行拒绝付款本无可厚非,但错就错在各方尚未对此事达成协议前,B 行将此单据放给了申请人。这就严重违反了规定,若其不能遵守单据条款,它就根本无权宣称单据不符合信用证条款。A 行既未指示也未提示按托收办理。如果 B 行想以托收方式进行此项业务的话,它根本就无须电告 A 行根据《跟单信用证统一惯例》拒收单据。无论如何 B 行不能随意地将此业务改为托收,这样做会使人误以为该项业务已受 URC522 的约束,而非 UCP600,随之而来的是受益人的权利得不到 UCP 的保护。

很显然 B 行的正确做法是要么接受不符单据,若拒受则应保留单据听候处理。

事已至此,如何才能解决这一争端呢?

笔者认为应说服受益人仍然将货销售给申请人,对于差额部分(受益人转售给另一买方的价格超过前售给申请人价格的部分),则由 B 行与申请人均分。

第三节

UCP600 中有关运输及其他单据(17~33 条)

十七

第 17 条　正本单据和副本单据

(一)UCP600 第 17 条中英文对照

表 2.20　第 17 条:正本单据和副本单据

第 17 条:正本单据和副本单据	Article 17:Original Documents and Copies
a.信用证中规定的各种单据必须至少提供一份正本。	a. At least one original of each document stipulated in the credit must be presented.

b. 除非单据本身表明其不是正本,银行将视任何单据表面上具有单据出具人正本签字、标志、图章或标签的单据为正本单据。

b. A bank shall treat as an original any document bearing an apparently original signature, mark, stamp, or label of the issuer of the document, unless the document itself indicates that it is not an original.

c. 除非单据另有指示,如果单据符合以下条件,银行将接受单据作为正本单据:

c. Unless a document indicates otherwise, a bank will also accept a document as original if it:

ⅰ. 表面看来由单据出具人手工书写、打字、穿孔签字或盖章;或

ⅰ. appears to be written, typed, perforated or stamped by the document issuer's hand; or

ⅱ. 表面看来使用单据出具人的正本信笺;或

ⅱ. appears to be on the document issuer's original stationery; or

ⅲ. 声明单据为正本,除非该项声明表面看来与所提示的单据不符。

ⅲ. states that it is original, unless the statement appears not to apply to the document presented.

d. 如果信用证要求提交副本单据,则提交正本单据或副本单据均可。

d. If a credit requires presentation of copies of documents, presentation of either originals or copies is permitted.

e. 如果信用证使用诸如"一式两份"、"两张"、"两套"等术语要求提交多份单据,则可以提交至少一份正本,其余份数以副本来满足。除非单据本身另有其他的指示。

e. If a credit requires presentation of multiple documents by using terms such as "in duplicate", "in two fold" or "in two copies", this will be satisfied by the presentation of at least one original and the remaining number in copies, except when the document itself indicates otherwise.

(二)UCP600 第 17 条与 UCP500 的比较评析

(1)UCP600 第 17 条涉及 UCP500 的第 20 条部分内容。

(2)UCP600 第 17 条对正本单据的含义与份数,作了明确的规定。

(3)UCP600 第 17 条中删除了 UCP500 中"对于用影印、自动或电脑处理和复写方式制作的单据认可为正本"的规定。但增加了可以视作正本单据的条件。这样对正本的含义更明确、更便于掌握。

(4)UCP600 第 17 条 d 款:"如果信用证要求提交副本单据,则提交正本单据或副本单据均可。"这是新增加的,显然,UCP600 更加明确。

(5)明确了正本单据的认定标准。

UCP500 第 20 条 b 款规定:"银行将接受以下列方式或表面上看是影印、自动或电脑处理、复写方式制作的单据作为正本单据。但是该单据必须注明为正本,必要时需要签字。"上述规定本意在于扩大正本单据范围以适应国际贸易实践的需要并保证商事交易的顺利进行,但在实践中对其理解却容易引发争议。究竟什么情况是"必要时(when necessary)"? 国际商会银行委员会于 1999 年 7 月 12 日对此专门发布了《关于 UCP500 第 20 条第 2 款项下正本单据的决议》[第 470/871(修订)号文件],对正本单据问题予以详细阐述。UCP600 专门增加了第 17 条首先明确规定信用证要提交的单据应该至少包含一份正本单据,并且在运输单据和保险单据的几个条文中规定,"如果为单份正本运输单据,或者签发一份以上正本,应该提交全套正本单据",而且"银行应该将任何载有表面上看为单据签发人的原始签字、标记、盖章或标签的单据作为正本,除非单据自身表明不是正本",这就解决了"必要时"签字的问题,即正本单据上必须要求签字,签字方法虽不特定必须手签,但有签字的单据的复印件不能视为签

署过的正本单据,通过传真发送的有签字的单据若不另外加具原始签字,也不视为签署过的正本。

(三)案例:对正本单据的理解

有一信用证的开证行开立了一张不可撤销保兑信用证,该证中有一条款规定"必须提供全套 3/3 正本清洁已装船提单"。而受益人提供的全套单据中包括了一套 3/3 清洁已装船提单,每一份均经有承运人手签,且分别表明"original","duplicate","triplicate"。通知行审核了受益人交来的单据,认为完全符合信用证规定,于是即对受益人付款,并单寄开证行索偿。

开证行收到单据后认为有一处不符。全套三份正本提单上并没有如 UCP600 第 20 条 a款的规定全部标上"original"字样。所以该行拒绝付款并持有单据听候处理。

议付行则认为一套三份提单全是正本单据,均经由承运人手签。该正本单据的制作符合UCP600 的其他相关规定。此外,议付行认为 UCP600 第 20 条 a 款的规定并不适用于运输单据。各份正本提单上的"original","duplicate","triplicate"字样并非"正本","第二联副本","第三联副本"之意,而应理解为"original,original","duplicate,original","triplicate,original",即"第一联,正本","第二联,正本","第三联,正本"。这一做法已为国际银行界和运输界所普遍接受。

开证行坚持认为 UCP600 第 20 条 a 款非常清楚地规定了单据如何制作,如何签署。既然全套单据中的另两份提单明确写明"duplicate"(第二联),"triplicate"(第三联),那么就不能认为该两份单据是正本提单。有鉴于此,开证行认为其拒绝付款有效。

评析:

信用证要求提供全套 3/3 正本提单,每份正本提单都是货物所有权的凭证。因此不管是否标有"original"字样,是否其他各联标明"duplicate","triplicate"字样,都应视作为符合信用证提供正本海运提单的规定。运输单据中的"duplicate","triplicate"字样不能被认为是副本。UCP600 第 20 条 a 款的规定不适用于此案。

UCP600 第 17 条 c 款:除非信用证另有规定,银行还将接受下述方法或从表面上看是用下述方法制作的单据作为正本单据。(1)影印、自动处理或计算机处理。(2)复写。但条件是上述方法制作的单据必须加注"正本"字样,并且如有必要,在表面上签署。单据可以手签、传真、打透花字、印戳、用符号或用任何其他机械或电子证实方法制成。

因此,标有"duplicate","triplicate"字样的提单不能因为未标有"original"字样而被拒绝,这已是公认的习惯做法。

此案给我们的启示是:在处理信用证业务中固然要严格遵守 UCP600 的规定,但对于UCP600 的规定,我们必须深刻领会,同时我们必须牢记公认的一些习惯做法。

虽然此案最终是以受益人的胜诉而告终,但是倘若我方是作为出口方的银行,笔者则认为,我们应劝阻受益人的这种做法,在每张正本提单上还是标上"original"为好,以避免不必要的麻烦。

十八

第 18 条　商业发票

（一）UCP600 第 18 条中英文对照

表 2.21　第 18 条：商业发票

第 18 条：商业发票	Article 18：Commercial Invoice
a. 商业发票： ⅰ. 必须在表面上看来系由受益人出具（第 38 条另有规定者除外）； ⅱ. 必须做成以申请人的名称为抬头（第 38 条 g 款另有规定者除外） ⅲ. 必须将发票币种作成与信用证相同币种。 ⅳ. 无须签字。	a. A commercial invoice： ⅰ. must appear to have been issued by the beneficiary (except as provided in article 38)； ⅱ. must be made out in the name of the applicant (except as provided in sub-article 38(g))； ⅲ. must be made out in the same currency as the credit；and ⅳ. need not be signed.
b. 按照指定行事的被指定银行、保兑行（如有）或开证行可以接受金额超过信用证所允许金额的商业发票，则该银行的决定对有关各方均具有约束力，只要该银行对超过信用证允许金额的部分未作兑付或者议付。	b. A nominated bank acting on its nomination,a confirming bank,if any,or the issuing bank may accept a commercial invoice issued for an amount in excess of the amount permitted by the credit,and its decision will be binding upon all parties,provided the bank in question has not honoured or negotiated for an amount in excess of that permitted by the credit.
c. 商业发票中货物、服务或行为的描述必须与信用证中规定的内容相符。	c. The description of the goods,services or performance in a commercial invoice must correspond with that appearing in the credit.

（二）UCP600 第 18 条与 UCP500 的比较评析

（1）UCP600 第 18 条涉及 UCP500 的第 37 条的部分内容。

（2）将"商业发票"这一条文的位置提至所有单据条文之首，以体现商业发票在国际贸易单据中的核心地位。

（3）UCP600 第 18 条 a 款 ⅲ 项："必须将发票币种作成与信用证相同币种。"这是新增加的，显然，UCP600 更加明确。

（4）UCP600 第 18 条删除了 UCP500 的第 37 条中的"除商业发票外，其他单据中的货物、服务或行为描述若须规定，可使用统称，但不得与信用证规定的描述相矛盾。"因为该规定是关于所有其他单据的规定，属于一般性规则，因此 UCP600 将这一点放在了第 14 条。

（三）发票中的描述应与信用证中的规定相符

ISBP645《关于审核跟单信用证项下单据的国际标准银行实务》(International Standard Banking Practice for the Examination of Documents under Documentary Credits,简称 ISBP) 对发票中货物的描述做出了具体规定：

99

(1)ISBP 第 62 条:发票中的货物描述必须与信用证规定的一致(correspond),但并不要求如同镜像般完全相同(mirror image)。例如,货物细节可以在发票中的若干地方表示,当合并在一起时与信用证规定一致即可。

(2)ISBP 第 63 条:列明信用证规定的全部货物描述,然后注明实际装运货物的发票也是可以接受的。例如,信用证的货物描述显示两种货物,如 10 辆卡车和 5 辆拖拉机,如果信用证不禁止分批装运,而发票表明只装了 4 辆卡车,是可以接受的。

(3)ISBP 第 65 条:如果贸易术语是信用证中货物描述的一部分,或与货物金额联系在一起表示,则发票必须显示信用证指明的贸易术语,而且如果货物描述提供了贸易术语的来源,则发票必须表明相同的来源(如信用证条款规定"CIF Dalian Incoterms 2000",那么"CIF Dalian Incoterms"就不符合信用证的要求)。费用和成本必须包括在信用证和发票中标明的价格术语所显示的金额内,不允许任何超出该金额的费用或成本。

(4)ISBP 第 68 条:发票不得表明:

a)溢装(ISBP 第 39 条 b 款规定的除外)或

b)信用证未要求的货物(包括样品、广告材料等),即使注明免费。

(5)ISBP 第 72 条:如果信用证要求分期装运,则每批装运必须与分期装运计划一致。

(四)案例:备用信用证的发票是否载有日期问题

I 银行开立了一张不可撤销备用信用证,该证经由 A 行通知受益人。A 行告知受益人该证的到期地点在 I 行。

该证要求提交的单据有:

(1)以开证行为付款人的即期汇票。

(2)未支付的商业发票副本。

(3)受益人授权代表的声明书,声明所附发票已向申请人要求支付,但已过期至少 30 天还未获得支付。

在该证到期前 5 天,申请人通知开证行称:证下已没有应付而未付账款,开证行不得再在证下付款。

通知行在有效期的前一天用快邮代受益人寄给开证行下列单据:

(1)以开证行为付款人的即期汇票。

(2)未获支付的商业发票副本,该发票副本未注明日期,所列交运货物的日期在交单前 15 天内。

(3)备用信用证所要求提供的违约声明书。

在审核了全套单据后,I 行贷记了 A 行账,借记了申请人之账。尽管申请人早已掌握了货物,但不同意借记其账。申请人称:他已事先通知 I 行,对受益人已没有欠款,因此 I 行不应支付。

I 行应意识到,尽管有如信用证要求的违约声明书声明申请人违约,但显然不可能有超过 30 天尚未付款的事情发生。

申请人要求立即冲回账款。I 行拒绝冲账,该行认为该证的一切条件已予履行。

分析:

开证行不顾申请人的反对,坚持凭受益人提交的单单、单证一致的单据付款是完全正确的,是完全符合 UCP600 的规定的。

发票是否载有日期并不重要。备用信用证没有要求发票注明出具日,付款条件是提交违约声明证明发票已过期 30 天,也没有规定这个时段是从出票日、装运日还是交货日开始的。尽管申请人声称并无违约,开证行也只能支付,这是根据 UCP600 的规则行事。至于申请人在备用信用证到期前 5 天对开证行预先止付,开证行应对申请人说明,如真有理由相信将发生误述或欺诈行为,应依靠法律取得禁令或冻结令阻止开证行的支付。

国际商会银行委员会专家对此案的看法是:开证行的做法是正确的,并称在开立、通知及支款之前,有关方面应予注意、纠正、通知或修改如下问题:

此证在开证行处可即期支款,并且不可议付。

受益人必须明确,此证的到期地点在开证行,故所有单据必须在有限期内提交给开证行。

此证要求一份商业发票副本。通常在一般的跟单信用证中有此要求,备用信用证一般无此情况。在备用信用证项下要求商业发票会引起发票和申请人违约声明书的矛盾。银行由于对 UCP600 条款有不同的解释,即使存在违约情况且声明书也符合备用证要求,有时也不予支付。因此,在备用信用证中加列商业发票副本条款,极易产生迟付、拒付等事情,开证、受证时必须审慎对待。

违约声明书在字面上不够严谨。声明书要求由受益人授权代表出具。那么由谁来决定谁是授权代表?是否认为是公司官员或者是任何代表公司授权签署的人?签署者是否必须声明其为授权代表?即使备用信用证并无要求声明书必须签署,由于该声明书是证明违约情况的,所以必须签署。违约声明书的措辞应用引号的形式在信用证上列明,以使各方决定该违约声明书是否与信用证规定的要求相符。

声明书要求声明:已向申请人要求付款。它并未要求声明:申请人在发票到期日未予付款。

（五）案例:信用证修改有追溯效力吗?

2007 年 3 月 3 日,开证行开出一张金额为 18 278 美元不允许分批装运的不可撤销信用证,受益人 3 月 24 日出运货物 18 728 美元（超出信用证金额 450 美元）,该套单据于 3 月 28 日提交到议付行,3 月 30 日经过客户申请,开证行发出一修改将信用证金额增加至 18 728 美元。4 月 4 日,开证行提出"信用证金额超支"的不符点;4 月 6 日,议付行根据 UCP600 第 10 条 b 款规定:"自发出信用证修改之时起,开证行就不可撤销地受其所发出修改的约束"向开证行反驳不符点;4 月 11 日,议付行收到开证行的"到期日为 4 月 25 日的客户承兑通知",同时受益人再次与客户沟通;4 月 12 日,开证行放弃不符点;4 月 26 日,除扣除承兑电报费 25 美元外,受益人实际收汇 18 703 美元。

评析:

不少人在进行该案例分析时,都以 UCP600 第 10 条 b 款规定"自发出信用证修改之时起,开证行就不可撤销地受其所发出修改的约束"和 UCP600 第 14 条 i 款规定"除非信用证另有规定,单据日期可以早于信用证开立日期,但不得晚于交单日期"这两个条款为依据。从信用证（包括信用证的修改）的不可撤销性对开证行的约束性出发,认为无论受益人是否接到信用证或其修改书,该信用证或修改书一经开立,对于开证行都是有效的,开证行也就不能以修改发生时单据已议付为由,而认为修改不适用于已议付的单据。因此,得出"开证行发出修改后,'信用证金额超支'并不构成开证行拒付的有效不符点"的结论。显然,该结论的获得是秉承"信用证修改有追溯效力"这一观点。乍一看,上述对该案例的分析有理有据,结论最后也和实际业务处理的情况相吻合。那么,信用证修改究竟有没有追溯效力呢?

根据上述 UCP600 第 10 条 b 款规定,以及国际商会第 511 号出版物(ICC511)谈到修改的时效问题时也指出,作为开证行和保兑行(如有的话),修改的生效时间是修改的开立或通知及传送的时间,而不是受益人被递交或收到修改通知的时间,否则受益人可能要承担虽已发出但尚未收到的修改被撤销的风险。由此可以看出,信用证修改一经发出,不论受益人是否已收到该修改,只要受益人没有明确表示拒绝该修改,开证行就不能单方面地撤销该修改。因此,可得出这样的推断:如果受益人提交的单据与修改不一致,不论单据是在修改前还是在修改后缮制的,只要开证行是在发出修改后收到单据,就得接受;不能因为单据是在开证行发出修改以前缮制的,而拒绝接受。

其实,这种推断是错误的,因为信用证修改没有追溯效力。在上面的案例中,受益人于 3 月 28 日交单,而此时开证行尚未修改信用证,在受益人发货时,信用证可用金额为 18 278 美元,而受益人却发运了 18 728 美元的货物,显然货物超装,信用证金额超支。在开证行来看,3 月 28 日尚未修改信用证,此时提交至被指定银行的单据与信用证是不相符的,无法构成开证行确定的付款责任,开证行当然有权拒绝接受单据。如果认为开证行必须接受单据的话,则剥夺了开证行拒绝接受单据的权利,因为根据 UCP600 第 14 条 a 款规定:"开证行及/或保兑行(如有),或代其行事的指定银行,收到单据后,必须仅以单据为依据,确定这些单据是否表面与信用证条款相符。如与信用证条款不符,上述银行可拒绝接受单据。"这也意味着单据经审核存在不符点且银行决定拒付时,则开证行所承担的信用证项下的付款责任得以免除;这似乎对受益人有利,但其实不然,在开证行必须接受该套单据的同时,它必然做出"受益人在收到 L/C 修改前已接受了修改"的判断,等于表示未经受益人同意开证行就可以降低其原先承担的责任,从而剥夺受益人拒绝接受修改的权利,其实质是将不可撤销的信用证变成了可撤销的信用证,这就大大增加了受益人发运货物的风险,可见,按照"信用证修改有追溯效力"的观点来处理该种类型案例,对开证行和受益人均不公平。

实际上,在考虑 L/C 修改是否可作为审核单据的依据时,决定性因素是修改发出的时间与受益人提交单据的时间哪个更早,与单据制作的时间是不相关的。在上面的案例中,L/C 修改发出的时间是 3 月 30 日,而受益人提交单据的时间是 3 月 28 日,显然,受益人交单时间早于改证时间,L/C 修改不可作为审核单据的依据。那么原信用证(即修改前的信用证)的相关内容就理所当然地成为开证行审单的依据,原信用证可用金额为 18 278 美元,而受益人却发运了 18 728 美元的货物,显然货物超装,信用证金额超支 450 美元。根据 UCP600 第 18 条 b 款规定:"除非信用证另有规定,按照指定银行行事的指定银行、保兑行(如有的话)或者开证行可拒绝接受金额超过信用证所允许的金额的商业发票。"对于此实质性的单证不符点,开证行拒绝接受单据而拒付当然是合理的。

专家点评:

综观本案例胜诉的原因,回到上面的案例中,我们可以从以下的两个细节发现客户履约的诚意:

(1)3 月 30 日经过客户申请,开证行发出一修改将信用证金额增加至 18 728 美元。

(2)客户对提单日 30 天的远期汇票进行了到期日为 4 月 25 日的承兑。

这两点才正是开证行最后放弃不符点的关键因素,而不是根据"信用证修改有追溯效力"的观点处理的结果。根据信用证业务"开证行承担第一性付款责任"的特点和 UCP600 第 2 条的规定:"信用证是一项不可撤销的安排,无论其名称或描述如何,该项安排构成开证行对相符交单予以承付的确定承诺。"或者 UCP600 第 7 条 a 款关于开证行的责任"只要规定的单据提交给指定银行或开证行,且构成相符交单,则开证行必须承付。"可见,作为第一付款人的开证行,只要受益人提交了一套不含单证不符点的单据,它就必须承担付款的责任;换言之,如果受益人提交的单据中含有不符点的话,开证行也有拒绝付款的权利,而无须征求开证人的意见,这点也可以从 UCP600 第 16 条 a 款"当按照指定行事的指定银行、保兑行(如有的话)或者开证行确定交单不符时,可以拒绝承付或议付"找到答案。所以,对于本案例中"信用证金额超支450 美元"的实质性单据不符点,再根据前文分析的"信用证修改没有追溯效力"的观点,显然,任何人都不能剥夺开证行这一拒付的权利。

但是,在采用信用证结算方式的外贸实践中,受益人为了能够救济出现的单证不符点,除了在审核信用证环节中争取合理且对自己有利的交单期限和交单时间,和交单后催促银行尽快出单,来争取救济时间改证或改单外,对于本案例中无法争取救济时间的情况,可以根据具体情况采用灵活的措施:

(1)受益人直接与开证人沟通。

在开证人接受不符点后不影响其收益或影响很小的情况下,受益人希望凭借与开证人的"老关系"或给予一些折扣让其放弃不符点,从而要求开证行接受不符点。

(2)担保交单。

此时,结算方式已经从银行信用的信用证业务变成了商业信用的托收业务,这种措施不到万不得已尽量不要采用,因为风险很大。不难想象,如果当时开证人(客户)所在市场行情下跌或者出现资金周转困难等情况,自然不会主动要求改证,将信用证金额增至 18 728 美元的行为以及对汇票的承兑行为,安全收汇也就成为泡影。①

十九

第 19 条 涵盖至少两种不同运输方式的运输单据

(一)UCP600 第 19 条中英文对照

表 2.22 第 19 条:涵盖至少两种不同运输方式的运输单据

第 19 条:涵盖至少两种不同运输方式的运输单据	Article 19: Transport Document Covering at Least Two Different Modes of Transport
a. 至少包括两种不同运输方式的运输单据(即多式运输单据或联合运输单据),不论其称谓如何,必须在表面上看来:	a. A transport document covering at least two different modes of transport (multimodal or combined transport document), however named, must appear to:
ⅰ. 显示承运人名称并由下列人员签署:	ⅰ. indicate the name of the carrier and be signed by:
• 承运人或承运人的具名代理或代表,或	• the carrier or a named agent for or on behalf of the carrier, or
• 船长或船长的具名代理或代表。	• the master or a named agent for or on behalf of the master.

① 章秀琴.信用证修改有追溯效力吗? 进出口经理人,2008,(5):57~58.

承运人、船长或代理的任何签字必须分别表明承运人、船长或代理的身份。

代理的签字必须注明其是作为承运人的代理或代表还是船长的代理或代表。

ⅱ.通过下述方式表明货物已在信用证规定的地点发运、接受监管或装载。

• 预先印就的文字，或

• 注明货物已发运、接受监管或装载日期的图章或批注。

运输单据的出具日期将被视为发运、接受监管或装载以及装运日期。然而，如果运输单据以盖章或批注方式标明发运、接受监管或装载日期，则此日期将被视为装运日期。

ⅲ.注明信用证中规定的发运、接受监管或装载地点以及最终目的地的地点，即使：

a)运输单据另外显示了不同的发运、接受监管或装载地点或最终目的地的地点，或

b)运输单据包含"预期"或类似限定有关船只、装货港或卸货港的指示。

ⅳ.系仅有的一份正本运输单据，或者，如果出具了多份正本运输单据，应是运输单据中显示的全套正本份数。

ⅴ.包含承运条件须参阅包含承运条件条款及条件的某一出处(简式或背面空白的运输单据)者，银行对此类承运条件的条款及条件内容不予审核。

ⅵ.未注明运输单据受租船合约约束。

b.就本条款而言，转运意指货物在信用证中规定的发运、接受监管或装载地点到最终目的地的运输过程中，从一个运输工具卸下并重新装载到另一个运输工具上(无论是否为不同运输方式)的运输。

Any signature by the carrier, master or agent must be identified as that of the carrier, master or agent.

Any signature by an agent must indicate whether the agent has signed for or on behalf of the carrier or for or on behalf of the master.

ⅱ. indicate that the goods have been dispatched, taken in charge or shipped on board at the place stated in the credit, by:

• pre-printed wording, or

• a stamp or notation indicating the date on which the goods have been dispatched, taken in charge or shipped on board.

The date of issuance of the transport document will be deemed to be the date of dispatch, taking in charge or shipped on board, and the date of shipment. However, if the transport document indicates, by stamp or notation, a date of dispatch, taking in charge or shipped on board, this date will be deemed to be the date of shipment.

ⅲ. indicate the place of dispatch, taking in charge or shipment and the place of final destination stated in the credit, even if:

a) the transport document states, in addition, a different place of dispatch, taking in charge or shipment or place of final destination, or

b) the transport document contains the indication "intended" or similar qualification in relation to the vessel, port of loading or port of discharge.

ⅳ. be the sole original transport document or, if issued in more than one original, be the full set as indicated on the transport document.

ⅴ. contain terms and conditions of carriage or make reference to another source containing the terms and conditions of carriage (short form or blank back transport document). Contents of terms and conditions of carriage will not be examined.

ⅵ. contain no indication that it is subject to a charter party.

b. For the purpose of this article, transhipment means unloading from one means of conveyance and reloading to another means of conveyance(whether or not in different modes of transport) during the carriage from the place of dispatch, taking in charge or shipment to the place of final destination stated in the credit.

c.	c.
ⅰ.只要同一运输单据包括运输全程,则运输单据可以注明货物即将被转运或可能被转运。	ⅰ. A transport document may indicate that the goods will or may be transhipped provided that the entire carriage is covered by one and the same transport document.
ⅱ.即使信用证禁止转运,银行也将接受注明转运将发生或可能发生的运输单据。	ⅱ. A transport document indicating that transhipment will or may take place is acceptable,even if the credit prohibits transhipment.

(二)UCP600 第 19 条与 UCP500 的比较评析

(1)UCP600 第 19 条涉及 UCP500 的第 26 条。

(2)UCP600 第 19 条中删除了 UCP500 第 26 条中"多式运输营运人(multimodal transport operator,MTO)签发"的规定。多式运输营运人一般指的是货运代理,他们的资信现在参差不齐,甚至出现部分货运代理与当事人相互勾结诈骗的不良现象。这样 UCP600 更明确、更便于掌握。

(3)UCP600 第 19 条采用"已装载(shipped on board)"替代 UCP500 的第 26 条"已装船(loaded on board)",即货物也可以装上火车、汽车、飞机等。显然,UCP600"多式运输"更准确,适用范围更广。

(4)UCP600 第 19 条 b 款增加了转运的定义。例如,从一汽车卸下装上另一汽车,也算转运。

(5)UCP600 第 19 条同 UCP500 中第 26 条相比,代理人代表船长签发时不需显示被代理船长的姓名。

(6)UCP600 第 19 条删除了 UCP500 中第 26 条 a 款 ⅵ 项中"或未注明承运船只仅以风帆为动力者"。

二十

第 20 条 提单

(一)UCP600 第 20 条中英文对照

表 2.23 第 20 条:提单

第 20 条:提单	Article 20:Bill of Lading
a.无论其称谓如何,提单必须表面上看来:	a. A bill of lading,however named,must appear to:
ⅰ.显示承运人名称并由下列人员签署:	ⅰ. indicate the name of the carrier and be signed by:
•承运人或承运人的具名代理或代表,或	• the carrier or a named agent for or on behalf of the carrier,or
•船长或船长的具名代理或代表。	• the master or a named agent for or on behalf of the master.
承运人、船长或代理的任何签字必须分别表明其承运人、船长或代理的身份。	Any signature by the carrier,master or agent must be identified as that of the carrier,master or agent.

代理的任何签字必须显示其是作为承运人还是船长的代理或代表签署提单。

ⅱ.通过下述方式表明货物已在信用证规定的装运港装载上具名船只：

· 预先印就的词语，或

· 注明货物已装载日期的装船批注。

提单的出具日期将被视为装运日期，除非提单包含表明装运日期的已装载批注，在此情况下，装船批注中显示的日期将被视为装运日期。

如果提单包含"预期船"字样或类似有关限定船只的词语时，则需以已装载批注明确发运日期以及实际装运的船名。

ⅲ.注明装运从信用证中规定的装货港至卸货港。

如果提单未注明以信用证中规定的装货港作为装货港，或包含"预期"或类似有关限定装货港的词语，则需以已装载批注表明信用证规定的装货港、发运日期以及实际船名。即使提单上已注明印就的"已装船"或"已装具名船只"词语，本规定仍然适用。

ⅳ.可以是仅有的一份正本提单，或者，如果出具了一份以上的正本提单，应是提单中显示的全套正本份数。

ⅴ.包含承运条件须参阅包含承运条件条款及条件的某一出处（简式或背面空白的提单）者，银行对此类承运条件的条款及条件内容不予审核。

ⅵ.未注明提单受租船合约约束。

b.就本条款而言，转运意指在信用证规定的装货港到卸货港之间的运输过程中，将货物从一船卸下并再装上另一船的行为。

c.

ⅰ.只要同一提单包括运输全程，则提单可以注明货物即将被转运或可能被转运。

Any signature by an agent must indicate whether the agent has signed for or on behalf of the carrier or for or on behalf of the master.

ⅱ. indicate that the goods have been shipped on board a named vessel at the port of loading stated in the credit by：

· pre-printed wording, or

· an on board notation indicating the date on which the goods have been shipped on board.

The date of issuance of the bill of lading will be deemed to be the date of shipment unless the bill of lading contains an on board notation indicating the date of shipment, in which case the date stated in the on board notation will be deemed to be the date of shipment.

If the bill of lading contains the indication "intended vessel" or similar qualification in relation to the name of the vessel, an on board notation indicating the date of shipment and the name of the actual vessel is required.

ⅲ. indicate shipment from the port of loading to the port of discharge stated in the credit.

If the bill of lading does not indicate the port of loading stated in the credit as the port of loading, or if it contains the indication "intended" or similar qualification in relation to the port of loading, an on board notation indicating the port of loading as stated in the credit, the date of shipment and the name of the vessel is required. This provision applies even when loading on board or shipment on a named vessel is indicated by pre-printed wording on the bill of lading.

ⅳ. be the sole original bill of lading or, if issued in more than one original, be the full set as indicated on the bill of lading.

ⅴ. contain terms and conditions of carriage or make reference to another source containing the terms and conditions of carriage (short form or blank back bill of lading). Contents of terms and conditions of carriage will not be examined.

ⅵ. contain no indication that it is subject to a charter party.

b. For the purpose of this article, transhipment means unloading from one vessel and reloading to another vessel during the carriage from the port of loading to the port of discharge stated in the credit.

c.

ⅰ. A bill of lading may indicate that the goods will or may be transhipped provided that the entire carriage is covered by one and the same bill of lading.

ⅱ.银行可以接受注明将要发生或可能发生转运的提单。即使信用证禁止转运,只要提单上证实有关货物已由集装箱、拖车或子母船运输,银行仍可接受注明将要发生或可能发生转运的提单。

ⅱ.A bill of lading indicating that transhipment will or may take place is acceptable,even if the credit prohibits transhipment,if the goods have been shipped in a container,trailer or LASH barge as evidenced by the bill of lading.

d.银行对于提单中包含的声明承运人保留转运权利的条款将不予置理。

d.Clauses in a bill of lading stating that the carrier reserves the right to tranship will be disregarded.

(二)UCP600 第 20 条与 UCP500 的比较评析

(1)UCP600 第 20 条涉及 UCP500 第 23 条的一些规定。

(2)UCP600 第 20 条同 UCP500 中第 23 条相比,代理人代表船长签发时不需显示被代理船长的姓名。

(3)UCP600 第 20 条删除了 UCP500 第 23 条 a 款ⅵ项中"或未注明承运船只仅以风帆为动力者"。

(4)UCP600 第 20 条删除了 UCP500 第 23 条一些不肯定、不明确的词句。如"除非信用证条款禁止转运"、"除非信用证另有规定"、"以其他方式证实"及"视情况而定"。显然,UCP600 更加明确。

(5)UCP600 第 20 条 c 款 ⅱ 项规定:"银行可以接受注明将要发生或可能发生转运的提单。即使信用证禁止转运,只要提单上证实有关货物已由集装箱、拖车或子母船运输,银行仍可接受注明将要发生或可能发生转运的提单。"这是因为集装箱必然有一段陆上运输,如从码头到船上或从船上到码头。显然,信用证上的规定"不允许转运"是不太合适的。

(三)案例:FOB 术语与"已装船"海运提单

某日,一开证行开出了一张以 FOB 术语开立的信用证,信用证要求的单据中包括全套以开证申请人为抬头的"已装船"海运提单。并在海运提单上表明"运费已付"字样。信用证的受益人在备货出运后,将全套单据递交议付行议付,议付行审核单据后发现:受益人提交的提单上标有"运费已付"和"已装船"字样,认为这样的做法违反了国际贸易术语解释规则,于是拒绝付款。请分析议付行的拒付是否合理。为什么?

分析:

在 FOB 术语下,通常情况下由买方负责货物的保险及装运。但在国际贸易日益发展的今天,由 FOB 术语下的卖方取得提单且代表买方支付运费已成为一个很普遍的做法,因此,一张标有"运费已付"的提单并不与 FOB 术语不一致。关键是看信用证是如何表述的。本例中既然信用证中表明货物按 FOB 术语交货,则"运费已付"提单是可以接受的,议付行就没有拒绝付款的理由。

启示:

信用证项下价格术语的使用,首先需符合信用证条款的规定。按国际商会的决定,在 FOB 术语的信用证项下并不排除运输单据上载有"船方不负责装船费用"条款的可接受性。而在 CIF(或 CFR)术语的信用证项下,亦不排除运输单据上载有"船方不负担卸货费用"条款的可接受性。

第 21 条　非转让海运单

(一)UCP600 第 21 条中英文对照

表 2.24　第 21 条:非转让海运单

第 21 条:非转让海运单	Article 21:Non-Negotiable Sea Waybill
a. 无论其称谓如何,非转让海运单必须表面上看来:	a. A non-negotiable sea waybill,however named,must appear to:
ⅰ.表明承运人名称并由下列人员签署:	ⅰ. indicate the name of the carrier and be signed by:
• 承运人或作为承运人的具名代理或代表,或	• the carrier or a named agent for or on behalf of the carrier,or
• 船长或作为船长的具名代理或代表。	• the master or a named agent for or on behalf of the master.
承运人、船长或代理的任何签字必须分别表明其承运人、船长或代理的身份。	Any signature by the carrier,master or agent must be identified as that of the carrier,master or agent.
代理的签字必须表明其是作为承运人还是船长的代理或代表签署提单。	Any signature by an agent must indicate whether the agent has signed for or on behalf of the carrier or for or on behalf of the master.
ⅱ.通过下述方式表明货物已在信用证规定的装运港装上具名船只:	ⅱ. indicate that the goods have been shipped on board a named vessel at the port of loading stated in the credit by:
• 预先印就的词语,或	• pre-printed wording,or
• 注明货物已装载日期的装船批注。	• an on board notation indicating the date on which the goods have been shipped on board.
非转让海运单的出具日期将被视为装运日期,除非非转让海运单包含注明装运日期的已装载批注,在此情况下,装船批注中显示的日期将被视为装运日期。	The date of issuance of the non-negotiable sea waybill will be deemed to be the date of shipment unless the non-negotiable sea waybill contains an on board notation indicating the date of shipment,in which case the date stated in the on board notation will be deemed to be the date of shipment.
如果非转让海运单包含"预期船"字样或类似有关限定船只的词语时,则需以已装船批注明确发运日期以及实际装运的船名。	If the non-negotiable sea waybill contains the indication"intended vessel"or similar qualification in relation to the name of the vessel,an on board notation indicating the date of shipment and the name of the actual vessel is required.
ⅲ.注明装运从信用证中规定的装货港至卸货港。	ⅲ. indicate shipment from the port of loading to the port of discharge stated in the credit.

如果非转让海运单未注明以信用证中规定的装货港作为装货港,或包含"预期"或类似有关限定装货港的词语,则需以已装船批注表明信用证规定的装货港、发运日期以及实际船名。即使非转让海运单上已注明印就的"已装船"或"已装具名船只"词语,本规定仍然适用。

If the non-negotiable sea waybill does not indicate the port of loading stated in the credit as the port of loading,or if it contains the indication"intended"or similar qualification in relation to the port of loading,an on board notation indicating the port of loading as stated in the credit, the date of shipment and the name of the vessel is required. This provision applies even when loading on board or shipment on a named vessel is indicated by pre-printed wording on the non-negotiable sea waybill.

Ⅳ.可以是仅有的一份正本非转让海运单,或者,如果出具了一份以上的正本非转让海运单,应是非转让海运单中显示的全套正本份数。

Ⅳ. be the sole original non-negotiable sea waybill or, if issued in more than one original,be the full set as indicated on the non-negotiable sea waybill.

Ⅴ.包含承运条件须参阅包含承运条件条款及条件的某一出处(简式或背面空白的提单)者,银行对此类承运条件的条款及条件内容不予审核。

Ⅴ. contain terms and conditions of carriage or make reference to another source containing the terms and conditions of carriage(short form or blank back non-negotiable sea waybill). Contents of terms and conditions of carriage will not be examined.

Ⅵ.未注明非转让海运单受租船合约约束。

Ⅵ. contain no indication that it is subject to a charter party.

b.就本条款而言,转运意指在信用证规定的装货港到卸货港之间的运输过程中,将货物从一船卸下并再装上另一船的行为。

b. For the purpose of this article,transhipment means unloading from one vessel and reloading to another vessel during the carriage from the port of loading to the port of discharge stated in the credit.

c.

ⅰ.只要同一非转让海运单包括运输全程,则非转让海运单可以注明货物即将被转运或可能被转运。

c.

ⅰ. A non-negotiable sea waybill may indicate that the goods will or may be transhipped provided that the entire carriage is covered by one and the same non-negotiable sea waybill.

ⅱ.银行可以接受注明将要发生或可能发生转运的非转让海运单。即使信用证禁止转运,只要非转让海运单上证实有关货物已由集装箱、拖车或子母船运输,银行仍可接受注明将要发生或可能发生转运的非转让海运单。

ⅱ. A non-negotiable sea waybill indicating that transhipment will or may take place is acceptable,even if the credit prohibits transhipment,if the goods have been shipped in a container,trailer or LASH barge as evidenced by the non-negotiable sea waybill.

d.银行对于非转让海运单中包含的声明承运人保留转运权利的条款将不予置理。

d. Clauses in a non-negotiable sea waybill stating that the carrier reserves the right to tranship will be disregarded.

(二)UCP600第21条与UCP500的比较评析

(1)UCP600第21条涉及UCP500的第24条。

(2)非转让海运单同提单相比,非转让海运单由于不能流通转让、不能提货,因而限定了它的使用范围。但随着信息技术的日新月异与电子商务的环境的日趋完善,特别是EDI(electronic data interchange,电子数据交换)发展,使用非转让海运单使用领域将会越来越大。

(3)UCP600第21条同UCP500中第24条相比,代理人代表船长签发时不需显示被代理船长的姓名。

(4)UCP600 第 21 条删除了 UCP500 第 24 条 a 款 vi 项中"或未注明承运船只仅以风帆为动力者"。

(5)UCP600 第 21 条删除了 UCP500 第 24 条一些不肯定、不明确的词句。如"除非信用证条款禁止转运"、"除非信用证另有规定"、"或者以其他方式证实"及"视情况而定"。显然，UCP600 更加严谨、具体。

(6)UCP600 第 21 条 c 款 ii 项中"银行可以接受注明将要发生或可能发生转运的非转让海运单。即使信用证禁止转运，只要非转让海运单上证实有关货物已由集装箱、拖车或子母船运输，银行仍可接受注明将要发生或可能发生转运的非转让海运单。"这是因为集装箱必然有一段陆上运输，如从码头到船上或从船上到码头。显然，信用证上的规定"不允许转运"是不太合适的。

(三)海运提单(ocean bill of lading)与海运单(sea waybill)的区别和联系

1. 海运提单与海运单的区别

(1)提单是货物收据、运输合同，也是物权凭证，海运单只具有货物收据和运输合同这两种性质，它不是物权凭证。

海运单与海运提单相比少了"物权凭证"这一重要特征。收货人凭身份证明就可以提货。如果收货人提货后拒付货款，可能面临钱、货两空的不利情况。

海运提单是物权凭证，谁合法持有谁就拥有货物的所有权。买方必须在银行赎单或承兑以后才能拿到提单，这样在货款上就有了保证。如果提单不清洁而买方不赎单，卖方仍旧握有提单，仍旧保有货物的所有权，起码不会出现钱、货两空。

故建议，除非发货前收妥货款，或对收货人的信用有十足把握，否则最好还是使用海运提单。

(2)作为运输合同证明方面的差异

海运提单绝大部分是全式提单(除租船合同项下的提单)，正面和背面印有各种条款说明托运人和承运人的权利、义务和责任，也规定了提单适用的法律，即规定该提单是依据什么法律或国际公约制定的，发生了运输事故和纠纷根据什么法律解决。如前所述，提单可以通过背书转让，随提单的转让，提单规定的权利、义务和责任也随之转移。当提单转让到收货人手中时，收货人就享有提单赋予的权利，同时也要承担提单规定的义务。收货人可以依据提单上记载的条款向承运人索赔，承运人也可以依据提单上的条款抗辩。

例如：托运人向船公司托运一批冻兔肉，在填托运单时写明保存所要求的温度。船公司在货物装船后，签发了已装船的清洁提单，提单首条规定：此提单适用于海牙规则。由于承运人的疏忽，在运输中对温度控制出错，到达目的港，收货人提货时，发现冻兔肉变坏。这时收货人可根据提单条款向船公司索赔，船公司必须赔偿。但如果是船舶在航行中遇到暴风雨，遭雷击使船舶损坏，船上温控系统失灵，经过抢修，无法修好，使兔肉变坏，则船公司可引用免责条款免除责任。而海运单一般没有印运输合同的条款，就是印有条款，它只是托运人与承运人之间运输合同的证明。由于收货人不是签订运输合同的人，因此收货人不能依据海运单上记载的条款向承运人提出索赔，承运人也不能依据海运单的条款进行抗辩。

(3)作为货物收据效力方面的区别

提单运输涉及的国际贸易是单证贸易，提单是能买卖的。为了保护合法受让提单的第三方，即通过提单转让，购买提单来购买货物的第三方的利益，就必须强调提单作为货物收据所记载内容是绝对证据。

因为通过购买提单来购买货物的第三方是依赖提单对货物的描述来决定购买这批货物的。但是海运单运输涉及的国际贸易不是单证贸易,海运单不能转让,海运单中记载的收货人也并不仅是依赖海运单对货物的描述来决定是否购买这批货物。因此没有必要强调海运单作为货物收据所记载内容是绝对证据。

(4)有关单证处理的区别

首先,由于提单是物权凭证,使用提单时,发货人必须通过银行向收货人递交正本提单及其相关单证,如商业发票、保险单等必须在提单签发后才能送交有关当事人。其次,使用提单时,发货人为了能顺利结汇,业务员必须对提单和其他配套的单证进行检查,保证单单一致、单证一致。单证处理过程较慢。但正本海运单不是物权凭证,不必通过银行交给收货人。所以如保险单、商业发票等有关单证,在装货完后就可以立即发送给有关当事人。使用海运单时,因其不是物权凭证,业务员不必对海运单及相关凭证进行检查,整个单证处理程序得到改进,时间缩短。免除了货到目的港,收货人因提单未到而出现的延迟提货,提高了商品在国际市场上的竞争力。

(5)有关单证风险和交货方面的区别

提单是物权凭证,可转让流通。如被丢失或被人骗去,通过不合法的手段得到提单的第三方,就拥有提取提单上记载的货物的权利。还因为提单是物权凭证,使用提单的情况下,在目的港交货时,收货人必须用正本提单换取提货单提货。如提单不能及时到达收货人手里,会使收货人无法及时提货。这时收货人会求助一流银行出具保函,通过提供担保函提取货物。承运人会冒风险接受保函交付货物,承担无正本提单放货的风险。如无单放货后,正本提单持有人要求赔偿,承运人不能避免其赔偿责任。故使用提单具有一定的风险。

(6)海运提单和海运单正本的份数及流转情况

正本提单的份数按航运惯例,通常是一式两份或三份,具体份数要根据信用证的要求来定。每份具有同等的法律效力,收货人凭其中一份提货后,其他各份自动失效。在信用证付款的情况下,正本海运提单是通过银行流转的。由托运人用海运提单和相关单证到议付银行结汇,议付银行将汇票和包括海运提单在内的运输单证寄到开证行索偿。开证行核对单据无误后,付款给议付行;开证行通知进口人付款赎单;进口人付款赎单后,在船公司或船代处交清费用,将提单换成提货单,进行报检报关,然后用提货单提货。海运单的正本通常只签发一份,海运单的正本不需通过银行流转,是随货而行,在目的港将货物和正本海运单同时交给收货人。①

(7)提单可以是指示抬头形式,通过背书流通转让;海运单是一种非流通性单据,海运单上标明了确定的收货人,不能转让流通。

(8)海运单和提单都可以作成"已装载(shipped on board)"形式,也可以是"收妥备运(received for shipment)"形式。海运单的正面及各栏目格式和缮制方法与海运提单基本相同,只是海运单收货人栏不能做成指示性抬头,应缮制确定的具体收货人。

(9)提单的合法持有人和承运人凭提单提货和交货,海运单上的收货人并不出示海运单,仅凭提货通知或其身份证明提货,承运人凭收货人出示适当身份证明交付货物。

(10)提单有全式和简式之分,而海运单是简式单证,背面不列详细货运条款但载有一条可援用海运提单背面内容的条款。

(11)海运单和记名提单(straight B/L),虽然都具名收货人,不作背书转让,但它们有着本质的不同,记名提单属于提单的一种,是物权凭证,持记名提单,收货人可以提货却不能凭海运

---

① 张为群.论海运提单与海运单的区别.今日科苑,2007,(16):40.

单提货。

2. 使用海运单的好处

(1)海运单仅涉及托运人、承运人、收货人三方,程序简单,操作方便,有利于货物的转移。

(2)海运单是一种安全凭证,它不具有转让流通性,可避免单据遗失和伪造提单所产生的后果。

(3)提货便捷、及时、节省费用,收货人提货无须出示海运单,这既解决了近途海运货到而提单未到的常见问题,又避免了延期提货所产生的滞期费、仓储费等。

(4)海运单不是物权凭证,扩大海运单的使用范围,可以为今后推行 EDI 电子提单提供实践的依据和可能。

3. 海运单的适用范围

(1)跨国公司的总分公司或相关的子公司间的业务往来。

(2)在赊销或双方以买方付款作为转移货物所有权的前提条件,提单已失去其使用意义。

(3)往来已久,充分信任,关系密切的贸易伙伴间的业务。

(4)无资金风险的家用的私人物品,无商业价值的样品。

(5)在短途海运的情况下,往往是货物先到而提单未到,宜采用海运单。

4. 海运单的不足及解决办法

海运单在实践中也存在着一些问题,为此,国际海事委员会制订并通过了《海运单统一规则》。

海运单的不足主要体现在以下两方面:

(1)进口方作为收货人,但他不是运输契约的订约人,与承运人无契约关系,如果出口方发货收款后,向承运人书面提出变更收货人,则原收货人无诉讼权。

《海运单统一规则》第 3 条规定:"托运人订立运输合同,不仅代表自己,同时也代表收货人,并且向承运人保证他有此权限。"同时,第 6 条规定:"托运人具有将支配权转让给收货人的选择权,但应在承运人收取货物之前行使,这一选择权的行使,应在海运单或类似的文件上注明。"这项规定既明确了收货人与承运人之间也具有法律契约关系,也终止了托运人在原收货人提货前变更收货人的权利。

(2)对出口托运人来说,海运单据项下的货物往往是货到而单未到,进口方已先行提货,如果进口收货人借故拒付、拖付货款,出口方就会有货款两失的危险。为避免此类情况,可以考虑以银行作为收货人,使货权掌握在银行手中,直到进口方付清货款。

海运单将会作为海运提单的替代单据,得到更加广泛的应用,了解海运单方面的知识,才能更好地适应国际贸易的不断发展。

二十二

第 22 条　租船合约提单

(一)UCP600 第 22 条中英文对照

表 2.25　第 22 条:租船合约提单

第 22 条:租船合约提单	Article 22:Charter Party Bill of Lading

a. 无论其称谓如何, 倘若提单包含有受租船合约约束的指示(即租船合约提单), 则必须在表面上看来:

ⅰ. 由下列当事方签署:

• 船长或作为船长的具名代理或代表, 或

• 船东或作为船东的具名代理或代表, 或

• 租船主或作为租船主的具名代理或代表。

船长、船东、租船主或代理的任何签字必须分别表明其船长、船东、租船主或代理的身份。

代理的签字必须标明其是作为船长、船东或租船主的代理或代表签署提单。

代理人代理或代表船东或租船主签署提单时必须注明船东或租船主的名称。

ⅱ. 通过下述方式表明货物已在信用证规定的装运港装载上具名船只:

• 预先印就的词语, 或
• 注明货物已装载日期的装船批注。

租船合约提单的出具日期将被视为装运日期, 除非租船合约提单包含注明装运日期的已装船批注, 在此情况下, 装船批注中显示的日期将被视为装运日期。

ⅲ. 注明承运由信用证中规定的装货港运输至卸货港。卸货港可以按信用证中的规定的港口范围或地理区域。

ⅳ. 可以是仅有的一份正本租船合约提单, 或者, 如果出具了一份以上的正本租船合约提单, 应是正本租船合约提单中显示的全套正本份数。

b. 即使根据信用证中的条款要求提交租船合约, 银行也将对该租船合约不予审核。

a. A bill of lading, however named, containing an indication that it is subject to a charter party (charter party bill of lading), must appear to:

ⅰ. be signed by:

• the master or a named agent for or on behalf of the master, or

• the owner or a named agent for or on behalf of the owner, or

• the charterer or a named agent for or on behalf of the charterer.

Any signature by the master, owner, charterer or agent must be identified as that of the master, owner, charterer or agent.

Any signature by an agent must indicate whether the agent has signed for or on behalf of the master, owner or charterer.

An agent signing for or on behalf of the owner or charterer must indicate the name of the owner or charterer.

ⅱ. indicate that the goods have been shipped on board a named vessel at the port of loading stated in the credit by:

• pre-printed wording, or
• an on board notation indicating the date on which the goods have been shipped on board.

The date of issuance of the charter party bill of lading will be deemed to be the date of shipment unless the charter party bill of lading contains an on board notation indicating the date of shipment, in which case the date stated in the on board notation will be deemed to be the date of shipment.

ⅲ. indicate shipment from the port of loading to the port of discharge stated in the credit. The port of discharge may also be shown as a range of ports or a geographical area, as stated in the credit.

ⅳ. be the sole original charter party bill of lading or, if issued in more than one original, be the full set as indicated on the charter party bill of lading.

b. A bank will not examine charter party contracts, even if they are required to be presented by the terms of the credit.

(二)UCP600 第 22 条与 UCP500 的比较评析

(1)UCP600 第 22 条涉及 UCP500 的第 25 条。

(2)UCP600 第 22 条同 UCP500 中第 25 条相比,代理人代表船长签发时不需显示被代理船长的姓名。

(3)UCP600 第 22 条删除了 UCP500 第 25 条 a 款 Ⅶ 项中"未注明承运船只仅以风帆为动力者"。

(4)UCP600 第 22 条删除了 UCP500 第 25 条 a 款中的"如果信用证要求或允许提交租船合约提单,除非信用证另有规定,银行将接受下述单据"。显然,UCP600 的适用范围更加放宽,提高了信用证的效率。

(5)UCP600 第 22 条同 UCP500 中第 25 条相比,UCP600 第 22 条 a 款 ⅲ 项中新增了"卸货港可以按信用证中的规定的港口范围或地理区域"。显然,UCP600 的适用范围更加宽泛,提高了信用证的效率。

(6)UCP600 第 22 条同 UCP500 中第 25 条相比,UCP600 第 22 条 a 款 ⅰ 项中新增了"租船主或作为租船主的具名代理或代表,可以签发提单"。显然,UCP600 的适用范围更加宽泛,提高了信用证的效率。

二十三

第 23 条　空运单据

(一)UCP600 第 23 条中英文对照

表 2.26　第 23 条:空运单据

第 23 条:空运单据	Article 23:Air Transport Document
a.无论其称谓如何,空运单据必须在表面上看来:	a. An air transport document, however named, must appear to:
ⅰ.注明承运人名称并由下列当事方签署:	ⅰ. indicate the name of the carrier and be signed by:
•承运人,或	• the carrier, or
•承运人的具名代理或代表。	• a named agent for or on behalf of the carrier.
承运人或代理的任何签字必须分别表明其承运人或代理的身份。	Any signature by the carrier or agent must be identified as that of the carrier or agent.
代理的签字必须表明其作为承运人的代理或代表签署空运单据。	Any signature by an agent must indicate that the agent has signed for or on behalf of the carrier.
ⅱ.注明货物已收妥待运。	ⅱ. indicate that the goods have been accepted for carriage.
ⅲ.注明出具日期。这一日期将被视为装运日期,除非空运单据包含注有实际装运日期的特别批注,在此种情况下,批注中显示的日期将被视为装运日期。	ⅲ. indicate the date of issuance. This date will be deemed to be the date of shipment unless the air transport document contains a specific notation of the actual date of shipment, in which case the date stated in the notation will be deemed to be the date of shipment.
空运单据中其他与航班号和航班日期相关的信息将不被用来确定装运日期。	Any other information appearing on the air transport document relative to the flight number and date will not be considered in determining the date of shipment.

Ⅳ.注明信用证规定的起飞机场和目的地机场

Ⅳ. indicate the airport of departure and the airport of destination stated in the credit.

Ⅴ.只要是开给发货人或拖运人的正本空运单据之一即可,即使信用证规定提交全套正本。

Ⅴ. be the original for consignor or shipper, even if the credit stipulates a full set of originals.

Ⅵ.包含的承运条款和条件,或提示条款和条件参见某一出处,银行将对此类承运条款和条件的内容不予审核。

Ⅵ. contain terms and conditions of carriage or make reference to another source containing the terms and conditions of carriage. Contents of terms and conditions of carriage will not be examined.

b.就本条而言,转运是指在信用证规定的起飞机场到目的地机场的运输过程中,将货物从一飞机卸下再装上另一飞机的行为。

b. For the purpose of this article, transhipment means unloading from one aircraft and reloading to another aircraft during the carriage from the airport of departure to the airport of destination stated in the credit.

c.

c.

ⅰ.只要全程运输由同一空运单据涵盖,空运单据可以注明货物将要或可能被转运。

ⅰ. An air transport document may indicate that the goods will or may be transhipped, provided that the entire carriage is covered by one and the same air transport document.

ⅱ.即使信用证禁止转运,银行仍可接受注明将要或可能发生转运的空运单据。

ⅱ. An air transport document indicating that transhipment will or may take place is acceptable, even if the credit prohibits transhipment.

(二)UCP600 第 23 条与 UCP500 的比较评析

(1)UCP600 第 23 条涉及 UCP500 的第 27 条。

(2)UCP600 第 23 条规定:有资格签发空运单据的签发人是承运人或其代理。比允许签发海运单据的签发人要少。

(3)UCP600 第 23 条 a 款 ⅲ 项中"注明出具日期。这一日期将被视为装运日期,除非空运单据包含注有实际装运日期的特别批注,在此种情况下,批注中显示的日期将被视为装运日期。"替代了 UCP500 第 27 条 a 款 ⅲ 项中"如果信用证要求实际发运日期,应对此日期做出特别批注。在空运单据上如此表示的发运日期,即视为装运日期。"显然,UCP600 的适用范围更加宽泛,提高了信用证的效率。

(三)空运单据发运日期的确认

UCP600 要求表明出具日期。无论信用证是否要求实际发运日期,空运单据载有的专门批注中注明的实际发运日期将被视为发运日期。缺少上述批注的情况下,单据的出具日期将被视为发运日期。而 UCP500 仅在信用证要求实际发运日期时,专门批注中的实际发运日期才被视为装运日期,否则以出具日期为发运日。如信用证未要求空运单标注实际发运日期,所提交的空运单据上载有专门批注注明实际发运日期为 8 月 2 日,单据的出具日期为 8 月 6 日,则在 UCP600 项下,发运日为 8 月 2 日;在 UCP500 项下,发运日为 8 月 6 日。

第 24 条　公路、铁路或内陆水运单据

（一）UCP600 第 24 条中英文对照

表 2.27　第 24 条：公路、铁路或内陆水运单据

第 24 条：公路、铁路或内陆水运单据	Article 24：Road，Rail or Inland Waterway Transport Documents
a.公路、铁路或内陆水运单据，无论名称如何，必须看似：	a. A road，rail or inland waterway transport document，however named，must appear to：
ⅰ.表明承运人名称，并且	ⅰ. indicate the name of the carrier and：
• 由承运人或其具名代理或代表签署，或者	• be signed by the carrier or a named agent for or on behalf of the carrier，or
• 由承运人或其具名代理或代表以签字、印章或批注表明货物收讫。	• indicate receipt of the goods by signature，stamp or notation by the carrier or a named agent for or on behalf of the carrier.
承运人或其具名代理人的收货签字、印章或批注必须表明其承运人或代理人的身份。	Any signature，stamp or notation of receipt of the goods by the carrier or agent must be identified as that of the carrier or agent.
代理人的收货签字、印章或批注必须表明代理人系代表承运人签字或行事。	Any signature，stamp or notation of receipt of the goods by the agent must indicate that the agent has signed or acted for or on behalf of the carrier.
如果铁路运输单据没有指明承运人，则银行可以接受铁路运输公司的任何签字或印章作为承运人签署单据的证据。	If a rail transport document does not identify the carrier，any signature or stamp of the railway company will be accepted as evidence of the document being signed by the carrier.
ⅱ.表明货物的信用证规定地点的发运日期，或者收讫待运或待发送的日期。运输单据的出具日期将被视为发运日期，除非运输单据上盖有带日期的收货印章，或注明了收货日期或发运日期。	ⅱ. indicate the date of shipment or the date the goods have been received for shipment，dispatch or carriage at the place stated in the credit. Unless the transport document contains a dated reception、stamp，an indication of the date of receipt or a date of shipment，the date of issuance of the transport document will be deemed to be the date of shipment.
ⅲ.表明信用证规定的发运地及目的地。	ⅲ. indicate the place of shipment and the place of destination stated in the credit.
b.	b.
ⅰ.公路运输单据必须看似为开给发货人或托运人的正本，或没有任何标记表明单据开给何人。	ⅰ. A road transport document must appear to be the original for consignor or shipper or bear no marking indicating for whom the document has been prepared.
ⅱ.注明"第二联"的铁路运输单据将被作为正本接受。	ⅱ. A rail transport document marked"duplicate"will be accepted as an original.

ⅲ.无论是否注明正本字样,铁路或内陆水运单据都被作为正本接受。

ⅲ. A rail or inland waterway transport document will be accepted as an original whether marked as an original or not.

c.如运输单据上未注明出具的正本数量,则提交的份数即视为全套正本。

c. In the absence of an indication on the transport document as to the number of originals issued, the number presented will be deemed to constitute a full set.

d.就本条而言,转运是指在信用证规定的装运、发运或承运的地点到目的地之间的运输过程中,在同一运输方式中从一运输工具卸下再装上另一运输工具的行为。

d. For the purpose of this article,transhipment means unloading from one means of conveyance and reloading to another means of conveyance,within the same mode of transport,during the carriage from the place of shipment,dispatch or carriage to the place of destination stated in the credit.

e.

ⅰ.只要全程运输由同一运输单据涵盖,公路、铁路或内陆水运单据可以注明货物将要或可能被转运。

ⅰ. A road,rail or inland waterway transport document may indicate that the goods will or may be transhipped provided that the entire carriage is covered by one and the same transport document.

ⅱ.即使信用证禁止转运,注明将要或可能发生转运的公路、铁路或内陆水运单据仍可接受。

ⅱ. A road,rail or inland waterway transport document indicating that transhipment will or may take place is acceptable,even if the credit prohibits transhipment.

(二)UCP600 第 24 条与 UCP500 的比较评析

(1)UCP600 第 24 条涉及 UCP500 的第 28 条。

(2)UCP600 第 24 条 a 款ⅰ项中新增了"如果铁路运输单据没有指明承运人,则银行可以接受铁路运输公司的任何签字或印章作为承运人签署单据的证据。"显然,UCP600 更加明确。

(3)UCP600 第 24 条 a 款ⅱ项中"表明货物的信用证规定地点的发运日期,或者收讫待运或待发送的日期。运输单据的出具日期将被视为发运日期,除非运输单据上盖有带日期的收货印章,或注明了收货日期或发运日期。"替代了 UCP500 的第 28 条 d 款ⅱ项中的"表明货物已收讫待运、发运或承运或类似意义的词语,除非运输单据盖有收妥印章,运输单据的出具日期将被视为装运日期。在加盖收妥印章的情况下,盖章的日期即视为装运日期。"显然,UCP600 更加明确。

(4)UCP600 第 24 条同 UCP500 中第 28 条相比,UCP600 第 24 条新增了 b 款。显然,UCP600 的适用范围更加准确,提高了信用证的效率。

(5)UCP600 第 24 条 d 款中用"在同一运输方式中(within the same mode of transport)"替代了 UCP500 的第 28 条 d 款中的"采用不同运输方式(in different modes of transport)"。显然,UCP600 更加明确。

(三)UCP600 对货物转运的规定及案例

(1)根据 UCP600 第 19 条、20 条、21 条、23 条、24 条规定,可以归纳出如下两点:

①在联合运输、空运、公路、铁路或内陆运输中,只要同一运输单据包括运输全程,则运输单据可以注明货物将被转运或可被转运。并且,即使信用证禁止转运,银行也将接受注明转运将发生或可能发生的运输单据。

②在海洋运输中,只要同一运输单据包括运输全程,则运输单据可以注明货物将被转运或可

被转运。银行可以接受注明将要发生或可能发生转运的提单。并且,即使信用证禁止转运,只要运输单据上证实有关货物已由集装箱、拖车或子母船运输,银行仍可接受注明将要发生或可能发生转运的运输单据。对于提单中包含的声明承运人保留转运权利的条款,银行将不予置理。

这些规定均传达出一个意思,即 UCP600 对除海洋运输以外的运输方式的"禁止转运"的界定是比较宽松的,对海洋运输中的"禁止转运"的界定仅限于禁止海运港至港除集装箱以外的货物(即散货)运输的转运。

(2)货物转运案例

案例 2-5

某年,我国一出口企业 B 公司与国外客商 A 公司签订一项合同,约定以信用证方式结算货款。国外客商委托其开证行开立了一份不可撤销信用证,列明按《跟单信用证统一惯例》办理。B 公司根据信用证条款装运货物后向议付银行提交了全套单据。因信用证条款规定禁止转运,而 B 公司提交的提单上货物描述栏内注有"香港转运至台北"字样。因此,B 公司的业务人员自认这样的提单与信用证规定不符,担心会遭到开证行的拒付,要求议付行确认该不符点是否成立。议付行经审核,发现 B 公司提交的提单上显示的装运港为中国某港口,卸货港为中国香港,与信用证要求的装卸港完全相符。因此认定该不符点不成立,随将单据寄开证行索偿。不久开证行即顺利支付款项。

评析:

在本案中,关键是提单上注有的"香港转运至台北"应如何理解?根据 UCP600 对转运的界定,可以知道,在信用证规定的装运港(中国港口)到目的港(中国香港)的运输过程中,无论是从单据上,还是从事实上,货物均没有发生转运。至于"香港转运至台北"的注释,并不是信用证所指定的运输路线,不在信用证禁止转运的范围之内。据此分析,可知信用证是明确要求提交港至港提单,受益人 B 公司提交的提单符合信用证要求,开证行完全有理由接受这样的提单。

通过这个案例说明,对出口企业来说,在签订合同时应尽量争取允许转运的条款,这样出口企业在履约的过程中比较灵活,可以避免不必要的纠纷。还可以根据实际情况,尽可能采取使用全程联运提单,以保证运输单据与信用证条款相符。

案例 2-6

开证行开立不可撤销议付信用证,并通过 A 银行通知受益人。信用证中有条款规定:"……从中国港口至曼谷,不许分批装运和转运……"受益人接到上述信用证后,经审查认为与合同相符,即通过集装箱运输,随后备妥各种单据向 A 银行交单议付。A 银行审核单据后办理议付,并向开证行寄单索偿。开证行收到单据后提出如下不符点:"……我信用证规定不许转运,但根据你提单上的记载,显然货物是经过转运到达曼谷港,故不符合信用证的规定……因此我行无法付款。"A 银行接到拒付电后审核留底单据,认为开证行所提出的不符点是故意挑剔,遂去电反驳,指出该提单项下的货物是经集装箱运输,虽禁止转运,但符合 UCP600 的有关规定。后开证行认为理亏,遂向议付行 A 银行支付了该信用证项下的款项和迟付的利息。

评析:

在本案中，争议的焦点是"即使信用证规定禁止转运，发生转运的提单在哪些情况下是可以接受的？"根据 UCP600 的规定，在海洋运输中，只要同一运输单据包括运输全程，即使信用证禁止转运，只要运输单据上证实有关货物已由集装箱、拖车或子母船运输，银行仍可接受注明将要发生或可能发生转运的运输单据。

在本案中，信用证虽然规定禁止转运，但提单上显示 CONTAINERIZED（集装箱装运），符合 UCP 的规定，开证行应该接受这样的提单。开证行之所以提出拒付，可明显地看出开证行是无理拒付，有故意拖延付款时间的嫌疑。[①]

二十五

第 25 条　快递收据、邮政收据或投邮证明

（一）UCP600 第 25 条中英文对照

表 2.28　第 25 条：快递收据、邮政收据或投邮证明

第 25 条：快递收据、邮政收据或投邮证明	Article 25：Courier Receipt，Post Receipt or Certificate of Posting
a. 无论称谓如何，证明货物收讫待运的快递收据，必须在表面看来：	a. A courier receipt，however named，evidencing receipt of goods for transport，must appear to：
ⅰ. 表明快递机构的名称，并在信用证规定的货物发运地点由该具名快递机构盖章或签字；并且	ⅰ. indicate the name of the courier service and be stamped or signed by the named courier service at the place from which the credit states the goods are to be shipped；and
ⅱ. 表明取件或收件的日期或类似词语。该日期将被视为发运日期。	ⅱ. indicate a date of pick-up or of receipt or wording to this effect. This date will be deemed to be the date of shipment.
b. 如果要求显示快递费用付讫或预付，快递机构出具的表明快递费由收货人以外的一方承担的运输单据可以满足该项要求。	b. A requirement that courier charges are to be paid or prepaid may be satisfied by a transport document issued by a courier service evidencing that courier charges are for the account of a party other than the consignee.
c. 无论称谓如何，证明货物收讫待运的邮政收据或投邮证明，必须看似在信用证规定的货物发运地点盖章或签署并注明日期。该日期将被视为发运日期。	c. A post receipt or certificate of posting，however named，evidencing receipt of goods for transport，must appear to be stamped or signed and dated at the place from which the credit states the goods are to be shipped. This date will be deemed to be the date of shipment.

（二）UCP600 第 25 条与 UCP500 的比较评析

（1）UCP600 第 25 条涉及 UCP500 的第 29 条。

---

① 潘冬青，马央央. UCP600 对货物转运的规定及其案例分析. 对外经贸实务，2008，(2)：79～80

（2）UCP600 第 25 条同 UCP500 中第 29 条相比，UCP600 第 25 条 a 款 i 项中删除了 UCP500 中第 29 条 a 款 i 项中的"或以其他方式证实（or otherwise authenticated）"。显然，UCP600 的适用范围更加准确，提高了信用证的效率。

（3）UCP600 第 25 条 b 款中新增了"快递费由何方支付"的问题。显然，UCP600 更加明确。

（4）UCP600 第 25 条同 UCP500 中第 29 条相比，UCP600 第 25 条 c 款中删除了 UCP500 中第 29 条 b 款 i 项中的"或以其他方式证实的单据（or otherwise authenticated）"。显然，UCP600 更加明确。

（5）快递收据、邮政收据或投邮证明等均不代表货物所有权，也不是提货的依据。货物到达目的地后，快递机构/邮局或将货物送到单上列明的收货人处，或向收货人发出"到货通知"，由收货人持"到货通知"和证明身份的证件到快递机构/邮局提取货物。事实上，发货人将货物交付快递机构/邮局后，已经丧失了对货物的控制权。为此，发货人在缮制信用证规定的单据时，要特别注意，避免货物运抵目的地已被提走，而由于收汇单据的差错形成单证不符，以致丧失银行的付款保证，造成货款两空的风险。

（三）UCP600 对运单的规定比较

表 2.29　UCP600 对运单的规定比较

		MORE THAN TWO MODES TRAN DOCS	B/L(N/N SEA WAYBILL)	CHARTER PARTY B/L	AIR WAYBILL	ROAD/RAIL/WATER
ON BOARD NOTATION（如有）	内容	时间(发运日、接受监管日皆可，可以是批注或盖章;除非有 PRE-PRINT,其时签发日即为发运日、接受监管日) 可以有信用证规定以外的发货地、收货地、起运港、目的地;可以有预期船或预计港字样。	时间（除非有 PRE-PRINT,其签发日即为 SHIPMENT DATE）＋船名（有 INTEND 字样时要）＋港口（信用证要求的起运港填在其他栏位或有 INTEND 字样时要,此时船名也要显示）只要需要批注,时间就必须有。	时间（除非有 PRE-PRINT,其签发日即为 SHIPMENT DATE）。不存在预期船问题,卸货港可为允许的范围。	必须有签发日;如有专门批注,只需包括实际发运日（收妥待运即可,无须 ON BOARD）。	时间(发运日、收妥待运日皆可);批注形式可为带日期的收妥章、专门的收货、发运时间批注。
	效力	有批注的以批注日期为 SHIPMENT DATE,否则签发日即视作 SHIPMENT DATE。				
NAME OF CARRIER		必须显示	必须显示	需显示 NAME OF OWNER OR CHARTER	必须显示	必须显示,铁路运单的运输公司章或签字可视作 CARRIER 签字,不需额外标识。

续表

		MORE THAN TWO MODES TRAN DOCS	B/L(N/N SEA WAYBILL)	CHARTER PARTY B/L	AIR WAYBILL	ROAD/RAIL/WATER
SIGNA-TURE	谁	CARRIER (AGENT) MASTER (AGENT)	CARRIER (AGENT) MASTER (AGENT)	MASTER, OWNER, CHARTER, 或他们的代理人 (AGENT)	CARRIER (AGENT)	CARRIER (A-GENT)（不限SIGNATURE, 可以是盖章或批注）
	怎样	必须表明自己的身份,代理需要表明被代理人身份	必须表明自己的身份,代理需要表明被代理人身份	必须表明自己的身份,代理需要表明被代理人身份	必须表明自己的身份,代理需要表明被代理人身份	必须表明自己的身份,代理需要表明被代理人身份
FOLDS		唯一正本或如单所示的全套正本	唯一正本或如单所示的全套正本	唯一正本或如单所示的全套正本	Original for consignor/shipper	默认为全套。铁、河运单默认为正本,陆运单应为Original for consignor/shipper或无标识,铁路运单duplicate算正本
TRANSHIP-MENT		在信用证规定运输路线途中同种运输方式内换运输工具就算,即使信用证禁止仍可接受,只要单单涵盖全程。	在信用证规定的起止港之间换船就算;涵盖全程表明转运可接受;即使禁止,用集装箱运输或子母船也可接受。	不存在转运	在信用证规定的起止港之间换飞机就算;即使信用证禁止仍可接受,只要空运单涵盖全程。	在信用证规定运输路线途中换运输工具就算;即使信用证禁止仍可接受,只要同一运输方式内的运单涵盖全程。
主要变化		取消了MTO的规定,代理签发时不需显示被代理的船长姓名	代理签发时不需显示被代理的船长姓名		装船批注的效力与ISBP151不一致;必须显示IS-SUING DATE	
SPECIAL				到货地可为一允许的范围	House air waybill contractual carrier	CMR

二十六

第 26 条　"货装舱面"、"托运人装载和计数"、
"内容据托运人报称"及运费之外的费用

（一）UCP600 第 26 条中英文对照

表 2.30　第 26 条:"货装舱面"、"托运人装载和计数"、"内容据托运人报称"及运费之外的费用

第 26 条:"货装舱面"、"托运人装载和计数"、"内容据托运人报称"及运费之外的费用	Article 26:"On Deck","Shipper's Load and Count","Said by Shipper to Contain"and Charges Additional to Freight
a. 运输单据不得表明货物已装于或者将装于舱面。运输单据条款中注明货物可能被装于舱面,银行将予以接受。	a. A transport document must not indicate that the goods are or will be loaded on deck. A clause on a transport document stating that the goods may be loaded on deck is acceptable.
b. 含有诸如"托运人装载并计数"或"内容据托运人报称"条款的运输单据可以接受。	b. A transport document bearing a clause such as "shipper's load and count" and "said by shipper to contain"is acceptable.
c. 运输单据上可以以印章或其他方式提及运费之外的附加费用。	c. A transport document may bear a reference,by stamp or otherwise,to charges additional to the freight.

（二）UCP600 第 26 条与 UCP500 的比较评析

（1）UCP600 第 26 条涉及 UCP500 的第 31 条。

（2）UCP600 第 26 条同 UCP500 中第 31 条相比,UCP600 第 26 条中删除了 UCP500 中第 31 条中的"有关发货人的内容。"因为,在有关运输方式的几条内,已经规定允许第三方作为发货人。显然,UCP600 更加简洁。

（3）UCP600 第 26 条新增了 c 款"运输单据上可以以印章或其他方式提及运费之外的附加费用。"在运输单据上,除了记载运费外,是否还可以记载其他费用,如集装箱码头使用费、拼箱费及拆箱费等。对此问题,一直存在不同意见,UCP600 第 26 条规定可以记载,这样就明确统一了认识,也有利于实务操作。

二十七

第 27 条　清洁运输单据

（一）UCP600 第 27 条中英文对照

表 2.31　第 27 条:清洁运输单据

第 27 条:清洁运输单据	Article 27:Clean Transport Document

银行只接受清洁运输单据。清洁运输单据指未载有明确宣称货物或包装有缺陷的条款或批注的运输单据。即使信用证要求运输单据为"清洁已装船"的，"清洁"一词也并不需要在运输单据上出现。

A bank will only accept a clean transport document. A clean transport document is one bearing no clause or notation expressly declaring a defective condition of the goods or their packaging. The word "clean" need not appear on a transport document, even if a credit has a requirement for that transport document to be "clean on board".

（二）UCP600 第 27 条与 UCP500 的比较评析

（1）UCP600 第 27 条涉及 UCP500 的第 32 条。由于不清洁运输单据对信用证货款的回收影响甚大，所以托运人（卖方）要对出现不清洁运输单据严加防范。在货物装运前，认真检查货物包装，一旦发现包装有破损、有"跑冒滴漏"现象时，要立即采取紧急措施，加以补救，尽量杜绝承运人/代理签发不清洁运输单据。

（2）UCP600 第 27 条同 UCP500 第 32 条相比，UCP600 第 27 条删除了 UCP500 第 32 条中的"除非信用证明确规定可以接受上述条款或批注（unless the Credit expressly stipulates the clauses or notations which may be accepted）"。显然，UCP600 的适用范围更加准确，可以说回旋的余地进一步缩小，提高了信用证的效率。

（三）国际航运商会（International Chamber of Shipping）

国际航运商会是各国船舶所有人协会联合组成的民间国际航运组织。目的在于广泛交流和协调国际航运政策以维护船舶所有人利益。商会成立于 1921 年，会址设在伦敦。

国际航运商会认为即使海运提单上有以下批注，仍旧不算是"不清洁提单"。

（1）不明确表示货物或包装有不能令人满意的批注。

（2）强调承运人对货物或包装性质所引起的风险不负责任的批注。

（3）否认承运人知道货物的内容、重量、容量、质量或技术条件的批注。

国际航运商会的这些解释，已被多家银行认可和接受。事实上，UCP600 第 27 条与国际海运法的这些解释也并不矛盾，而是互为补充，更加有利于实务执行。

（四）案例：清洁字样遭删除

某日，我议付行收到国内受益人交来的全套单据，审单员审单后认为全套单据已做到"单单一致，单证一致"，于是毫不犹豫地对客户付了款。但当此单据寄对方开证行索偿时，却遭到了拒付。开证行认为：我方提交的单据中含有一张海运提单，该海运提单上原先与货物描述一起打上的"清洁已装船"批注中的"清洁"字样被删除，这样就不符合信用证提供"已装船清洁提单"的要求。由此推定提单是不清洁的。根据 UCP600 相关规定，银行不能接受此类不清洁提单。

我方收到开证行拒付电后即刻回复道：根据 UCP600 规定：所谓的清洁提单是指未载有对货物包装及外表状况有缺陷的批注的提单，既然我方提供的提单无此描述，就应认为提单是清洁的，故你方的拒付是不成立的。

最后，开证行终于如数支付了信用证款项。

分析：

清洁运输单据,是指单据上并无明确声称货物及(或)包装有缺陷的条文或批注。除非信用证明确规定可以接受的条款或批注,银行将不接受载有这样的条款或批注的运输单据。如果信用证要求运输单据载有"清洁已装船"条款时,银行将认为已符合信用证的条件。

上述文句阐述了清洁运输单据的含义及银行对清洁运输单据的处理原则。清洁运输单据是指未被承运人在单据上加注货物和(或)包装有缺陷的单据。按《海牙规则》第 3 条第 3 款规定:承运人应签发给送货人表面情况良好的提单,货运的表面状况不需送货人提供,而由承运人在装船时对货物进行目力所及的检查后提供。由于一般的提单上已事先印就"上列表面状况良好的货物已经装船",因此,承运人不加批有缺陷的语句,表示承认该货物外部状况良好。

不清洁运输单据又称有批注运单。这种运单的签发是由于发货人所交付的货物包装及外表状况有缺陷,如污染、潮损、破包、缺少等,承运人为分清责任而在运单上做出批注。除非信用证明确规定可以接受不清洁运单,银行拒受载有这种批注的运输单据。

如果信用证要求"清洁已装船"时,银行的掌握方法应是:只要符合运输单据的相关规定,即为满足要求。

国际商会"411"曾经指出:增补本条款是为了使银行更好地掌握如何使运输单据符合信用证注有"清洁已装船"条款要求,从而纠正世界某些地区的不良做法,即要求承运人加批"清洁已装船"词语,因为承运人是不可能加批此类文句的。

因此,"清洁"一词明显被单据签发人删除的事实不构成不符点。

二十八

第 28 条 保险单据及保险范围

(一)UCP600 第 28 条中英文对照

表 2.32 第 28 条:保险单据及保险范围

第 28 条:保险单据及保险范围	Article 28:Insurance Document and Coverage
a. 保险单据,例如保险单或预约保险项下的保险证明书或者保险声明书,必须在表面看来由保险公司、承保人或他们的代理人或代表出具并签署。	a. An insurance document,such as an insurance policy,an insurance certificate or a declaration under an open cover,must appear to be issued and signed by an insurance company,an underwriter or their agents or their proxies.
代理人或代表的签字必须标明其系代表保险公司或承保人签字。	Any signature by an agent or proxy must indicate whether the agent or proxy has signed for or on behalf of the insurance company or underwriter.
b. 如果保险单据表明所出具正本单据系一份以上,则必须提交所有正本保险单据。	b. When the insurance document indicates that it has been issued in more than one original,all originals must be presented.
c. 暂保单将不被银行接受。	c. Cover notes will not be accepted.

d. 银行可以接受保险单代替预约保险项下的保险证明书或声明书。

d. An insurance policy is acceptable in lieu of an insurance certificate or a declaration under an open cover.

e. 除非保险单据表明保险责任不迟于发运日生效，则保险单据签发日期不得晚于发运日期。

e. The date of the insurance document must be no later than the date of shipment, unless it appears from the insurance document that the cover is effective from a date not later than the date of shipment.

f.

i. 保险单据必须表明投保金额并使用与信用证相同的货币出具。

ii. 信用证中关于投保金额为货物价值、发票金额或类似金额的一定比例的要求，将被视为对最低保额的要求。

如果信用证对投保金额未作规定，投保金额须至少为货物的 CIF 或 CIP 价格的 110%。

如果从单据中不能确定 CIF 或者 CIP 价格，投保金额必须基于信用证要求兑付或议付的金额，或者基于发票上显示的货物总值来计算，两者之中取金额较高者。

iii. 保险单据须标明承保的风险区间至少涵盖从信用证规定的货物监管地或发运地开始到卸货地或最终目的地为止。

f.

i . The insurance document must indicate the amount of insurance coverage and be in the same currency as the credit.

ii . A requirement in the credit for insurance coverage to be for a percentage of the value of the goods, of the invoice value or similar is deemed to be the minimum amount of coverage required.

If there is no indication in the credit of the insurance coverage required, the amount of insurance coverage must be at least 110% of the CIF or CIP value of the goods.

When the CIF or CIP value cannot be determined from the documents, the amount of insurance coverage must be calculated on the basis of the amount for which honour or negotiation is requested or the gross value of the goods as shown on the invoice, whichever is greater.

iii . The insurance document must indicate that risks are covered at least between the place of taking in charge or shipment and the place of discharge or final destination as stated in the credit.

g. 信用证应规定所需投保的险别种类及附加险别（如有的话）。如果信用证使用诸如"通常险别"或"惯常险别"等含义不确切的用语，则无论是否有漏保任何险别，保险单据将被照样接受。

g. A credit should state the type of insurance required and, if any, the additional risks to be covered. An insurance document will be accepted without regard to any risks that are not covered if the credit uses imprecise terms such as"usual risks"or"customary risks".

h. 当信用证规定投保"一切险"时，如保险单据载有任何"一切险"批注或条款，无论是否有"一切险"标题，均将被接受，即使其声明不包括某些险别。

h. When a credit requires insurance against"all risks" and an insurance document is presented containing any"all risks"notation or clause, whether or not bearing the heading"all risks", the insurance document will be accepted without regard to any risks stated to be excluded.

i. 保险单据可以援引任何免责条款。

i. An insurance document may contain reference to any exclusion clause.

j. 保险单据可以注明受免赔率或免赔额（减除额）约束。

j. An insurance document may indicate that the cover is subject to a franchise or excess(deductible).

(二)UCP600 第 28 条与 UCP500 的比较评析

(1)UCP600 第 28 条涉及 UCP500 的第 34、35 与 36 条内容。

(2)UCP600 第 28 条 a 款同 UCP500 中第 34 条 a 款相比,UCP600 第 28 条 a 款中新增了"代表(proxies)可以签发保险单据"。代表(proxies)与代理(agents)的主要区别是,proxies 是由保险公司主动委派的,而 agents 与保险公司是议订代签发保单的合作关系。显然,UCP600 的适用范围更加宽泛,提高了信用证的效率。

(3)UCP600 第 28 条 c 款规定"暂保单将不被银行接受。"替代了 UCP500 中第 34 条 c 款规定"除非信用证特别授权,银行将不接受由保险经纪人签发的暂保单(Cover noted issued by brokers will not be accepted,unless specifically authorized in the Credit)。"暂保单是由保险代理人签发给被保险人的书面文件,表明保险已生效。显然,UCP600 更加简洁、明确,提高了信用证的效率。

(4)UCP600 第 28 条 e 款的规定主要是针对货物的特点及保险责任条款来考虑的。中国的《海洋运输货物保险条款》除规定了上述各种基本险别的责任外,还对保险责任的起讫也作了具体规定。在海运保险中,保险责任的起讫,主要采用"仓至仓"条款(Ware-house to Warehouse Clause),即保险责任自被保险货物运离保险单所载明的起运地仓库或储存处所开始运输时生效,包括正常运输中的海上、陆上、内河和驳船运输在内,直至该项货物运抵保险单所载明的目的地收货人的最后仓库或储存处所或被保险人用作分配、分派或非正常运输的其他储存处所为止。如未抵达上述目的地,则在货物于最后卸载港全部卸离海轮后 60 天为止。在上述 60 天内如再需转运,则开始转运时保险责任终止。

如果保险单据的签发日期晚于发运日期,前一个"仓"就不能起到作用。所以规定保险单据签发日期不得晚于发运日期。但有些散装货物,如粮食、煤炭等,一般采用传送带或抓斗将货物装上运输工具,必须在装运完后才能知悉装载重量,然后出具保险单据。除非保险单据表明保险责任不迟于发运日生效,则保险单据签发日期不得晚于发运日期。显然,UCP600 考虑得更加全面。

(5)UCP600 第 28 条 f 款 ⅰ 项增加了"保险单据必须表明投保金额"。显然,UCP600 更加准确。

(6)UCP600 第 28 条 f 款 ⅱ 项规定表明:如果信用证要求投保金额为发票金额的 110%,那么投保金额只要不少于发票金额的 110%即可,不需要一定刚刚好是 110%。

(7)与 UCP500 相比,UCP600 增加了第 28 条 f 款 ⅲ 项,它是来自 ISBP645 第 188 段的内容。显然,UCP600 更加准确。

(8)明确了保险单据可以包含任何除外条款

关于除外条款,UCP500 只是在第 36 条提到当信用证规定投保"all risks"(非特定的保险险别)时,如果保险单据含有任何"all risks"的批注或条款,即使注明了某些除外条款,银行也将予以接受。UCP600 不再区分信用证对投保险别是否有明确规定,以及该除外条款是否与信用证指定的保险险别直接相关。

(9)UCP600 第 28 条新增加了 i 款:"保险单据可以援引任何免责条款。"这一规定符合保险业的惯例,避免因包含免责条款所产生的不符点。在 UCP600 条件下,免责条款比 UCP500 放宽了许多,信用证业务的相关保险公司、出口商及银行在出具保险单、审核保险单时出错的概率大大地降低了。

(10)UCP600 第 28 条 j 款规定："保险单据可以注明受免赔率或免赔额(减除额)约束。"保险公司认为某些易碎、易短量的商品在运输途中遭受一定比例的损失是不可避免的,故投保这类商品规定在某百分比范围的破碎或短量可以免赔,该百分比就是免赔率。

免赔率分为相对免赔率(franchise)与绝对免赔率(deductible)两种。

①相对免赔率(franchise)

相对免赔率是指保险标的的损失只要达到保单规定的百分数时,保险公司不作任何扣除而全部予以赔偿。

例如,如果保险标的保险单上规定相对免赔率10％,一批玻璃杯共 2 万元,则免赔金额为 2 000 元,当货物损失为 2 500 元,则保险人应赔付 2 500 元。在确定损失是否达到免赔额时,只能计入保险标的本身的直接损失,检验费等特别费用不应计入。如保险标的损失为 1 500 元,检验费 1 000 元,虽然合计也为 2 500 元,但保险人却不予赔付。

②绝对免赔率(deductible)

绝对免赔率是指保险标的的损失必须超过保单规定的免赔百分数,保险公司负责赔付其超过绝对免赔率的损失部分。PICC 采取绝对免赔率的做法。

例如,如果保险标的保险单上规定相对免赔率10％,一批玻璃杯共 2 万元,则保险单上规定绝对免赔额为 2 000 元,标的损失为 2 000 元,被保险人就必须自行承担。如保险标的损失为 3 500 元,保险人只需赔付 1 500 元,被保险人自行承担 2 000 元。在保险标的全损时一般不扣除绝对免赔额。

③相对免赔率与绝对免赔率的异同点

绝对免赔率与相对免赔率的相同点是:如果损失不超过免赔率,均不赔偿;

它们的区别是:如果损失数额超过免赔率,绝对免赔率扣除免赔率,只赔超过部分,而相对免赔率不扣除免赔率,全部予以赔偿。

(三)保险单

一般情形下,保险公司给两份正本保险单,但有的信用证规定:除另有说明外,所附单据一式三份,我们需在投保单上注明:请出三份正本。

要注意信用证上的保险条款"SURVEY AGENT"和"SETTLING AGENT"两者的区别。前者是一般保险单上的勘查代理,负责调查货损状况;后者是赔付代理,负责解决赔付事宜。如果保险条款要求我们提供"SETTLING AGENT"的名称和地址者,我们应在投保单上特别注明。

(四)一切险(all risks)

1. 一切险(all risks)的含义

一切险的承保范围,包括水渍险的所有责任,还包括由一般外来风险所造成的损失。但一切险并不是指承包一切风险,它不包括特殊外来原因造成的损失。

投保一切险后,保险公司除担负平安险和水渍险的各项责任外,还对被保险货物在运输途中由于外来原因而遭受的全部或部分损失,也负赔偿责任。

三种基本险别是包含的关系,如图 2.1 所示:一切险包含了水渍险的承保范围,水渍险包含平安险的承保范围。所以投保人在办理货物海运保险时,只需任选一种基本险投保即可。

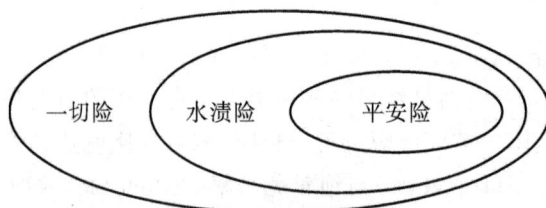

图 2.1　三种基本险别是包含的关系
来源:庞红.国际贸易结算.中国人民大学出版社,2007,P222

　　UCP600 第 28 条 h 款规定"当信用证规定投保'一切险'时,如保险单据载有任何'一切险'批注或条款,无论是否有'一切险'标题,均将被接受,即使其声明不包括某些险别。"

　　现在国际贸易通用的货物运输保险条款有三种:中国保险条款(China Insurance Clauses, CIC)、美国协会货物条款(American Institute Cargo Clauses,AICC)、英国伦敦协会货物保险条款(Institute Cargo Clauses,ICC)。CIC 与 AICC 都有"一切险"的名称,但 ICC 没有"一切险"的名称,很多书本上认为"一切险"相当于 ICC 的(A)款。但是它们还是存在着区别。

2. 中国海上运输货物(CIC)一切险条款与伦敦货物(ICC(A))险条款的比较

　　中国一切险条款与伦敦货物(A)险条款在对"一切风险"的理解上是基本一致的。但是伦敦货物(A)险条款规定的除外责任比中国一切险条款更为具体,更加全面。

　　CIC 一切险承保责任范围除包括水渍险的各项承保责任外,保险人还负责被保险货物在运输途中由于一般外来风险所致的全部或部分损失。

　　ICC(A)险承保范围采用"承保除规定的除外责任以外的一切风险所造成保险标的的损失"。其除外责任包括一般除外责任、不适航和不适货除外责任、战争除外责任和罢工除外责任四类。其内容除了包括中国一切险的 5 项除外责任外,还规定了由于保险标的包装不充分和不适当而造成的货物损失;由于船舶所有人、经理人、租船人或经营人破产或不履行债务所造成的损失,等等。此外,还把运输合同中的船舶适航、适运的默示保证改为明示保证。这种详细而明确的除外责任规定,有利于消除以往的认为不论任何原因引起的损失都是一切险的承包责任范围的误解。但两者仍然有区别:

　　(1)CIC 一切险的责任范围总体上要大于 ICC 的(A)险。

　　虽然 ICC 的(A)险条款承保保险标的损失和损害的一切风险,但其除外责任比 CIC 条款要宽得多。在 ICC 的除外责任中除了与 CIC 的相同之处外,还特别提到了:

　　①因船舶所有人、经理人、承租人或经营人的破产或经济困境产生的损失、损害或费用;

　　②被保险人或者雇员有私谋时,船舶、驳船的不适航及船舶、驳船、运输工具、集装箱、托盘等不适运;

　　③任何人的错误行为对保险标的或其组成部分的蓄意损害或蓄意毁坏;

　　④恐怖分子或出于政治动机而行动的人员造损等。

　　⑤另外根据英国《海上保险法》(因为 ICC 受英国法律和惯例调整)55 条"……由于与鼠害与虫害最相近的原因造成的损失,保险人不负赔偿责任"的规定,ICC 的(A)险也不承保虫害和鼠害造成的损失。而中国的《海商法》和《保险法》并未有此规定,因此,一旦出现虫蚀鼠咬就有承担赔偿责任的可能,因为 CIC 一切险要负责赔偿运输过程中由于一般外来原因所致的除

外责任以外的所有风险。

(2)ICC 的(A)险的责任范围在以下几点又要大于 CIC 一切险：

①在 ICC(A)险的战争除外责任的规定中,将"海盗行为"排除在除外责任之外,说明 ICC(A)险对"海盗行为"的损失是负赔偿责任的。而 CIC 一切险只有加保战争险时才对"海盗行为"的损失予以负责,如未加保战争险是不予负责的。

②在承保抛弃损失时,ICC 的(A)险承保的范围包括共同海损抛弃和非共同海损抛弃造成的损失,而 CIC 一切险只承保共同海损抛弃造成的损失。①

(四)案例:过量保险

某日,I 银行开立一张不可撤销可转让信用证,该信用证以 M 为受益人,A 银行为该证的通知行。接到此证后,A 银行将该证通知给了 M。M 即要求 A 银行将该证部分转移给第二受益人 X。为履行 UCP600 第 38 条的规定,A 银行转让了此证,并将此情况通知给了开证行 I银行。于是,在信用证规定的时间内,第二受益人 X 将金额为 USD376 155.00 的全套单据向A 银行提示。经审核,A 银行注意到 X 提示的单据中缺少内容为在"48 小时内将装运详情以电传、电报、传真形式通知申请人"的证明书,并将此不符点及时通知了 X。由于第二受益人 X无法更正此不符点,他即与第一受益人 M 联系,M 直接与开证申请人协商,要求其修改信用证关于此条的规定。同时 M 又告诉申请人出运的货物重量为 585 吨,而非信用证要求的 600吨。在开证申请人的要求下,I 银行对信用证做了如下修改:

取消要求提供在 48 小时内将装运详情以电传、电报、传真形式通知申请人的证明书条款。

原信用证金额减少 USD14 130.00,新信用证金额为 USD387 270.00。单价降低为每吨USD662.00。

A 银行将此修改通知给了第一受益人 M。M 将其金额为 USD387 270.00 的发票代替了X 金额为 USD376 155.00 的发票。随即,A 银行将 USD376 155.00 入 X 之账,并且把两张发票间的差额 USD11 115.00 支付给了第一受益人 M。A 银行将全套单据寄给了 I 银行(除了第二受益人 X 的发票,该发票在 A 行留档保存)。

I 银行收到单据审核后认为:A 银行提供的保险单金额为 USD430 509.00,该金额超过信用证的规定(信用证规定保险金额应为发票金额的 110%)。超过部分为 USD4 512.40,为此 I银行将保留单据,听候处理。

A 银行认为 I 银行的拒付理由不成立。因为在第二受益人 X 交单时,第一受益人 M 已与申请人联系,要求其接受第二受益人 X 已提示的单据(为参考起见,提供第二受益人原保险单一份,该保险单上的保险金额是以原单价、原金额为计算依据的)。过量保险的不符点是由于修改信用证而引起的,而在信用证修改时,货物早已装毕,保险也早已落实,故不可能再对保险作更改。况且 1.17%的过量保险并不会给申请人增加任何费用。

I 银行坚持自己的观点,认为保险的金额应为 110%发票金额,不能有任何伸缩。

评析:

该案的关键在于对保险过量的认识问题。一般以为保险少保不好,多保尤其是少量多保既不增加开证申请人负担,也不会给任何一方带来害处,因此在实务操作中一般不将少量多保

---

① 郑春贤.中英海运货物保险条款比较研究.北京劳动保障职业学院学报,2007,1(2):39~41.

视为不符点。问题是在本案中,信用证中明确表示保险金额为发票的 110%,这就意味着保险金额为发票金额的 110%,不多也不能少。

由于该证是转让信用证,能不能援引 UCP600 第 38 条 g 款的规定:

已转让信用证必须准确转载原证的条款及条件,包括保兑(如有),但下列项目除外:

——信用证金额,

——规定的任何单价,

——到期日,

——单据提示期限,或

——最迟装运日期或规定的装运期间。

以上任何一项或全部均可减少或缩短。

必须投保的保险金额比例可以增加,以满足原信用证或本惯例规定的投保金额。

按 UCP600 第 38 条 g 款规定,似乎投保比例扩大不构成不符点。但 g 款的此项规定是为了使保险单的保险金额达到原证的要求。该条款不适用本案。因为本案的保险金额已超过原证规定的 1.17%,而绝非是为了达到原证保险金额而增加投保比例。所以该不符点成立。

由本案引申出的思考是提示如何通盘考虑的问题。第一受益人在第二受益人提示全套单据并出现不符点的情况下,通知申请人修改原证,原证修改后虽然消除了原有的不符点,但由于金额的变动,致使保险额也应相应变动,但受益人、议付行均忽视了这一点,于是出现了新的不符点。

第四节

UCP600 中有关款项支取的规则(29～32 条)

二十九

第 29 条　截止日或最迟交单日的顺延

(一)UCP600 第 29 条中英文对照

表 2.33　第 29 条:截止日或最迟交单日的顺延

第 29 条:截止日或最迟交单日的顺延	Article 29: Extension of Expiry Date or Last Day for Presentation

a.如果信用证的截止日或最迟交单日适逢接受交单的银行非因第36条所述原因而歇业,则截止日或最迟交单日,将根据具体情况顺延至其重新开业的第一个银行工作日。

a. If the expiry date of a credit or the last day for presentation falls on a day when the bank to which presentation is to be made is closed for reasons other than those referred to in article 36, the expiry date or the last day for presentation, as the case may be, will be extended to the first following banking day.

b.如果在顺延后的第一个银行工作日交单,指定银行必须在其致开证行或保兑行的函电中声明交单是在根据第29条a款规定的顺延期限内所提交的。

b. If presentation is made on the first following banking day, a nominated bank must provide the issuing bank or confirming bank with a statement on its covering schedule that the presentation was made within the time limits extended in accordance with sub-article 29(a).

c.最迟发运日不因第29条a款规定的原因而顺延。

c. The latest date for shipment will not be extended as a result of sub-article 29(a).

(二)UCP600第29条与UCP500的比较评析

(1)UCP600第29条涉及UCP500的第44条内容。在条款结构上,UCP600将指定银行提交声明的规定前置到b款,与a款的逻辑关系更加紧密,易于理解和使用。

(2)UCP600第29条b款中"指定银行(a nominated bank)"替代了UCP500的第44条c款中"接受单据的银行(the bank to which presentation is made)"。显然,UCP600在语言描述上,更加简洁、明确。

(3)UCP600第29条c款中删除了UCP500的第44条b款中"如信用证或修改未规定最迟发运日期,银行将不接受表明发运日期迟于信用证或修改规定的到期日的运输单据。"显然,UCP600在语言描述上,更加简洁、明确。

开证行应注意在信用证中明确规定最迟发运日,若申请人没有在开证申请书中注明最迟发运日,开证行应提醒申请人予以补充。

三十

第30条　信用证金额、数量与单价的增减幅度

(一)UCP600第30条中英文对照

表2.34　第30条:信用证金额、数量与单价的增减幅度

第30条:信用证金额、数量与单价的增减幅度	Article 30: Tolerance in Credit Amount, Quantity and Unit Prices
a."约"或"大约"用于信用证金额、数量或单价时,应解释为允许有关金额、数量或单价有不超过10%的增减幅度。	a. The words "about" or "approximately" used in connection with the amount of the credit or the quantity or the unit price stated in the credit are to be construed as allowing a tolerance not to exceed 10% more or 10% less than the amount, the quantity or the unit price to which they refer.

b. 在信用证未以包装单位件数或货物自身件数的方式规定货物数量时，并且总支取金额不超过信用证金额，货物数量允许有 5% 的增减幅度。

b. A tolerance not to exceed 5% more or 5% less than the quantity of the goods is allowed, provided the credit does not state the quantity in terms of a stipulated number of packing units or individual items and the total amount of the drawings does not exceed the amount of the credit.

c. 如果信用证规定了货物数量，且该数量已全部发运，以及当信用证规定了单价，而该单价又未降低时，或当第 30 条 b 款不适用时，则即使不允许部分装运，也允许支取的金额有 5% 的减幅。若信用证规定有特定的增减幅度或使用第 30 条 a 款提到的用语限定数量，则该减幅不适用。

c. Even when partial shipments are not allowed, a tolerance not to exceed 5% less than the amount of the credit is allowed, provided that the quantity of the goods, if stated in the credit, is shipped in full and a unit price, if stated in the credit, is not reduced or that sub-article 30(b) is not applicable. This tolerance does not apply when the credit stipulates a specific tolerance or uses the expressions referred to in sub-article 30(a).

（二）UCP600 第 30 条与 UCP500 的比较评析

（1）UCP600 第 30 条与 UCP500 第 39 条相似。

（2）UCP600 第 30 条 a 款中删除了 UCP500 的第 39 条 a 款中不常用的"大约（circa）"与"或类似的词语（or similar expressions）"，显然 UCP600 规定的更加简明、更加明确。

（3）UCP600 第 30 条 b 款中"A tolerance not to exceed 5% more or 5% less"替代了 UCP500 的第 39 条 b 款中"A tolerance of 5% more or 5% less will be permissible"，从而消除了 UCP500 可能产生"溢短装只能是 5% 整"的误解。体现了 UCP600 在语言表述上更简练和更确切易懂的特点。

（4）UCP600 第 30 条 c 款：如果信用证规定了货物数量，且该数量已全部发运，以及当信用证规定了单价，而该单价又未降低时，或当第 30 条 b 款不适用时，则即使不允许部分装运，也允许支取的金额有 5% 的减幅。主要考虑开证人（买方）在开出的信用证总额中，除货款外，还包括偿还受益人（卖方）代为租船订舱的运费、代为投保的保险费和有关转运等费用。这项规定可避免卖方在回收款项时由于与银行看法不一致而影响正常收汇，显然 UCP600 的规定考虑得更加周全。

（三）UCP600 第 30 条在国际贸易合同条款中的应用

1. 并非所有的信用证都能享受 10% 的增减幅度

按照 UCP600 第 30 条 a 款声明 10% 的增减幅度是关于他们所限定的金额或数量或单价。即：适用于以上任何一项或各项增减幅度的"约"（About）、"大概"（Approximately）等词语，必须根据相应的标准进行解释。以上任何一项或各项没有这类限定词语，受益人则不能在这份信用证条款中使用增减幅度。例如，某年某月某粮油食品进出口公司出口一批商品，国外开出信用证，信用证条款规定："……总金额 1 232 000 美元某商品 800 吨（数量允许增减 5%）；价格每吨净重 1 540 美元……"粮油公司按时将货物装船取得已装船提单，并备妥信用证下所需的其他单据向银行办理议付，但却遭到议付行的拒付。因为信用证规定总金额 1 232 000美元，而发票和汇票金额却为 1 268 960 美元，超出信用证规定的总金额。进出口公司认为此不符点不成立，认为：信用证规定 800 吨货物的数量，又规定数量允许 5% 的增减幅度。按 800 吨增减 5％计算,最高可以装 840 吨,最低可以装 760 吨。我们实际只装 824 吨,增装了 3％,不超过信用证规定的 5％范围。信用证规定每吨 1 540 美元,按 824 吨计算,其总金额即 1 268 960 美元,是信用证允许的。可殊不知,信用证虽然规定货量允许增减装 5％,但是信用证总金额并未允许增减。所以即使数量符合信用证的要求,根据第 30 条 c 款规定,议付的总金额超出了信用证总金额的限度也是不允许的。所幸的是,进口商还挺讲信用的,粮油公司最后以部分信用证,部分托收方式收回货款。但是要适逢该货的市场价突然下跌,进口商就有可能以所交货物的总金额与信用证不符为由,恶意要求粮油公司降价或只支付信用证项下的金额,而对超额部分拒付,出口商从而造成沉重损失。由此,我们的贸易人员要充分、准确地理解 UCP600 的各项内容,来不得一点马虎。

2. 巧妙地用好 5％的增减幅度

细读第 30 条第 b 款的规定,我们可以发现只要满足以下三个条件,数量可以有 5％增减的机动幅度:

第一,信用证未作出相反的规定;

第二,支取金额不超过信用证金额;

第三,货物数量不是按包装单位或个数计算。

例如,某粮油进出口公司接到的信用证中规定:“……总金额 120 万美元。某商品 800 吨,每吨 1 500 美元,CIF……”该公司在实际中装运 820 吨,发票和汇票的总金额为 123 万美元。超出信用证总金额 3 万美元,结果遭到议付行拒付。显然,像这样的信用证在实际装运数量上只能掌握减装不超过 5％的范围,不能增装。但是,如果该商品的价格为每吨 1 000 美元,其他和以上信用证相同,即“……总金额 120 万美元。某商品 800 吨,每吨 1 000 美元,CIF……”则此时,出口商可以根据市场情况灵活装运:当该商品市场不景气,价格下跌时,则交货时就可以多装 5％,总装运 840 吨,此时,发票和汇票的总金额为 84 万美元,没有超过信用证总金额规定,从而增加出口收入;相反,当该商品市场情况走好,价格有望提高时,交货时可以少装 5％,以减少价格走高的损失。

但是,在货物以包装单位或个数计算时,数量不能增减,以废棉为例:如规定废棉 100 吨,布包装,则数量可以有 5％的增减;而规定废棉 100 吨,布包装,每包 100 公斤,共 1 000 包,则在发货时既不能多也不能少。

3. 分批装运时,增减幅度的确认

合同要求分批装运,如果认为部分交货数量是重要的,则信用证可说明该幅度指部分交货数量而言,即每次装货数量必须符合规定的幅度,其结果是货物总数量也符合规定的幅度。例如,UCP600 下某一不可撤销信用证,规定货物为羊毛毛线,共 37 000 磅,分两批装运,第一批 20 000 磅,最晚于 2008 年 8 月 22 日交货。第二批 17 000 磅,最晚于 2008 年 8 月 27 日交货。并且,信用证金额与货物数量均有 5％增减幅度。受益人发运货物,第一批于 2008 年 8 月 19 日发货 20 000 磅,第二批于 2008 年 8 月 24 日发货 18 000 磅。开证行拒付第二批货款,理由是超装。议付行认为 5％增减幅是指全部提交的货物,故提交单据相符。开证行称该幅度指每批货物而言,故第二批货物超装。细看该信用证条款,对每一批货物数量及发货时间均有详细的规定,说明进口商认为分批发货是最重要的。因而,5％增减幅度是针对每批发货而言,即第一批发货数量应在 19 000 磅至 21 000 磅之间,第二批发货数量应在 16 150 磅至 17 850 磅之间。并且,发货总数量也应在 5％增减幅度之内。因此,开证行的拒付成立。如果进口商认为货物总数重要的话,就不会在信用证条款中,对每一批的发货作具体描述,只需规定货物总数量为 37 000 磅,分批发货就行。在此情况下,出口商发货总量在 35 150 磅到 38 850 磅之间,分批出运即可,每批发货数量可按合同要求和其备货情况自行掌握。

如果信用证规定了货物详细的金额、数量、颜色、尺寸或其他细节,而且信用证关于金额、数量的增减幅度并非限于具体的某一项货物,则该增减幅度就必须既适用于部分货物又适用于全部货物。如果交来的单据都符合信用证规定的数量和增减幅度,即每批货物或每一单项货物的单据都符合信用证规定的数量和增减幅度,则货物总数量和总金额也将符合。例如,某国进口商进口纯棉斜纹布,开立了 UCP600 项下不可撤销信用证,且规定纯棉斜纹布为六种颜色,每种颜色均装若干码(均已明确具体码数),共 57 940 码。信用证金额和数量均有 3‰ 增减幅度。出口商发运货物,六种颜色共 59 611 码,较信用证规定货物总量多 2.88%,符合 3‰增减幅度,但其中三种颜色的棉布数量超出了 3‰的增减幅度。开证行拒付,拒付理由为单项货物超装。在该信用证条款中,对货物颜色及每种颜色各装的码数都有详细的说明,因此,信用证规定的增减幅度既适用于每一种颜色的货物,也适用于全部货物的总数量和总金额。而该案中,出口商交付的货物有三种颜色棉布的数量超出了增减幅度,尽管总数量没有超出增减幅度,也视为违约,开证行理应拒付。[①]

(四)案例:对信用证项下单据条款规定的理解

伊朗大步里士银行来证购买我方纺织品印花棉布 48 000 码。信用证规定不准分批装运,但在购货数量 48 000 码之前有 about 字样。由于存货不足,受益人 T 公司按期出运了印花棉布 45 600 码。随后受益人交单议付,议付行审单无误,遂寄单索汇。开证行接到单据后声称,进口商开证人拒绝付款赎单,理由是信用证不准分批装运,而实发货物短装。除非受益人在三个星期内能将短装部分货物出运,否则,开证人不同意接受单据并付款。我方受益人坚持来证中在要货数量前有 about 字样的规定,按统一惯例要求已经做到单证相符。后开证行来电表示开证人已接受单据并支付货款。此案遂了结。

分析:

进口方拒绝接受单据的理由是不能成立的。因为既然在要货数量前有 about 字样,实际上已明确同意受益人可按统一惯例规定,在发货数量上增或减 10%。受益人实际交货 45 600 码已超过 43 200 码的下限要求。此项来证本身即有含糊不清的内容,如进口商不准出口方分批装运,则不应在要货数量的条款上加列 about 字样。

启示:

信用证业务的审核依据是统一惯例,任何付款及拒付的依据只能是围绕着信用证、单据、统一惯例进行。统一惯例对一些特定的字、词,都有特定的表述,应严格掌握,并灵活运用。

---

① 徐倩. UCP600 第 30 条在国际贸易合同条款中的应用. 大经贸,2007,(11):82~83.

三十一

第31条　分批支款或分批装运

(一)UCP600 第 31 条中英文对照

表 2.35　第 31 条:分批(部分)支款或分批装运

第31条:分批(部分)支款或分批装运	Article 31:Partial Drawings or Shipments
a. 允许分批支款或分批装运。	a. Partial drawings or shipments are allowed.
b. 在同一次提交的数套运输单据中能表明使用同一运输工具并经由同次航程运输时,即使运输单据上标明的发运日期不同或装卸港、接受监管地或发送地点不同,只要显示相同目的地,将不视为分批装运。如果交单由数套运输单据构成,其中最晚的一个装运日将被视为装运日。	b. A presentation consisting of more than one set of transport documents evidencing shipment commencing on the same means of conveyance and for the same journey,provided they indicate the same destination,will not be regarded as covering a partial shipment,even if they indicate different dates of shipment or different ports of loading, places of taking in charge or dispatch. If the presentation consists of more than one set of transport documents, the latest date of shipment as evidenced on any of the sets of transport documents will be regarded as the date of shipment.
即使运输工具在同一天出发运往同一目的地,只要提交的一套或数套运输单据中表明在同一种运输方式下经由不止一个运输工具运输,仍将被视为分批装运。	A presentation consisting of one or more sets of transport documents evidencing shipment on more than one means of conveyance within the same mode of transport will be regarded as covering a partial shipment,even if the means of conveyance leave on the same day for the same destination.
c. 含有一份以上快递收据、邮政收据或投递证明的交单,如果单据表面看来由同一快递或邮政机构在同一地点和日期加盖印戳或签字并且表明同一目的地,将不视为分批装运。	c. A presentation consisting of more than one courier receipt,post receipt or certificate of posting will not be regarded as a partial shipment if the courier receipts,post receipts or certificates of posting appear to have been stamped or signed by the same courier or postal service at the same place and date and for the same destination.

(二)UCP600 第 31 条与 UCP500 的比较评析

(1)UCP600 第 31 条与 UCP500 的第 40 条基本相同。

(2)UCP600 第 31 条 b 款新增加了:"如果交单由数套运输单据构成,其中最晚的一个装运日将被视为装运日。即使运输工具在同一天出发运往同一目的地,只要提交的一套或数套运输单据中表明在同一种运输方式下经由不止一个运输工具运输,仍将被视为分批装运。"显然,UCP600 规定的更加明确。

(3)UCP600 第 31 条 c 款替代了 UCP500 的第 40 条 c 款。由于邮递方式发运时,对货物的单件长度、重量均有限制。如托运较多时,就不得不分成若干包/件发送。按照本款规定:只要单据表面看来由同一快递或邮政机构在同一地点和日期加盖印戳或签字并且表明同一目的地,即使含有一份以上快递收据、邮政收据或投递证明的交单,也不视为分批装运。显然,UCP600 规定比 UCP500 更细,使用条件更严。

(三)案例:分批支款或分批装运

(1)上海甲出口公司有一发往纽约 500 吨大豆的信用证规定:必须一次装出,不得分批转运(partial shipments are not allowed),装运期为 2008 年 5 月份,甲公司在上海仅有货 100 吨,在大连与锦州各有 200 吨。为了节省费用,甲公司采用分别在上海、锦州与大连装船的办法。2008 年 5 月 24 日在锦州装上"渤海 1 号"班轮 200 吨大豆,目的港为纽约;5 月 26 日在大连装上同一航次的"渤海 1 号"班轮 200 吨大豆,目的港为纽约;5 月 28 日在上海装上同一航次的"渤海 1 号"班轮 100 吨大豆,目的港为纽约。这三处分别装货的三套提单共计 500 吨,提单集中到上海甲出口公司,连同信用证上规定的其他单据,一并送交银行。

请问:这种情况是否属于分批装运?

评析:

UCP600 第 31 条 b 款规定:在同一次提交的数套运输单据中能表明使用同一运输工具并经由同次航程运输时,即使运输单据上标明的发运日期不同或装卸港、接受监管地或发送地点不同,只要显示相同目的地,将不视为分批装运。所以不属于分批装运。

(2)若大豆 5 月 24 日在锦州与 5 月 26 日在大连装上同一航次的"渤海 1 号"班轮 200 吨大豆后,到了 2008 年 5 月 28 日,由于托运人在上海没有订到同一航次的"渤海 1 号"班轮,只好改订另一艘"黄海 1 号"班轮,装运 100 吨大豆,目的港为纽约。提单最后也集中到上海甲出口公司。

请问:这种情况是否属于分批装运?

评析:

由于使用了不同的运输工具(货物装在两艘不同船名的船上),按照 UCP600 第 31 条 b 款规定,所以属于分批装运。

三十二

第 32 条　分期支款或分期装运

(一)UCP600 第 32 条中英文对照

表 2.36　第 32 条:分期支款或分期装运

第 32 条:分期支款或分期装运	Article 32:Instalment Drawings or Shipments
如信用证规定在指定的时间段内分期支款或分期发运,任何一期未按信用证规定期限支取或发运时,信用证对该期及以后各期均视为失效。	If a drawing or shipment by instalments within given periods is stipulated in the credit and any instalment is not drawn or shipped within the period allowed for that instalment, the credit ceases to be available for that and any subsequent instalment.

（二）UCP600 第 32 条与 UCP500 的比较评析

（1）UCP600 第 32 条与 UCP500 的第 41 条基本相同。

（2）UCP600 第 32 条删除了 UCP500 的第 41 条中"信用证另有规定者除外"的词句，即排除了允许有例外的情况，显然，UCP600 规定的各自当事人的责任更加明确。

（三）"分批装运"与"分期装运"的比较

在国际贸易合同往往都规定分批装运条款，没有分期装运条款，因此我们首先要明确分批装运是否与分期装运完全相同，然后要明确 UCP600 第 32 条是否适用于分批装运或者在什么情况下适用于分批装运，也就是说什么情况下分批装运应该被视为分期装运。

1."分批装运"与"分期装运"的不同侧重点

由 UCP600 第 31 条可知：是否为分批装运主要与是否使用同一运输工具、目的地的异同有关，而与具体的装运日期无关。

由 UCP600 第 32 条可知：分期装运是在信用证规定的装运期或有效期内分不同时间发运，主要与具体的装运日期有关。

2.《联合国国际货物销售合同公约》第 73 条规定

《联合国国际货物销售合同公约》（*United Nations Convention on Contracts for the International Sale of Goods*，简称为《公约》）第 73 条规定：

（1）对于分批交付货物的合同，如果一方当事人不履行对任何一批货物的义务，便对该批货物构成根本违反合同，则另一方当事人可以宣告合同对该批货物无效；

（2）如果一方当事人不履行对任何一批货物的义务，使另一方当事人有充分理由断定对今后各批货物将会发生根本违反合同，该另一方当事人可以在一段合理时间内宣告合同今后无效；

（3）买方宣告合同对任何一批货物的交付为无效时，可以同时宣告合同对已交付的或今后交付的各批货物均为无效，如果各批货物是互相依存的，不能单独用于双方当事人在订立合同时所设想的目的。

3. 在国际贸易合同中为何只规定"分批装运条款"，而没有"分期装运条款"

因为二者存在着一定的关系。

对分批装运一般有三种规定方法：

A. 只规定"允许分批装运"，不加任何限制；

B. 订明分若干批次装运，而不规定每批装运的数量；

C. 订明每批装运的时间和数量，即定期、定量分批装运。

A、B 两种与装运时间无关，是完全的分批装运，可以按照《公约》第 73 条解决相关的问题；而第 C 种则明确了装运时间，即按照具体的时间或期限以及数量交货，这与按照 UCP600 第 32 条所分析的结论一致，即定期、定量分批装运其实是分期装运。因此，在定期、定量分批装运时出现的相关问题应该按照 UCP600 第 32 条"分期支款或分期装运"解决。

从具体案例来看也是如此。我国某粮油进出口公司于 1998 年 4 月，以 CIF 条件与英国乔治贸易有限公司达成一笔出售棉籽油协议，总数量为 840 吨，允许分批装运。对方开来信用证中有关装运条款规定：840 吨棉籽油，装运港：广州，允许分二批装运。460 吨于 1998 年 9 月 15 日运至伦敦，380 吨于 1998 年 10 月 15 日前运至利物浦。粮油进出口公司于 8 月 3 日在广州港装运 305 吨至伦敦，计划在月末再继续装运 155 吨至伦敦，9 月末，再装运 380 吨至利物浦。第一批 305 吨装完后即备单办理议付,但单据寄到国外,于 8 月 15 日开证行提出单证不符:"我信用证只允许分二批(IN TWO LOTS)装运,即 460 吨至伦敦,380 吨至利物浦,你只装 305 吨至伦敦,余 155 吨准备再装,违背我信用证规定。"这一案例即为定期、定量分批装运,可视为分期装运,就可以按照 UCP600 第 32 条处理,即"如信用证规定在指定的时间段内分期支款或分期发运,任何一期未按信用证规定期限支取或发运时,信用证对该期及以后各期均告失效。"由于买方要求 460 吨于 1998 年 9 月 15 日装运至伦敦,380 吨于 1998 年 10 月 15 日前装运至利物浦这两期交货,而粮油进出口公司于 8 月 3 日在广州港装运 305 吨至伦敦,在月末再继续装运 155 吨至伦敦,这 155 吨货物到达后才交完第一期货物,这就把第一期货物实际上分成了两期,并且延长了交货期限,没有按照信用证规定的期限,信用证对该期及以后各期均可以宣告无效。如果信用证中只规定"允许分两批装运",没有任何关于装运日期和数量的要求则不是分期装运,并且假设卖方由于货源不足,第一批先装运了 305 吨,第二批应装运 535 吨,而只装运了 155 吨,就可以按照《公约》第 73 条处理。[①]

(四)案例

1. 分期支款或分期装运

信用证规定受益人在 2008 年 1—5 月每月在广州转运钢材 200 吨,出口到纽约,开证行根据每次发出货物的单据予以偿付货款。受益人在 1、2 月份每月按照规定发运货物各 200 吨,每次发货后,均凭单据获得了货款。因中国发生了冰冻自然灾害,致使交通干线受阻,3 月份未能按时发货,受益人在 4 月份一次发货 400 吨,想从而补偿上 3 月份未发货,但遭到银行的拒付。5 月份要发出的 200 吨钢材的出口安排,也因 3 月份未发货而中止。

至于受益人已在 3 月份发出货物,未取得货款等问题,属于进出口商之间的商业纠纷,由双方自行解决,银行对此不再参与其中。

2. 分批装运

某日,A 银行开立一张以 X 为受益人的不可撤销信用证,信用证的通知行为 B 银行。该信用证对货物的装运描述如下:装运矿砂 400 吨,分四批出运,4—7 月份每月运 100 吨。

在得到信用证通知后,受益人 X 于 4 月 5 日出运 100 吨矿砂,5 月 13 日出运矿砂 97 吨。前两批货物出运后,X 按时将全套单据送交通知行 B 行议付,并很快得到了货款。

6 月 21 日,受益人再次出运货物 100 吨,由于该证是公开议付信用证,受益人 X 此次将全套单据交由议付行 C 行议付。C 行审核单据后认为单单、单证相符,于是一方面对 X 付款,同时单寄开证行 A 索偿。

A 行审单后认为不能偿付 C 行,因为货物在第二批装运时短装,所以第三批即告失效。

C 行认为不能接受 A 行的拒付理由,坚持要求 A 行偿付,并外加延期支付的利息。

分析:

此案涉及如何理解 UCP600 第 32 条及 UCP600 第 30 条 c 款。

UCP600 第 32 条规定:如信用证规定在指定的日期内分期支付及/或分期装运,而任何一期未按期支款及/或按期装运时,除非信用证另有规定,信用证对该期及以后各期均告失效。

本条阐述分期装运和分期支款的掌握问题。在信用证上规定受益人分期装运货物的时间,则受益人应严格遵守,不得违反,否则信用证即失去效用。但一个复杂的问题是,在按期装

---

① 张微. 国际贸易中分批装运相关问题的分析. 中国经贸,2007,(12):34~35.

运时少装怎么办?

在国际商会的银行委员会上,有人曾就此问题提出咨询,该委员会做出如下解释:委员会决定,除非当事人在信用证上另有说明,信用证对在指定的分期装运期限内只装了一部分的分期装运失效。而且除非信用证允许分期装运中可以只装运一部分,那么不管信用证是否允许在各装运期中可以分批装运,信用证对已装部分以后的分期装运均告失效(见国际商会第470/278 号出版物)。该意见可解释为当分批装运的一部分在规定期装出,只要信用证未禁止分批装运,信用证对这一期中已装部分生效,而对这期中未能按期装运的剩余部分失效。对该期以后的各期也宣告失效。

从表面上看,该案似乎是属于分批装运的一部分在规定期内装出,已装部分生效,而未装部分及以后各期失效。A 行也正是以此为理由来拒绝 C 行的。

但事实上,第二期装运不存在短装。根据 UCP600 第 30 条 c 款:除非信用证规定所列的货物数量不得增减,在支取金额不超过信用证金额的条件下,即使不准分批装运,货物数量亦允许有 5% 的增减幅度,但信用证规定货物数量按包装单位或个数计数时,此项增减幅度则不适用。

简单地说,此条规定允许散装货数量有 5% 的增减幅度,由于该证装运的货物属散装货,故允许有 5% 的伸缩,而 97 吨正是在 5% 的范围内,所以第二批装运不能被看做分期装运,故 A 行的拒付不成立。

第五节

银行的免责条款(33～37 条)

三十三

第 33 条　交单时间

(一)UCP600 第 33 条中英文对照

表 2.37　第 33 条:交单时间

第 33 条:交单时间	Article 33:Hours of Presentation
银行在其营业时间外无接受交单的义务。	A bank has no obligation to accept a presentation outside of its banking hours.

(二)UCP600 第 33 条与 UCP500 的比较评析

(1)UCP600 第 33 条与 UCP500 的第 45 条基本相同。

(2)尤其要注意的是,如果信用证规定是在开证人所在地到期,由开证行审单付款。受益人一定要认真查阅开证人所在地的法定节假日,并仔细计算单据邮寄时间,确保单据在信用证有效期到期前/当天的银行营业时间内到达开证行。否则,即使单据准确无误,但由于单据超期,这笔款项也将失去银行信用的保障。

(三)世界主要国家和地区的法定节假日

国家	法定节假日
中国	大陆:元旦(1月1日)、春节(除夕、春节、正月初二)、清明节(1天)、国际劳动节(5月1日)、端午节(农历五月初五)、中秋节(农历八月十五)、国庆节(10月1日,2日,3日) 香港:劳动节(5月1日)、国庆节(10月1日)、元旦(1月1日)、春节(农历正月初一至初三)、香港特别行政区成立纪念日(7月1日)、耶稣受难节(3月25日至26日)、复活节(3月28日)、圣诞节(12月25日至27日)、佛祖诞生(5月15日)、清明节(4月5日)、端午节(5月5日)、中秋节(农历八月十五)、重阳节(农历九月初九) 台湾:中华民国开国纪念日(1月1日)、和平纪念日(2月28日)、革命先烈纪念日(3月29日,纪念黄花岗72烈士)、孔子诞辰纪念日(9月28日)、国庆日(10月10日,纪念武昌起义)、先总统蒋公诞辰纪念日(10月31日)、国父诞辰纪念日(11月12日)、行宪纪念日(12月25日,也称民族复兴节,庆祝蒋中正在这天从西安事变中脱险回京)、劳动节(5月1日)、除夕(农历十二月三十一)、春节(农历正月初一至初三)、妇女节、儿童节合并假日(4月4日)、民族扫墓节(清明节,4月5日)、端午节(农历五月初五)、中秋节(农历八月十五)、台湾光复节(10月25日)
美国	新年(1月1日)、总统节(2月的第三个星期一)、纪念日(5月的最后一个星期一)、美国独立节(7月4日)、劳工节(9月的第一个星期一)、感恩节(11月的最后一个星期四)、圣诞节(12月25日)
德国	元旦(1月1日)、耶稣受难节(3月底/4月初)、复活节(3月底/4月初)、"五一"劳动节、耶稣升天节(5月中)、圣灵降临节(5月底/6月初)、基督圣体节(5月底/6月初)、德国统一日(10月3日)、万圣节(11月1日)、忏悔节(11月底)、圣诞前夜(12月24日)、圣诞节(12月25日—持续至1月6日)
加拿大	元旦(1月1日)、耶稣受难日(复活节前的星期五)、复活节(3月底/4月初)、维多利亚日(5月24日)、加拿大日(7月1日)、劳动节(9月1日)、感恩节(10月份第二个星期一)、停战纪念日(11月11日)、圣诞节(12月25日)
英国	元旦(1月1日)、耶稣受难日(复活节前的星期五)、复活节(3月21日或此日后月圆的第一个星期日)、银行初假日(5月的第一个星期一)、银行春假日(5月的最后一个星期一)、银行度假日(8月的第一个星期一)、圣诞节(12月25日)、节礼日(12月26日)
澳大利亚	新年(1月1日)、国庆(1月27日)、复活节(3月28日—3月31日)、幸运星期五(4月17日)、澳纽兵团日(4月25日)、女王诞生日(6月9日伊丽莎白女王生日)、澳大利亚赛马——墨尔本杯大奖赛的举行日(11月第一个星期二)、圣诞节(12月25日)、开盒节(12月26日,打开圣诞所赠礼盒的日子,在南澳大利亚,成为"宣告节")
新西兰	元旦(1月1日)、元旦翌日(1月2日)、怀唐伊日(2月6日)、耶稣受难节(复活节前的星期五)、复活节后的星期一(复活节通常在3月底或4月)、安息日(4月25日)、英女皇寿辰(6月的第一个周末后的星期一)、劳动节(10月的最后一个星期一)、州庆日(取决于工作的省份)、圣诞节(12月25日)、节礼日(12月26日)
日本	元旦(1月1日)、成人节(1月8日)、建国纪念日(2月11日)、春分节(3月21日)、昭和纪念日(4月29日)、宪法纪念日(5月3日)、绿色日(5月4日)、儿童节(5月5日)、海洋节(7月16日)、敬老节(9月17日)、秋分节(9月23日)、健康体育节(10月9日)、文化节(11月3日)、劳动感谢节(11月23日)、天皇诞辰(12月23日)

三十四

第 34 条　关于单据有效性的免责

（一）UCP600 第 34 条中英文对照

表 2.39　第 34 条:关于单据有效性的免责

第 34 条:关于单据有效性的免责	Article 34:Disclaimer on Effectiveness of Documents
银行对任何单据的形式、充分性、准确性、内容真实性、虚假性或法律效力,或对单据中规定或添加的一般或特殊条件,概不负责;银行对任何单据所代表的货物、服务或其他履约行为的描述、数量、重量、品质、状况、包装、交付、价值或其存在与否,或对发货人、承运人、货运代理人、收货人、货物的保险人或其他任何人的诚信与否,作为或不作为、清偿能力、履约或资信状况,也概不负责。	A bank assumes no liability or responsibility for the form, sufficiency, accuracy, genuineness, falsification or legal effect of any document, or for the general or particular conditions stipulated in a document or superimposed thereon; nor does it assume any liability or responsibility for the description, quantity, weight, quality, condition, packing, delivery, value or existence of the goods, services or other performance represented by any document, or for the good faith or acts or omissions, solvency, performance or standing of the consignor, the carrier, the forwarder, the consignee or the insurer of the goods or any other person.

（二）UCP600 第 34 条与 UCP500 的比较评析

（1）UCP600 第 34 条与 UCP500 的第 15 条基本相同。

（2）UCP600 第 34 条表明银行审核单据标准为"单单一致,单证相符",即银行只关注单据的表面,而不关注单据的形式与内容。信用证受益人提交给银行的各种单据中,可能涉及众多当事人,如收(发)货人、保险人、货运代理人、承运人等,银行对他们的资信等情况,是不承担责任的。

（三）案例:银行有义务和责任在审单中进行详细的数学计算吗

C 银行开出一份信用证中,对货物的描述如下:数量 2 500 箱,单价 USD15.80。价格条款为 CIF,其中 FOB 价为 USD39 500.00,运费 USD800.00,保险费 USD75.00,信用证总金额为 USD40 375.00,允许有 5% 的增减(包括数量和金额)。尔后,C 银行收到议付行提交的单据,经审核发现:实际装货数量为 2 625 箱,汇票金额为 USD42 875.00。发票中显示 FOB 价为 USD42 000.00,运费为 USD800.00,保险费 USD75.00。开证行经计算,发现正确的总金额应为 USD42 350.00。即:FOB 价 USD41 475(2 625 箱×单价 USD15.80),加运费USD800.00和保险费 USD75.00。显然发票中的单价计算有误。C 银行据此拒付,而议付行提出异议,认为其没有义务核对单价与数量计算的正确与否。银行有义务和责任在审单中进行详细的数学计算吗? 以什么标准来认定什么是需要计算的,什么是不需要计算的?

分析:

在本案中,议付行在审单中,没有发现发票金额计算中的错误,因而在向开证行索偿时发生纠纷。UCP600 曾有过类似的规定:"开立信用证的指示或信用证本身,以及修改信用证的指示和修改书本身,必须完整而明确。为了防止混淆和误解,银行应劝阻下列意图:(1)在信用证或其任何修改中,加注过多细节……"信用证中的成本计算等内容可以归纳为过多细节的范围,这不属于银行的职责。当信用证中包括这些过多细节时,银行没有义务通过详细的数学计算来确定是否相符。但是,如果信用证中总金额及其分项构成即 FOB 价、运费、保险费是分列的,则其可理解为属于银行必须动手计算的范围。在本案中,因为只有单一货物的描述,且信用证中有总金额分项构成的描述,开证行要求议付行发现计算上的错误,也不是不合理的。在实务中,从议付行的角度,如果遇到列出总金额分项构成的信用证,在审单时应格外注意计算。从开证行的角度,则应尽量避免在信用证中加列从表面上看要求银行进行审核计算的描述,以免引起不必要的纠纷。

启示:

为了防范议付后被开证行拒付的风险,议付行可以要求受益人将货权作抵押,即受益人交单时需填写"质押权利设定书(Letter of Hypothecation)",声明在发生意外时,议付行有权处理单据,甚至变卖货物,使货物成为议付行完全可以支配的抵押品,减少议付行索偿的风险。

如果议付行向开证行索偿遭拒付,可以向受益人行使追索权,此时议付行相当于汇票的正当持票人,除非议付行是保兑行。但如果议付行接受了受益人交来的"无追索权"的汇票并进行议付后,则应承担"无追索"的义务,如事后被开证行拒付,议付行应自负责任。

(四)案例:对有关单据的认识问题

I 银行开立了一张不可撤销信用证,经由通知行 A 通知给了受益人。该信用证对单据方面的要求如下:

商业发票;

装箱单;

由 SSS 检验机构出具的检验证明书;

海运提单表明货物从 PPP 港运至 DDD 港,提单做成开证行抬头。

受益人在货物出运后将全套单据送至 A 行议付,A 行审单后指出下列不符点:

检验证书的出单日期迟于货物装运日,并且未能指明具体货物的检验日期。

装箱单上端未印有受益人公司、地址等文字,且装箱单未经受益人签署。

提示了运输行收据而不是信用证上所要求的提单。

A 行将上述不符点通知受益人,受益人要求其电传 I 行求其授权付款。

I 行与申请人联系后,申请人不愿取消此不符点。因为他不能确定该批货物是否确已适当检验过,货物是否已出运。除非授权其在货到后检验货物,检验结果表明货物完好无损,否则他将拒绝付款。I 行告诉 A 行其决定拒绝付款的决定,并保留单据听候指示。

分析:

A 行提出的不符点中,除了装箱单以外,其他均是正确的。

根据 UCP600 第 34 条:银行对任何单据的形式、充分性、准确性、内容真实性、虚假性或法律效力或对单据中规定或添加的一般或特殊条件,概不负责。如果信用证中没有特别规定,只要提交的单据上内容与任何其他提交的所规定单据内容无矛盾,则银行将接受这类单据。

由于信用证根本未指明装箱单由哪方开立,只要装箱单上内容与其他单据不矛盾,理当接受。此外,除非信用证明确规定装箱单要签署,否则未经签署的装箱单也是可以接受的。

以 UCP600 第 34 条的标准来判断,似乎检验证书也符合规定。但是常识告诉我们商品检验应先于货物装运前,就像保险应先于货物装运前一样,所以检验证书的出单日应先于或等于货物装运日。

由运输行承运人签发的单据,如运输行收据(Forwarder's Certificate of Receipt,FCR)不是运输单据,因此它不属于 UCP600 所划定的运输单据的范畴。若信用证要求提供海运提单,运输行收据当然不会为银行所接受。

三十五

第 35 条　关于信息传递和翻译的免责

(一)UCP600 第 35 条中英文对照

表 2.40　第 35 条:关于信息传递和翻译的免责

第 35 条:关于信息传递和翻译的免责	Article 35:Disclaimer on Transmission and Translation
当报文、信件或单据按照信用证的要求传递或发送,或者当信用证未作规定,银行自行选择传送服务时,银行对任何报文或信件或单据的传递过程中发生的延误、途中遗失、残缺或其他错误产生的后果,概不负责。	A bank assumes no liability or responsibility for the consequences arising out of delay,loss in transit,mutilation or other errors arising in the transmission of any messages or delivery of letters or documents, when such messages,letters or documents are transmitted or sent according to the requirements stated in the credit,or when the bank may have taken the initiative in the choice of the delivery service in the absence of such instructions in the credit.
如果指定银行确定交单相符并将单据发往开证行或保兑行。无论指定的银行是否已经兑付或议付,即使单据在指定银行送往开证行或保兑行的途中,或保兑行送往开证行的途中丢失,开证行或保兑行都必须兑付或议付,或偿付指定银行。	If a nominated bank determines that a presentation is complying and forwards the documents to the issuing bank or confirming bank,whether or not the nominated bank has honoured or negotiated,an issuing bank or confirming bank must honour or negotiate,or reimburse that nominated bank,even when the documents have been lost in transit between the nominated bank and the issuing bank or confirming bank,or between the confirming bank and the issuing bank.
银行对技术术语的翻译或解释上的错误不负责任,并可不加翻译地传送信用证条款。	A bank assumes no liability or responsibility for errors in translation or interpretation of technical terms and may transmit credit terms without translating them.

(二)UCP600 第 35 条与 UCP500 的比较评析

(1)UCP600 第 35 条与 UCP500 的第 16 条基本相同。

(2)UCP600 第 35 条新增加了"当报文、信件或单据按照信用证的要求传递或发送,或者当信用证未作规定,银行自行选择传送服务时。"即使以上两种情况下,银行在信息传递方面也均免责。

(3)UCP600第35条新增加了"如果指定银行确定交单相符并将单据发往开证行或保兑行。无论指定的银行是否已经兑付或议付,即使单据在指定银行送往开证行或保兑行的途中,或保兑行送往开证行的途中丢失,开证行或保兑行都必须兑付或议付,或偿付指定银行。"本条规定旨在明确遗失单据的风险将在何种条件下由受益人移转开证行或保兑行。这保护了指定银行和受益人。因此,受益人应及时将规定单据交给指定银行,这样相符单据即使在送往开证行的途中丢失,仍可得到开证行或保兑行的付款。

当然,指定银行和受益人也应积极配合申请人解决提货问题,可根据不同递送公司采取相应措施。快递公司和指定银行可以出具单据丢失证明。一套副本单据最好及时寄送给开证行。受益人可以签发提货担保,要求船务公司重新签发一套新的提单或电放货物。如果船务公司接受申请人的担保放货,申请人也可向船务公司担保,但开证行不应出具提货担保形成双重付款责任。

(三)案例:开证行是否有权退单,是否有权向议付行追索

信用证类型:不可撤销自由议付信用证

开证行:I 银行

议付行:N 银行

受益人:B 公司

偿付行:I 银行纽约分行

N 银行收到 B 公司交来的信用证项下正本信用证和一套出口单据。经审核,N 银行认为单证一致、单单相符,遂于规定的有效期和交单期内寄往 I 银行,并按信用证规定,向 I 银行的纽约分行寄汇票索汇,N 银行的寄单面函上列明了提示的单据及单据的份数。7 天后,N 银行收到 I 银行纽约分行的全额付款。一个半月后,N 银行收到 I 银行来电,称其至今尚未收到 N 银行在 I 银行信用证项下议付的单据。N 银行随即向快递公司查询,结果得知单据在邮寄过程中丢失。快递公司送来有关证明(包括邮件的信封、机场的收发证明、中外运深圳公司空运部未收到邮件的证明等),证明该邮件已在邮寄中丢失,N 银行将此事通知了受益人,同时告知开证行单据已在邮寄过程中丢失,责任不在 N 银行,现 N 银行拟将副本单据(包括副本提单、遗失证明)补寄开证行,开证行电复同意。N 银行补寄了有关单据。

时隔不久,开证行来电称不接受单据并提出退单,同时要求 N 银行退回其纽约分行已偿付的信用证款项并支付利息。

本案例的争议焦点是:开证行是否有权退单,是否有权向议付行追索?

开证行得知正本单据在邮寄过程中遗失后,同意议付行补寄副本单据。在收到副本单据后又不肯接受,并退单。如果议付行补寄的副本单据存在不符点,开证行可以拒付,并有权向议付行追索。如果单据中不存在不符点,那么开证行的这种做法是没有道理的。

因为修改后的 UCP600 第35条规定:如果指定银行确定交单相符并将单据发往开证行或保兑行,无论指定银行是否已经承付或议付,开证行或保兑行必须承付或议付,或偿付指定银行,即使单据在指定银行送往开证行或保兑行的途中,或保兑行送往开证行的途中遗失。这样就进一步强化了开证行的责任。

本例中,议付行得知单据遗失后,应尽快收集资料来证明单据是在指定银行送往开证行的途中遗失的,那么根据 UCP600 的规定,开证行必须承付相符的单据。因此说,UCP600 的这

一新规定无疑具有重大意义,对消除误解,减少纠纷,加强开证行的付款责任,将起到非常重要的作用。但是应该注意的是,开证行对承付不得免责条件的确立:

一是信用证的要求得到满足,这既包括单证相符,又包括寄递单据的方式要符合规定方式(若有的话)。

二是单据必须是在指定银行与开证行之间丢失的。从而可以看到,若受益人置信用证的规定于不顾,将单据提交非指定银行而后遗失,则开证行对承付将是免责的。

三十六

第 36 条　不可抗力

(一)UCP600 第 36 条中英文对照

表 2.41　第 36 条:不可抗力

第 36 条:不可抗力	Article 36:Force Majeure
银行对由于天灾、暴动、骚乱、叛乱、战争、恐怖主义行为或任何罢工、停工或银行无法控制的任何其他原因导致的营业中断的后果,概不负责。	A bank assumes no liability or responsibility for the consequences arising out of the interruption of its business by Acts of God, riots, civil commotions, insurrections, wars, acts of terrorism, or by any strikes or lockouts or any other causes beyond its control.
银行恢复营业后,对于在营业中断期间已逾期的信用证,不再进行兑付或议付。	A bank will not, upon resumption of its business, honour or negotiate under a credit that expired during such interruption of its business.

(二)UCP600 第 36 条与 UCP500 的比较评析

(1)UCP600 第 36 条与 UCP500 的第 17 条基本相同。

(2)UCP600 第 36 条新增加了"恐怖主义行为(acts of terrorism)",可以算是本·拉登对 UCP 的贡献;删除了 UCP600 第 17 条中"除非经特别授权(unless specifically authorized)"。显然,UCP600 的规定更明确,并消除了 UCP600 中易引起歧义的语句。

(3)恐怖主义行为的界定

作为人类冲突的一种表现形式,恐怖活动有着悠久的历史。细究起来,恐怖活动应该追溯到古希腊和罗马时期。公元 1 世纪,为反抗罗马帝国入侵,犹太狂热党人就曾在罗马帝国饮用的水中下过毒,暗杀与古罗马人合作的犹太贵族。同现在的某些恐怖主义有相似之处。

古希腊历史学家、作家、经济学家色诺芬(Xenephon,约公元前 430—354 年,最早使用了"经济"这个词汇)就曾专门记述过恐怖活动对敌方居民造成的心理影响。中国古代的荆轲刺秦王,古罗马的凯撒大帝遇刺都是著名的历史恐怖事件。美国总统肯尼迪被刺身亡是当代历史中的典型恐怖事件。

"恐怖主义(terrorism)"一词,从法文"terreur"演变而来,最早出现在 18 世纪法国大革命时期。为保卫新生政权,执政的雅各宾派决定用红色恐怖主义对付反革命分子。

据不完全统计,1968 年至 2003 年全球发生的恐怖主义犯罪造成 23 750 多人伤亡,其中 14 860 余人死亡,8 850 多人受伤。

美国国防部(The US Department of Defense)定义的恐怖主义行为是:意在胁迫或者威胁政府或者社会而对个人或者财产非法使用或者威胁使用武力或者暴力,通常为达到政治、宗教或者意识形态目的。

三十七

第 37 条 对被指示方行为的免责

(一)UCP600 第 37 条中英文对照

表 2.42 第 37 条:对被指示方行为的免责

第 37 条:对被指示方行为的免责	Article 37:Disclaimer for Acts of an Instructed Party
a. 为了执行申请人的指示,银行利用其他银行的服务,其费用和风险由申请人承担。	a. A bank utilizing the services of another bank for the purpose of giving effect to the instructions of the applicant does so for the account and at the risk of the applicant.
b. 即使开证行或通知行自行选择了其他银行,如果发出指示未被执行,开证行或通知行对此亦不负责。	b. An issuing bank or advising bank assumes no liability or responsibility should the instructions it transmits to another bank not be carried out,even if it has taken the initiative in the choice of that other bank.
c. 当一家银行指示另一家银行提供服务时,指示银行有责任负担因执行指示而产生的任何佣金、手续费、成本或开支("费用")。如果信用证规定上诉费用由受益人负担,而该费用未能收取或从信用证款项中扣除,开证行依然承担支付此费用的责任。	c. A bank instructing another bank to perform services is liable for any commissions,fees,costs or expenses("charges")incurred by that bank in connection with its instructions. If a credit states that charges are for the account of the beneficiary and charges cannot be collected or deducted from proceeds,the issuing bank remains liable for payment of charges.
信用证或其修改不应规定向受益人的通知以通知行或第二通知行收到其费用为条件。	A credit or amendment should not stipulate that the advising to a beneficiary is conditional upon the receipt by the advising bank or second advising bank of its charges.
d. 申请人应受外国法律和惯例加诸银行的一切义务和责任的约束,并就此对银行负补偿之责。	d. The applicant shall be bound by and liable to indemnify a bank against all obligations and responsibilities imposed by foreign laws and usages.

(二)UCP600 第 37 条与 UCP500 的比较评析

(1)UCP600 第 37 条与 UCP500 的第 18 条基本相同。

(2)UCP600 第 37 条 b 款采用"开证行或通知行(issuing bank or advising bank)"替代 UCP500 中的"银行(bank)",显然 UCP600 更明确。

(3)UCP600 第 37 条 c 款采用"一家'银行'指示(A'bank'instructing)"替代 UCP500 第

18 条 c 款 i 项中的"'一方'指示(A'party'instructing)",显然 UCP600 更明确。

（4）UCP600 第 37 条 c 款新增加了"信用证或其修改不应规定向受益人的通知以通知行或第二通知行收到其费用为条件。"这项规定将提高信用证的通知与修改的效率。受益人应及时支付其应该承担的费用。显然 UCP600 更明确,便于执行,这将提高社会整体的福利。

第六节

信用证的转让与款项让渡(38～39 条)

三十八

第 38 条　可转让信用证

（一）UCP600 第 38 条中英文对照

表 2.43　第 38 条:可转让信用证

第 38 条:可转让信用证	Article 38:Transferable Credits
a.银行无办理转让信用证的义务,除非该银行明确同意其转让范围和转让方式。	a. A bank is under no obligation to transfer a credit except to the extent and in the manner expressly consented to by that bank.
b. 就本条款而言:	b. For the purpose of this article:
转让信用证意指明确表明其"可以转让"的信用证。根据受益人("第一受益人")的请求,转让信用证可以被全部或部分地转让给其他受益人("第二受益人")。	Transferable credit means a credit that specifically states it is "transferable". A transferable credit may be made available in whole or in part to another beneficiary ("second beneficiary") at the request of the beneficiary ("first beneficiary").
转让银行意指办理信用证转让的被指定银行,或者,在适用于任何银行的信用证中,转让银行是由开证行特别授权并办理转让信用证的银行。开证行也可成为转让银行。	Transferring bank means a nominated bank that transfers the credit or, in a credit available with any bank, a bank that is specifically authorized by the issuing bank to transfer and that transfers the credit. An issuing bank may be a transferring bank.
转让信用证意指经转让银行办理转让后可供第二受益人使用的信用证。	Transferred credit means a credit that has been made available by the transferring bank to a second beneficiary.
c.除非转让时另有约定,所有因办理转让而产生的费用(诸如佣金、手续费、成本或开支)必须由第一受益人支付。	c. Unless otherwise agreed at the time of transfer, all charges (such as commissions, fees, costs or expenses) incurred in respect of a transfer must be paid by the first beneficiary.

d. 倘若信用证允许分批支款或分批装运,信用证可以被分部分地转让给一个或以上的第二受益人。

已转让的信用证不得应第二受益人的要求转让给任何次序位居其后的其他受益人。第一受益人不属于此类其他受益人之列。

e. 任何有关转让的申请必须指明是否以及在何种条件下可以将修改通知第二受益人。已转让信用证必须明确指明这些条件。

f. 如果信用证被转让给一个以上的第二受益人,其中一个或多个第二受益人拒绝接受某个信用证修改并不影响其他第二受益人接受修改。对于接受修改的第二受益人而言,信用证已做相应的修改;对于拒绝接受修改的第二受益人而言,该转让信用证仍未被修改。

g. 已转让信用证必须准确转载原证的条款及条件,包括保兑(如有),但下列项目除外:

——信用证金额,

——规定的任何单价,

——到期日,

——单据提示期限,或

——最迟装运日期或规定的装运期间,

以上任何一项或全部均可减少或缩短。

必须投保的保险金额比例可以增加,以满足原信用证或本惯例规定的投保金额。

可以用第一受益人的名称替换原信用证中申请人的名称。

如果原信用证特别要求开证申请人名称应在除发票以外的任何单据中出现时,则已转让信用证中必须反映出该项要求。

h. 第一受益人有权用自己的发票和汇票(如有),来替换第二受益人的发票和汇票(如有),但其金额不得超过原信用证的金额。在如此办理单据替换时,第一受益人可在原信用证项下支取自己发票与第二受益人发票之间产生的差额(如有)。

d. A credit may be transferred in part to more than one second beneficiary provided partial drawings or shipments are allowed.

A transferred credit cannot be transferred at the request of a second beneficiary to any subsequent beneficiary. The first beneficiary is not considered to be a subsequent beneficiary.

e. Any request for transfer must indicate if and under what conditions amendments may be advised to the second beneficiary. The transferred credit must clearly indicate those conditions.

f. If a credit is transferred to more than one second beneficiary, rejection of an amendment by one or more second beneficiary does not invalidate the acceptance by any other second beneficiary, with respect to which the transferred credit will be amended accordingly. For any second beneficiary that rejected the amendment, the transferred credit will remain unamended.

g. The transferred credit must accurately reflect the terms and conditions of the credit, including confirmation, if any, with the exception of:

—the amount of the credit,

—any unit price stated therein,

—the expiry date,

—the period for presentation, or

—the latest shipment date or given period for shipment,

any or all of which may be reduced or curtailed.

The percentage for which insurance cover must be effected may be increased to provide the amount of cover stipulated in the credit or these articles.

The name of the first beneficiary may be substituted for that of the applicant in the credit.

If the name of the applicant is specifically required by the credit to appear in any document other than the invoice, such requirement must be reflected in the transferred credit.

h. The first beneficiary has the right to substitute its own invoice and draft, if any, for those of a second beneficiary for an amount not in excess of that stipulated in the credit, and upon such substitution the first beneficiary can draw under the credit for the difference, if any, between its invoice and the invoice of a second beneficiary.

i.如果第一受益人应当提交其自己的发票和汇票（如有），但却未能在第一次被要求时照办；或第一受益人提交的发票导致了第二受益人的交单中本不存在的不符点，而其未能在第一次被要求时修正，转让行有权将从第二受益人处收到的单据照交开证行，并不再对第一受益人负责。

i. If the first beneficiary is to present its own invoice and draft, if any, but fails to do so on first demand, or if the invoices presented by the first beneficiary create discrepancies that did not exist in the presentation made by the second beneficiary and the first beneficiary fails to correct them on first demand, the transferring bank has the right to present the documents as received from the second beneficiary to the issuing bank, without further responsibility to the first beneficiary.

j.在要求转让时，第一受益人可以要求在信用证转让后的兑用地点，在原信用证的截止日之前（包括截止日），向第二受益人予以兑付或议付。本条款并不损害第一受益人在第 38 条(h)款下的权利。

j. The first beneficiary may, in its request for transfer, indicate that honour or negotiation is to be effected to a second beneficiary at the place to which the credit has been transferred, up to and including the expiry date of the credit. This is without prejudice to the right of the first beneficiary in accordance with sub-article 38(h).

k.由第二受益人或代表第二受益人提交的单据必须提示给转让银行。

k. Presentation of documents by or on behalf of a second beneficiary must be made to the transferring bank.

（二）UCP600 第 38 条与 UCP500 的比较评析

（1）UCP600 第 38 条涉及 UCP500 的第 48 条。

（2）UCP600 第 38 条对可转让信用证拟定了明确的定义，避免了 UCP500 中一些含义不清的提法。

（3）信用证的"转让"并非在第一受益人和第二受益人之间私下"转让"，而是要求必须由银行来办理信用证的"转让"程序。在实际业务中，一个受益人想转让一份信用证，但是除了开证行以外却没有第二家银行愿意扮演转让行这个角色，那么在这种情况下，受益人该怎么办呢？UCP500 对此问题没有相关规定。而 UCP600 第 38 条 b 款明确了开证行也可成为转让银行。

（4）UCP600 第 38 条 c 款规定：除非转让时另有约定，所有因办理转让而产生的费用（诸如佣金、手续费、成本或开支）必须由第一受益人支付。明确了转让费用支付的问题。

（5）UCP600 第 38 条 d 款规定：倘若信用证允许分批支款或分批装运，信用证可以被分部分地转让给一个或以上的第二受益人。

已转让的信用证不得应第二受益人的要求转让给任何次序位居其后的其他受益人。第一受益人不属于此类其他受益人之列。

案例：一份可转让的信用证为出口 1 万件衬衫并允许分批装运，第一受益人可转让给大连甲公司执行出口 4 000 件衬衫，转让给宁波乙公司执行出口 5 000 件衬衫。但是，若大连甲公司执行了出口 1 000 件衬衫后，就不想继续承担余下的 3 000 件衬衫出口任务，甲公司不能将余下的 3 000 件衬衫出口任务再转让给其他公司来执行，但可将此装运任务退回给本信用证的第一受益人。

评析：第二受益人不能再将已转让的信用证内的供货任务继续再转让下去，但可以将此任务退还给本信用证的第一受益人。

(6)UCP600 第 38 条 e 款表明:第一受益人可以保留不允许转让行将信用证的修改通知第二受益人的权利,借以保障第一受益人的利益。

(7)UCP600 第 38 条 f 款表明在几个第二受益人中,可以采取区别对待信用证修改的通知:一部分第二受益人表示接受修改,另一部分第二受益人表示拒绝接受修改。前者按照修改后的要求执行信用证的条款,而后者按照未修改来执行信用证的条款。

(8)UCP600 第 38 条 g 款增加了已转让信用证必须准确反映是否保兑。转让行在办理转让时须注意原证是否要求保兑。当转让行同意保兑时,转让行对第二受益人也承担了保兑责任。

一般信用证内以下条款是可以在一定范围变更的:

①信用证金额

由于只转让部分数量或者由于单价有了变动,所以金额必然与原证金额不一致。

②规定的任何单价

信用证转让后的单价,可以比原证低,第一受益人可以赚取信用证转让前后的差价。

③到期日

为了防止第二受益人在履行订单时遇到意外情况,留下一些机动时间。所以,规定转让后的信用证到期日要比原证提前,即相当于缩短了原证的有效期。例如,原信用证的到期日为 1 月 31 日,转让后的信用证到期日可能为 1 月 24 日。

④单据提示期限

因为到期日提前了,相应地转让后的信用证提示期限也会短于原信用证的提示期限。

⑤最迟装运日期或规定的装运期间

因为到期日与单据的提示期限提前了,相应地转让后的信用证装运期限也会短于原信用证的装运期限。

⑥投保的保险金额

若原信用证是基于 CIF/CIP 的,则信用证转让时就会涉及保险的内容;第一受益人在办理转让时,是不能更改险别和保险条款的,但在投保的保险金额上是可以增加的,如可要求第二受益人按合同金额的 120%,甚至更高投保。这样就更加保障了第一受益人的利益,因为第二受益人在交货过程中,发生货物灭失(火灾)时,第一受益人可以获得超过合同金额的 110% 的赔偿金,然后采用此笔赔偿金从其他供货商那里购买价格稍高一些的同样商品,履行原信用证的责任。这样提高了信用证利用率,提高了整个人类社会的福利。

⑦原信用证的开证人

第一受益人(中间商)为了防止第二受益人(实际供货商)"跳单"(绕过第一受益人而直接与开证人签署合同),第一受益人在办理信用证转让时,可以要求用自己的名称替代原信用证开证人的名称。

如果原信用证特别要求开证申请人名称应在除发票以外的任何单据中出现时,则已转让信用证中必须反映出该项要求。即第二受益人提供的单据,除发票外,其他如提单、保险单及产地证等单据都要有原信用证开证人的名称。

第一受益人(中间商)可以用自己缮制的汇票(如有)与发票替代第二受益人制作的汇票与发票,这样,就把发票上的抬头由第一受益人改为原信用证的开证人。因为转让信用证如果不是将原信用证不改动地转让,一般就会在金额等方面更改。若不更换汇票(如有)与发票,容易造成单证不符。

(9)UCP600 第 38 条 i 款增加了第二受益人交单没有不符点,而第一受益人的交单有不符点,该不符点又不能修正,转让行有权向开证行提交第二受益人提交的单据,并不再对第一受益人承担责任。

第一受益人应认真审证、制单并及时交单,避免发生不符点不能修正的情况(如过截止日),保护自己的利益。

(10)UCP600 第 38 条 k 款新增了:"由第二受益人或代表第二受益人提交的单据必须提示(交单)给转让银行。"在不需要换单的情况下,如果往来银行不是转让行,第二受益人也需经转让银行交单。由于 UCP 条款可以通过信用证条款明示修改或排除适用,在实务中如果第一受益人要求全额转让信用证款项而不需支取差价,则为了简化交易环节,第一受益人可以要求买方在申请开证时排除这一款规定或在要求转让行转让时明确告知其放弃依本条 h 款替换商业发票和汇票的权利。

(三)可转让信用证和不可转让信用证

1. 可转让信用证的含义

根据 UCP600,只有开证行在信用证中明确注明"可转让"字样的信用证才能转让,否则就视为不可转让信用证。

通常,只有老练的贸易商才使用可转让信用证,因为手续繁杂,易出问题。

2. 可转让信用证的签发程序

可转让信用证的签发程序,如图 2.2 所示:

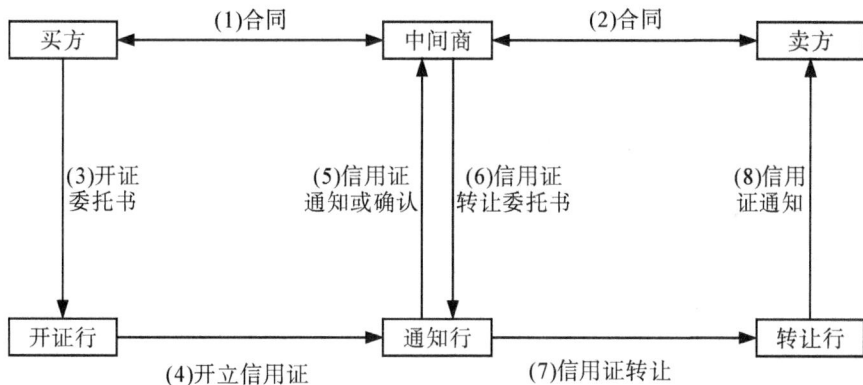

图 2.2　可转让信用证的签发程序

说明:
(1)中间商(第一受益人)和买方签订一笔售货合同。
(2)中间商(第一受益人)和卖方(第二受益人)签订一笔购货合同。
(3)买方向开证行申请并开立了跟单信用证。
(4)开证行签发了跟单信用证并将其给通知行。
(5)通知行将信用证通知告知中间商。
(6)中间商指示将信用证转让给卖方(第二受益人)。
(7)通知行将信用证转让给转让行(卖方银行)
(8)转让行告知卖方(第二受益人)这份信用证。

3. 可转让信用证收益的转让程序

可转让信用证收益的转让程序,如图 2.3 所示:

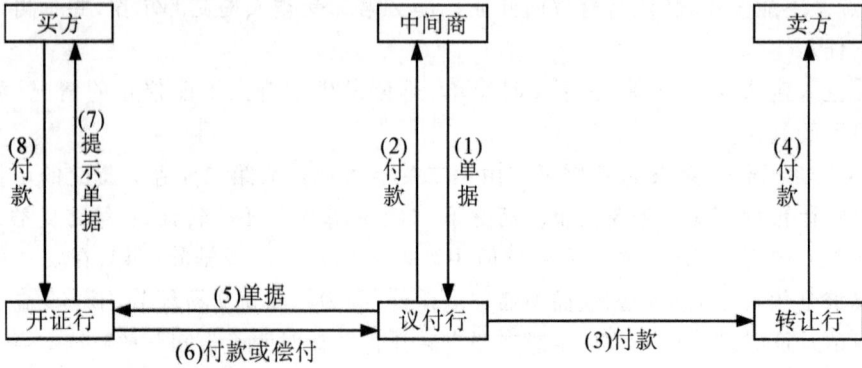

图 2.3　可转让信用证收益的转让程序

说明：

(1)中间商(第一受益人)向议付行提示单据。

(2)议付行付款给中间商而不是卖方(第二受益人)。

(3)议付行付款给转让行。

(4)转让行付款给卖方(第二受益人)转让的金额。

(5)议付行向开证行提交单据。

(6)开证行依据信用证条款向议付行付款或偿付。

(7)开证行向买方提示单据。

(8)买方依据信用证条款向开证行付款。

4. 不可转让信用证

凡是信用证上未表明为可转让的信用证都是不可转让信用证,也就是该种信用证的权利不得转让给第二受益人。因而产生了对背信用证。

(四)对背信用证

1. 对背信用证(back to back credit)的含义

对背信用证是背对背信用证的简称,指受益人以原证为抵押,要求银行以原证为基础,另开立一张内容相似的信用证。背对背信用证通常由中间商申请开立给实际供货商。其使用方式与可转让信用证相似,所不同的是原证开证行并未授权受益人转让,因而也不对新证负责。

它多被中间商采用。一个中间商向国外进口商出售某种商品,请该进口商开立以他为受益人的信用证,然后向实际供货人购进货物,并以国外进口商开立以他为受益人的原始信用证或主要信用证作为支付资金的援助,请求银行依据原始信用证条款,另行开出以供货人为受益人的信用证,这个另行开出的信用证就叫做对背信用证,有时也称为对应信用证(counter credit)。

背对背信用证的受益人可以是国外的,也可以是国内的。

开至国外供货人的信用证就是一般的对背信用证,开至国内供货人的对背信用证又可称为本地信用证(local credit or domestic credit)。

通常只有比较老练的贸易商才会使用背对背信用证,因为在背对背信用证业务中,文书工作多,交易中涉及的当事人也多,所以产生问题的可能性就增大。

2. 背对背信用证的开立程序

背对背信用证的开立程序,如图 2.4 所示:

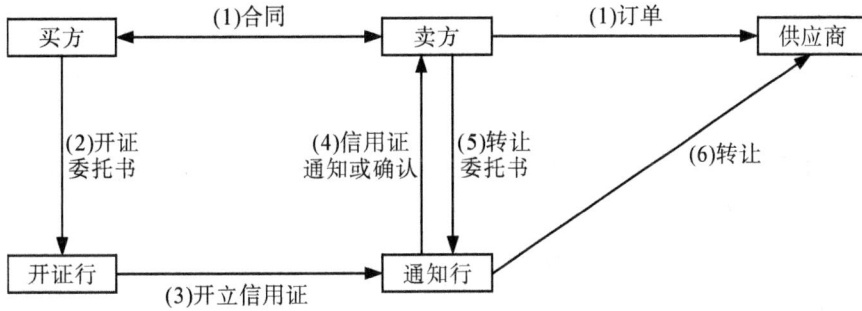

图 2.4　背对背信用证的开立程序

说明:

(1)买卖双方签订一笔合同,卖方给供货商下订单。

(2)买方向开证行申请并开立了跟单信用证。

(3)开证行签发了跟单信用证并将其转给通知行。

(4)通知行将信用证通知给卖方。

(5)卖方指示将信用证转让给供货商。

(6)通知行将信用证转让给供货商。通知行也可以将信用证转让给第二个通知行或转让给第二个保兑行,这里省略。

3. 背对背信用证的使用程序

背对背信用证的使用程序,如图 2.5 所示:

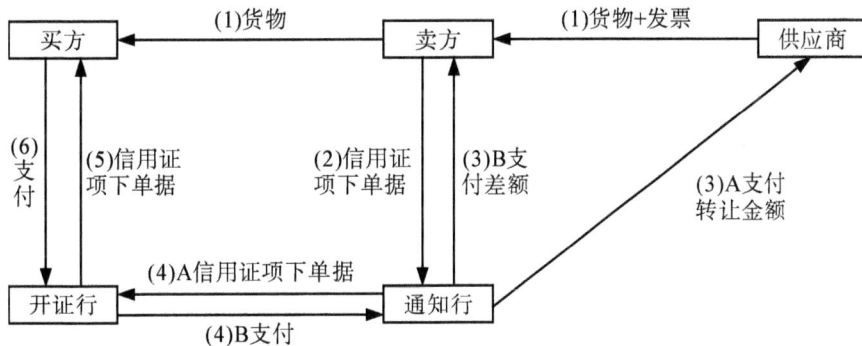

图 2.5　背对背信用证的使用程序

说明:

(1)供货商发货给卖方,并将发票提交给卖方,卖方随即将货物发运给买方。

(2)卖方将单据转至通知行。

(3)

A. 通知行按照卖方转让委托书中规定的金额向供货商支付。

B. 通知行将原证金额和已转让给供货商的金额之间的差额支付给卖方。

(4)

A. 通知行将单据寄给开证银行。

B. 开证行向通知行偿付。

(5)开证行将单据转给买方。

(6)买方向开证行偿付。

（五）对背信用证（back to back L/C）与可转让信用证（transferable L/C）的异同

对背信用证与可转让信用证都是为中间商提供方便的信用证，对背信用证和可转让信用证通常用于中间商转售他人货物，从中图利，或两国不能直接进行交易需要通过第三国商人以此种办法沟通的贸易。它们在业务处理中有很多相似之处。但是对背信用证和可转让信用证之间还是存在着明显的不同，如表 2.44 所示：

表 2.44　对背信用证与可转让信用证的异同

种类 对比	对背信用证	可转让信用证
相同点	均为中间商使用，存在第二受益人，费用由第一受益人支付，中间商可以换发票、改变信用证的金额、单价、装期和效期等	
不同点	开证受受益人的意旨，申请人和开证行与对背信用证无关	开证是申请人的意旨，开证行同意并在信用证上加列"transferable"
	原始证和对背信用证为两独立完整信用证，连同两个相对独立的开证行付款承诺	已转让信用证的生存和收到的条款和条件以及使用都来自原始可转让信用证
	第二受益人得不到原始信用证开证行的付款保证，第二受益人的风险较大。	第二受益人可以得到开证行的付款保证，第二受益人与第一受益人居于同等地位，风险较小。
	开立对背信用证的银行就是该证的开证行	转让行按照第一受益人的指示开立变更条款的新的可转让信用证，通知第二受益人，该转让行地位仍是转让行

（六）案例

1. 信用证的再转让

I 银行开立一张不可撤销可转让跟单信用证，以 M 作为受益人，A 行为该证的通知行。在 A 行将该证通知 M 后，M 指示 A 行将此证转让给 X，该转证的到期日比原证早 1 个月。第二受益人 X 收到转证后，对于转证的一些条款与第一受益人 M 产生了分歧。双方经过多次协商，终未达成协议。而此时，该转证已过期。

于是 M 请求 A 行将已过期的未使用的转证恢复到原证。鉴于原证到期日尚有 1 个月，M 要求 A 行能将恢复到原证的金额再度转让给新的第二受益人 Y。A 行认为它不能同意 M 的做法。因为将该证转让给 Y 构成了信用证的第二次转让，而这正违反了 UCP600 第 38 条的规定。况且，A 行未从第二受益人 X 处收到任何货物未出运，转证未被使用或者同意撤销转证之类的信息。

分析：

A 行在认识上存有误区。将未使用过的转证再次转让给另一新的第二受益人不能被视作为二次转让。UCP600 第 38 条规定：除非信用证另有规定，可转让信用证只能转让一次，因此,该信用证不能按第二受益人要求转让给随后的第三受益人。根据此条文意,由第一受益人作出的再次转让并不构成二次转让,而视为一次同时转让给多个受益人的情形。所以此等转让并非为 UCP600 所禁止。在此案中,既然第二受益人 X 并未接受转证,第一受益人 M 当然可以自动地将该证转让。

当然 A 行也并无义务接受 M 再次转让的指示。UCP600 第 38 条又规定:除非转让范围和方式已为转让行明确同意,转让行并无办理该转让的义务。倘若 A 行同意将该证转让给 Y,比较谨慎的做法是:它从 X 处获取一份书面指示同意撤销未用的转证,同时退回转证通知。那么转让行 A 能否在未收到第二受益人 X 明确表明撤销转证的情况下,接受第一受益人 M 将未用转证转至新的第二受益人 Y 的单方面指示? 有关这点 UCP600 并未作出任何规定,这完全取决于银行与各方的关系。

2. 可转让信用证的不符点

1999 年 8 月 5 日,某国开证行 I 银行根据 UCP500 开出即期、可转让信用证一份,最晚装运期 9 月 1 日,有效期至 9 月 10 日。应第一受益人 B 公司要求,信用证全部转让给第二受益人 C 公司。由于第二受益人 C 公司急需货款,经第一受益人 B 公司同意,允许受让地银行 F 对第二受益人议付。9 月 15 日,转让行 T 银行收到第二受益人银行 F 银行寄来单据,装运日 9 月 1 日,议付日 9 月 10 日。经审核,单据符合转让信用证条款,转让行 T 银行通知第一受益人换单。然而,由于经营问题,第一受益人已宣告破产,换单事宜无人过问。于是,转让行 T 银行于 9 月 18 日将 F 银行寄来的全套单据寄开证行索汇。9 月 25 日,开证行 I 银行提出以下不符点:

(1)发票非以原开证申请人为抬头;

(2)发票非为原信用证受益人出具;

(3)保险比例不符;

(4)单价不符;

(5)迟交单。

以上不符,均系第一受益人 B 公司未换单引起,也是转让证不换单必然出现的情况。

本案例因根据 UCP500 开立信用证,而 UCP500 在这方面的规定不够明确。第二受益人 C 公司援引了 ICC459、ICC535 等国际商会的其他出版物,最终才说服对方勉强接受不符点。而 UCP600 在这一方面有明确的条款规定,第 38 条 i 款规定:"如果第一受益人应当提交其自己的发票和汇票(如有),但却未能在收到第一次要求时照办;或第一受益人提交的发票导致了第二受益人提示的单据中本不存在的不符点,而其未能在收到第一次要求时予以修正,则转让银行有权将其从第二受益人处收到的单据向开证行提示,并不再对第一受益人负责。"j 款规定:"第一受益人可以在其提出转让申请时,表明可在信用证被转让的地点,在原信用证的到期日之前(包括到期日)向第二受益人予以兑付或议付。"据此,本案例若是在 UCP600 下开立信用证,则开证行 I 银行就没有理由提出上述不符点。①

---

① 郑巧梅.UCP600 较之 UCP500 的几处变动及实例分析.长春理工大学学报(高教版),2007,2(3):176 ～179.

第 39 条　款项让渡

（一）UCP600 第 39 条中英文对照

表 2.45　第 39 条：款项让渡

第 39 条：款项让渡	Article 39：Assignment of Proceeds
信用证未表明可转让，并不影响受益人根据所适用的法律规定，将其在该信用证项下有权获得的款项让渡与他人的权利。本条只涉及款项的让渡，而不涉及在信用证项下进行履行行为的权利让渡。	The fact that a credit is not stated to be transferable shall not affect the right of the beneficiary to assign any proceeds to which it may be or may become entitled under the credit, in accordance with the provisions of applicable law. This article relates only to the assignment of proceeds and not to the assignment of the right to perform under the credit.

（二）UCP600 第 39 条与 UCP500 的比较评析

UCP600 第 39 条与 UCP500 第 49 条的内容相同。

从 UCP400 开始，UCP500 与 UCP600 都专设"款项让渡"条款。

在 UCP 各版本的修订中借鉴了很多国家的法律规定和习惯做法，其中 UCP600 第 39 条款项让渡，就是吸收了《美国统一商法典》第五篇——信用证的相关规定。国际商会在 1974 年将这一规定纳入到统一惯例中。尽管信用证项下的款项让渡在中国还不多见，但是这一做法在包括美国在内的许多国家是较为常见的做法。

UCP600 第 39 条的条款表明：

（1）款项让渡仅指受益人可根据适用法律规定将信用证项下应得款项让渡给他人的权利，至于信用证项下执行权利的让渡则必须开立可转让信用证。

（2）该条所指"款项让渡"也不包括通过汇票的背书转让而实现的收款权利的转让。应当指出，"款项让渡"可分为信用证项下全部或部分应得款项的让渡。

（三）款项让渡的含义与当事人

1. 款项让渡的含义与当事人

（1）款项让渡的含义

在信用证未表明可转让的情况下，受益人根据现行法律，将信用证项下应得的款项通过信用证的付款行（议付行或其他指定银行）让渡给他人。

（2）款项让渡的当事人

款项让渡业务的三个当事人为：款项让渡人（assignor）、办理让渡银行（assigning bank）、接受让渡人（assignee）。款项让渡人就是信用证受益人，接受让渡人也称受让人，就是款项接受人。两者在款项让渡时往往会签订一份款项让渡书，而此款项让渡书一经签订即为不可撤销,收款行收汇后,直接将款项付交受让人。

2. 款项让渡的适用范围

(1)款项让渡在贸易实践中的典型情况是出口商与国外的买主签订了销售合同,并约定以信用证作为结算方式。因此,出口商就成为买主开来的信用证的受益人。如果出口商并不制造产品,那么销售合同中的货物往往由出口商向内地的制造商采购。如果出口商缺乏资金收购制造商的产品,而制造商又不乐意接受赊销方式,双方可以签订款项让渡书,解决与制造商的货款结算问题,将款项让渡作为向供货商付款的方式,即成为对信用证业务的补充。这样,出口商可以如愿以偿地赚取差价,不会向制造商泄露商业秘密,同时还使制造商拥有了取得信用证项下款项的权利,可以提供信用证所需的货物。

在实务当中,款项让渡书中的受让人也有可能是其他人。一种很常见的情况是出口商所在国家的银行为出口商提供融资。融资银行往往并非信用证中所记明的"被指定银行"。如果直接从开证行对受益人付款当中扣取相关费用不太恰当,可能会带来一些法律问题,那么采用款项让渡比较方便。另外,信用证项下的应收款项,可以作为一种潜在资金来源用于支付给受益人的其他各类债权人,为债权人提供保障,这也是信用证通过款项让渡条款产生出的一种衍生功能。

(2)信用证项下受益人应得款项让渡给受让人的主要情形:

①当中间商不能从买方获得可转让信用证或不能获得对背信用证,而只能获得普通的不可撤销信用证时,要解决中间商与实际供货商之间的结算,可采用"款项让渡"办法。

②信用证受益人也可通过"款项让渡",偿付其对另一方的债务。

③受益人为履行信用证项下货物的出口,以"款项让渡"向银行或其他金融机构贷款。

3. 如何有效地控制款项让渡

受益人向指定银行发出一项不可撤销的款项让渡指示。指定银行审核并确认让渡指示上受益人签字的真实有效,指定银行向被让渡人通告让渡指示。

4. 款项让渡的操作程序

(1)一般具体的操作程序是:

①款项的让渡要得到三方当事人同意,受益人,即让渡人,出具一份不可撤销的让渡书(letter of assignment of proceeds)或指示信(letter of instruction)。在"让渡书"或"指示信"中列明开证行名称、信用证号码、信用证金额,声明自己已把信用证项下应得款项之全部或部分让渡给另一人,即受让人,并列明受让人名称、地址、银行账号等,不可撤销地授权该行在付款或议付后,将款项直接付交受让人。

②信用证受益人向办理付款、承兑、议付的被指定银行(如果是自由议付信用证,则给承诺议付的银行)出具款项让渡书。

③如果该银行接受让渡人的授权,便在"让渡书"或"指示信"的副本上以受让人为抬头,写明自己同意照办,并签字确认,注明日期(让渡人在信用证上进行背书),然后将该"让渡书"或"指示信"之副本寄交受让人。根据《美国统一商法典》规定,让渡人应当把正本信用证交给让渡行保存,以免让渡人重复让渡的发生。

④在受让人向该银行确认接受"让渡书"或"指示信"之副本后,该银行日后履行信用证项下付款、议付时,即将让渡之款项直接付交受让人。让渡行执行让渡的金额应当根据款项让渡

书的规定,未经受让人同意不得把信用证金额减到低于让渡金额,也不得把支付延期。

(2)"款项让渡"流程图

《国际商会为 UCP500 制定的跟单信用证操作指南》,即国际商会第 515 号出版物给出了"款项让渡"流程图,如图 2.6 所示:

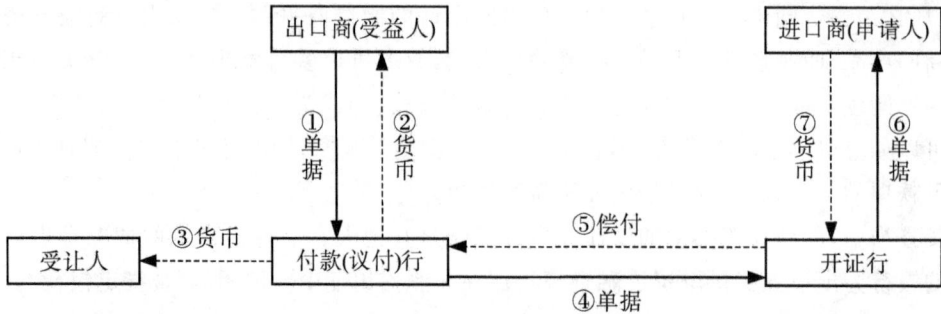

图 2.6 "款项让渡"流程图

说明:

①受益人将单据交给指定银行;

②付款/议付行将未让渡部分的资金交受益人;

③付款/议付行将已让渡部分的资金交受让人;

④付款/议付行把单据寄交开证行;

⑤依据其规定,开证行偿付给付款/议付行,

⑥开证行将单据寄交申请人;

⑦依据其规定,申请人偿付开证行。

5. 款项让渡的风险防范

(1)受让人在"款项让渡"业务中应注意的事项

①受让人只有保证该款项合法性,才能使让渡交易顺利进行。

UCP600 将信用证项下权利的让渡文本留给国内法处理。例如受益人死亡,其在信用证项下的权利可以根据国内的遗产继承法的具体程序进行让渡,或者例如公司合并或重组,则根据公司法有关财产转移的程序进行让渡。UCP600 之所以做出这样的规定,主要是因为它是由带民间团体性质的国际商会制订,其国际惯例的性质决定了它不能,也不可能对涉及各国的具体司法问题做出统一规定。在实体法上 UCP600 不可能对受益人与受让人的一些具体问题作出规定。

由于各国的涉外法律规定各不相同,到目前为止也没有与跟单信用证相关的统一的国际立法。一旦发生纠纷,各方当事人要牵涉到各当事人所在国的法律,还可能会有国际司法的援引、法院管辖权的确定等问题。

UCP600 规定,"款项让渡"按适用的法律条文办理。让渡人、受让人以及办理"款项让渡"的银行之间如发生"款项让渡书"下权责纠纷,只能由法律解决,而不能按 UCP600 处理。

②由受益人向指定银行发出的"款项让渡书"必须在银行付款或议付前做出,但也可在银行付款或议付前由受益人将原先的"款项让渡书"撤销。

为此,款项受让人为保障自身利益,应坚持受益人开具"不可撤销"的"款项让渡书",以防受益人随时向银行提出撤销"款项让渡书"。另外,该"不可撤销"的"款项让渡书"必须由受益人手签并带有银行(或另一机构)的保函,确认"款项让渡书"的签名是真实和有签字权的。该"款项让渡书"使得受益人有责任向指定银行提交信用证项下所要求的汇票及/或单据,以及当付款时,交出那部分已指示让渡的款项以便按指示办理让渡。

③受让人要防范货款无法收回的风险。

如果信用证受益人重复让渡,或未通过让渡行寄单,而此时货物早已运出,会使得受让人没有收款的保障。让渡人应当把正本信用证交给让渡行保存,以免受让人承担上述风险。即便不把正本信用证交给让渡行保存,也要对信用证进行背书。当然,也可以要求受益人找到资信良好的第三方(最好是银行等实力雄厚的金融机构)进行担保,开具保函或开立备用信用证,则在受益人违约时受让人可以从担保人那里获得赔偿。

实际供货方(款项受让人)出运货物后,中间商(款项让渡人)能否向指定行提交相符单据取得信用证项下款项,对此实际供货方无确定把握。另外,如中间商存心诈骗,把单据另寄开证行收款,而不是通过被授权让渡款项的银行收款,则这笔让渡款项也会落空。为提前防范上述不利情况的发生,确保自身权益,款项受让人应要求款项让渡人通过一信誉卓著的银行(或其他机构)出具保函,以便让渡人一旦违约,就可使款项受让人获得偿付。

总之,"款项让渡"业务中受让人处境较为不利。为此,尽量不接受以"款项让渡"方式作为结算保证。如必须接受让渡方式,则应十分慎重行事。[①]

(2)让渡行对风险的防范

让渡行对让渡的执行应与授权相吻合,如果未能完全按照授权执行或是超出了授权权限,则让渡银行要承担相应的法律后果。所以,在款项让渡中,让渡行的风险主要是业务操作中的风险。让渡行业务人员只要熟谙操作规程,并本着处理银行业务中所应当有的合理谨慎,就可以避免此种风险。

(3)开证行或指定人的风险防范

在有款项让渡的信用证业务中,开证行或指定人的风险主要是双重付款的风险。实际业务中,只要把提示信用证作为兑付的必要条件,并且受让人持有并向开证行或指定人出示了信用证再进行付款,这种双重付款的风险就会大大降低。[②]

(四)款项让渡与可转让信用证的区别

信用证的转让是指受益人将其信用证项下的权利全部或部分转让给其他受益人(第二受益人)。如果信用证中没有注明"可转让",则该信用证不能转让。另外信用证的转让必须在开证行或授权银行承兑信用证之前。

信用证款项的让渡是指将收取信用证项下款项的权利授权或转让给他人。

因此可以看出信用证的"转让"是转让执行信用证的权利,而信用证的"让渡"仅是对信用证项下的款项所作的安排,并不涉及信用证的执行。

① 徐进亮、邹常礼.关于信用证项下"款项让渡"条款.对外经贸实务,1996,(10):38~39.
② 侯方淼、王明祥.浅析 UCP500 中的"款项让渡"条款.对外经贸实务,2006,(5):35~37.

案例 2-4

信用证转让(transfer)与款项让渡(assignment)的区别

（作者：薛晶）

一、本例基本情况

本例各当事人：

内地 A 公司——合同进口方、信用证开证申请人

香港 B 公司——合同出口方，信用证受益人、信用证款项让渡方

瑞士 C 公司——信用证款项受让渡方

内地 X 银行——信用证开证行、汇票承兑行

香港 Y 银行——信用证通知行、信用证单据及汇票提示行

1. 签订合同：内地 A 公司与香港 B 公司签订进口购货合同，合同规定的付款方式为远期信用证。

2. 开证：内地开证行 X 银行根据 A 公司的开证申请开出以 B 公司为受益人的不可撤销、不可转让的凭远期汇票兑付的远期信用证，为此 A 公司按惯例向 X 银行支付了信用证金额 30% 的开证保证金。

3. 承兑：香港 B 公司通过香港 Y 银行向 X 开证行提示单据，X 开证行收到 Y 银行的承兑提示函以及该信用证项下所有规定的单据和远期汇票。在获得 A 公司同意承兑的确认函后，X 开证行致函 Y 银行，对上述汇票予以承兑并承诺到期付款。

4. 信用证让渡：在汇票被承兑后，香港 B 公司以开立授权让渡书的方式将该信用证项下的一切所有权、权利和利益让渡给瑞士 C 公司，并指定 C 公司收受该信用证项下的应收款项。香港 Y 银行以密押电报形式将该信用证的让渡事宜致函告知开证行 X，开证行回电对此予以确认，并承诺将于到期日对瑞士 C 公司付款。

5. 基础合同解除：香港 B 公司与内地 A 公司因故协议解除了双方的合同，A 公司退回全部货物并返还信用证单据。B 公司后致函 A 公司确认其已收妥信用证项下的全部退货及全套提单。

6. 出现争议：信用证付款日期临近，开证行 X 银行通知 A 公司尽快将信用证 70% 余款划至该行以便及时对外付款。A 公司以买卖合同已解除，且怀疑有共谋欺诈的可能性，要求开证行 X 不要付款。香港 B 公司亦致电开证行，确认买卖合同已经终止，故不要求开证行对其支付，又称其仍是信用证项下汇票的合法持有人，因此要求开证行不要对第三方付款。但 X 开证行向瑞士方面核实时得到的答复却是，瑞士 C 公司依然是该汇票的合法持有人，要求 X 行尽快付款。

由于 A 公司未支付信用证 70% 余款，X 开证行未向瑞士 C 公司支付已承兑汇票的金额。

二、瑞士 C 公司及 X 开证行先后提起诉讼

1. 瑞士 C 公司因 X 银行未支付汇票金额向我国法院提起诉讼，要求支付汇票金额及延期付款之利息。法院支持了 C 公司的诉讼请求，判决 X 银行支付汇票金额及至实际付款日止的利息等。

2. 开证行 X 其后也向法院提起诉讼，要求 A 公司支付信用证项下 70% 余款及延期付

款之利息。一审法院判决 A 公司支付 70％信用证款及 X 银行因此遭受的损失即相关利息。A 公司不服一审判决提起上诉,二审法院判决驳回上诉,维持原判。

三、本例法律问题分析

1.本例中是否发生了信用证的转让?

在开证行 X 与开证申请人 A 公司的诉讼中,A 公司曾辩称该信用证是不可撤销、不可转让的信用证,而开证行 X 未经开证申请人同意擅自将信用证转让给了第三方,即瑞士 C 公司,因此应有开证行承担全部责任。

所以本例的关键在于该信用证是否发生了转让,及信用证的转让和让渡的区别在哪里?

信用证的转让是指将执行信用证项下的权利和某些义务的一并转让给第三人(即第二受益人),转让行为应该发生在信用证被承兑之前。而本例中受益人 B 公司自行履行了信用证规定的全部交单义务,并取得了开证行承兑后的汇票,因此该信用证是由受益人直接履行的,并未发生信用证转让的情形。受益人 B 公司仅是将信用证下收款的权利即收取汇票款项的权利转给了 C 公司,即发生的是信用证款项的让渡。

因此本例中的信用证并没有被转让,而是信用证款项的让渡。

2.不可转让的信用证项下的款项能否被让渡?

对于不可转让的信用证,其收款的权利是否允许被让渡呢? 根据 UCP500 号的规定:"信用证虽未表明可转让,但并不影响受益人根据现行法律规定,将信用证项下应得的款项让渡给他人的权利。本条款所涉及的仅是款项的让渡,而不是信用证项下执行权利的让渡。"(注:UCP600 对此规定未作修改)

因此即使是不可转让的信用证,也可以按照现行法律的规定,让渡信用证项下授权的权利。

3.假设本例有证据证明构成实质性欺诈,该款项让渡行为是否合法? 开证行是否可以终止该信用证款项的支付?

信用证的"欺诈例外"原则是信用独立性原则的唯一例外,也就是当构成信用证欺诈时,开证行可以依据法院的裁定中止或终止支付信用证项下的款项。根据《最高人民法院关于审理信用证纠纷案件若干问题的规定》第 8 条:

"凡有下列情形之一的,应当认定存在信用证欺诈:

(一)受益人伪造单据或者提交记载内容虚假的单据;

(二)受益人恶意不交付货物或者交付的货物无价值;

(三)受益人和开证申请人或者其他第三方串通提交假单据,而没有真实的基础交易;

(四)其他进行信用证欺诈的情形。"

因此本例中 A 公司虽然曾提出有联合骗汇的可能性,但仅从本例的证据来看,还不足以认定构成信用证欺诈。

但我们在此可以假设如果本例的情形确实构成了欺诈,开证行是否可以依据"欺诈例外原则"拒绝支付信用证项下的款项?

根据《最高人民法院关于审理信用证纠纷案件若干问题的规定》第 10 条:

"人民法院认定存在信用证欺诈的,应当裁定中止支付或者判决终止支付信用证项下款项,但有下列情形之一的除外:

（一）开证行的指定人、授权人已按照开证行的指令善意地进行了付款；

（二）开证行或者其指定人、授权人已对信用证项下票据善意地作出了承兑；

（三）保兑行善意地履行了付款义务；

（四）议付行善意地进行了议付。"

根据第 10 条第 3 款的这一规定，如果开证行对信用证项下的票据善意地进行了承兑，即使构成信用证欺诈，亦不能终止支付信用证款项，这就是"欺诈例外的例外"原则的适用。因为当开证行承兑汇票以后，开证行在信用证上的责任就变成了票据上的责任。

因此，即使构成信用证欺诈，如已承兑汇票，开证行也不能解除其汇票上的付款责任，而信用证收款权的让渡是伴随着已承兑汇票收现权的让渡，所以开证行亦不能解除其对信用证项下的合法持票人的付款责任。

第三章

ISBP681 中英文对照与解析

第一节

ISBP 概述

一

ISBP 的演进与内容

（一）ISBP 的演进

1. 国际标准银行实务（ISBP）简介

（1）国际标准银行实务（ISBP）的起源

2000 年 5 月，国际商会银行技术与惯例委员会（以下简称"ICC 银行委员会"）设立了一个工作组，负责将适用 UCP500 的跟单信用证项下审核单据的国际标准银行实务做法整理成文，即《关于审核跟单信用证项下单据的国际标准银行实务》（International Standard Banking Practice for the Examination of Documents under Documentary Credits，简称 ISBP）。

该出版物中体现的国际标准银行实务做法与 UCP 本身及 ICC 银行委员会已经做出过的意见和决定相一致。该出版物没有修订 UCP，而是解释单据处理人员应如何应用 UCP 中所反映的实务做法。当然，我们都知道和承认，一些国家的法律可能有不同的强制规定。

没有一个出版物能够预想跟单信用证可能使用的全部条款或单据，或者穷尽在 UCP 下对其所做的解释及 UCP 所反映的标准做法。但是，负责起草本文件的工作组已经尽力囊括了跟单信用证的常见条款和经常要求提交的单据。

应当注意的是，如果在跟单信用证中订有修改 UCP 规定或影响其适用性的任何条款，也可能同时影响国际标准银行实务做法。因此，在应用本出版物所述做法时，当事人必须将信用证中明确排除或修改 UCP 规定的条款考虑在内。

该出版物反映了跟单信用证项下各方当事人所遵循的国际标准银行实务做法。由于开证申请人的义务、权利和救济取决于开证申请人对开证行的责任、基础交易的履行以及适用的法律和惯例规定的提出异议的时限,开证申请人不应认为可以利用 ISBP 的规定免除其对开证行的偿付责任。不宜在跟单信用证条款中援引本出版物,因为 UCP 中本就默示要求遵循公认的惯常做法。

为配合 UCP600 在 2007 年 7 月 1 日的实施,国际商会同时对《审核跟单信用证项下单据的国际标准银行实务》进行了有针对性的修改,修订本(第 681 号出版物)也已于 2007 年 7 月 1 日实施。

(2)ISBP645 的作用

ISBP 是国际商会继 UCP500 之后在信用证领域编纂的最新的国际惯例,ISBP 不仅是各国银行、进出口公司信用证业务单据处理人员在工作中的必备工具,也是法院、仲裁机构、律师在处理信用证纠纷案件时的重要依据,它的生效必将在各国的金融界、企业界、法律界产生重大影响。

ISBP 提供了一套审核适用 UCP500 的信用证项下的单据的国际惯例,它对于各国正确理解和使用 UCP500、统一和规范各国信用证审单实务、减少拒付争议的发生具有重要的意义。

ISBP 是银行、进出口商、律师、法官和仲裁员在使用 UCP500 处理信用证实务和解决争端时的重要依据,对各国国际业务从业人员正确理解和使用 UCP500,统一和规范信用证单据的审核实务、减少不必要的争议具有重要意义,也是 UCP600 订立的重要标准。

2. ISBP645 的制定背景

信用证业务的全部内容就是处理单据,正确审核信用证项下的单据是信用证业务顺利进行的关键。2007 年 7 月 1 日以前信用证业务最主要的依据——UCP500 在第 13 条规定,银行应依据"国际标准银行实务"审核单据。但是 UCP500 并没有明确指出何为"国际标准银行实务"。由于没有统一的国际标准和各国对 UCP500 的理解的不统一,信用证在第一次交单时被认为存在不符点而遭到拒付的比例近年来已达到 60%～70%,不仅引发大量争议,也严重影响了国际贸易的正常发展。有鉴于此,国际商会银行委员会于 2000 年 5 月成立了一个专门工作组对世界主要国家审单惯例加以统一编纂和解释。专门工作组以美国国际金融服务协会制订的惯例为基础,收集了世界上有代表性的 50 多个国家的银行审单标准、结合国际商会汇编出版的近 300 份意见并邀请了 13 个国家的贸易融资业务专家和法律专家于 2002 年 4 月份完成了 ISBP 的初稿并向全世界的银行征询意见。2003 年 1 月,ISBP 作为国际商会第 645 号出版物正式出版。

(二)ISBP645 的主要内容

ISBP 包括引言及 200 个条文,它不仅规定了信用证单据制作和审核所应该遵循的一般原则,而且对目前跟单信用证的常见条款和单据都作出了具体的规定。ISBP 引言主要对 ISBP 的产生、作用、范围等问题作了说明。ISBP 的 200 个条文共分为 11 部分,包括先期问题、一般原则、汇票与到期日的计算、发票、海洋/海运提单(港到港运输)、租船合同提单、多式联运单据、空运单据、公路、铁路或内河运输单据、保险单据和原产地证明。ISBP 较 UCP500 增加了许多新的内容,例如原产地证明、缩略语、未定义的用语、语言、数学计算、拼写错误及/或打印错误、多页单据的附件或附文、唛头等。

二

ISBP 与 UCP 的关系

（一）ISBP645 与 UCP500 的关系及其适用

前文已经述及，ISBP645 就是 UCP500 第 13 条所指的国际标准银行实务，它的大部分内容是 UCP500 没有直接规定的——它是对 UCP500 的补充、细化和解释，而非对 UCP500 的修订——正如 ISBP645 引言所说："本出版物中体现的国际标准银行实务做法与 UCP500 本身及国际商会银行委员会已经做出过的意见和决定相一致。本出版物没有修订 UCP500，而是解释单据处理人员应如何应用 UCP 中所反映的实务做法。"ISBP645 之于 UCP500，就像血肉之于骨骼，二者是一个不可分割的整体。

ISBP645 也是国际商会有关信用证咨询意见的反映和集中。ISBP 抽象了国际商会自 1994 年以来作出的咨询意见中所代表的审单惯例和这些惯例所体现出来的标准，反映了 UCP500 自 1994 年正式施行以来国际商会对它的理解和认识。ISBP 可以说是这些意见和各国普遍做法的条文化、规范化。

当事人在信用证上注明适用 UCP500 或开立 SWIFT 信用证时，UCP500 即对当事人具有法律效力。但是就 ISBP 而言，国际商会并不建议在信用证中直接予以援引。这是因为 UCP500 第 13 条要求信用证业务应当遵守国际标准银行实务，而 ISBP 即为该条所指"国际标准银行实务"，ISBP645 本身又是对 UCP500 的补充，因此，当事人选择适用 UCP500 就意味着选择适用了 ISBP645，而无须再作特别约定。

（二）ISBP681 的诞生

ICC 银行技术与惯例委员会以 71 票赞成 0 票反对，一致通过了其广受赞誉的出版物——《审核跟单信用证项下单据的国际标准银行实务》(ISBP681)最新修订版。投票是 2007 年 4 月 26 日在新加坡召开的委员会会议中举行的。

ISBP 是一个供单据审核员在审核跟单信用证项下提交的单据时使用的审查项目(细节)清单。ISBP 于 2002 年首次通过，作为国际商会(ICC)制定的应用广泛的关于跟单信用证的规则——跟单信用证统一惯例(UCP)的必不可少的补充，得到了(各界)广泛的接纳。

通过详细规定跟单信用证操作中的细节——比如如何签发海运提单，保险单据的关键特征，如何处理拼写和打印错误等，ISBP 填补了概括性的 UCP 规则与信用证使用者日常操作之间的差距。

2002 年版的 ISBP 作为 UCP500 的补充，在那时是广为人知的 ICC 规则，但 UCP 在 2006 年进行了修改，对 ISBP 进行更新以便与新版的 UCP(现在叫做 UCP600)配套，就显得很有必要了。

2007 年版的 ISBP 保留了许多旧版的规定，但也作了一些调整。修改包括：

(1)删除了旧版 ISBP 中与 UCP600 不相匹配的段落。

(2)在语法、标点等方面作了一定的技术性调整。

(3)修订了在新版 UCP 中不再有效的部分。

ICC 建议在 UCP600 生效时，从业者手头都有本 ICC 681 号出版物(新版的 ISBP)。

（三）ISBP681 与 UCP600 的关系及其适用

ISBP681 是在审核跟单信用证项下提交的单据时使用的审查项目（细节）清单,它通过详细规定跟单信用证操作中的细节,填补了概括性的 UCP 规则与信用证使用者日常操作之间的差距。

ISBP681 是对 UCP600 的补充和进一步的解释。

如怎样才能构成单据的"修改"或"更正",何时进行证实以及如何对之证实;在信用证没有明确规定的情况下,单据该如何签署;在什么情况下汇票可以做成以开证申请人为付款人;应该如何处理单据中公司名称和地址的打印错误以及同一个公司不同的地址的问题如何处理;发票是否必须显示贸易术语;什么是运输单据的"表面";为确定承运人的名称、航程描述等问题,审单人员是否应该审查其背面内容;什么是全套的保险单据及其正本、副本;如何背书和如何确定生效日期等等一些在实务中的细节问题。

ISBP681 旨在统一并规范全球各地银行在审核信用证项下单据的不同做法,减少单据的不符点,降低单据的拒付率,使得信用证的操作更为简便。ISBP681 虽具体、详细,但其中的条款只是就事论事地举例说明,没有也不可能做全面详尽的阐述。因此,运用信用证的各方要把 ISBP681 和 UCP600 作为一个有机整体而不是各自孤立的规则来运用。[①]

第二节

ISBP681 中英文对照的内容

一

引言

引言（introduction）

表 3.1 ISBP681 引言

自从 ICC 银行委员会于 2002 年批准《国际标准银行实务》(ISBP)以来,ICC 第 645 号出版物就成为全球银行、企业、物流运营商及保险公司的得力助手。ICC 研讨会和研习班的参与者表示,由于 ISBP 中列明的 200 条惯例的应用,拒付率已有所下降。	Since the approval of International Standard Banking Practice(ISBP) by the ICC Banking Commission in 2002, ICC Publication 645 has become an invaluable aid to banks, corporates, logistics specialists and insurance companies alike, on a global basis. Participants in ICC seminars and workshops have indicated that rejection rates have dropped due to the application of the 200 practices that are detailed in ISBP.

[①] 张素珍.谈信用证新审单标准在国际贸易中的运用.2008,(2):66～67.

然而,也有评论认为,虽然 ISBP645 经银行委员会批准,但是它的应用与 UCP500 并无清晰的联系。随着 UCP600 于 2006 年 10 月的通过,更新 ISBP 就变得有必要了。需要强调的是,这是一个对 ICC645 号出版物的更新版本而非修订本。在 645 号出版物中被认为是恰当的段落被以基本相同的措辞纳入到 UCP600 的正文中,从而不再包含在新版 ISBP 中。

作为在 UCP 和 ISBP 间建立联系的一种方式,UCP600 在引言中写道:"在修订过程中,我们注意到在制订 ISBP(ICC645 号出版物)过程中所完成的大量工作。ISBP 已经发展成为判定单据与信用证是否相符时 UCP 的必备配套规则。起草小组和银行委员会期望 ISBP 及其后续修订版本中包含的原则能够在 UCP600 有效期间继续得到应用。当 UCP600 正式执行时,将有一个与其主旨和风格保持一致的更新版的 ISBP。

本出版物中体现的国际标准银行实务与 UCP600 及 ICC 银行委员会发布的意见和决定是一致的。本文件并没有修改 UCP600,而是解释 UCP600 中表述的实务惯例如何为从业者所应用。本出版物应与 UCP 作为整体使用,不应孤立地解读。当然还需认识到某些国家可能会做出不同于本惯例的强制性规定。

没有哪个出版物能够预见跟单信用证项下可能使用的所有条款或单据,或者根据 UCP600 及其中反映的标准实务对这些条款或单据的解释。然而,制定 645 号出版物的特别小组努力将跟单信用证日常业务中的常见条款及常见单据涵盖其中。起草小组审核并更新了该出版物以使其与 UCP600 保持一致。

However, there have also been comments that although the ISBP Publication 645 was approved by the Banking Commission its application had no relationship with UCP500. With the approval of UCP600 in October 2006, it has become necessary to provide an updated version of the ISBP. It is emphasized that this is an updated version as opposed to a revision of ICC Publication 645. Where it was felt appropriate, paragraphs that appeared in Publication 645 and that have now been covered in effectively the same text in UCP600 have been removed from this updated version of ISBP.

As a means of creating a relationship between the UCP and ISBP, the introduction to UCP600, states:"During the revision process, notice was taken of the considerable work that had been completed in creating the International Standard Banking Practice for the Examination of Documents under Documentary Credits(ISBP), ICC Publication 645. This publication has evolved into a necessary companion to the UCP for determining compliance of documents with the terms of letters of credit. It is the expectation of the Drafting Group and the Banking Commission that the application of the principles contained in the ISBP, including subsequent revisions thereof, will continue during the time UCP600 is in force. At the time UCP600 is implemented, there will be an updated version of the ISBP to bring its contents in line with the substance and style of the new rules. "

The international standard banking practices documented in this publication are consistent with UCP600 and the Opinions and Decisions of the ICC Banking Commission. This document does not amend UCP600. It explains how the practices articulated in UCP600 are applied by documentary practitioners. This publication and the UCP should be read in their entirety and not in isolation. It is, of course, recognized that the law in some countries may compel a different practice than those stated here.

No single publication can anticipate all the terms or the documents that may be used in connection with documentary credits or their interpretation under UCP600 and the standard practice it reflects. However, the Task Force that prepared Publication 645 endeavoured to cover terms commonly seen on a day-to-day basis and the documents most often presented under documentary credits. The Drafting Group have reviewed and updated this publication to conform with UCP600.

应当指出,跟单信用证中任何修改或排除 UCP 某一规定的适用性的条款可能也会对国际标准银行实务的适用产生影响。因此,在考虑本出版物所描述的惯例时,当事人必须考虑到跟单信用证中任何明确修改或排除 UCP600 规则的条款。这一原则暗含并贯穿于整部 ISBP 中。本实务中的举例仅为就事论事地说明,而不是全面详尽的阐述。

It should be noted that any term in a documentary credit which modifies or excludes the applicability of a provision of UCP600 may also have an impact on international standard banking practice. Therefore, in considering the practices described in this publication, parties must take into account any term in a documentary credit that expressly modifies or excludes a rule contained in UCP600. This principle is implicit throughout this publication. Where examples are given, these are solely for the purpose of illustration and are not exhaustive.

本实务中所反映的国际标准银行实务针对跟单信用证的所有当事方。由于证申请人的义务、权利和救济取决于其与开证行之间的承诺、基础交易的履行情况以及可适用的法律和惯例下有关异议时效方面的规定,申请人不应认为其可以本实务为依据免除其偿付开证行的义务。将本实务纳入跟单信用证的条款实无必要,因为 UCP600 已包含了国际标准银行实务,而本实务所描述的惯例均被包括其中。

This publication reflects international standard banking practice for all parties to a documentary credit. Since applicants' obligations, rights and remedies depend upon their undertaking with the issuing bank, the performance of the underlying transaction and the timeliness of any objection under applicable law and practice, applicants should not assume that they may rely on these provisions in order to excuse their obligations to reimburse the issuing bank. The incorporation of this publication into the terms of a documentary credit should be discouraged, as UCP600 incorporates international standard banking practice, which includes the practices described in this publication.

二

先期问题(1~5 条)

先期问题(preliminary considerations)

表 3.2　ISBP681 信用证的申请和开立(1~5 条)

1. 信用证条款独立于基础交易,即使信用证明确提及了该基础交易。但是,为避免在审单时发生不必要的费用、延误和争议,开证申请人和受益人应当仔细考虑要求何种单据、单据由谁出具和提交单据的期限。	1. The terms of a credit are independent of the underlying transaction even if a credit expressly refers to that transaction. To avoid unnecessary costs, delays, and disputes in the examination of documents, however, the applicant and beneficiary should carefully consider which documents should be required, by whom they should be produced and the time frame for presentation.
2. 开证申请人承担其有关开立或修改信用证的指示不明确所导致的风险。除非另有明确规定,开立或修改信用证的申请即意味着授权开证行以必要或适当的方式补充或细化信用证的条款,以使信用证得以使用。	2. The applicant bears the risk of any ambiguity in its instructions to issue or amend a credit. Unless expressly stated otherwise, a request to issue or amend a credit authorizes an issuing bank to supplement or develop the terms in a manner necessary or desirable to permit the use of the credit.

3. 开证申请人应当注意，UCP600 的许多条文，诸如第 3 条、第 14 条、第 19 条、第 20 条、第 21 条、第 23 条、第 24 条、第 28 条 i 款、第 30 条和第 31 条，其对术语的界定可能导致出乎意料的结果，除非开证申请人对这些条款充分了解。例如，在多数情况下，要求提交提单而且禁止转运的信用证必须排除 UCP600 第 20 条 c 款的适用，才能使禁止转运发生效力。

3. The applicant should be aware that UCP600 contains articles such as 3,14,19,20,21,23,24,28(i), 30 and 31 that define terms in a manner that may produce unexpected results unless the applicant fully acquaints itself with these provisions. For example, a credit requiring presentation of a bill of lading and containing a prohibition against transhipment will, in most cases, have to exclude UCP600 sub-article 20 (c) to make the prohibition against transhipment effective.

4. 信用证不应规定提交由开证申请人出具或副签的单据。如果信用证含有此类条款，则受益人必须要求修改信用证，或者遵守该条款并承担无法满足这一要求的风险。

4. A credit should not require presentation of documents that are to be issued or countersigned by the applicant. If a credit is issued including such terms, the beneficiary must either seek amendment or comply with them and bear the risk of failure to do so.

5. 如果对基础交易、开证申请和信用证开立的上述细节多加注意，在审单过程中出现的许多问题都能得以避免或解决。

5. Many of the problems that arise at the examination stage could be avoided or resolved by careful attention to detail in the underlying transaction, the credit application, and issuance of the credit as discussed.

三

一般原则(6～42 条)

一般原则(general principles)

（一）缩略语(abbreviations)

表 3.3　缩略语(6～7 条)

6. 使用普遍认可的缩略语不导致单据不符，例如，用"Ltd."代替"Limited"(有限)，用"Int'l"代替"International"(国际)，用"Co."代替"Company"(公司)，用"kgs"或"kos."代替"kilos"(千克)，用"Ind"代替"Industry"(工业)，用"mfr"代替"manufacturer"(制造商)，用"mt"代替"metric tons"(公吨)。反之，用全称代替缩略语也不导致单据不符。

6. The use of generally accepted abbreviations, for example "Ltd."instead of"Limited", "Int'l"instead of "International", "Co."instead of"Company", "kgs"or "kos."instead of"kilos", "Ind"instead of"Industry", "mfr" instead of "manufacturer" or "mt" instead of "metric tons"- or vice versa - does not make a document discrepant.

7. 斜线("/")可能有不同的含义，不应用来替代词语，除非在上下文中可以明了其含义。

7. Virgules (slash marks "/") may have different meanings, and unless apparent in the context used, should not be used as a substitute for a word.

(二)证明和声明(certifications and declarations)

表 3.4 证明和声明(8 条)

8. 证明、声明或类似文据既可以是单独的单据,也可以包含在信用证要求的其他单据内。如果证明或声明载于另一份有签字并注明日期的单据里,只要该证明或声明表面看来系由出具和签署该单据的同一人作出,则该证明或声明无须另行签字或加注日期。

8. A certification, declaration or the like may either be a separate document or contained within another document as required by the credit. If the certification or declaration appears in another document which is signed and dated, any certification or declaration appearing on that document does not require a separate signature or date if the certification or declaration appears to have been given by the same entity that issued and signed the document.

(三)单据的修正和变更(corrections and alterations)

表 3.5 单据的修正和变更(9～12 条)

9. 除了由受益人制作的单据外,对单据内容的修正和变更必须在表面上看来经单据出具人或其授权人证实。对履行过法定手续或载有签证、证明之类的单据的修正和变更必须在表面上看来经该法定手续实施人、签证人或证明人证实。证实必须表明该证实由谁作出,并包括证实人的签字或小签。如果证实从表面看来并非由单据出具人所为,则该证实必须清楚地表明证实人以何身份证实单据的修正和变更。

9. Corrections and alterations of information or data in documents, other than documents created by the beneficiary, must appear to be authenticated by the party who issued the document or by a party authorized by the issuer to do so. Corrections and alterations in documents which have been legalized, visaed, certified or similar, must appear to be authenticated by the party who legalized, visaed, certified etc., the document. The authentication must show by whom the authentication has been made and include the signature or initials of that party. If the authentication appears to have been made by a party other than the issuer of the document, the authentication must clearly show in which capacity that party has authenticated the correction or alteration.

10. 对未经履行法定手续、签证或证明之类的由受益人自己出具的单据(汇票除外)的修正和变更无须证实。参见"汇票和到期日的计算"。

10. Corrections and alterations in documents issued by the beneficiary itself, except drafts, which have not been legalized, visaed, certified or similar, need not be authenticated. See also "Drafts and calculation of maturity date"

11. 同一份单据内使用多种字体、字号或手写,其本身并不意味着修正或变更。

11. The use of multiple type styles or font sizes or handwriting in the same document does not, by itself, signify a correction or alteration.

12. 当一份单据包含不止一处修正或变更时,必须对每一处修正作出单独证实,或者以一种恰当的方式使一项证实与所有修正相关联。例如,如果一份单据显示出有标为 1,2,3 的三处修正,则使用类似"上述编号为 1,2,3 的修正经×××授权"的声明即满足证实的要求。

12. Where a document contains more than one correction or alteration, either each correction must be authenticated separately or one authentication must be linked to all corrections in an appropriate way. For example, if the document shows three corrections numbered 1,2 and 3, one statement such as "Correction numbers 1,2 and 3 above authorized by XXX" or similar, will satisfy the requirement for authentication.

（四）日期（dates）

表 3.6　日期（13～18 条）

13. 即使信用证没有明确要求，汇票、运输单据和保险单据也必须注明日期。如果信用证要求上述单据以外的单据注明日期，只要该单据援引了同时提交的其他单据的日期，即满足信用证的要求（例如，装运证明可使用"日期参见×××号提单"或类似用语）。虽然要求的证明或声明在作为单独单据时宜注明日期，但其是否符合信用证要求取决于所要求的证明或声明的种类、所要求的措辞以及证明或声明中的实际措辞。至于其他单据是否要求注明日期则取决于单据的内容和性质。

13. Drafts, transport documents and insurance documents must be dated even if a credit does not expressly so require. A requirement that a document, other than those mentioned above, be dated, may be satisfied by reference in the document to the date of another document forming part of the same presentation (e. g. , where a shipping certificate is issued which states "date as per bill of lading number xxx" or similar terms). Although it is expected that a required certificate or declaration in a separate document be dated, its compliance will depend on the type of certification or declaration that has been requested, its required wording and the wording that appears within it. Whether other documents require dating will depend on the nature and content of the document in question.

14. 任何单据，包括分析证明、检验证明和装运前检验证明注明的日期都可以晚于装运日期。但是，如果信用证要求一份单据证明装运前发生的事件（例如装运前检验证明），则该单据必须通过标题或内容来表明该事件（例如检验）发生在装运日之前或装运日当天。要求提交"检验证明"并不表明要求证明一件装运前发生的事件。任何单据都不得显示晚于交单日的出具日期。

14. Any document, including a certificate of analysis, inspection certificate and pre-shipment inspection certificate, may be dated after the date of shipment. However, if a credit requires a document evidencing a pre-shipment event (e. g. , pre-shipment inspection certificate), the document must, either by its title or content, indicate that the event(e. g. , inspection) took place prior to or on the date of shipment. A requirement for an "inspection certificate" does not constitute a requirement to evidence a pre-shipment event. Documents must not indicate that they were issued after the date they are presented.

15. 载明单据准备日期和随后的签署日期的单据应视为在签署之日出具。

15. A document indicating a date of preparation and a later date of signing is deemed to be issued on the date of signing.

16. 经常用来表示在某日期或事件之前或之后时间的用语：

a) "在……后的 2 日内"（within 2 days after）表明从事件发生之日起至事件发生后两日的这一段时间。

b) "不迟于……之后 2 日"（not later than 2 days after）表明的不是一段时间，而是最迟日期。如果通知日期不能早于某个特定日期，则信用证必须明确就此作出规定。

c) "至少在……之前 2 日"（at least 2 days before）表明某一事项不得晚于某一事件前两日发生。该事项最早何时可以发生则没有限制。

16. Phrases often used to signify time on either side of a date or event：

a) "within 2 days after" indicates a period from the date of the event until 2 days after the event.

b) "not later than 2 days after" does not indicate a period, only a latest date. If an advice must not be dated prior to a specific date, the credit must so state.

c) "at least 2 days before" indicates that something must take place not later than 2 days before an event. There is no limit as to how early it may take place.

d)"在······的 2 日内"表明某一事件发生之前的两日至发生之后的两日之间的一段时间。

d)"within 2 days of"indicates a period 2 days prior to the event until 2 days after the event.

17. 当"在······之内"(within)与日期连用时,在计算期间时该日期不包括在内。

17. The term"within"when used in connection with a date excludes that date in the calculation of the period.

18. 日期可以用不同的格式表示,例如 2007 年 11 月 12 日可以表示为 12 Nov 07,12Nov07,12.11.2007,12.11.07,2007.11.12,11.12.07,121107 等。只要试图表明的日期能够从该单据或提交的其他单据中确定,上述任何格式均可接受。为避免混淆,建议使用月份的名称而不要使用数字。

18. Dates may be expressed in different formats, e. g. ,the 12th of November 2007 could be expressed as 12 Nov 07,12Nov07,12.11.2007,12.11.07,2007.11.12,11.12.07,121107,etc. Provided that the date intended can be determined from the document or from other documents included in the presentation,any of these formats are acceptable. To avoid confusion it is recommended that the name of the month should be used instead of the number.

(五)UCP600 运输条款不适用的单据(documents for which the UCP600 transport articles do not apply)

表 3.7 UCP600 运输条款不适用的单据(19～20 条)

19. 与货物运输有关的一些常见单据,例如交货单、货运代理收据证明、货运代理装运证明、货运代理运输证明、货运代理货物收据和大副收据均不反映运输合同,不是 UCP600 第 19 条到第 25 条规定的运输单据。因此,UCP600 第 14 条 c 款不适用于这些单据,而应以审核 UCP600 未作特别规定的其他单据的相同方式审核这些单据,也即适用 UCP600 第 14 条 f 款。在任何情况下,单据不得迟于信用证规定的截止日提交。

19. Some documents commonly used in relation to the transportation of goods, e. g., Delivery Order, Forwarder's Certificate of Receipt, Forwarder's Certificate of Shipment, Forwarder's Certificate of Transport, Forwarder's Cargo Receipt and Mate's Receipt do not reflect a contract of carriage and are not transport documents as defined in UCP600 articles 19 — 25. As such, UCP600 sub-article 14(c) would not apply to these documents. Therefore,these documents will be examined in the same manner as other documents for which there are no specific provisions in UCP600,i. e. ,under sub-article 14(f). In any event, documents must be presented not later than the expiry date for presentation as stated in the credit.

20. 运输单据的副本并不是 UCP600 第 19 条至第 25 条及第 14 条 c 款所指的运输单据。UCP600 关于运输单据的条款仅适用于有正本运输单据提交时。如果信用证允许提交副本而不是正本运输单据,则信用证必须明确规定应当显示的细节。当提交副本(不可转让的)单据时,无须显示签字、日期等。

20. Copies of transport documents are not transport documents for the purpose of UCP600 articles 19 — 25 and sub-article 14(c). The UCP600 transport articles apply where there are original transport documents presented. Where a credit allows for the presentation of a copy transport document rather than an original,the credit must explicitly state the details to be shown. Where copies(non-negotiable)are presented,they need not evidence signature,dates,etc.

（六）UCP600 未定义的用语（expressions not defined in UCP600）

表 3.8　UCP600 未定义的用语（21 条）

21. 由于 UCP600 对诸如"装运单据"、"过期单据可接受"、"第三方单据可接受"及"出口国"等用语未作定义，因此，不应使用此类用语。如果信用证使用了此类用语，则应明确其含义。否则，根据国际标准银行实务，其含义如下：

a)"装运单据"——指信用证要求的除汇票以外的所有单据(不限于运输单据)。

b)"过期单据可接受"——指晚于装运日后 21 个日历日提交的单据可以接受，只要其不迟于信用证规定的交单截止日。

c)"第三方单据可接受"——指所有单据，包括发票，但不包括汇票，均可由受益人之外的一方出具。如果开证行意在表示运输单据或其他单据可显示受益人之外的人为托运人，则无须这一条款，因为 UCP600 第 14 条(k)款已经对此予以认可。

d)"出口国"——指受益人住所地国，或货物原产地国，或承运人接收货物地所在国，或装运地或发货地所在国。

21. Expressions such as "shipping documents", "stale documents acceptable", "third party documents acceptable", and "exporting country" should not be used as they are not defined in UCP600. If used in a credit, their meaning should be made apparent. If not, they have the following meaning under international standard banking practice:

a) "shipping documents"—all documents(not only transport documents), except drafts, required by the credit.

b) "stale documents acceptable"—documents presented later than 21 calendar days after the date of shipment are acceptable as long as they are presented no later than the expiry date for presentation as stated in the credit.

c) "third party documents acceptable"—all documents, excluding drafts but including invoices, may be issued by a party other than the beneficiary. If it is the intention of the issuing bank that the transport or other documents may show a shipper other than the beneficiary, the clause is not necessary because it is already permitted by sub-article 14(k).

d) "exporting country"—the country where the beneficiary is domiciled, or the country of origin of the goods, or the country of receipt by the carrier or the country from which shipment or dispatch is made.

案例 3-1

(1)"第三方单据可接受"和信用证、UCP600 规定之间的关系

某信用证规定：F45(goods description)···Manufacturer ABC，F46(documents required)- Inspection cert. issued by the manufacturer···F47：Third party docs are acceptable.

事实上提交的检验证书是由受益人 XYZ 出具的，并非信用证要求的由生产商 ABC 出具的检验证书，银行认为构成不符点拒付。受益人认为，既然信用证允许接受第三方单据，这就不应构成不符点。究竟谁的主张更加合理呢？

这里其实要解决一个问题：信用证既明确规定单据出具人，又规定"第三方单据可接受"，应当如何确定单据出具人的资格？具体到本案，也就是 XYZ 出具检验证书能否被认定为"第三方单据"，让开证行接受。与之前的版本一样，UCP600 对商业发票、运输单据、保险单的出具人做出明确规定。ISBP681 则在 UCP600 的基础上，对原产地证明的出具人进行补充规定。表面上看，上述规定并没有专门针对商检证书，但 UCP600 和 ISBP681 适用于信用证下的所有单据，因此可适用一般规定，即"单单一致"的基本原则和 UCP600 第 14 条 k 款和 ISBP681 第 21 条的规定。大多数情况下，如没有专门要求检验证书由官

方出具,商业发票和检验证书应由同一人出具。但本案情况有所不同,信用证中明确规定检验证书由"生产商"出具,那么无论是否存在"第三方单据可接受"条款,都应当按照信用证规定照做。笔者认为此处之所以规定"检验证书由生产商 ABC 出具",买方可能是考虑到受益人出具了商业发票证明自己提供的货物完好,并符合双方合同的规定,然后再让受益人出具一份货物的检验证书,显得多此一举。还不如让相对独立的第三方——生产商来出具更加合适。此外,值得注意的是:无论是 UCP600 和 ISBP681 分别使用了"need not"和"may be",并没使用必须(must,shall)由谁出具的措辞。综合考虑 UCP600 第 1 条,一旦信用证明确规定,该惯例并不适用,不难得出这样的结论:信用证明确规定单据的出具人,则必须严格执行,不得以任何方式加以改变。所以此案中银行的解释更加合理,检验证书必须由生产商出具。

通过此案,笔者认为信用证对单据出具人有明确规定时,严格按照规定。没有规定时,就参照 UCP600 和 ISBP681 的规定。这样就不会出现上述拒付的情况。

(2)国际商会对"第三方单据"条款的看法

"第三方单据"条款的争议屡见不鲜,国际商会(ICC)更是受理不少此类案件。国际商会的第 371 号出版物(第 64 个案例)、第 434 号出版物(第 129 个案例)以及第 565 号出版物(第 R246 个意见)就涉及此方面。在第 434 号(第 129 个案例)中评论到:"货物可能由原始供货商发运,因而,受益人以外的名称可能会出现在原产地证明上,拒绝这种证明是缺乏足够的理由的。"同理可得,如果受益人是生产商,信用证要求提供检验证书而没有明确出具人,而且规定"third party documents acceptable",开证行就不能因为商业发票和检验证书出具人不同拒付。在第 565 号出版物(第 R246 个意见)中,也出现了类似情况。原产地证明显示的发票号码及日期与受益人提供的商业发票不符,信用证同样规定"third party documents acceptable"。专家小组认为:仅就该案来看,发票号码和日期的变动不构成不符,因为包含"可接受第三方单据"条款在内的信用证表明制造商是作为受益人以外的一方。

"第三方单据可接受"条款该用还是不该用,这的确是个问题。第三方单据的概念在 UCP600 中没有明确出现过,但第 14 条 k 款实质上就是这方面的规定。不可否认,从 ISBP 第 21 条的规定可以看出,这个在 UCP600 中没有出现的概念并不建议使用,但在国际贸易实务中还是有其存在的必要。这主要是因为中间商为防止真正的供货商和买方知道对方的信息,往往会选择开立背对背信用证或者可转让信用证,这样就需要替换其中的部分单据,使得"第三方单据可接受"条款有了存在的必要性。清楚了解了此条款的目的,如何正确理解其中的内涵显得更为重要。否则,胡乱使用会增加交易风险,增加了被开证行拒付的风险。

因此,笔者建议如需使用该条款,开证申请人和开证行有必要明确该条款的含义,即具体适用于哪些单据,并尽可能明确第三方的范围。如没有必要,尽量不要使用该条款,以减少不必要的纠纷。此外,实务中,银行一般把"third party document"限定在运输单据,主要是受以往 UCP 版本的影响,因此如果信用证中规定"Third party shipper transport document acceptable",就显得画蛇添足了。①

---

① 刘轶.解读信用证下的"第三方单据"条款.对外经贸实务,2008,(1):59~61.

（七）单据的出具人（issuer of documents）

表 3.9　单据的出具人（22 条）

22.如果信用证要求单据由某具名个人或实体出具，只要单据从表面看来是由该具名个人或实体出具，即符合信用证要求。单据使用该具名个人或实体的信笺抬头，或如果未使用其信笺抬头，但表面看来是由该具名个人或实体或其代理人完成或签署，即为表面看来由该具名个人或实体出具。	22. If a credit indicates that a document is to be issued by a named person or entity, this condition is satisfied if the document appears to be issued by the named person or entity. It may appear to be issued by a named person or entity by use of its letterhead, or, if there is no letterhead, the document appears to have been completed or signed by, or on behalf of, the named person or entity.

（八）语言（language）

表 3.10　语言（23 条）

23.在国际标准银行实务下，受益人出具的单据应使用信用证所使用的语言。如果信用证规定可以接受使用两种或两种以上语言的单据，指定银行在通知该信用证时，可限制单据使用语种的数量，作为对该信用证承担责任的条件。	23. Under international standard banking practice, it is expected that documents issued by the beneficiary will be in the language of the credit. When a credit states that documents in two or more languages are acceptable, a nominated bank may, in its advice of the credit, limit the number of acceptable languages as a condition of its engagement in the credit.

（九）数学计算（mathematical calculations）

表 3.11　数学计算（24 条）

24.银行不检查单据中的数学计算细节，而只负责将总量与信用证及其他要求的单据相核对。	24. Detailed mathematical calculations in documents will not be checked by banks. Banks are only obliged to check total values against the credit and other required documents.

（十）拼写或打字错误（misspellings or typing errors）

表 3.12　拼写或打字错误（25 条）

25.如果拼写或打字错误并不影响单词或其所在句子的含义，则不构成单据不符。例如，在货物描述中用"mashine"表示"machine"（机器），用"fountan pen"表示"fountain pen"（钢笔），或用"modle"表示"model"（型号）均不导致单据不符。但是，将"model 321"（型号 321）写成"model 123"（型号 123）则不被视为打字错误，而是构成不符点。	25. A misspelling or typing error that does not affect the meaning of a word or the sentence in which it occurs, does not make a document discrepant. For example, a description of the merchandise as"mashine"instead of"machine", "fountan pen"instead of"fountain pen"or"modle"instead of"model"would not make the document discrepant. However, a description as "model 123"instead of"model 321"would not be regarded as a typing error and would constitute a discrepancy.

从不符的程度上来说学理上将不符点分为三类,极其微小的(deminimis)、微小的(minor)和重大的不符点(major)。

极其微小的不符点是指那些单据中只有很小的、可以不用纠正的可以接受的瑕疵,审单人对该瑕疵可以忽略不计。受益人提交的单据中所包含的与信用证要求进行逐字逐句比较后出现的不符点,但不符点是如此小以至于这些不符点不可能使任何一个凭合理的单据审查标准行事的开证人产生误导或使其混乱。例如有些单据中的错误拼写,且该错误拼写不影响其他单据。

微小的单据瑕疵则应该要求在信用证有效期内予以改正。一般情况下,应该由受益人来修改单据。

重大不符点和微小不符点不同,因为重大不符点无法补正。单据的不可补正性(incurability)是由于该缺陷会影响到单据的可流通性(merchantability),或者是由于该补正在时间上已经不允许。

(十一)多页单据和附件或附文(multiple pages and attachments or riders)

表 3.13　多页单据和附件或附文(26～27 条)

26. 除非信用证或单据另有规定,否则被装订在一起、按序编号或内部交叉援引的多页单据,无论其名称或标题如何,都应被作为一份单据来审核,即使有些页张被视为附件。当一份单据包括不止一页时,必须能够确定这些不同页张同属一份单据。	26. Unless the credit or a document provides otherwise, pages which are physically bound together, sequentially numbered or contain internal cross references, however named or entitled, are to be examined as one document, even if some of the pages are regarded as an attachment. Where a document consists of more than one page, it must be possible to determine that the pages are part of the same document.
27. 如果要求一份多页的单据载有签字或背书,签字通常在单据的第一页或最后一页,但是除非信用证或单据自身规定签字或背书应在何处,签字或背书可以出现在单据的任何位置。	27. If a signature or endorsement is required to be on a document consisting of more than one page, the signature is normally placed on the first or last page of the document, but unless the credit or the document itself indicates where a signature or endorsement is to appear, the signature or endorsement may appear anywhere on the document.

(十二)正本和副本(originals and copies)

表 3.14　正本和副本(28～33 条)

28. 单据的多份正本可标注为"正本"(original)、"第二联"(duplicate)、"第三联"(triplicate)、"第一正本"(first original)、"第二正本"(second original)等。上述任一标注均不使其丧失正本地位。	28. Documents issued in more than one original may be marked "Original", "Duplicate", "Triplicate", "First Original", "Second Original", etc. None of these markings will disqualify a document as an original.
29. 提交单据的正本数量必须至少为信用证或UCP600 要求的数量,或当单据自身表明了已出具的正本数量时,至少为该单据表明的数量。	29. The number of originals to be presented must be at least the number required by the credit, the UCP600, or, where the document itself states how many originals have been issued, the number stated on the document.

30. 有时从信用证的措辞难以确定信用证要求提交正本单据还是副本单据，以及确定该要求是以正本还是副本予以满足。

例如，当信用证要求：

a)"发票"、"一份发票"(one invoice)或"发票一份"(invoice in 1 copy)，应被理解为要求一份正本发票。

b)"发票四份"(invoice in 4 copies)，则提交至少一份正本发票，其余用副本发票即满足要求。

c)"发票的一份"(one copy of invoice)，则提交一份副本发票或一份正本发票均符合要求。

31. 当不接受正本代替副本时，信用证必须规定禁止提交正本，例如，应标明"发票复印件——不接受用正本代替复印件"，或类似措辞。当信用证要求提交运输单据副本并且表明对正本的处理指示时，提交正本运输单据将不被接受。

32. 单据副本无须签字。

33. 除 UCP600 第 17 条外，ICC 银行委员会政策声明［文件 470/871(修订)］，即"在 UCP500 第 20 条 b 款项下如何确定正本单据"，可对正本和副本问题提供进一步指引，并在 UCP600 下仍然有效。该政策声明的内容作为本出版物的附录，以供参考。

30. It can sometimes be difficult to determine from the wording of a credit whether it requires an original or a copy, and to determine whether that requirement is satisfied by an original or a copy.

For example, where the credit requires：

a)"Invoice", "One Invoice" or "Invoice in 1 copy", it will be understood to be a requirement for an original invoice.

b)"Invoice in 4 copies", it will be satisfied by the presentation of at least one original and the remaining number as copies of an invoice.

c)"One copy of Invoice", it will be satisfied by presentation of either a copy or an original of an invoice.

31. Where an original would not be accepted in lieu of a copy, the credit must prohibit an original, e. g., "photocopy of invoice—original document not acceptable in lieu of photocopy", or the like. Where a credit calls for a copy of a transport document and indicates the disposal instructions for the original of that transport document, an original transport document will not be acceptable.

32. Copies of documents need not be signed.

33. In addition to UCP600 article 17, the ICC Banking Commission Policy Statement, document 470/871 (Rev), titled "The determination of an Original document in the context of UCP500 sub-Article 20(b)" is recommended for further guidance on originals and copies and remains valid under UCP600. The content of the Policy Statement appears in the Appendix of this publication, for reference purposes.

（十三）唛头(shipping marks)

表 3.15　唛头(34～36 条)

34. 使用唛头的目的在于能够标识箱、袋或包装。如果信用证对唛头的细节作了规定，则载有唛头的单据必须显示这些细节，但额外的信息可以接受，只要其与信用证的条款不矛盾。

34. The purpose of a shipping mark is to enable identification of a box, bag or package. If a credit specifies the details of a shipping mark, the documents mentioning the marks must show these details, but additional information is acceptable provided it is not in conflict with the credit terms.

35. 某些单据中唛头所包含的信息常常超出通常意义上的唛头所包含的内容,可能包括诸如货物种类、易碎货物的警告、货物净重及/或毛重等。在一些单据里显示了此类额外信息而其他单据没有显示,不构成不符点。

35. Shipping marks contained in some documents often include information in excess of what would normally be considered "shipping marks", and could include information such as the type of goods, warnings as to the handling of fragile goods, net and/or gross weight of the goods, etc. The fact that some documents show such additional information, while others do not, is not a discrepancy.

36. 集装箱货物的运输单据有时在"唛头"栏中仅仅显示集装箱号,其他单据则显示详细唛头,如此并不视为矛盾。

36. Transport documents covering containerized goods will sometimes only show a container number under the heading "Shipping marks". Other documents that show a detailed marking will not be considered to be in conflict for that reason.

(十四)签字(signatures)

表 3.16 签字(37~40 条)

37. 即使信用证未作规定,汇票、证明和声明就其性质而言应有签字。运输单据和保险单据必须按照 UCP600 的规定予以签署。

37. Even if not stated in the credit, drafts, certificates and declarations by their nature require a signature. Transport documents and insurance documents must be signed in accordance with the provisions of UCP600.

38. 单据上留有专供签字的方框或空格并不必然意味着该方框或空格处必须有签字。例如,在运输单据如航空运单或公路运输单据中经常会有标明"托运人或其代理人签字"或类似用语的区域,但银行并不要求在该处有签字。如果单据内容表明须经签字才能生效(例如,"单据非经签署无效",或类似用语),则必须签字。

38. The fact that a document has a box or space for a signature does not necessarily mean that such box or space must be completed with a signature. For example, banks do not require a signature in the area titled "Signature of shipper or their agent" or similar phrases, commonly found on transport documents such as air waybills or road transport documents. If the content of a document indicates that it requires a signature to establish its validity (e. g., "This document is not valid unless signed" or similar terms), it must be signed.

39. 签字不必一定手写。使用摹样签字、打孔签字、印章、符号(例如戳记)或任何用以证实身份的任何电子或机械方法均可。但是,已签单据的复印件不能视为已签正本单据,通过传真发送的已签单据如果不另外加具原始签字的话,也不视为已签正本。如果要求单据"签字并盖章"或类似要求,则单据只要载有签字及签字人的名称,无论该名称是打印、盖章或手写,均满足该项要求。

39. A signature need not be handwritten. Facsimile signatures, perforated signatures, stamps, symbols (such as chops) or any electronic or mechanical means of authentication are sufficient. However, a photocopy of a signed document does not qualify as a signed original document, nor does a signed document transmitted through a fax machine, absent an original signature. A requirement for a document to be "signed and stamped", or a similar requirement, is also fulfilled by a signature and the name of the party typed, or stamped, or handwritten, etc.

40. 除非另有规定,在带有公司抬头的信笺上的签字将被视为该公司的签字。无须在签字旁重复公司的名称。

40. A signature on a company letterhead paper will be taken to be the signature of that company, unless otherwise stated. The company name need not be repeated next to the signature.

（十五）单据名称及联合单据（title of documents and combined documents）

表 3.17　单据名称及联合单据（41～42 条）

41. 单据可以使用信用证要求的名称或相似名称，或无名称。例如，信用证要求"装箱单"，无论该单据名为"装箱记录"还是"装箱和重量单"还是无名称，只要单据包含了装箱细节，即为满足信用证要求。单据内容在表面看来必须符合所要求单据的功能。	41. Documents may be titled as called for in the credit, bear a similar title, or be untitled. For example, a credit requirement for a "Packing List" may also be satisfied by a document containing packing details whether titled "Packing Note", "Packing and Weight List", etc., or an untitled document. The content of a document must appear to fulfil the function of the required document.
42. 信用证列明的单据应作为单独单据提交。如果信用证要求装箱单和重量单，可以提交两份独立的单据，或提交两份正本的装箱单和重量单联合单据，只要该联合单据同时表明装箱和重量细节，即视为符合信用证要求。	42. Documents listed in a credit should be presented as separate documents. If a credit requires a packing list and a weight list, such requirement will be satisfied by presentation of two separate documents, or by presentation of two original copies of a combined packing and weight list, provided such document states both packing and weight details.

四

汇票和到期日的计算（43～56 条）

汇票和到期日的计算（drafts and calculation of maturity date）

（一）票期（tenor）

1. 票期中英文对照

表 3.18　票期（43～44 条）

43. 票期必须与信用证条款一致。	43. The tenor must be in accordance with the terms of the credit.
a）如果汇票不是见票即付或见票后定期付款，则必须能够从汇票自身内容确定到期日。	a) If a draft is drawn at a tenor other than sight, or other than a certain period after sight, it must be possible to establish the maturity date from the data in the draft itself.
b）以下是通过汇票内容确定汇票到期日的示例。如果信用证要求汇票的票期为提单日后 60 天，而提单日为 2007 年 7 月 12 日，则汇票票期可用下列任一方式表明：	b) As an example of where it is possible to establish a maturity date from the data in the draft, if a credit calls for drafts at a tenor 60 days after the bill of lading date, where the date of the bill of lading is 12 July 2007, the tenor could be indicated on the draft in one of the following ways：
ⅰ."提单日 2007 年 7 月 12 日后 60 日"；或，	ⅰ. "60 days after bill of lading date 12 July 2007", or
ⅱ."2007 年 7 月 12 日后 60 日"；或，	ⅱ. "60 days after 12 July 2007", or

Ⅲ."提单日后 60 日",并且汇票表面的其他地方表明"提单日 2007 年 7 月 12 日";或,

Ⅳ.在出票日期与提单日期相同的汇票上标注"出票日后 60 日";或,

Ⅴ."2007 年 9 月 10 日",即提单日后 60 日。

c)如果用提单日后×××天表示票期,则以装船日为提单日,即使装船日早于或晚于提单签发日。

d)根据 UCP600 第 3 条的指引,当使用"从……起"(from)和"在……之后"(after)来确定汇票到期日时,到期日的计算从单据日期、装运日期或其他事件的次日起起算,也就是说,从 3 月 1 日起 10 日或 3 月 1 日后 10 日均为 3 月 11 日。

e)如果信用证要求汇票票期为,例如,提单日后 60 日或从提单日起 60 日,而提单上有多个装船批注,且所有装船批注均显示货物从信用证允许的地理区域或地区的港口装运,则使用最早的装船批注日期计算汇票到期日。例如,信用证要求从欧洲港口装运,提单显示货物于 8 月 16 日在都柏林装上 A 船,于 8 月 18 日在鹿特丹装上 B 船,则汇票到期日应为在欧洲港口的最早装船日,即 8 月 16 日起的 60 天。

f)如果信用证要求汇票票期为,例如,提单日后 60 日或从提单日起 60 日,而一张汇票项下提交了多套提单,则最晚的提单日将被用来计算汇票的到期日。

44. 上述例子中提及的尽管是提单日,但相同原则适用于所有运输单据。

Ⅲ."60 days after bill of lading date"and elsewhere on the face of the draft state"bill of lading date 12 July 2007",or

Ⅳ."60 days date"on a draft dated the same day as the date of the bill of lading,or

Ⅴ."10 September 2007",i. e. 60 days after the bill of lading date.

c)If the tenor refers to xxx days after the bill of lading date,the on board date is deemed to be the bill of lading date even if the on board date is prior to or later than the date of issuance of the bill of lading.

d). UCP600 article 3 provides guidance that where the words"from"and"after"are used to determine maturity dates of drafts,the calculation of maturity commences the day following the date of the document,shipment,or other event,i. e. ,10 days after or from March 1 is March 11.

e). If a bill of lading showing more than one on board notation is presented under a credit which requires drafts to be drawn,for example,at 60 days after or from bill of lading date,and the goods according to both or all on board notations were shipped from ports within a permitted geographical area or region,the earliest of these on board dates will be used for calculation of the maturity date. Example:the credit requires shipment from European port,and the bill of lading evidences on board vessel"A"from Dublin August 16 and on board vessel"B"from Rotterdam August 18. The draft should reflect 60 days from the earliest on board date in a European port,i. e. ,August 16.

f)If a credit requires drafts to be drawn,for example,at 60 days after or from bill of lading date,and more than one set of bills of lading is presented under one draft,the date of the last bill of lading will be used for the calculation of the maturity date.

44. While the examples refer to bill of lading dates, the same principles apply to all transport documents.

2. 汇票付款日期规定为提单签发后的固定期间

付款日期规定为提单签发后的固定期间的汇票,是不是票据法中的流通票据呢?

票据的流通性是指票据权利转让更灵活、方便,票据权利依背书或直接交付方式转让,而无须通知债务人,"债务人不得以自己与出票人或者持票人的前手之间的抗辩事由对抗持票人"。正是由于票据具有此流通性,才使得一张票据可以在许多人之间辗转,在更大的领域里发挥着票据的多种经济职能。

对于信用证项下的正当持票人而言,若要求得到票据法的保护,首要前提应当是持有符合票据法要求的汇票。

在最近美国一案例中,议付行主张自己是开证行承兑汇票的正当持票人,应当获得开证行的付款。一审法院认为该汇票不是流通票据,因为该汇票规定在提单签发后 90 日付款,不是规定见票即付或在确定时间内付款的。但上诉法院认为在确定时间内付款也可以理解为在规定的日期之后一段固定时间付款,因此根据提单签发时间确定付款日期的做法并不削弱票据的流通性。据此,上诉法院判定该汇票具有票据法上的流通性。

信用证项下汇票的融资功能是汇票的流通转让体现的。严格票据形式是汇票流通的必要保证。票据的形式,通常也可称作汇票的要式性,即票据的缮制形式上需要记载的必要项目必须齐全,各个必要项目又必须符合票据法规定,才可使票据产生法律效力。

UCP600 中对此没有作出规定,但作为对 UCP 条文进行进一步的细化及澄清 ISBP681 第 43 条明确规定:票期必须与信用证条款一致。A. 如果汇票不是见票即付或见票后定期付款,则必须能够从汇票自身内容确定到期日。B. 以下是通过汇票内容确定汇票到期日的一个例子。如果信用证要求汇票的票期为提单日后 60 天,而提单日为 2007 年 7 月 12 日,则汇票期限可用下列任一方式表明:

①"提单日 2007 年 7 月 12 日后 60 日";或,

②"2007 年 7 月 12 日后 60 日";或,

③"提单日后 60 日",并且汇票表面的其他地方表明"提单日 2007 年 7 月 12 日";或,

④在出票日期与提单日期相同的汇票上标注"出票日后 60 日";或,

⑤"2007 年 9 月 10 日",也就是提单日后的 60 日。

所以,在实务中应以提单实际装船的日期为准。具体汇票的缮制可以选择 ISBP681 第 43 条规定来套用即可。通过这一点也可以看到 ISBP681 条文的特点,即就经常使用的较有争议某一点举例说明,ISBP681 不是全面详尽的阐述,ISBP681 主要反映跟单信用证项下各方当事人所应当遵从的基本做法。

(二)到期日(maturity date)

表 3.19　到期日(45~47 条)

45. 如果汇票使用实际日期表示到期日,则该日期必须按信用证的要求计算。	45. If a draft states a maturity date by using an actual date, the date must have been calculated in accordance with the requirements of the credit.
46. 如果汇票是"见票×××日后"付款,则到期日按如下方法确定:	46. For drafts drawn "at XXX days sight", the maturity date is established as follows:
a)对于相符单据,或虽不相符但付款银行未曾发出拒付通知的单据,到期日为付款银行收到单据后的第×××日。	a) in the case of complying documents, or in the case of non-complying documents where the drawee bank has not provided a notice of refusal, the maturity date will be XXX days after the date of receipt of documents by the drawee bank.
b)对于付款银行已发过拒付通知但随后又同意接受的不符单据,到期日最迟为付款银行承兑汇票后的第×××日。汇票承兑日不得晚于开证行接受申请人对不符点的放弃的日期。	b) in the case of non-complying documents where the drawee bank has provided a notice of refusal and subsequent approval, at the latest XXX days after the date of acceptance of the draft by the drawee bank. The date of acceptance of the draft must be no later than the date the issuing bank accepts the waiver of the applicant.

47. 在所有情况下付款银行均须向交单人通知汇票到期日。上述票期和到期日的计算也适用于延期付款信用证,即也适用于不要求受益人提交汇票的情形。

47. In all cases the drawee bank must advise the maturity date to the presenter. The calculation of tenor and maturity dates, as shown above, would also apply to credits designated as being available by deferred payment, i. e., where there is no requirement for a draft to be presented by the beneficiary.

(三)银行工作日、宽限期、汇款迟延(banking days, grace days, delays in remittance)

表 3.20　银行工作日、宽限期、汇款迟延(48 条)

48. 付款应于到期日在汇票或单据的付款地以立即能被使用的资金支付,只要到期日是付款地的银行工作日。如果到期日不是银行工作日,则付款日为到期日后的第一个银行工作日。汇款迟延,例如宽限期、汇款过程需要时间等不能在汇票或单据所载明或约定的到期日之外。

48. Payment must be available in immediately available funds on the due date at the place where the draft or documents are payable, provided such due date is a banking day in that place. If the due date is a non-banking day, payment will be due on the first banking day following the due date. Delays in the remittance of funds, such as grace days, the time it takes to remit funds, etc., must not be in addition to the stated or agreed due date as defined by the draft or documents.

(四)背书(endorsement)

表 3.21　背书(49 条)

49. 如果必要,汇票必须背书。

49. The draft must be endorsed, if necessary.

(五)金额(amounts)

表 3.22　金额(50~51 条)

50. 如果同时有大写和小写金额,则大写金额必须准确反映小写表示的金额,同时显示信用证规定的币种。

50. The amount in words must accurately reflect the amount in figures if both are shown, and indicate the currency, as stated in the credit.

51. 金额必须与发票一致,除非出现 UCP600 第 18 条 b 款规定的情况。

51. The amount must agree with that of the invoice, unless as a result of UCP600 sub-article 18(b).

(六)出票(how the draft is drawn)

表 3.23　出票(52~53 条)

52. 汇票必须以信用证规定的人为付款人。

52. The draft must be drawn on the party stated in the credit.

53. 汇票必须由受益人出票。

53. The draft must be drawn by the beneficiary.

（七）以申请人为付款人的汇票（drafts on the applicant）

表 3. 24　以申请人为付款人的汇票（54 条）

54. 信用证可以要求提交以开证申请人为付款人的汇票作为所需单据之一，但是不得开立成凭以开证申请人为付款人的汇票兑用。	54. A credit may be issued requiring a draft drawn on the applicant as one of the required documents, but must not be issued available by drafts drawn on the applicant.

（八）修正和变更（corrections and alterations）

表 3. 25　修正和变更（55～56 条）

55. 汇票如有修正和变更，必须在表面看来经出票人证实。	55. Corrections and alterations on a draft, if any, must appear to have been authenticated by the drawer.
56. 有些国家不接受带有修正和变更的汇票，即使有出票人的证实。此类国家的开证行应在信用证中声明汇票中不得出现修正或变更。	56. In some countries a draft showing corrections or alterations will not be acceptable even with the drawer's authentication. Issuing banks in such countries should make a statement in the credit to the effect that no correction or alteration must appear in the draft.

五

发票（57～67 条）

发票（invoices）

（一）发票的界定（definition of invoice）

表 3. 26　发票的界定（57 条）

57. 如信用证要求"发票"而未做进一步界定，则提交任何形式的发票均可（如商业发票、海关发票、税务发票、最终发票、领事发票等）。但是，"临时发票"、"预开发票"或类似发票则不可接受。当信用证要求提交商业发票时，标为"发票"的单据可以接受。	57. A credit requiring an "invoice" without further definition will be satisfied by any type of invoice presented(commercial invoice, customs invoice, tax invoice, final invoice, consular invoice, etc.). However, invoices identified as "provisional", "pro-forma" or the like are not acceptable. When a credit requires presentation of a commercial invoice, a document titled "invoice" will be acceptable.

（二）货物、服务或履约行为的描述及其他有关发票的一般事项（description of the goods, services or performance and other general issues related to invoices）

表 3.27　货物、服务或履约行为的描述及其他有关发票的一般事项(58～67 条)

58. 发票中的货物、服务或履约行为的描述必须与信用证中的一致，但并不要求如镜像般一致。例如，货物细节可以在发票中的若干处表示，当合并在一起时与信用证中的一致即可。

58. The description of the goods, services or performance in the invoice must correspond with the description in the credit. There is no requirement for a mirror image. For example, details of the goods may be stated in a number of areas within the invoice which, when collated together, represents a description of the goods corresponding to that in the credit.

59. 发票中的货物、服务或履约行为的描述必须反映实际装运或提供的货物、服务或履约行为。例如，信用证的货物描述显示两种货物，如 10 辆卡车和 5 辆拖拉机，如果信用证不禁止分批装运，则发票只显示装运 4 辆卡车是可以接受的。列明信用证规定的全部货物描述，然后注明实际装运货物的发票也可接受。

59. The description of goods, services or performance in an invoice must reflect what has actually been shipped or provided. For example, where there are two types of goods shown in the credit, such as 10 trucks and 5 tractors, an invoice that reflects only shipment of 4 trucks would be acceptable provided the credit does not prohibit partial shipment. An invoice showing the entire goods description as stated in the credit, then stating what has actually been shipped is also acceptable.

60. 发票必须表明装运货物或提供的服务或履约行为的价值。发票中显示的单价（如有的话）和币种必须与信用证中的一致。发票必须显示信用证要求的折扣或扣减。发票还可显示信用证未规定的预付款或折扣等的扣减额。

60. An invoice must evidence the value of the goods shipped or services or performance provided. Unit price(s), if any, and currency shown in the invoice must agree with that shown in the credit. The invoice must show any discounts or deductions required in the credit. The invoice may also show a deduction covering advance payment, discount, etc. , not stated in the credit.

61. 如果某贸易术语是信用证中货物描述的一部分，或与金额联系在一起表示，则发票必须显示信用证指明的贸易术语，而且如果货物描述提供了贸易术语的出处，则发票必须表明相同的出处（如信用证条款规定"CIF 新加坡 Incoterms 2000"，则"CIF 新加坡 Incoterms"就不符合信用证的要求）。费用和成本必须包括在信用证和发票中标明的贸易术语所显示的金额内，不允许任何超出该金额的费用或成本。

61. If a trade term is part of the goods description in the credit, or stated in connection with the amount, the invoice must state the trade term specified, and if the description provides the source of the trade term, the same source must be identified (e. g. , a credit term "CIF Singapore Incoterms 2000" would not be satisfied by "CIF Singapore Incoterms"). Charges and costs must be included within the value shown against the stated trade term in the credit and invoice. Any charges and costs shown beyond this value are not allowed.

62. 除非信用证要求，发票无须签字或注明日期。

62. Unless required by the credit, an invoice need not be signed or dated.

63. 发票显示的货物数量、重量和尺寸不得与其他单据显示的相应数值相矛盾。

63. The quantity of merchandise, weights and measurements shown on the invoice must not conflict with the same quantities appearing on other documents.

64. 发票不得表明：

64. An invoice must not show:

a)溢装（UCP600 第 30 条 b 款规定的除外），或

b)信用证未要求的货物（包括样品、广告材料等），即使注明免费。

a)over-shipment(except as provided in UCP600 sub-article 30(b)),or

b)merchandise not called for in the credit(including samples,advertising materials,etc.)even if stated to be free of charge.

65. 信用证要求的货物数量可以有 5% 的溢短装幅度。但如果信用证规定货物数量不得超量或减少，或信用证规定的货物数量是以包装单位或商品件数计算时，此规定不适用。货物数量在 5% 幅度内的溢装并不意味着允许支取的金额超过信用证金额。

65. The quantity of the goods required in the credit may vary within a tolerance of $+/-5\%$. This does not apply if a credit states that the quantity must not be exceeded or reduced,or if a credit states the quantity in terms of a stipulated number of packing units or individual items. A variance of up to $+5\%$ in the goods quantity does not allow the amount of the drawing to exceed the amount of the credit.

66. 即使信用证禁止分批装运，当货物数量全部装运，且单价（如信用证有规定的话）没有降低时，支取金额有 5% 的减幅也可以接受。如果信用证未规定货物数量，发票的货物数量即可视为全部货物数量。

66. Even when partial shipments are prohibited,a tolerance of 5% less in the credit amount is acceptable, provided that the quantity is shipped in full and that any unit price,if stated in the credit,has not been reduced. If no quantity is stated in the credit,the invoice will be considered to cover the full quantity.

67. 如果信用证要求分期装运，则每期装运必须与分期装运计划一致。

67. If a credit calls for instalment shipments,each shipment must be in accordance with the instalment schedule.

六

涵盖至少两种不同运输方式的运输单据(68～90 条)

涵盖至少两种不同运输方式的运输单据(transport document covering at least two different modes of transport)

(一)UCP600 第 19 条的适用(application of UCP600 article 19)

表 3.28　UCP600 第 19 条的适用(68～69 条)

68. 如果信用证要求提交涵盖至少两种运输方式的运输单据（多式联运单据或联合运输单据），并且运输单据明确表明其覆盖自信用证规定的货物接管地或装货港、装货机场或装货地点至最终目的地的运输，则适用 UCP600 第 19 条之规定。在此情况下，运输单据不能表明运输仅由一种运输方式完成，但就采用何种运输方式可不予说明。

68. If a credit requires presentation of a transport document covering transportation utilizing at least two modes of transport(multimodal or combined transport document),and if the transport document clearly shows that it covers a shipment from the place of taking in charge or port,airport or place of loading to the place of final destination mentioned in the credit,UCP600 article 19 is applicable. In such circumstances,the transport document must not indicate that shipment or dispatch has been effected by only one mode of transport,but it may be silent regarding the modes of transport utilized.

69. 本文件中使用的"多式联运单据"一词也包括联合运输单据。单据不一定非使用"多式联运单据"或"联合运输单据"的名称才符合 UCP600 第 19 条的要求，即使信用证使用了上述名称。

69. In all places where the term "multimodal transport document" is used within this document, it also includes the term combined transport document. A document need not be titled "Multimodal transport document" or "Combined transport document" to be acceptable under UCP600 article 19, even if such expressions are used in the credit.

（二）全套正本(full set of originals)

表 3.29　全套正本(70 条)

70. 适用 UCP600 第 19 条的运输单据必须注明所出具的正本份数。注明"第一正本"、"第二正本"、"第三正本"、"正本"、"第二联"、"第三联"等类似字样的运输单据均为正本。信用证项下多式联运单据不必非要注明"正本"字样才可被接受。除 UCP600 第 17 条外，ICC 银行委员会政策声明〔文件 470/871（修订）〕，即"在 UCP500 第 20 条 b 款项下如何确定正本单据"，可对正本和副本问题提供进一步指引，并在 UCP600 下仍然有效。该政策声明的内容作为本出版物的附录，以供参考。

70. A UCP600 article 19 transport document must indicate the number of originals that have been issued. Transport documents marked "First Original", "Second Original", "Third Original", "Original", "Duplicate", "Triplicate", etc., or similar expressions are all originals. Multimodal transport documents need not be marked "original" to be acceptable under a credit. In addition to UCP600 article 17, the ICC Banking Commission Policy Statement, document 470/871 (Rev), titled "The determination of an 'Original' document in the context of UCP500 sub-Article 20(b)" is recommended for further guidance on originals and copies and remains valid under UCP600. The content of the Policy Statement appears in the Appendix of this publication, for reference purposes.

（三）多式联运单据的签署(signing of multimodal transport documents)

表 3.30　多式联运单据的签署(71~72 条)

71. 正本多式联运单据必须按 UCP600 第 19 条 a 款 i 项规定的方式签署，并表明承运人的名称及其承运人身份。

71. Original multimodal transport documents must be signed in the form described in UCP600 sub-article 19(a)(i) and indicate the name of the carrier, identified as the carrier.

　　a) 如果由代理人代表承运人签署多式联运单据，则必须表明其代理人身份，并且必须表明所代理的承运人，除非多式联运单据的其他地方已经表明了承运人。

　　a) If an agent signs a multimodal transport document on behalf of the carrier, the agent must be identified as agent, and must identify on whose behalf it is signing, unless the carrier has been identified elsewhere on the multimodal transport document.

　　b) 如果由船长签署多式联运单据，则船长的签字必须表明"船长"身份。在此情况下，不必注明船长姓名。

　　b) If the master (captain) signs the multimodal transport document, the signature of the master (captain) must be identified as "master" ("captain"). In this event, the name of the master (captain) need not be stated.

c)如果由代理人代表船长签署多式联运单据，则必须表明其代理人身份。在此情况下，不必注明船长姓名。

c) If an agent signs the multimodal transport document on behalf of the master(captain), the agent must be identified as agent. In this event, the name of the master(captain) need not be stated.

72.如果信用证规定"货运代理多式联运单据可接受"或使用了类似用语，则多式联运单据可由货运代理人以货运代理人的身份签署，而无须表明其为承运人或具名承运人的代理人。在此情况下，不必显示承运人名称。

72. If a credit states"Freight Forwarder's Multimodal transport document is acceptable"or uses a similar phrase, then the multimodal transport document may be signed by a freight forwarder in the capacity of a freight forwarder, without the need to identify itself as carrier or agent for the named carrier. In this event, it is not necessary to show the name of the carrier.

（四）已装船批注(on board notations)

表3.31　已装船批注(73～74条)

73.多式联运单据的出具日期应视为发运、接管或装船的日期，除非单据上另有单独的注明日期的批注，表明货物已在信用证规定的地点发运、接管或装船，在此情况下，该批注日期即被视为装运日期，而不论该日期是早于还是迟于单据的出具日期。

73. The issuance date of a multimodal transport document will be deemed to be the date of dispatch, taking in charge or shipped on board unless it bears a separate dated notation evidencing dispatch, taking in charge or shipped on board from the location required by the credit, in which event the date of the notation will be deemed to be the date of shipment whether or not the date is before or after the issuance date of the document.

74."已装运且表面状况良好"("shipped in apparent good order")、"已载于船"("laden on board")、"清洁已装船"("clean on board")或其他包含"已装运"("shipped")或"已装船"("on board")之类字样的用语与"已装运上船"("shipped on board")具有同样效力。

74. "Shipped in apparent good order", "Laden on board", "clean on board"or other phrases incorporating words such as"shipped"or"on board"have the same effect as"Shipped on board".

（五）接管地、发运地、装货地和目的地(place of taking in charge, dispatch, loading on board and destination)

表3.32　接管地、发运地、装货地和目的地(75条)

75.如果信用证规定了接管地、发运地、装货地和目的地的地理范围(如"任一欧洲港口")，则多式联运单据必须注明实际的接管地、发运地、装货地和目的地，且该地点必须位于信用证规定的地理区域或范围内。

75. If a credit gives a geographical range for the place of taking in charge, dispatch, loading on board and destination(e. g., "Any European Port"), the multimodal transport document must indicate the actual place of taking in charge, dispatch, shipped on board and destination, which must be within the geographical area or range stated in the credit.

（六）收货人、指示方、托运人和背书、被通知人（consignee，order party，shipper and endorsement，notify party）

表3.33 收货人、指示方、托运人和背书、被通知人（76～78条）

76.如果信用证要求多式联运单据显示货物以某具名人为收货人，如"收货人为×银行"（即记名式抬头），而不是"凭指示"或"凭×银行的指示"，则多式联运单据不得在该具名人的名称前出现"凭指示"或"凭……指示"的字样，不论该字样是打印的还是预先印就的。同样，如果信用证要求多式联运单据抬头为"凭指示"或"凭某具名人指示"，则多式联运单据不得做成以该具名人为收货人的记名式抬头。

76. If a credit requires a multimodal transport document to show that the goods are consigned to a named party, e. g. , "consigned to Bank X"(a "straight"consignment), rather than"to order"or"to order of Bank X", the multimodal transport document must not contain words such as"to order"or"to order of"that precede the name of that named party, whether typed or pre-printed. Likewise, if a credit requires the goods to be consigned"to order"or"to order of"a named party, the multimodal transport document must not show that the goods are consigned straight to the named party.

77.如果多式联运单据做成凭指示式抬头或做成凭托运人指示式抬头，则该单据必须经托运人背书。表明代表托运人所做的背书可以接受。

77. If a multimodal transport document is issued to order or to order of the shipper, it must be endorsed by the shipper. An endorsement indicating that it is made for or on behalf of the shipper is acceptable.

78.如果信用证未规定到货被通知人，则多式联运单据上的相关栏位可以空白，或以任何方式填写。

78. If a credit does not stipulate a notify party, the respective field on the multimodal transport document may be left blank or completed in any manner.

（七）转运和分批装运（transhipment and partial shipment）

表3.34 转运和分批装运（79～81条）

79.在多式联运方式下，将会发生转运，即自信用证规定的发运地、接管地或装运地至最终目的地之间的运输过程中，将货物从一种运输工具上卸下，再装上另一种运输工具（不论是否为不同的运输方式）。

79. In a multimodal transport, transhipment will occur, i. e. , unloading from one means of conveyance and reloading to another means of conveyance (whether or not in different modes of transport)during the carriage from the place of dispatch, taking in charge or shipment to the place of final destination stated in the credit.

80.如果信用证禁止分批装运，而提交的正本多式联运单据不止一套，覆盖从一个或多个始发地点（信用证特别允许的地点或在信用证规定的地理区域或范围内）的装运、发运或接管，只要单据覆盖的货物运输是由同一运输工具经同一运程前往同一目的地的运输，则此类单据可以接受。如果提交了多套多式联运单据，而单据包含不同的装运、发运或接管日期，则以其最迟者计算任何交单期，且该日期不得晚于信用证规定的最迟装运、发运或接管的日期。

80. If a credit prohibits partial shipments and more than one set of original multimodal transport documents are presented covering shipment, dispatch or taking in charge from one or more points of origin(as specifically allowed, or within the geographical area or range stated in the credit), such documents are acceptable, provided that they cover the movement of goods on the same means of conveyance and same journey and are destined for the same destination. In the event that more than one set of multimodal transport documents are presented and if they incorporate different dates of shipment, dispatch or taking in charge, the latest of these dates will be taken for the calculation of any presentation period and such date must fall on or before any latest date of shipment, dispatch or taking in charge specified in the credit.

81. 由多件运输工具(多辆卡车、多艘轮船、多架飞机等)进行的运输即为分批装运,即使这些运输工具在同日出发并前往同一目的地。

81. Shipment on more than one means of conveyance (more than one truck (lorry), vessel, aircraft, etc.) is a partial shipment, even if such means of conveyance leave on the same day for the same destination.

(八)清洁多式联运单据(clean multimodal transport documents)

表 3.35　清洁多式联运单据(82~83 条)

82. 载有明确声明货物或包装状况有缺陷的条款或批注的多式联运单据不可接受。未明确声明货物或包装状况有缺陷的条款或批注(如"包装状况可能无法满足运程")不构成不符点。声明包装"无法满足运程"的条款则不可接受。

82. Clauses or notations on multimodal transport documents that expressly declare a defective condition of the goods or packaging are not acceptable. Clauses or notations that do not expressly declare a defective condition of the goods or packaging(e. g. , "packaging may not be sufficient for the journey")do not constitute a discrepancy. A statement that the packaging"is not sufficient for the journey"would not be acceptable.

83. 如果多式联运单据上显示有"清洁"字样,但又被删除,并不视为有不清洁条款或不清洁,除非其上载有明确声明货物或包装有缺陷的条款或批注。

83. If the word"clean"appears on a multimodal transport document and has been deleted, the multimodal transport document will not be deemed to be claused or unclean unless it specifically bears a clause or notation declaring that the goods or packaging are defective.

(九)货物描述(goods description)

表 3.36　货物描述(84 条)

84. 多式联运单据上的货物描述可以使用与信用证所载不矛盾的货物统称。

84. A goods description in the multimodal transport document may be shown in general terms not in conflict with that stated in the credit.

(十)修正和变更(corrections and alterations)

表 3.37　修正和变更(85~86 条)

85. 多式联运单据上的修正和变更必须经过证实。证实从表面看必须是由承运人或船长或其任一代理人所为。该代理人可以与出具或签署多式联运单据的代理人不同,只要表明其作为承运人或船长的代理人身份。

85. Corrections and alterations on a multimodal transport document must be authenticated. Such authentication must appear to have been made by the carrier or master(captain)or any one of their agents who may be different from the agent that may have issued or signed it, provided they are identified as an agent of the carrier or master(captain).

86. 对于正本多式联运单据上可能作过的任何变更或修正,其不可转让的副本无须加具任何签字或证实。

86. Non-negotiable copies of multimodal transport documents do not need to include any signature on, or authentication of, any alterations or corrections that may have been made on the original.

（十一）运费和额外费用（freight and additional costs）

表 3.38　运费和额外费用（87～89 条）

87.如果信用证要求多式联运单据注明运费已付或到目的地支付,则多式联运单据必须有相应标注。

87. If a credit requires that a multimodal transport document show that freight has been paid or is payable at destination, the multimodal transport document must be marked accordingly.

88.开证申请人和开证行应明确要求单据是注明运费预付还是到付。

88. Applicants and issuing banks should be specific in stating the requirements of documents to show whether freight is to be prepaid or collected.

89.如果信用证规定运费之外的额外费用不可接受,则多式联运单据不得表示运费之外的其他费用已产生或将要产生。此类表示可以通过明确提及额外费用或使用提及货物装卸费用的装运术语表达,例如"船方不负担装货费用"（Free in(FI)）,"船方不负担卸货费用"（Free Out(FO)）,"船方不负担装卸费用"（Free In and Out(FIO)）及"船方不负担装卸及积载费用"（Free In and Out Stowed(FIOS)）。运输单据上提到由于延迟卸货或卸货后的延误可能产生的费用,如迟还集装箱的费用,不属于此处所指的额外费用。

89. If a credit states that costs additional to freight are not acceptable, a multimodal transport document must not indicate that costs additional to the freight have been or will be incurred. Such indication may be by express reference to additional costs or by the use of shipment terms which refer to costs associated with the loading or unloading of goods, such as Free In(FI), Free Out(FO), Free In and Out(FIO) and Free In and Out Stowed(FIOS). A reference in the transport document to costs which may be levied as a result of a delay in unloading the goods or after the goods have been unloaded e. g. , costs covering the late return of containers, is not considered to be an indication of additional costs in this context.

（十二）由多套多式联运单据涵盖的货物（goods covered by more than one multimodal transport document）

表 3.39　由多套多式联运单据涵盖的货物（90 条）

90.如果多式联运单据声明某一集装箱内的货物由该运输单据和另外一套或数套多式联运单据一起涵盖,并声明所有多式联运单据均须提交,或有类似表述,则意味着与该集装箱有关的所有多式联运单据必须一并提交后才能领取该集装箱的货物。此类多式联运单据不可接受,除非同一信用证项下的所有此类多式联运单据在同一交单时一并提交。

90. If a multimodal transport document states that the goods in a container are covered by that multimodal transport document plus one or more other multimodal transport documents, and the document states that all multimodal transport documents must be surrendered or words of similar effect, this means that all multimodal transport documents related to that container must be presented in order for the container to be released. Such a multimodal transport document is not acceptable unless all the multimodal transport documents form part of the same presentation under the same credit.

七

提单(91～114条)

提单(bill of lading)

(一)UCP600 第 20 条的适用(application of UCP600 Article 20)

表 3.40　UCP600 第 20 条的适用(91～92 条)

91. 如果信用证要求提交只覆盖海洋运输的提单("海洋"或"港至港"之类表示),则适用 UCP600 第 20 条。	91. If a credit requires presentation of a bill of lading ("marine", "ocean" or "port-to-port" or similar) covering sea shipment only, UCP600 article 20 is applicable.
92. 要符合 UCP600 第 20 条的要求,提单在表面看来必须覆盖港至港运输,但不一定要使用"海运提单"、"港至港提单"之类的名称。	92. To comply with UCP600 article 20, a bill of lading must appear to cover a port-to-port shipment but need not be titled "marine bill of lading", "ocean bill of lading", "port-to-port bill of lading" or similar.

(二)全套正本(full set of originals)

表 3.41　全套正本(93 条)

93. 适用 UCP600 第 20 条的运输单据必须注明所出具的正本份数。注明"第一正本"、"第二正本"、"第三正本"、"正本"、"第二联"、"第三联"等字样的运输单据均为正本。提单不一定非要注明"正本"字样才能被接受为正本。除 UCP600 第 17 条外,ICC 银行委员会政策声明〔文件 470/871(修订)〕,即"在 UCP500 第 20 条 b 款项下如何确定正本单据",可对正本和副本问题提供进一步指引,并在 UCP600 下仍然有效。该政策声明的内容作为本出版物的附录,以供参考。	93. A UCP600 article 20 transport document must indicate the number of originals that have been issued. Transport documents marked "First Original", "Second Original", "Third Original", "Original", "Duplicate", "Triplicate", etc., or similar expressions are all originals. Bills of lading need not be marked "original" to be acceptable as an original bill of lading. In addition to UCP600 article 17, the ICC Banking Commission Policy Statement, document 470/871(Rev), titled "The determination of an 'Original' document in the context of UCP500 sub-Article 20(b)" is recommended for further guidance on originals and copies and remains valid under UCP600. The content of the Policy Statement appears in the Appendix of this publication, for reference purposes.

(三)提单的签署(signing of bills of lading)

表 3.42　提单的签署(94～95 条)

94. 正本提单必须按 UCP600 第 20 条 a 款 ⅰ 项规定的方式签署,并表明承运人的名称及其承运人身份。	94. Original bills of lading must be signed in the form described in UCP600 sub-article 20(a)(ⅰ) and indicate the name of the carrier, identified as the carrier.
a)如果由代理人代表承运人签署提单,则必须表明其代理人身份,并且必须表明所代理的承运人,除非提单的其他地方已经表明了承运人。	a)If an agent signs a bill of lading on behalf of the carrier, the agent must be identified as agent and must identify on whose behalf it is signing, unless the carrier has been identified elsewhere on the bill of lading.

b)如果由船长签署提单,则船长的签字必须表明"船长"身份。在此情况下,不必注明船长姓名。

b)If the master(captain)signs the bill of lading, the signature of the master(captain)must be identified as"master"("captain"). In this event,the name of the master(captain)need not be stated.

c)如果由代理人代表船长签署提单,则必须表明其代理人身份。在此情况下,不必注明船长姓名。

c)If an agent signs the bill of lading on behalf of the master(captain), the agent must be identified as agent. In this event,the name of the master(captain) need not be stated.

95. 如果信用证规定"货运代理提单可接受"或使用了类似用语,则提单可由货运代理人以货运代理人的身份签署,而无须表明其为承运人或具名承运人的代理人。在此情况下,不必显示承运人名称。

95. If a credit states"Freight Forwarder's Bill of Lading is acceptable"or uses a similar phrase, then the bill of lading may be signed by a freight forwarder in the capacity of a freight forwarder,without the need to identify itself as carrier or agent for the named carrier. In this event, it is not necessary to show the name of the carrier.

(四)已装船批注(on board notations)

表3.43 已装船批注(96～97条)

96. 如果提交的是预先印就"已装运上船"字样的提单,提单的出具日期即视为装运日期,除非提单上另有单独的注明日期的已装船批注,在此情况下,该已装船批注的日期即被视为装运日期,而不论该已装船批注日期是早于还是迟于提单出具日期。

96. If a pre-printed"Shipped on board"bill of lading is presented,its issuance date will be deemed to be the date of shipment unless it bears a separate dated on board notation, in which event the date of the on board notation will be deemed to be the date of shipment whether or not the on board date is before or after the issuance date of the bill of lading.

97. "已装运且表面状况良好"("shipped in apparent good order")、"已载于船"("laden on board")、"清洁已装船"("clean on board")或其他包含"已装运"("shipped")或"已装船"("on board")之类字样的用语与"已装运上船"("shipped on board")具有同样效力。

97. "Shipped in apparent good order", "Laden on board","clean on board"or other phrases incorporating words such as"shipped"or"on board"have the same effect as"Shipped on board".

(五)装货港和卸货港(ports of loading and ports of discharge)

表3.44 装货港和卸货港(98～100条)

98. 信用证要求的指名装货港应显示在提单的装货港栏位。如果单据清楚地表明货物是由船只从收货地运输,且有已装船批注表明货物在"收货地"或类似栏位显示的港口装上该船只,则也可显示在"收货地"或类似栏位。

98. While the named port of loading,as required by the credit,should appear in the port of loading field within the bill of lading, it may instead be stated in the field headed"Place of receipt"or the like,if it is clear that the goods were transported from that place of receipt by vessel,and provided there is an on board notation evidencing that the goods were loaded on that vessel at the port stated under"Place of receipt"or like term.

99. 信用证要求的指名卸货港应显示在提单的卸货港栏位。如果单据清楚地表明货物将由船只运送到最终目的地,且有批注表明卸货港就是"最终目的地"或类似栏位显示的港口,则也可显示在"最终目的地"或类似栏位。

99. While the named port of discharge,as required by the credit,should appear in the port of discharge field within the bill of lading, it may be stated in the field headed "Place of final destination"or the like if it is clear that the goods were to be transported to that place of final destination by vessel,and provided there is a notation evidencing that the port of discharge is that stated under "Place of final destination"or like term.

100. 如果信用证规定了装货港或卸货港的地理区域或范围(如"任一欧洲港口"),则提单必须注明实际的装货港或卸货港,且该港口必须位于信用证规定的地理区域或范围内。

100. If a credit gives a geographical area or range of ports of loading or discharge(e. g. ,"Any European Port"),the bill of lading must indicate the actual port of loading or discharge,which must be within the geographical area or range stated in the credit.

(六)收货人、指示方、托运人和背书、被通知人(consignee,order party,shipper and endorsement,notify party)

表 3.45　收货人、指示方、托运人和背书、被通知人(101~103 条)

101. 如果信用证要求提单显示货物以某具名人为收货人,如"收货人为×银行"(即记名式抬头),而不是"凭指示"或"凭×银行的指示",则提单不得在该具名人的名称前出现"凭指示"或"凭……指示"的字样,不论该字样是打印的还是预先印就的。同样,如果信用证要求提单抬头为"凭指示"或"凭某具名人指示",则提单不得做成以该具名人为收货人的记名式抬头。

101. If a credit requires a bill of lading to show that the goods are consigned to a named party,e. g. ,"consigned to Bank X"(a"straight"bill of lading),rather than"to order"or"to order of Bank X",the bill of lading must not contain words such as"to order"or"to order of"that precede the name of that named party, whether typed or pre-printed. Likewise,if a credit requires the goods to be consigned"to order"or"to order of"a named party,the bill of lading must not show that the goods are consigned straight to the named party.

102. 如果提单做成凭指示式抬头或做成凭托运人指示式抬头,则该提单必须经托运人背书。表明代表托运人所做的背书可以接受。

102. If a bill of lading is issued to order or to order of the shipper,it must be endorsed by the shipper. An endorsement indicating that it is made for or on behalf of the shipper is acceptable.

103. 如果信用证未规定到货被通知人,则提单上的相关栏位可以空白,或以任何方式填写。

103. If a credit does not state a notify party,the respective field on the bill of lading may be left blank or completed in any manner.

(七)转运和分批装运(transhipment and partial shipment)

表 3.46　转运和分批装运(104~105 条)

104. 转运是指在信用证规定的装货港到卸货港之间的运输过程中,将货物从一船卸下再装上另一船的行为。如果卸货和再装船不是发生在装货港和卸货港之间,则不视为转运。

104. Transhipment is the unloading from one vessel and reloading to another vessel during the carriage from the port of loading to the port of discharge stated in the credit. If it does not occur between these two ports,unloading and reloading is not considered to be transhipment.

105. 如果信用证禁止分批装运,而提交的正本提单不止一套,覆盖从一个或多个装货港(信用证特别允许的地点或在信用证规定的地理区域或范围内)的装运,只要单据覆盖的货物运输是由同一船只经同一航程前往同一卸货港的运输,则此类单据可以接受。如果提交了多套提单,而提单包含不同的装运日期,则以其最迟者计算任何交单期,且该日期不得晚于信用证规定的最迟装运日期。以多艘船只进行的运输即为分批装运,即使这些船只在同日出发驶向同一目的地。

105. If a credit prohibits partial shipments and more than one set of original bills of lading are presented covering shipment from one or more ports of loading (as specifically allowed, or within the geographical area or range stated in the credit),such documents are acceptable provided that they cover the shipment of goods on the same vessel and same journey and are destined for the same port of discharge. In the event that more than one set of bills of lading are presented and incorporate different dates of shipment,the latest of these dates of shipment will be taken for the calculation of any presentation period and must fall on or before the latest shipment date specified in the credit. Shipment on more than one vessel is a partial shipment,even if the vessels leave on the same day for the same destination.

(八)清洁提单(clean bills of lading)

表 3.47　清洁提单(106~107 条)

106. 载有明确声明货物或包装状况有缺陷的条款或批注的提单不可接受。未明确声明货物或包装状况有缺陷的条款或批注(如"包装状况可能无法满足海运航程")不构成不符点。声明包装"无法满足海运航程"的条款则不可接受。	106. Clauses or notations on bills of lading which expressly declare a defective condition of the goods or packaging are not acceptable. Clauses or notations which do not expressly declare a defective condition of the goods or packaging(e. g. ,"packaging may not be sufficient for the sea journey")do not constitute a discrepancy. A statement that the packaging"is not sufficient for the sea journey"would not be acceptable.
107. 如果提单上显示有"清洁"字样,但又被删除,并不视为有不清洁条款或不清洁,除非提单载有明确声明货物或包装有缺陷的条款或批注。	107. If the word"clean"appears on a bill of lading and has been deleted,the bill of lading will not be deemed to be claused or unclean unless it specifically bears a clause or notation declaring that the goods or packaging are defective.

(九)货物描述(goods description)

表 3.48　货物描述(108 条)

108. 提单上的货物描述可以使用与信用证所载不矛盾的货物统称。	108. A goods description in the bill of lading may be shown in general terms not in conflict with that stated in the credit.

(十)修正和变更(corrections and alterations)

表 3.49　修正和变更(109~110 条)

109. 提单上的修正和变更必须经过证实。证实从表面看必须是由承运人、船长,或其任一代理人所为(该代理人可以与出具或签署提单的代理人不同),只要表明其作为承运人或船长的代理人身份。	109. Corrections and alterations on a bill of lading must be authenticated. Such authentication must appear to have been made by the carrier,master(captain) or any of their agents(who may be different from the agent that may have issued or signed it), provided they are identified as an agent of the carrier or the master(captain).
110. 对于正本提单上可能作过的任何变更或修正,其不可转让的副本无须加具任何签字或证实。	110. Non-negotiable copies of bills of lading do not need to include any signature on, or authentication of,any alterations or corrections that may have been made on the original.

(十一)运费和额外费用(freight and additional costs)

表 3.50　运费和额外费用(111~113 条)

111. 如果信用证要求提单注明运费已付或到目的地支付,则提单必须有相应标注。	111. If a credit requires that a bill of lading show that freight has been paid or is payable at destination,the bill of lading must be marked accordingly.
112. 开证申请人和开证行应明确要求单据是注明运费预付还是到付。	112. Applicants and issuing banks should be specific in stating the requirements of documents to show whether freight is to be prepaid or collected.

113. 如果信用证规定运费之外的额外费用不可接受,则提单不得表示运费之外的其他费用已产生或将要产生。此类表示可以通过明确提及额外费用或使用提及货物装卸费用的装运术语表达,例如"船方不负担装货费用"(Free in(FI)),"船方不负担卸货用"(Free Out(FO)),"船方不负担装卸费用"(Free In and Out(FIO))及"船方不负担装卸及积载费用"(Free In and Out Stowed(FIOS))。运输单据上提到由于延迟卸货或卸货后的延误可能产生的费用,如迟还集装箱的费用,不属于此处所指的额外费用。

113. If a credit states that costs additional to freight are not acceptable, a bill of lading must not indicate that costs additional to the freight have been or will be incurred. Such indication may be by express reference to additional costs or by the use of shipment terms which refer to costs associated with the loading or unloading of goods, such as Free In(FI), Free Out (FO), Free In and Out (FIO) and Free In and Out Stowed(FIOS). A reference in the transport document to costs which may be levied as a result of a delay in unloading the goods or after the goods have been unloaded, e. g. , costs covering the late return of containers, is not considered to be an indication of additional costs in this context.

(十二)由多套提单涵盖的货物(goods covered by more than one bill of lading)

表 3.51　由多套提单涵盖的货物(114 条)

114. 如果提单声明某一集装箱内的货物由该提单和另外一套或数套提单一起涵盖,并声明所有提单均须提交,或有类似表述,则意味着与该集装箱有关的所有提单必须一并提交后才能领取该集装箱的货物。此类提单不可接受,除非同一信用证项下的所有此类提单在同一交单时一并提交。

114. If a bill of lading states that the goods in a container are covered by that bill of lading plus one or more other bills of lading, and the bill of lading states that all bills of lading must be surrendered, or words of similar effect, this means that all bills of lading related to that container must be presented in order for the container to be released. Such a bill of lading is not acceptable unless all the bills of lading form part of the same presentation under the same credit.

八

租船合同提单(115～133 条)

租船合同提单(charter party bill of lading)

(一)UCP600 第 22 条的适用(application of UCP600 article 22)

表 3.52　UCP600 第 22 条的适用(115～116 条)

115. 如果信用证要求提交租船合同提单,或者允许提交租船合同提单且实际也提交了租船合同提单,则适用 UCP600 第 22 条。

115. If a credit requires presentation of a charter party bill of lading or if a credit allows presentation of a charter party bill of lading and a charter party bill of lading is presented UCP600 article 22 is applicable.

116. 含有受租船合同约束的任何表示的运输单据即为 UCP600 第 22 条所指的租船合同提单。

116. A transport document containing any indication that it is subject to a charter party is a charter party bill of lading under UCP600 article 22.

（二）全套正本（full set of originals）

表 3.53　全套正本（117 条）

117. 适用 UCP600 第 22 条的运输单据必须注明所出具的正本份数。注明"第一正本"、"第二正本"、"第三正本"、"正本"、"第二联"、"第三联"等类似字样的运输单据均为正本。信用证项下，租船合同提单不必非要注明"正本"字样才可被接受。除 UCP600 第 17 条外，ICC 银行委员会政策声明［文件 470/871（修订）］，即"在 UCP500 第 20 条 b 款项下如何确定正本单据"，可对正本和副本问题提供进一步指引，并在 UCP600 下仍然有效。该政策声明的内容作为本出版物的附录，以供参考。

117. A UCP600 article 22 transport document must indicate the number of originals that have been issued. Transport documents marked "First Original", "Second Original", "Third Original", "Original", "Duplicate", "Triplicate", etc. or similar expressions are all originals. Charter party bills of lading need not be marked "original" to be acceptable under a credit. In addition to UCP600 article 17, the ICC Banking Commission Policy Statement, document 470/871(Rev), titled "The determination of an 'Original' document in the context of UCP500 sub-Article 20(b)" is recommended for further guidance on originals and copies and remains valid under UCP600. The content of the Policy Statement appears in the Appendix of this publication, for reference purposes.

（三）租船合同提单的签署（signing of charter party bills of lading）

表 3.54　租船合同提单的签署（118 条）

118. 正本租船合同提单必须按 UCP600 第 22 条 a 款ⅰ项规定的方式签署。

a）如果由船长、租船人或船东签署租船合同提单，则船长、租船人或船东的签字必须表明"船长"、"租船人"或"船东"身份。

b）如果由代理人代表船长、租船人或船东签署租船合同提单，则必须表明其作为船长、租船人或船东的代理人身份。在此情况下，无须注明船长姓名，但必须显示租船人或船东的名称。

118. Original charter party bills of lading must be signed in the form described in UCP600 sub-article 22(a)(ⅰ).

a) If the master(captain), charterer or owner signs the charter party bill of lading, the signature of the master(captain), charterer or owner must be identified as "master" ("captain"), charterer or "owner".

b) If an agent signs the charter party bill of lading on behalf of the master(captain), charterer or owner, the agent must be identified as agent of the master(captain), charterer or owner. In this event, the name of the master(captain) need not be stated, but the name of the charterer or owner must appear.

（四）已装船批注（on board notations）

表 3.55　已装船批注（119～120 条）

119. 如果提交的是预先印就"已装运上船"字样的租船合同提单，其出具日期即视为装运日期，除非其上另有已装船批注，在此情况下，该已装船批注的日期即被视为装运日期，而不论该已装船批注日期是早于还是迟于单据出具日期。

119. If a pre-printed "Shipped on board" charter party bill of lading is presented, its issuance date will be deemed to be the date of shipment unless it bears an on board notation, in which event the date of the on board notation will be deemed to be the date of shipment whether or not the on board date is before or after the issuance date of the document.

120. "已装运且表面状况良好"("shipped in apparent good order")、"已载于船"("laden on board")、"清洁已装船"("clean on board")或其他包含"已装运"("shipped")或"已装船"("on board")之类字样的用语与"已装运上船"("shipped on board")具有同样效力。

120. "Shipped in apparent good order", "Laden on board", "clean on board" or other phrases incorporating words such as "shipped" or "on board" have the same effect as "shipped on board".

(五)装货港和卸货港(ports of loading and ports of discharge)

表 3.56 装货港和卸货港(121 条)

121. 如果信用证规定了装货港或卸货港的地理区域或范围(如"任一欧洲港口"),则租船合同提单必须注明实际的装货港且该装货港必须位于信用证规定的地理区域或范围内,但可用地理区域或范围表示卸货港。

121. If a credit gives a geographical area or range of ports of loading or discharge(e. g. , "Any European Port"), the charter party bill of lading must indicate the actual port or ports of loading, which must be within the geographical area or range stated in the credit but may show the geographical area or range of ports as the port of discharge.

(六)收货人、指示方、托运人和背书、被通知人(consignee, order party, shipper and endorsement, notify party)

表 3.57 收货人、指示方、托运人和背书、被通知人(122～124 条)

122. 如果信用证要求租船合同提单显示货物以某具名人为收货人,如"收货人为×银行"(即记名式抬头),而不是"凭指示"或"凭×银行的指示",则租船合同提单不得在该具名人的名称前出现"凭指示"或"凭……指示"的字样,不论该字样是打印的还是预先印就的。同样,如果信用证要求租船合同提单抬头为"凭指示"或"凭某具名人指示",则租船合同提单不得做成以该具名人为收货人的记名式抬头。

122. If a credit requires a charter party bill of lading to show that the goods are consigned to a named party, e. g. , "consigned to Bank X"(a "straight" bill of lading), rather than "to order" or "to order of Bank X", the charter party bill of lading must not contain words such as "to order" or "to order of" that precede the name of that named party, whether typed or pre-printed. Likewise, if a credit requires the goods to be consigned "to order" or "to order of" a named party, the charter party bill of lading must not show that the goods are consigned straight to the named party.

123. 如果租船合同提单做成凭指示式抬头或做成凭托运人指示式抬头,则该单据必须经托运人背书。表明代表托运人做的背书可以接受。

123. If a charter party bill of lading is issued to order or to order of the shipper, it must be endorsed by the shipper. An endorsement indicating that it is made for or on behalf of the shipper is acceptable.

124. 如果信用证未规定到货被通知人,则租船合同提单上的相关栏位可以空白,或以任何方式填写。

124. If a credit does not state a notify party, the respective field on the charter party bill of lading may be left blank or completed in any manner.

(七)分批装运(partial shipment)

表 3.58 分批装运(125 条)

125.如果信用证禁止分批装运,而提交的正本租船合同提单不止一套,覆盖从一个或多个装货港(信用证特别允许的地点或在信用证规定的地理区域或范围内)的装运,只要单据覆盖的货物运输是由同一船只经同一航程前往同一卸货港、同一港口范围或地理区域的运输,则此类单据可以接受。如果提交了多套租船合同提单,而提单包含不同的装运日期,则以其最迟者计算任何交单期,且该日期不得晚于信用证规定的最迟装运日期。以多艘船只进行的运输即为分批装运,即使这些船只在同日出发并驶向同一目的地。

125. If a credit prohibits partial shipments, and more than one set of original charter party bills of lading are presented covering shipment from one or more ports of loading(as specifically allowed, or within the geographical area or range stated in the credit), such documents are acceptable, provided that they cover the shipment of goods on the same vessel and same journey and are destined for the same port of discharge, range of ports or geographical area. In the event that more than one set of charter party bills of lading are presented and incorporate different dates of shipment, the latest of these dates of shipment will be taken for the calculation of any presentation period and must fall on or before the latest shipment date specified in the credit. Shipment on more than one vessel is a partial shipment, even if the vessels leave on the same day for the same destination.

(八)清洁租船合同提单(clean charter party bills of lading)

表 3.59 清洁租船合同提单(126~127 条)

126.载有明确声明货物或包装状况有缺陷的条款或批注的租船合同提单不可接受。未明确声明货物或包装状况有缺陷的条款或批注(如"包装状况可能无法满足海运航程")不构成不符点。声明包装"无法满足海运航程"的条款则不可接受。

126. Clauses or notations on charter party bills of lading which expressly declare a defective condition of the goods or packaging are not acceptable. Clauses or notations that do not expressly declare a defective condition of the goods or packaging(e. g. , "packaging may not be sufficient for the sea journey") do not constitute a discrepancy. A statement that the packaging"is not sufficient for the sea journey"would not be acceptable.

127.如果租船合同提单上显示有"清洁"字样,但又被删除,并不视为有不清洁条款或不清洁,除非其上载有明确声明货物或包装有缺陷的条款或批注。

127. If the word"clean"appears on a charter party bill of lading and has been deleted, the charter party bill of lading will not be deemed to be claused or unclean unless it specifically bears a clause or notation declaring that the goods or packaging are defective.

(九)货物描述(goods description)

表 3.60 货物描述(128 条)

128.租船合同提单上的货物描述可以使用与信用证所载不矛盾的货物统称。

128. A goods description in charter party bills of lading may be shown in general terms not in conflict with that stated in the credit.

（十）修正和变更（corrections and alterations）

表 3.61　修正和变更（129～130 条）

129. 租船合同提单上的修正和变更必须经讨证实。证实从表面看必须是由船东、租船人、船长，或其任一代理人所为（该代理人可以与出具或签署租船合同提单的代理人不同），只要表明其作为船东、租船人或船长的代理人身份。

129. Corrections and alterations on charter party bills of lading must be authenticated. Such authentication must appear to have been made by the owner, charterer, master(captain) or any of their agents(who may be different from the agent that may have issued or signed it), provided they are identified as an agent of the owner, charterer or the master(captain).

130. 对于正本租船合同提单上可能作过的任何变更或修正，其不可转让的副本无须加具任何签字或证实。

130. Non-negotiable copies of charter party bills of lading do not need to include any signature on, or authentication of, any alterations or corrections that may have been made on the original.

（十一）运费和额外费用（freight and additional costs）

表 3.62　运费和额外费用（131～133 条）

131. 如果信用证要求租船合同提单注明运费已付或到目的地支付，则租船合同提单必须有相应标注。

131. If a credit requires that a charter party bill of lading show that freight has been paid or is payable at destination, the charter party bill of lading must be marked accordingly.

132. 开证申请人和开证行应明确要求单据是注明运费预付还是到付。

132. Applicants and issuing banks should be specific in stating the requirements of documents to show whether freight is to be prepaid or collected.

133. 如果信用证规定运费之外的额外费用不可接受，则租船合同提单不得表示运费之外的其他费用已产生或将要产生。此类表示可以通过明确提及额外费用或使用提及货物装卸费用的装运术语表达，例如"船方不负担装货费用"（Free In(FI)），"船方不负担卸货费用"（Free Out(FO)），"船方不负担装卸费用"（Free In and Out(FIO)）及"船方不负担装卸及积载费用"（Free In and Out Stowed(FIOS)）。运输单据上提到由于延迟卸货或卸货后的延误可能产生的费用不属于此处所指的额外费用。

133. If a credit states that costs additional to freight are not acceptable, a charter party bill of lading must not indicate that costs additional to the freight have been or will be incurred. Such indication may be by express reference to additional costs or by the use of shipment terms which refer to costs associated with the loading or unloading of goods, such as Free In (FI), Free Out(FO), Free In and Out(FIO) and Free In and Out Stowed(FIOS). A reference in the transport document to costs which may be levied as a result of a delay in unloading the goods, or after the goods have been unloaded, is not considered to be an indication of additional costs in this context.

九

空运单据（134～156 条）

空运单据（air transport document）

（一）UCP600 第 23 条的适用（application of UCP600 article 23）

表 3.63　UCP600 第 23 条的适用（134～135 条）

134. 如果信用证要求提交覆盖机场到机场运输的空运单据，则适用 UCP600 第 23 条。	134. If a credit requires presentation of an air transport document covering an airport-to-airport shipment, UCP600 article 23 is applicable.
135. 如果信用证要求提交"航空运单"或"航空托运单"等类似单据，则适用 UCP600 第 23 条。要符合 UCP600 第 23 条的要求，空运单据在表面看来必须覆盖机场到机场的运输，但不一定要使用"航空运单"、"航空托运单"之类的名称。	135. If a credit requires presentation of an "air waybill", "air consignment note" or similar, UCP600 article 23 applies. To comply with UCP600 article 23, an air transport document must appear to cover an airport-to-airport shipment but need not be titled "air waybill", "air consignment note" or similar.

（二）正本空运单据（original air transport document）

表 3.64　正本空运单据（136 条）

136. 空运单据在表面看来必须是签发给发货人或托运人的正本。如果要求提交全套正本单据，提交注明为签发给发货人或托运人的正本的单据即可满足要求。	136. The air transport document must appear to be the original for consignor or shipper. A requirement for a full set of originals is satisfied by the presentation of a document indicating that it is the original for consignor or shipper.

（三）空运单据的签署（signing of air transport documents）

表 3.65　空运单据的签署（137～138 条）

137. 正本空运单据必须按 UCP600 第 23 条 a 款 i 项规定的方式签署，并表明承运人的名称及其承运人身份。如果由代理人代表承运人签署空运单据，则必须表明其代理人身份，并且必须表明所代理的承运人，除非空运单据的其他地方已经表明了承运人。	137. An original air transport document must be signed in the form described in UCP600 sub-article 23(a)(i) and indicate the name of the carrier, identified as carrier. If an agent signs an air transport document on behalf of a carrier, the agent must be identified as agent and must identify on whose behalf it is signing, unless the carrier has been identified elsewhere on the air transport document.
138. 如果信用证规定"航空分运单可接受"或"货运代理航空运单可接受"或使用了类似用语，则空运单据可由货运代理人以货运代理人的身份签署，而无须表明其为承运人或具名承运人的代理人。在此情况下，不必显示承运人名称。	138. If a credit states "House air waybill is acceptable" or "Freight Forwarder's air waybill is acceptable" or uses a similar phrase, then the air transport document may be signed by a freight forwarder in the capacity of a freight forwarder without the need to identify itself as a carrier or agent for a named carrier. In this event, it is not necessary to show the name of the carrier.

（四）货物收妥待运、装运日期与对实际发运日期的要求（goods accepted for carriage，date of shipment，and requirement for an actual date of dispatch）

表 3.66　货物收妥待运、装运日期与对实际发运日期的要求（139～140 条）

139. 空运单据必须表明货物已收妥待运。	139. An air transport document must indicate that the goods have been accepted for carriage.
140. 空运单据的出具日期即视为装运日期，除非单据上显示了关于航班日期的单独批注，在此种情况下，该批注日期即被视为装运日期。空运单据上显示的其他任何有关航班号和日期的信息不被用以确定装运日期。	140. The date of issuance of an air transport document is deemed to be the date of shipment unless the document shows a separate notation of the flight date，in which case this will be deemed to be the date of shipment. Any other information appearing on the air transport document relative to the flight number and date will not be considered in determining the date of shipment.

（五）出发地机场和目的地机场（airports of departure and destination）

表 3.67　出发地机场和目的地机场（141～142 条）

141. 空运单据必须标明信用证规定的出发地机场和目的地机场。用 IATA 代码而非机场全称表明机场名称（例如用 LHR 来代替伦敦希思罗机场）不构成不符点。	141. An air transport document must indicate the airport of departure and airport of destination as stated in the credit. The identification of airports by the use of IATA codes instead of writing out the name in full（e. g. , LHR instead of London Heathrow）is not a discrepancy.
142. 如果信用证规定了出发地机场或目的地机场的地理区域或范围（如"任一欧洲机场"），则空运单据必须注明实际的出发地机场或目的地机场，且该机场必须位于信用证规定的地理区域或范围内。	142. If a credit gives a geographical area or range of airports of departure or destination（e. g. , "Any European Airport"），the air transport document must indicate the actual airport of departure or destination，which must be within the geographical area or range stated in the credit.

（六）收货人、指示方和被通知人（consignee，order party and notify party）

表 3.68　收货人、指示方和被通知人（143～144 条）

143. 空运单据不是物权凭证，因此不应做成"凭指示"式或"凭某具名人指示"式抬头。即使信用证要求空运单据做成"凭指示"式或"凭某具名人指示"式抬头，如果提交的单据显示以该具名人为收货人，则即使该单据没有"凭指示"或"凭……指示"字样，也可接受。	143. An air transport document should not be issued "to order"or"to order of"a named party，because it is not a document of title. Even if a credit calls for an air transport document made out"to order"or"to order of"a named party，a document presented showing goods consigned to that party，without mention of"to order"or"to order of"，is acceptable.
144. 如果信用证未规定到货被通知人，则空运单据上的相关栏位可以空白，或以任何方式填写。	144. If a credit does not state a notify party，the respective field on the air transport document may be left blank or completed in any manner.

（七）转运和分批装运（transhipment and partial shipment）

表 3.69　转运和分批装运（145～147 条）

145. 转运是指在信用证规定的出发地机场到目的地机场之间的运输过程中，将货物从一架飞机上卸下再装上另一架飞机的行为。如果卸货和再装货不是发生在出发地机场和目的地机场之间，则不视为转运。

145. Transhipment is the unloading from one aircraft and reloading to another aircraft during the carriage from the airport of departure to the airport of destination stated in the credit. If it does not occur between these two airports, unloading and reloading is not considered to be transhipment.

146. 如果信用证禁止分批装运，而提交的空运单据不止一套，覆盖从一个或多个出发地机场（信用证特别允许的地点或在信用证规定的地理区域或范围内）的发运，只要单据覆盖的货物运输是由同一飞机经同一航程前往同一目的地机场的运输，则此类单据可以接受。如果提交了多套空运单据，而单据包含不同的装运日期，则以其最迟者计算任何交单期，且该日期不得晚于信用证规定的最迟装运日期。

146. If a credit prohibits partial shipments and more than one air transport document is presented covering dispatch from one or more airports of departure (as specifically allowed, or within the geographical area or range stated in the credit), such documents are acceptable, provided that they cover the dispatch of goods on the same aircraft and same flight and are destined for the same airport of destination. In the event that more than one air transport document is presented incorporating different dates of shipment, the latest of these dates of shipment will be taken for the calculation of any presentation period and must fall on or before the latest shipment date specified in the credit.

147. 以多架飞机进行的运输即为分批装运，即使这些飞机在同日出发并飞往同一目的地。

147. Shipment on more than one aircraft is a partial shipment, even if the aircraft leave on the same day for the same destination.

（八）清洁空运单据（clean air transport documents）

表 3.70　清洁空运单据（148～149 条）

148. 载有明确声明货物或包装状况有缺陷的条款或批注的空运单据不可接受。未明确声明货物或包装状况有缺陷的条款或批注（如"包装状况可能无法满足空运航程"）不构成不符点。声明包装"无法满足空运航程"的条款则不可接受。

148. Clauses or notations on an air transport document which expressly declare a defective condition of the goods or packaging are not acceptable. Clauses or notations on the air transport document which do not expressly declare a defective condition of the goods or packaging (e. g. ,"packaging may not be sufficient for the air journey") do not constitute a discrepancy. A statement that the packaging"is not sufficient for the air journey"would not be acceptable.

149. 如果空运单据上显示有"清洁"字样，但又被删除，并不视为有不清洁条款或不清洁，除非其上载有明确声明货物或包装有缺陷的条款或批注。

149. If the word"clean"appears on an air transport document and has been deleted, the air transport document will not be deemed to be claused or unclean unless it specifically bears a clause or notation declaring that the goods or packaging are defective.

（九）货物描述（goods description）

表 3.71　货物描述（150 条）

150.空运单据上的货物描述可以使用与信用证所载不矛盾的货物统称。	150. A goods description in an air transport document may be shown in general terms not in conflict with that stated in the credit.

（十）修正和变更（corrections and alterations）

表 3.72　修正和变更（151～152 条）

151.空运单据上的修正和变更必须经过证实。证实从表面看必须是由承运人或其任一代理人所为（该代理人可以与出具或签署空运单据的代理人不同），只要表明其作为承运人的代理人身份。	151. Corrections and alterations on air transport documents must be authenticated. Such authentication must appear to have been made by the carrier or any of its agents（who may be different from the agent that may have issued or signed it），provided it is identified as an agent of the carrier.
152.空运单据的副本无须承运人或代理人的签字（或托运人的签字，即使信用证要求正本空运单据上有其签字），也不要求带有对正本单据上可能作过的任何变更或修正的任何证实。	152. Copies of air transport documents do not need to include any signature of the carrier or agent（or shipper，even if required by the credit to appear on the original air transport document），nor any authentication of any alterations or corrections that may have been made on the original.

（十一）运费和额外费用（freight and additional costs）

表 3.73　运费和额外费用（153～156 条）

153.如果信用证要求空运单据注明运费已付或到目的地支付，则空运单据必须有相应标注。	153. If a credit requires that an air transport document show that freight has been paid or is payable at destination，the air transport document must be marked accordingly.
154.开证申请人和开证行应明确要求单据是注明运费预付还是到付。	154. Applicants and issuing banks should be specific in stating the requirements of documents to show whether freight is to be prepaid or collected.
155.如果信用证规定运费之外的额外费用不可接受，则空运单据不得表示运费之外的其他费用已产生或将要产生。此类表示可以通过明确提及额外费用或使用提及货物装卸费用的装运术语表达。运输单据上提到由于延迟卸货或卸货后的延误可能产生的费用不属于此处所指的额外费用。	155. If a credit states that costs additional to freight are not acceptable，an air transport document must not indicate that costs additional to the freight have been or will be incurred. Such indication may be by express reference to additional costs or by the use of shipment terms that refer to costs associated with the loading or unloading of goods. A reference in the transport document to costs which may be levied as a result of a delay in unloading the goods or after the goods have been unloaded is not considered an indication of additional costs in this context.

156.空运单据常常有单独的栏位,以印就的标题分别标明"预付"运费和"到付"运费。如果信用证要求空运单据表明运费已预付,则在标明"运费预付"或类似表述的栏位内填具运输费用即符合信用证要求。如果信用证要求空运单据表明运费到付,则在标明"到收运费"或类似表述的栏位内填具运输费用即符合信用证要求。

156. Air transport documents often have separate boxes which, by their pre-printed headings, indicate that they are for freight charges "prepaid" and for freight charges "to collect", respectively. A requirement in a credit for an air transport document to show that freight has been prepaid will be fulfilled by a statement of the freight charges under the heading "Freight Prepaid" or a similar expression or indication, and a requirement that an air transport document show that freight has to be collected will be fulfilled by a statement of the freight charges under the heading "Freight to Collect" or a similar expression or indication.

十

公路、铁路或内河运输单据(157～169 条)

公路、铁路或内河运输单据(road, rail or inland waterway transport documents)

(一)UCP600 第 24 条的适用(application of UCP600 article 24)

表 3.74 UCP600 第 24 条的适用(157 条)

157.如果信用证要求提交覆盖公路、铁路或内河运输的运输单据,则适用 UCP600 第 24 条。

157. If a credit requires presentation of a transport document covering movement by road, rail or inland waterway, UCP600 article 24 is applicable.

(二)公路、铁路或内河运输单据的正本和第二联(original and duplicate of road, rail or inland waterway transport documents)

表 3.75 公路、铁路或内河运输单据的正本和第二联(158 条)

158.如果信用证要求铁路或内河运输单据,则不论提交的运输单据是否注明为正本,都将作为正本接受。公路运输单据在表面看来必须为签发给发货人或托运人的正本,或者对其签发对象不做任何标注。对铁路运单而言,许多铁路运输公司的做法是仅向托运人或发货人提供加盖铁路公司印章的第二联(常常是复写本)。此联将作为正本接受。

158. If a credit requires a rail or inland waterway transport document, the transport document presented will be accepted as an original whether or not it is marked as an original. A road transport document must appear to be the original for consignor or shipper or bear no marking indicating for whom the document has been prepared. With respect to rail waybills, the practice of many railway companies is to provide the shipper or consignor with only a duplicate (often a carbon copy) duly authenticated by the railway company's stamp. Such a duplicate will be accepted as an original.

（三）公路、铁路或内河运输单据的承运人及其签署（carrier and signing of road,rail or inland waterway transport documents）

表 3.76 公路、铁路或内河运输单据的承运人及其签署（159～161 条）

159. 如果运输单据表面已经以其他方式表明承运人的"承运人"身份，则签字处无须加注"承运人"字样，只要运输单据在表面看来是由承运人或其代理人签署。国际标准银行实务做法接受带有铁路公司或铁路发运站日期章的铁路运输单据，无须注明承运人名称或代表承运人签署的具名代理人的名称。

159. The term"carrier"need not appear at the signature line provided the transport document appears to be signed by the carrier or an agent on behalf of the carrier,if the carrier is otherwise identified as the "carrier" on the transport document. International standard banking practice is to accept a railway bill evidencing date stamp by the railway company or railway station of departure without showing the name of the carrier or a named agent signing for or on behalf of the carrier.

160. UCP600 第 24 条使用的"承运人"一词包括运输单据中的"制单承运人"、"实际承运人"、"后续承运人"及"订约承运人"等用语。

160. The term"carrier"used in UCP600 article 24 includes terms in transport documents such as"issuing carrier"," actual carrier"," succeeding carrier" and "contracting carrier".

161. 运输单据上的任何收货签字、印戳或批注在表面看来必须是由下列人员之一加具：

a）承运人，并表明其承运人身份，或

b）代表承运人行事或签字的具名代理人，并注明其所代表的承运人名称和身份。

161. Any signature,stamp or notation of receipt on the transport document must appear to be made either by:

a）the carrier,identified as the carrier or

b）a named agent acting or signing for or on behalf of the carrier and indicating the name and capacity of the carrier on whose behalf that agent is acting or signing.

（四）指示方和被通知人（order party and notify party）

表 3.77 指示方和被通知人（162～163 条）

162. 不是物权凭证的运输单据不应做成"凭指示"式或"凭某具名人指示"式抬头。即使信用证要求将不是物权凭证的运输单据做成"凭指示"式或"凭某具名人指示"式抬头，如果提交的单据显示以该具名人为收货人，则即使该单据没有"凭指示"或"凭……指示"字样，也可接受。

162. Transport documents which are not documents of title should not be issued"to order"or"to order of" a named party. Even if a credit calls for a transport document which is not a document of title to be made out"to order"or"to order of"a named party,such a document,showing goods consigned to that party,without mention of"to order"or"to order of",is acceptable.

163. 如果信用证未规定到货被通知人，则运输单据上的相关栏位可以空白，或以任何方式填写。

163. If a credit does not stipulate a notify party,the respective field on the transport document may be left blank or completed in any manner.

（五）分批装运（partial shipment）

表 3.78 分批装运（164 条）

164. 由多件运输工具（多辆卡车、多列火车、多艘轮船等）进行的运输即为分批装运，即使这些运输工具在同日出发并驶向同一目的地。

164. Shipment on more than one means of conveyance (more than one truck(lorry),train,vessel,etc.)is a partial shipment,even if such means of conveyance leave on the same day for the same destination.

（六）货物描述（goods description）

表 3.79　货物描述（165 条）

165. 运输单据上的货物描述可以使用与信用证所载不矛盾的货物统称。	165. A goods description in the transport document may be shown in general terms not in conflict with that stated in the credit.

（七）修正和变更（corrections and alterations）

表 3.80　修正和变更（166～167 条）

166. UCP600 第 24 条所规定的运输单据上的修正和变更必须经过证实。证实从表面看必须是由承运人或其任一具名代理人所为。该代理人可以与出具或签署运输单据的代理人不同，只要表明其作为承运人的代理人身份。	166. Corrections and alterations on a UCP600 article 24 transport document must be authenticated. Such authentication must appear to have been made by the carrier or any one of their named agents, who may be different from the agent that may have issued or signed it, provided they are identified as an agent of the carrier.
167. 对于 UCP600 第 24 条所规定的正本运输单据上可能作过的任何变更或修正，其副本无须加具任何签字或证实。	167. Copies of UCP600 article 24 transport documents do not need to include any signature on, or authentication of, any alterations or corrections that may have been made on the original.

（八）运费和额外费用（freight and additional costs）

表 3.81　运费和额外费用（168～169 条）

168. 如果信用证要求 UCP600 第 24 条所规定的运输单据注明运费已付或到目的地支付，则运输单据必须有相应标注。	168. If a credit requires that a UCP600 article 24 transport document show that freight has been paid or is payable at destination, the transport document must be marked accordingly.
169. 开证申请人和开证行应明确要求单据是注明运费预付还是到付。	169. Applicants and issuing banks should be specific in stating the requirements of documents to show whether freight is to be prepaid or collected.

十一

保险单据和范围（170～180 条）

保险单据和保险范围（insurance document and coverage）

（一）UCP600 第 28 条的适用（application of UCP600 article 28）

表 3.82　UCP600 第 28 条的适用（170 条）

170. 如果信用证要求提交保险单据，如保险单或预约保险下的保险证明书或声明书，则适用 UCP600 第 28 条。	170. If a credit requires presentation of an insurance document such as an insurance policy, insurance certificate or declaration under an open cover, UCP600 article 28 is applicable.

（二）保险单据的出具人（issuers of insurance documents）

表 3.83　保险单据的出具人（171～172 条）

171.保险单据在表面看来必须是由保险公司或承保人或其代理人或代表出具并签署。如保险单据或信用证条款要求，所有正本从表面看必须已被副签。

171. Insurance documents must appear to have been issued and signed by insurance companies or underwriters or their agents or proxies. If required by the insurance document or in accordance with the credit terms, all originals must appear to have been countersigned.

172.如果保险单据在保险经纪人的信笺上出具，只要该保险单据是由保险公司或其代理人或代表，或由承保人或其代理人或代表签署，该保险单据可以接受。保险经纪人可以作为具名保险公司或具名承保人的代理人进行签署。

172. An insurance document is acceptable if issued on an insurance broker's stationery, provided the insurance document has been signed by an insurance company or its agent or proxy, or by an underwriter or its agent or proxy. A broker may sign as agent for the named insurance company or named underwriter.

（三）投保风险（risks to be covered）

表 3.84　投保风险（173～174 条）

173.保险单据必须投保信用证规定的风险。即使信用证明确列明应投保的风险，保险单据中也可援引除外条款。如果信用证要求投保"一切险"，则提交载有任何"一切险"条款或批注的保险单据即符合信用证要求，即使该单据声明某些风险除外。如果保险单据标明投保（伦敦保险）协会货物保险条款（A），也符合信用证关于"一切险"条款或批注的要求。

173. An insurance document must cover the risks defined in the credit. Even though a credit may be explicit with regard to risks to be covered, there may be reference to exclusion clauses in the document. If a credit requires"all risks"coverage, this is satisfied by the presentation of an insurance document evidencing any"all risks"clause or notation, even if it is stated that certain risks are excluded. An insurance document indicating that it covers Institute Cargo Clauses (A)satisfies a condition in a credit calling for an"all risks"clause or notation.

174.对同一运输的同一风险的保险必须由同一保险单据涵盖，除非每一份涵盖部分保险的保险单据以百分比或其他方式明确反映每一保险人的保险价值，并且每一保险人将各自承担自己的责任份额，不受其他保险人可能已承保的该次运输的保险责任的影响。

174. Insurance covering the same risk for the same shipment must be covered under one document unless the insurance documents for partial cover each clearly reflect, by percentage or otherwise, the value of each insurer's cover and that each insurer will bear its share of the liability severally and without pre-conditions relating to any other insurance cover that may have been effected for that shipment.

（四）日　期（dates）

表 3.85　日　期（175 条）

175.载有有效期的保险单据必须清楚地表明该有效期是指货物装船、发运或接管（视情形适用）的最迟日期，而不是保险单据项下提出索赔的期限。

175. An insurance document that incorporates an expiry date must clearly indicate that such expiry date relates to the latest date that loading on board or dispatch or taking in charge of the goods(as applicable) is to occur, as opposed to an expiry date for the presentation of any claims thereunder.

（五）比例和金额（percentage and amount）

表 3.86　比例和金额（176～178 条）

176. 保险单据必须以信用证的币种，并至少按信用证要求的金额出具。UCP 未规定任何投保的最高比例。	176. An insurance document must be issued in the currency of and, as a minimum, for the amount required by the credit. The UCP does not provide for any maximum percentage of insurance coverage.
177. 如果信用证要求保险责任不计比例，则保险单据不得含有表明保险责任受免赔率或免赔额约束的条款。	177. If a credit requires the insurance cover to be irrespective of percentage, the insurance document must not contain a clause stating that the insurance cover is subject to a franchise or an excess deductible.
178. 如果从信用证或单据可以得知最后的发票金额仅仅是货物总价值的一部分（例如由于折扣、预付或类似情况，或由于货物的部分价款将晚些支付），也必须以货物的总价值为基础来计算保险金额。	178. If it is apparent from the credit or from the documents that the final invoice amount only represents a certain part of the gross value of the goods(e. g. , due to discounts, pre-payments or the like, or because part of the value of the goods is to be paid at a later date), the calculation of insurance cover must be based on the full gross value of the goods.

（六）被保险人和背书（insured party and endorsement）

表 3.87　被保险人和背书（179～180 条）

179. 保险单据必须按信用证要求的形式出具，并且在必要时经赔付指示人背书。如果信用证要求空白背书式的保险单据，则保险单据也可开立成来人式，反之亦然。	179. An insurance document must be in the form as required by the credit and, where necessary, be endorsed by the party to whose order claims are payable. A document issued to bearer is acceptable where the credit requires an insurance document endorsed in blank and vice versa.
180. 如果信用证对被保险人未做规定，则表明按托运人或受益人指示赔付的保险单据不可接受，除非经过背书。保险单据应出具或背书成使保险单据项下的获赔权利在放单之时或之前得以转让。	180. If a credit is silent as to the insured party, an insurance document evidencing that claims are payable to the order of the shipper or beneficiary would not be acceptable unless endorsed. An insurance document should be issued or endorsed so that the right to receive payment under it passes upon, or prior to, the release of the documents.

十二

原产地证明（181～185 条）

原产地证明（certificates of origin）

（一）基本要求（basic requirement）

表 3.88　基本要求（181 条）

181. 如信用证要求原产地证明，则提交经过签署，注明日期的证明货物原产地的单据即满足要求。

181. A requirement for a certificate of origin will be satisfied by the presentation of a signed, dated document that certifies to the origin of the goods.

（二）原产地证明的出具人（issuers of certificates of origin）

表 3.89　原产地证明的出具人（182 条）

182. 原产地证明必须由信用证规定的人出具。但是，如果信用证要求原产地证明由受益人、出口商或制造商出具，则由商会出具的单据可以接受，只要该单据根据不同情形相应地注明受益人、出口商或制造商。如果信用证没有规定由何人出具原产地证明，则由任何人包括受益人出具的单据均可接受。

182. A certificate of origin must be issued by the party stated in the credit. However, if a credit requires a certificate of origin to be issued by the beneficiary, the exporter or the manufacturer, a document issued by a chamber of commerce will be deemed acceptable, provided it clearly identifies the beneficiary, the exporter or the manufacturer as the case may be. If a credit does not state who is to issue the certificate, then a document issued by any party, including the beneficiary, is acceptable.

（三）原产地证明的内容（contents of certificates of origin）

表 3.90　原产地证明的内容（183～185 条）

183. 原产地证明从表面看必须与发票所指货物相关联。原产地证明中的货物描述可以使用与信用证所载不相矛盾的货物统称，或通过其他援引表明其与要求的单据中的货物相关联。

183. The certificate of origin must appear to relate to the invoiced goods. The goods description in the certificate of origin may be shown in general terms not in conflict with that stated in the credit or by any other reference indicating a relation to the goods in a required document.

184. 如果显示有收货人信息，则不得与运输单据中的收货人信息相矛盾。但是，如果信用证要求运输单据做成"凭指示"、"凭托运人指示"、"凭开证行指示"或"以开证行为收货人"式抬头，则原产地证明可以显示信用证的申请人或信用证中指名的另外一人作为收货人。如果信用证已经转让，则以第一受益人作为收货人也可接受。

184. Consignee information, if shown, must not be in conflict with the consignee information in the transport document. However, if a credit requires a transport document to be issued "to order", "to the order of shipper", "to order of the issuing bank" or "consigned to the issuing bank", the certificate of origin may show the applicant of the credit, or another party named therein, as consignee. If a credit has been transferred, the name of the first beneficiary as consignee would also be acceptable.

185. 原产地证明可显示信用证受益人或运输单据上的托运人之外的另外一人为发货人或出口方。

185. The certificate of origin may show the consignor or exporter as a party other than the beneficiary of the credit or the shipper on the transport document.

第四章

信用证的风险

第一节
信用证的风险与防范

一

信息不对称视角下的信用证风险防范

（一）信用证的风险根源于信息不对称

信用证风险产生的根源在于参与博弈的贸易双方的信息不对称，拥有私有信息的一方存在利用私有信息占便宜的心理动机，行为表现为不讲真话和不守诺言，结果表现为欺诈。解决信息不对称的根本在于制度（机制）设计，即设计一个如何让对方讲真话、守诺言机制。通俗地讲，没有私有信息的一方可以设计一个精巧的"计谋"来"套出"拥有私有信息一方真实信息（意图）。例如，所罗门（Solomon）断案，中国古代的滥竽充数、指鹿为马等。

案例 4-1

所罗门（Solomon）断案

在两千多年前，所罗门当以色列国王的时候，一天两个女人为争夺一个男婴而来到所罗门王面前，请求他评判到底谁是男婴真正的母亲。

一个女人说："我的大人啊，我和她住在一起时生了一个男孩。三天后，她也生了一个男孩，夜里，这个女人睡着时压死了她的孩子，她却起来，趁我睡着时，从我身边把我的孩子抱走，放在她的怀里，将她的已死的孩子放在我的怀里，天将亮时，我起来给我的孩子吃奶，才发现孩子已经死了。我心中非常悲伤，等到天光大亮，我细细察看，才看出来，这不是

我所生的孩子。"另一个女人说:"不对,是你自己压死了你的孩子,你想抢我的孩子,你太没人性了。"

两个女人在所罗门的面前就争吵起来。所罗门一言不发,任她们吵。过了一会,所罗门见她们争执不下,便喝令侍卫拿一把剑来,要把孩子劈成两半,每人一半。这时其中一个女人说:"大王,不要杀死孩子。把孩子给她吧,我不和她争了。"所罗门听了却说:"这个女人才是真正的母亲,把孩子给她。"

案例 4-2

转运纠纷

某年我出口公司对墨西哥出口商品一批,对方来证在"转运"栏内规定"允许转运",而在"议付单据"栏内则要求提供"转运通知"。我方工作人员从逻辑推理上认为:来证既然允许转运,我方有转运或不转运的选择权。如不转运,便无义务也无必要提供"转运通知"。因而对议付单据栏内的转运通知未予以照办。结果遭到开证行拒绝付款。双方发生争议。

评析:

行为人之间的这种信息占有的不同称为信息不对称。其中要涉及不同行为人之间发生契约关系,否则就无所谓信息不对称。市场经济发展了几百年,都是处于不对称信息的情况之下,当人们没有发现信息不对称理论的时候,比如亚当·斯密的时代,市场并没有显示出那么多的缺陷,斯密甚至对"看不见的手"推崇备至,自由的市场经济理论学者都宣扬市场的自由调节,反对对市场的干预。信息经济学认为,信息不对称造成了市场交易双方的利益失衡,影响社会的公平、公正的原则以及市场配置资源的效率,并且提出了种种解决的办法。但是,可以看出,信息经济学是基于对现有经济现象的实证分析得出的结论,对于解决现实中的问题还处于尝试性的研究之中。例如,买者对所购商品的信息的了解总是不如卖商品的人,因此,卖方总是可以凭信息优势获得商品价值以外的报酬。交易关系因为信息不对称变成了委托—代理关系,交易中拥有信息优势的一方为代理人,不具信息优势的一方是委托人,交易双方实际上是在进行无休止的信息博弈。

本案例中的争议就是由于交易双方的信息不对称造成的。在交易中,交易方应注意合同中的每一个细节,并且在国际交易中,应掌握对方国家的相关法律法规,以免造成不必要的损失,导致对方拒绝付款。在案例中,一般人理解卖方的做法并无问题,但是买方正是钻了这种空子,所以拒绝付款。

(二)信用证风险产生的原因分析

1.中国信用证欺诈的现状

信用证结算方式是由托收方式演变而来,是一种比较完善的逆汇形式。由于信用证结算方式能保证进出口双方的货款或单据不至于落空,同时使双方在资金融通上得到便利,所以一般来说比汇款、托收结算方式更易为进出口双方所接受。这极大地减少了由于交易的不确定性风险而造成的付款的风险。

但信用证仅是以银行信用介入了商业信用,信用证也被少数不法的商人利用,作为进行欺诈的工具。据调查,境外拖欠中国企业外汇近百亿美元,仅从 1991—1995 年 7 月间,中国涉外企业逾期未收汇的款项就达数十亿美元,其中有意欺诈的拖欠额占 60%,资信不良的外籍企业的拖欠额占 20%,买方拒付或少付的 85% 是由单证不符、单单不一致造成的。中国每年因信用证欺诈造成银行垫款达数十亿元,每年因信用证欺诈被骗货、款更是无法估计。开证行不断调高开立信用证的保证金。

据商务部研究院的保守估算,截止到 2008 年 4 月,中国企业被拖欠的海外商账早已经超过 1 000 亿美元,并且每年以 150 亿美元左右的速度增加,而 2007 年次贷危机的发源地美国成为海外商账的重灾区,中国浙江近千家企业遭到美国企业的拖欠,大量拖欠国际货款也成为美国企业在次贷危机下转嫁损失的一种办法。这在国际贸易中,是一种很不道德的行为,中国企业现在的真实状况,是在一定程度上替美国承受次级贷风波造成的损失。

2. 信用证欺诈盛行的主要原因

(1)信用证仅是银行信用"介入"商业信用。

从信息不对称的视角来看,信用是指掌握私有信息的一方不去欺骗另一方的行为。

(2)信用证机制本身的性质。

信用证欺诈的手法和方式是多种多样的,但归结其出发点,都是利用了信用证机制的本身的"独立抽象原则(UCP600 第 4 条)"和"表面真实原则(UCP600 第 5 条)"。

(3)欺诈者利用各国对信用证法规的不同来逃避法律的制裁。

到目前还没有一个有关信用证的法律能被世界各国所接受,所以按照不同国家的法规对同一信用证案件的判决可能出现完全相反的结果。

(4)信用证诈骗还具有低成本、低风险和高利润的特点。

犯罪成本低、被惩罚的概率低也是信用证诈骗盛行的原因之一。

(三)信用证欺诈例外(fraud exception)的理论分析

1. 欺诈的含义

英美一般的把民商事判例通用的欺诈定义适用于信用证欺诈的定义。即欺诈是"任何故意的错误表述(misrepresentation)事实或真相以便从另一人处获得好处"。在 Black's Law Dictionary(《布莱克法学字典》)中关于欺诈的定义是:有意的曲解真相以便其他人依赖该曲解的真相从而从他人处获得本不属于他自己的有价值的事物或某种法律上的权利。通过语言或行为,通过说谎或错误的引导造成法律上的损失。有时欺诈和恶意(bad faith)是同义词。大陆法系国家法院一般也适用民法上的欺诈概念来界定信用证的欺诈。

2. 欺诈例外的理论基础

(1)英美法系国家的"欺诈使得一切无效"

"欺诈使得一切无效"是古罗马法的一项最古老的原则,公元前 61 年古罗马裁判官阿奎利马斯特将欺诈列为私犯的一种。在英美判例法国家里,欺诈例外的理论基础是"欺诈使得一切无效"。"欺诈使得一切无效"是民商法最基本的法律原则,L/C 欺诈也不例外。

(2)大陆法系国家的"诚实信用原则"

大陆法系国家关于信用证欺诈例外的理论基础是根据其德国民法典的第242条诚实信用原则以及受益人对合同权利的滥用确立的。"诚实信用原则"作为民法上的"帝王原则",是现代民法理论及立法和实践中普遍遵守的原则。受益人提交伪造的或带欺诈性陈述的单据,正是违背了诚信原则,如果在这种情况下仍坚持《跟单信用证统一惯例》,认为银行应对受益人付款,买方只能依据买卖合同向卖方索赔,显然是不公平的。

(3)"公共秩序保留原则"

公共秩序保留,英美法系国家称之为"公共政策",大陆法系称"排除条款"、"保留条款"或直接称"公共秩序"。它是指一国法院在依自己的冲突法规范本应适用某一种外国实体法作为涉外民事关系的准据法时,因其适用与法院国的重大利益、基本政策、道德的基本观念或法律的基本原则相抵触,而可以排除适用的一种保留制度。

现代各国基本上都确立了"诚实信用原则",要求民事主体应当诚实守信,否则就要承担相应的法律责任,信用证交易中,在开证申请人或受益人存在欺诈的情况下如仍适用UCP600就会显失公平。这样就可以排除UCP600没有信用证欺诈和欺诈例外的规定,从而在一定范围内突破信用证的独立性原则。

3. 中国信用证欺诈的相关立法与司法解释

中国《民法通则》实施意见第68条规定:"一方当事人故意告知对方虚假情况,或者故意隐瞒真实情况,诱使对方当事人做出错误意思表示的,可以认定为欺诈行为。"为了适应审判工作的实际需要,最高人民法院以司法解释的方式通过了《关于审理信用证纠纷案件若干问题的规定》(以下简称《规定》),这一规定已于2006年1月1日起生效。该《规定》共18个条文,其中从第8条至第15条一共8条专门就信用证欺诈和止付的实体与程序问题作出规定,几乎占《规定》法律条款总数的一半。

二

申请人的风险及防范

信用证具有独立自足性和表面真实单据化业务的特性。即信用证一经开立便独立于基础合同之外,即使基础合同无效,也不影响信用证的支付,只要单据符合信用证的要求,开证行就不能援引信用证之外的原因拒付货款。银行处理的仅是单据,在审单时只要"单单相符"、"单证相符",就应无条件支付(包括承兑)货款。银行对任何单据的形式、完整性、准确性、真实性、虚假性或法律效力,或对于单据中载明或附加的一般及/或特殊条件,概不负责;银行对任何单据中有关货物的描述、数量、重量、品质、状况、包装、交货、价值或存在,或对货物发货人、承运人、运输行、收货人、或货物的保险人或其他任何人的诚信或行为及/或疏忽、清偿能力、行为能力或资信状况,概不负责。银行的这种审查只限于表面,而没有去实质审查单据真实性的义务。

正是信用证这两点特性给欺诈者留下了可乘之机。卖方可能没能按照买方的要求完成合同,甚至根本就没有去履行合同,但只要能向银行提供信用证项下要求的单据(在高科技条件下,连法定货币也难逃被伪造之厄运,何况并不复杂的单据),卖方就能获得银行的付款。而银行据此原则免责,受害的便只有买方。

(一)信用证结算项下进口商(申请人)的风险

1. 单据的真伪与货物不符

(1)伪造、涂改单据。

如果出口商信誉欠佳,有伪造发票、提单等单据的可能时,进口商就有可能在不知情的情况下对空头提单付款赎单,以致产生严重后果。卖方可以通过伪造信用证所需单据,如提单、保险单去银行结汇,或者预借、倒签提单或是出具保函换取清洁提单,使其表面符合信用证要求。例如:

第一,著名的 1974 年 Lord Baron 案,发货人伪造了一张 2 万吨糖的提单取得了货款,索马里政府气愤之下将船长监禁,酿成重大外交事件。

第二,某年某外国公司向我国出口一批货物,承运人应托运人要求倒签了提单,托运人顺利结汇,船到我国港口后,我方聘请的律师上船查阅航海日志,发现提单的签发日期是伪造的,立即取得证据并向法院申请扣押该船,后以外国出口方同意赔款方才撤回起诉。

案例 4-3

卖方与船东合谋伪造单据,骗取买方货款的诈骗案

某年,我国某贸易公司(下称中方公司)与美国某贸易公司(下称美方公司)签订了一份进口白糖的合同。买卖双方在该合同中采用的贸易术语是 CFR 术语,同时合同中规定:

1. 由美方公司向中方公司供应 450 吨白糖。

2. 中方公司以信用证方式支付货款 260 万美元。

3. 由于是 CFR 价成交,租船由美方公司负责。

后来,美方公司按时向银行提交了全套单据,并顺利地通过银行结汇,拿到了 260 万美元的货款;但是目的港却一直都没有出现美方公司提交的单据中所述的承租的装运船舶,中方公司也就一直都未收到合同货物。而待中方公司发现已经上当受骗时,再与美方公司联系,该公司早已转移资金,逃之夭夭了。结果经查,美方公司已经不复存在,买方无法再找到美方公司,竟查出作为承运人的××环球航运公司是一贯的诈骗老手,该公司账面早就没有资产了,就是控诉该航运公司,也收不回货款,最后中方公司只有自认倒霉,损失惨重。这是一起卖方与船东合谋伪造单据,骗取买方货款的诈骗案。卖方凭全套假单据骗取了高额货款,而船东也从中凭一套假单据而不费吹灰之力得到一笔数目不小的酬金,双方合谋欺诈买方,使买方损失惨重。

---

(2)交货与合同不符。

卖方提供的单据虽然表面符合信用证要求,但货物假、劣或数量、质量均实质不符。

例如 1981 年我国某进出口公司向香港某公司进口一批马口铁,香港公司委托我驻香港的某船务公司用集装箱运输,并取得清洁已装船提单收取了货款,可货到开箱后发现里面装的却是盛满污水的旧铁桶。

案例 4-4

信用证支付方式给进口商带来的风险

　　1994 年 9 月,B 银行应 D 市 A 公司的申请开立了金额为 106 万美元、期限为提单后 120 天的远期信用证,合同标的物为进口红鱼,冷冻集装箱运输,信用证受益人为韩国 N 公司。同年 10 月,B 银行收到韩国 Y 银行寄来的全套单据,单证一致。于是,B 银行立即将单据提示给 A 公司要求承兑,此时,进口人 A 公司提货后发现货物质量存在严重问题:鱼内脏全部脱落,鱼身断裂,遂向 B 银行提出书面申请要求与 N 公司协商降价后再办理远期汇票承兑手续。B 银行电洽 Y 银行并得到了 Y 银行的确认电。之后双方就降价和补偿供货问题进行了艰难的协商,最后达成了"降价至 79 万美元、5 月 26 日付款、4 月底前补偿供货 3 000 吨"的协议,B 银行得到各方确认后承兑。但 N 公司又一次拖延、违约,没有履行 4 月底前补偿供货的义务,致使进口商 A 公司的内贸合同难以执行,A 公司面临着国内数家买方提出索赔的尴尬局面。于是 A 公司向 N 公司要求分期付款(5 月 26 日先付 23 万,余款 56 万待达成新协议后再付)。B 银行按期付出第一期款之后,N 公司一再拖延,躲避 A 公司的追索,没有履行新协议的诚意,反而指示 Y 银行向 B 银行追付余款。很显然,N 公司是因为得到了银行的承兑和第一期付款想直接从银行收款了之。A 公司认为 N 公司的做法属于明显的欺诈行为,坚决不同意支付余款。遂向当地人民法院提出申请,要求停止支付该信用证项下的 56 万美元。该市中级人民法院于 12 月向 B 银行下发了止付令,止付金额为 56 万美元,止付时间为 6 个月。

　　按常理,此案下一步应进入司法程序。但 N 公司是当时韩国乃至世界知名企业,便利用各种关系找到 B 银行北京总行和 D 市人民银行,并通过人民银行要求 B 银行出示国内立法中关于止付令的法律依据,又向中国驻韩国大使馆递函,并声称要将 N 公司在 D 市所在的 L 省的投资全部撤回,甚至以中止在建项目进行要挟。B 银行考虑到 N 公司的影响以及银行已经承兑的事实,尽管做了很大努力想从国内立法中找到一些法律依据,但确实没有从国内法律中找到关于止付令的依据,所以只好遵照总行的命令,同 A 公司一起向 D 市中级人民法院申请撤销了止付令,并将 56 万美元的余款全额付出。A 公司没有得到 N 公司的补偿供货,又支付了国内数个买家的违约金,损失高达 400 多万元人民币。

　　这一案例所反映出的问题暴露了信用证支付方式的缺陷。当今国际贸易中普遍使用的信用证支付方式具有三大特点:①开证行承担第一性付款责任;②信用证作为一份独立自主的法律文件,独立于基础贸易合同;③信用证是单据交易,银行只管单,不管货。这些特点一方面极大地便利了国际贸易的进行,另一方面,也给参与交易的当事人提供了违约甚至违法的机会,对交易活动形成障碍,扭曲了国际贸易中的公平交易原则。从上述案例中即可看出信用证的主要缺陷有两点。

　　缺陷之一:信用证的三大特点使银行的付款责任同买卖双方国际贸易合约项下的履约责任分离开来,银行无法对基础交易过程进行有效的监控。在实践中,表现为银行信用证的交易流程同进出口双方的贸易流程是两个不同的线路,加上信用证交易的复杂性和交易过程中的融资功能,使它经常成为被诈骗分子所利用从事诈骗活动的主要工具。例如,从 20 世纪 80 年代中期首起针对中国企业的钢材诈骗案开始,金额达数百万美元的信用证诈骗有增无减,都是利用信用证交易方式下单据流转过程同基础交易过程相分离的特点进行诈骗,并且往往是团伙诈骗或内外勾结诈骗,其典型特征是无基础交易存在、"假买假卖"、"假单无货",旨在套取银行融资或不知情的第三方即最终买家的定金或预付款。

缺陷之二:信用证项下银行只对物权单据与信用证条款之间的表面一致性负责,单据符合信用证要求,银行就实施付款,而不管与单据有关的货物、服务及其他行为方面出现的问题。信用证交易机制的设计更注重对卖方利益的保护,这就为卖方(受益人)滥用信用证项下的权利提供了空间。在过去 20 多年的国际贸易中,信用证支付方式下卖方以次充好、以劣充优的欺诈案件不断发生,受益人滥用权利提出不公平索款要求的案例屡见不鲜,其特点是有基础交易存在、"真买真卖"、"真单劣货",但卖方存在欺诈行为。这与信用证这种支付和融资工具本身的目的背道而驰,如果绝对坚持信用证独立性原则,遇到卖方有欺诈行为时,银行仍被要求凭单付款,买方就会遭受损失,这无疑违背了国际贸易中的公平交易原则。

几点启示:

启示一:本案例的关键在于受益人在履行国际商务合同中具有明显的欺诈行为,货物质量严重不符合同规定,给买方造成了巨大的损失;开证行虽然也想维护国内买方的利益,但由于其第一性的付款责任,无法拒付。因此,我国的进口企业在使用信用证支付方式时,应全面了解国外出口商的信誉,必要时可通过咨询公司调查了解;对于不甚了解的出口商,合同金额不宜过大。

启示二:本案例中开证行的不当之处在于承兑到期后应及时付款,不应拖延付款。

启示三:本案例中法院出具的止付令找不到立法依据,使 B 银行和 D 市法院处于被动局面,因此,应完善我国信用证欺诈和止付的立法,以便在国内进口企业遭遇国外卖方的欺诈时,能够有理有据地向人民法院申请签发止付令。

2. 提货担保中的风险[L/C 中提单径(直)寄开证人]

提货担保是信用证方式下对进口商的一种融资,它是开证行应申请人要求,根据出口商出具的提单传真件签发提货担保,就此放弃对货物的控制权,如同放单。当进口商要求开证行出具此担保时,开证行一般都会要求进口商提供书面承诺,保证不论对方银行寄来的单据是否与信用证相符,都必须对外付款,有的开证行还要求进口方存入全额的保证金,即意味着即使进口商提货后发现货物有问题也不能拒付。

有些不法出口商利用运输航程较短、货物在单据之前到达出口地或有意延迟提交单据,迫使进口商为避免压港费用而作提货担保。所以,当货物交易发生在较短航程时,进口商在开证时必须注意控制交单期。而对于信用不明的出口商,进口商最好等待发票、集装箱、质检证等其他记载详细的关键单据和正本提单到来,经审核单证相符后提货。对于大宗货物进口,进口商更需要谨慎,切不可因随便作担保提货而因小失大。

案例 4-5

信用证申请人受骗案

中国 A 公司于 2007 年 8 月 30 日在 M 行开立金额为 USD68 000.00 的即期信用证,进口废塑料,受益人为孟加拉国 B 公司。信用证效期为 2007 年 10 月 15 日,装期为 2007 年 9 月 30 日,从孟加拉国装运至宁波港,交单期为提单日后 15 天内。

9 月 14 日,M 行收到孟加拉国 C 银行寄送的单据一套,金额为 USD65 280.00,装船日期为 9 月 11 日。但提单抬头做成议付行 C 银行,与 M 行信用证要求做成申请人 A 公司不符(我国海关要求进口废品的提单抬头要直接做成申请人抬头),A 公司因通关可能会遇到麻烦,与 B 公司协商修改提单。B 公司态度强硬,坚持不改单,继而联系困难。鉴于 B 公司这种避而不见的不合作态度,A 公司对这笔交易的前景充满忧虑。经查询各船公司,均无该笔提单的任何信息。提单上的放货代理船公司位于上海,未显示详细地址及电话,一时无法找到。待 A 公司终于找到这家船代理,竟发现还有好几家公司也在找自己的货物,情况与其类似。根据提单上显示的 4 个集装箱号码查询,发现有些集装箱已在其他港口卸货,有些根本不是运往中国。公司判断这是一个诈骗案。

对于 A 公司来说,当务之急是如何止付信用证项下的货款,根据 UCP600 规定,9 月 21 日是处理单据的截止日期,M 行审核全套单据后,提出了 4 个不符点,于 9 月 21 日发出了拒付电。拒付后,议付行未来电反驳,拒付是成功的。

但是风险仍未完全解除,根据信用证规定,只要受益人不迟于 9 月 26 日通过议付行寄出更正后的单据,M 行仍需承担付款责任,除非 M 行在最终付款日期前收到法院的止付令。因此 M 行告知申请人先向法院咨询申请止付令的程序,待 M 行收到更正单据后立即告知申请人提出申请。

最终 M 行未收到更正来单,该票信用证项下的付款责任基本解除。A 公司损失了一部分预付款,但避免了信用证项下的更大损失。

评析:

从事国际贸易,最重要的是要了解贸易对手的资信情况。信用证作为一种被进出口商普遍接受的结算工具,它的特点是开证行对相符交单(指与信用证条款、UCP600 的相关适用条款以及国际标准银行实务一致的交单)承担第一性付款责任,银行只看单据的表面真实性,这个特点很容易被别有用心的人利用来实施诈骗。而且信用证结算方式保护的主要是卖方,因为信用证是银行开立的保证付款而不是保证交货的文件,一旦出现诈骗,买方根据信用证条款支付了货款也不一定得到相应的货物。据 A 公司称,B 公司是自己找上门要求合作的,这次是第一次交易,除了开立信用证以外,还预付给 B 公司部分货款,这部分损失已无法挽回。但 A 公司付款前查货物动态的做法是值得提倡的,至少可以保证凭提单有货可提。

3. 时间的风险

(1)汇率变动——所需付汇的货币升值

出于资金融通考虑,进口商常常开立远期信用证,目的就在于方便进口商销售货物后进行付款,此类远期信用证付款到期日长短不一,有的甚至长达数年时间。可想而知,在这样的情况下,假如信用证下需要支付的货币发生升值,进口商到期付汇的时候就需要付出更多的本币去购买外汇,有时候在国际货币价格变动剧烈的情况下,甚至造成用于付汇的成本超出了本来就微薄的利润。

(2)市场变化——商品价格下跌

进出口双方为方便长期的贸易合作,常常开立方便于长期供货的远期信用证或者循环信用证。在这种情况下,会给进出口双方省去了经常开证的麻烦。但是此种情况下隐藏的风险是很大的。市场上的商品,尤其是热门敏感商品的价格波动有时是很大的,商家很难预测价格的升跌。当相符的单据到达开证行,开证行就必须付款。如果此时商品的价格大幅度下跌、销路不畅的话,进口商就不得不承担这种风险。

(二)买方为保障自己的正当权利而采取的保护措施

(1)选择 FOB 贸易术语进行交易,或者是班轮运输的 CFR 或 CIF,因为在这些交易条件下买方提供的部分单据需由较为公正的第三方签发,而第三方参与欺诈的可能性相对较小。

(2)第三方检验。买方要求独立的第三方对货物进行检验并出具检验证书。世界各国都有一些独立的像公证行一类的检验机构,专门从事进出口商品的检验。

(3)装船通知(shipping advice)。对大额商品的出口,一般要求卖方发货后用传真或电传发给买方一份装船通知,主要内容包括:货物的数量、船名、船期等。收到装船通知后,买方将有关船情资料提供给国际商会的海事局进行调查,以确定船情资料的真伪。

(4)传真单据。要求卖方在信用证项下的单据备齐后,传真给买方以便对单据的真伪进行鉴别。

(5)装船前检验并监装。"装船前检验"就是前面提到的"第三方检验",之所以还要加上第三方监装,主要是为了防止卖方将货物掉包。这方面,我们吃过很多亏。例如,我国进口木材,国外第三方检验后没有任何问题,符合合同要求。等我们收到货物后,却发现全是一些朽木和杂木。国外检验机构说,这不能怪他们,木材确实没有问题,至于卖方装上船的是不是这批货就与他们无关了!因此,为了防止掉包事件的发生,我们可以要求第三方进行监装,并出具监装证书。

(6)买方监装。对于大宗货物的进口,买方自己派人监装。不过这里需要强调的是,一定要选派责任心强的人员监装。

案例 4-6

信用证申请人受骗案

某公司从美国进口木材,合同金额 300 多万美元,买方在合同和信用证中规定了买方派人验货并签发检验证书的条款,该公司也正想借这个机会安排几个人出趟国。该公司进口部经理就带了一个四人小组到了美国,卖方马上拉他们去码头验货。到码头一看,货物质量很好,全是又粗又长的松木。卖方告诉验货小组,船过两天才能到,你们初来美国他们一定会尽地主之谊。验货小组一看,对货物质量很满意,以为很困难的验货任务这么容易就完成了,就同意了卖方的安排。这一玩就是一个多星期,等验货小组会到码头一看,货也没了,船也没了。卖方说,船已装上货走了,请签字吧。验货小组就在检验证书上签了字。过了半个多月,船到了,买方到码头一看,傻了眼,整个是一船杂木。找专业人士估价,仅值 70 多万美元。买方是哑巴吃黄连,有苦说不出。

三

受益人的风险及防范

受益人(出口商)对风险的防范一般有三种情况：(1)对伪造信用证的防范；(2)对信用证"软条款"的识别；(3)对信用证中"提单径寄开证申请人"条款的处理。

(一)伪造信用证的风险与防范

我银行收到国外某银行开证，受益人为我某进出口公司，其开证行与我通知行无代理关系，该信用证密押是借用第三国银行的，我通知行向该第三国查询，并通知受益人不要发货。经查明，该第三国银行从未发出确认密押，开证行也未开立此信用证。

不法分子利用伪造、变造的信用证绕过通知行直接寄给出口商，引诱出口商发货，从而骗取货物。

1. 信开信用证诈骗一般有如下特征

(1)信用证不经通知，而直达受益人手中，且信封无寄件人详细地址，邮戳模糊；

(2)所用信用证格式为陈旧或过时格式；

(3)信用证签字笔画不流畅，或采用印刷体签名，或信用证的签字无从核对；

(4)信用证条款自相矛盾，或违背常规；

(5)信用证常要求货物空运，或提单做成申请人(进口商)为收货人；

(6)信用证以信开形式开出，随附该伪造开证行的印鉴，而该签样也是伪造的。

在此情况下，如果通知行风险防范意识不足，没有采取必要的防范措施，则会按正常程序将该信用证通知受益人，日后发生的损失需由通知行承担。

案例 4-7

伪造信开信用证诈骗

河南某外贸公司曾收到一份以英国标准麦加利银行伯明翰分行(STANDARD CHARTERED BANK LTD. BIRMINGHAM BRANCH, ENGLAND)名义开立的跟单信用证，金额为 USD37 200.00 元，通知行为伦敦国民西敏寺银行(NATIONAL WESTMINSTER BANK LTD. LONDON)。

经受益人当地银行专业人员审核，发现几点可疑之处：

(1)信用证的格式很陈旧，信封无寄件人地址，且邮戳模糊不清，无法辨认从何地寄出；

(2)信用证限制通知行——伦敦国民西敏寺银行议付，有违常规；

(3)收单行的详细地址在银行年鉴上查无；

(4)信用证的签名为印刷体，而非手签，无法核对；

(5)信用证要求货物空运至非洲某些国家，而该国为诈骗案多发地。

根据以上五点，银行初步判定该证为伪造信用证，后经开证行总行联系查实，确实如此。从而避免了一起伪造信用证诈骗。

---

2. 盗用或借用他行密押(密码)制作假的电开信用证,通常有如下特征

(1)来证无押,条款中要求通知行与第三家银行核押,而第三家银行的确认电文没有加押。同时,通知行会收到自称是核押行发来不加押的证实电,不法分子利用通知行跟进核实该密押的空当,诱骗受益人上当。

(2)来证装运期、有效期较短,以迫使受益人仓促发货。

(3)来证规定装船后由受益人寄交一份正本提单给申请人。

(4)开立远期付款信用证,并许以优厚利率。

(5)信用证中申请人与收货人分别在不同的国家或地区。

(6)伪造人先提交一份信用证副本或将信用证传真给受益人,有的还将以前类似的旧信用证的格式、条款交给受益人,随后再谎称稍后将有一张类似的正式信用证开出,从而初步取得受益人的信任,以至于受益人在没有得到银行核对该证的情况下备货甚至发货。

(7)单据要求寄第三家银行,而第三家银行是不存在的。

例如广西某中行曾收到一份署名印尼国民商业银行万隆分行(PT BANK DAGANG NE-GARA <PERSERO>INTL ORERATION,BANDUNG,INDONESIA)电开的信用证,金额约为80万美元,来证使用开证行与渣打银行上海分行之密押。后来,该中行去电上海渣打银行核实,得到复电:“本行不为第三家非其集团成员银行核实,且不负任何责任。”该中行只好转查开证行总行,但被告知:“开证行从未开出此证,且申请人未在当地注册,无业务往来记录。”显然,这是一份盗用他行密押并伪冒印尼国民商业银行的假信用证。

若想防范这些风险,需要业务员有高度的责任心和丰富的经验,并且需要其多从案例中了解各种案情,分析各种欺诈手法,并加强银行和企业之间的联系。

此类风险防范的关键是,谨慎对待渠道不明的信用证。只接受经由出口方当地银行通知的信用证将能有效地控制风险。

案例 4-8

电开信用证诈骗

某中行曾收到一份由加拿大 AC 银行 ALERTA 分行电开的信用证,金额约 USD100 000,受益人为安徽某进出口公司。银行审证员发现该证存在以下疑点:

(1)该证没有加押证实,仅在来证注明“本证将由××行来电证实”;

(2)该证装效期在同一天,且离开证日不足一星期;

(3)来证要求受益人发货后,速将一套副本单据随同一份正本提单用 DHL 快邮寄给申请人;

(4)该证为见票45天付款,且规定受益人可按年利率11%索取利息;

(5)信用证申请人在加拿大,而收货人却在新加坡;

(6)来证电传号不合常理。

针对这六个疑点,该中行一方面告诫公司“此证密押未符,请暂缓出运”,另一方面,赶紧向总行国际部查询,回答:“查无此行。”稍后,却收到署名“美洲银行”的确认电,但该电文没有加押证实,于是该中行设法与美洲银行驻京代表处联系,请求协助核实,最后得到答复:“该行从未发出确认电,且与开证行无任何往来。”至此,终于证实这是一起盗用第三家银行密押的诈骗案。

3. 进口商在开来的信用证中故设障碍

（1）进口商不依合同开证

信用证条款应与买卖合同严格一致，但实际上由于多种原因，进口商不依照合同开证，从而使合同的执行发生困难，或者使出口商招致额外的损失。最常见的是：进口商不按期开证或不开证（如在市场变化和外汇、进口管制严格的情形下）；进口商在信用证中增添一些对其有利的附加条款（如单方面提高保险险别、更改金额、变换目的港、更改包装等），以达到企图变更合同的目的；进口商在信用证中作出许多限制性的规定等。

案例 4-9

信用证的到期日与交单期

中国 A 公司与美国 B 公司签订了一份国际货物买卖合同，由 A 公司向 B 公司销售一批工艺品，双方在合同中约定采用信用证方式付款。合同订立后，B 公司依约开来信用证。该信用证规定，货物最迟装运期至 9 月 30 日，提单是受益人 A 公司应向银行提交的单据之一，信用证到期日为 10 月 15 日，信用证未规定交单期。A 公司于 9 月 12 日将货物装船并取得提单，提单的日期为 9 月 13 日。10 月 5 日 A 公司向银行交单议付，银行采用已过交单期为由拒绝付款。

评析：

本案涉及信用证的到期日和交单期的问题。

信用证的到期日是银行承担付款、承兑及议付货款责任的最后期限。信用证的受益人若晚于信用证规定的到期日提交单据，银行有权拒付。根据 UCP500 第 42 条的规定，所有信用证都应规定一个到期日，受益人必须于到期日或到期日之前提交单据。信用证上规定的付款、承兑或议付的到期日，将视为提交单据的到期日。如果开证行注明信用证的有效期为"一个月"、"六个月"或类似规定，但未指明自何日起算，开证行开立信用证的日期即视为起算日，以此确定信用证的到期日。据此，信用证未规定到期日是无效的，不能使用任何晚于有效期限提交的单据，银行是有权拒付的。

信用证的交单，其实是针对要求提交运输单据的信用证而言的。根据 UCP500 第 43 条的规定，信用证除规定一个交单到期日外，凡要求提交运输单据的信用证，尚需规定一个在装运日后按信用证规定必须交单的特定期限。如果未规定该期限，银行将不予接受迟于装运日期后 21 天提交的单据。但无论如何，交单期不得迟于信用证规定的到期日。即此时受益人的交单要受信用证对交单期的规定的约束，促使其在出运后及时交单以保障开证申请人的利益。如果受益人出运后不及时交单，会影响开证申请人及时提货转售，贻误商业时机。

本案中，信用证的到期日是 10 月 15 日，A 公司交单议付的最后期限本应是 10 月 15 日，但未规定装运日后必须交单的特定期限，所以 A 公司应在装运日期后 21 天以内向银行提交议付。A 公司实际到 10 月 5 日才交单，违反了装运日期后 21 天递交单据的规定，银行有权拒付。另外，根据 UCP500 的第 44 条及第 17 条的规定，若信用证的到期日或交单的最后一天，适逢接受单据的银行终止营业，则规定的到期日或交单期的最后一天将延至该银行开业的第一个营业日。若该银行中断营业是因为天灾、暴动、骚乱、叛乱、战争、罢工、停工或银行本身无法控制的任何其他原因，则信用证规定的到期日或交单期的最后一天不能顺延。本案中，如果 10 月 4 日是星期日，银行对外不办公，则依上述顺延规定 A 公司于 10 月 5 日交单，银行就不能以已过期为由而拒付。

（2）进口商利用信用证严格一致的原则进行欺诈

进口商蓄意在信用证中增添一些难以履行的条件，或设置一些陷阱。信用证上存在字误，如受益人名称、地址、装运船、地址、有效期限等打错字，不要以为是小瑕疵，它们将直接影响要求提示的单据，有可能成为开证行拒付的理由。此外，信用证中规定禁止分批装运却又限定每批交货的期限，或既允许提示联运提单却又禁止转船，或者要求的保险种类相互重叠等，这些无疑是相互矛盾的。

如果遇到以上提到的，卖方就应提高警惕，最简单的方法，当然是立刻要求对方修改信用证。有时也只能这么做，因为有些条件是无论如何做不到的，如：国外开来的信用证规定，要求投保伦敦协会的保险和中国人民保险公司的保险条款，但根据中国人民保险公司的规定，战争险属于特殊附加险，只有投了基本险才能加投附加险。因此，中方出口商应及时联系客户，在同一家保险公司投保。

但修改信用证买方会增加额外的费用，买方常常不愿修改信用证。这时作为卖方，就应该具体问题具体分析。如果对方资信度不高，宁可放弃这笔业务也不要去冒这个风险。如果对方的资信较好，一些条款卖方是可以采取灵活变通的方式来达到信用证的要求的。

例如，某信用证上有这样一段文字：CREDIT AVAILABLE WITH ANY BANY BY NEGOTIATION AGAINST PRESENTATION OF BENEFICEARY'S DRAFTS AT SIGHT DRAWN ON YOURSELVES FOR 100PCT OF THE NET INVOICE VALUE［此信用证将接受受益人开具的以贵行（通知行）为付款人、100％发票金额、可在任何银行办理议付的即期汇票］。对于这段文字，可以认为：

①如果通知银行承诺保兑（CONFIRM），我们就可以认为它不存在打印错误和指代不明的问题，此处信用证不用修改。

②如果通知行不承诺保兑，则文中 YOURSELVES 必须指明通知行还是开证银行或者其他明确指定的付款银行。否则，受益人将蒙受损失。

又例如，有的信用证上没有规定允许转船（运），有的甚至明确规定不允许转船或转运，而货物又必须转船（运）时，卖方可以充分利用 UCP600 中关于转运的说明来灵活处理。

案例 4-10

开证行与买方勾结恶意挑剔不符点案

2006 年 5 月间，被保险人 A 公司向孟加拉国买方 R 公司出运 5 票灯芯绒面料，合同金额 30 余万美元，支付方式为 L/C120 天。在安排货物出运后，A 公司立即通过中国银行向开证行 J 交单。

然而 3 周过后，中行仍然没有得到来自开证行的任何反馈，A 公司查询 DHL 递送记录发现，全套单证早已送达开证行。

在开证行迟迟不对询问做出回复，买方 R 公司也突然杳无音信的情况下，A 公司按照保单规定，向中国信保通报了可能损失，请求给予协助和支持。

案件处理：

接到被保险人报损后，中国信保立即开始着手进行案件的调查工作。就在这时，被保险人突然获悉：货物在抵达孟加拉国吉大港后不久，买方 R 公司就持正本提单提取了全部货物。

此时，距离全套单证送达已经一月有余，开证行也终于不再沉默，发来了在 A 公司交单之后的第一封电文。在这封迟到的电文中，开证行提出受益人 A 提交的单据存在"不符点"，因而拒绝承兑。A 公司对此反应强烈，指出自己提交的单据完全符合信用证规定，而且银行的这种操作不符合国际操作惯例。

经审理，中国信保发现该信用证明确约定适用 UCP500。根据 UCP500 第三章第 13 条的规定，开证行应在不超过收到单据翌日起算的七个工作日内审核单据，以决定是否接受或拒收单据，并相应地通知从其处收到单据的一方。在本案中，孟加拉国 J 银行已经明显违反了上述义务，存在信用问题，其拒绝承兑行为已经给被保险人造成了损失，损因属于中国信保赔偿责任范围。基于以上判断，中国信保对被保险人 30 余万美元损失进行了足额赔付。

在案件赔付后，考虑到由 A 公司通过通知行向开证行进行的多次抗辩均告无效，中国信保决定将本案委托给中国信保在孟加拉国当地的追偿渠道律师，启动针对开证行的追索程序。极富戏剧性的是，渠道律师之前就与 J 银行有过交锋，并在不久前刚刚成功追回一笔欠款（真是无巧不成书）。据律师反馈，该银行虽然规模较大，但在国际业务中经常不按照国际惯例操作。此后，在被保险人、中国信保和渠道律师几方面的联合调查下，整个事件的来龙去脉开始水落石出：在货物到港后，买方以向银行提交保证函的形式直接取得了正本提单并凭以提货，但由于产品市场价格下跌，买方遂指示开证行恶意挑剔不符点并拒绝承兑。买方 R 公司恰于此时跳了出来，借机要挟被保险人 A 公司，提出如果 A 公司同意将货物降价销售，则 R 公司将会指示开证行重新承兑并支付货款。

掌握上述情况后，中国信保对案情进行了全面评估，并决定不对买方做任何让步，而是委托律师与 J 银行展开谈判，力图从开证行这一环节打开缺口。2006 年 12 月 7 日，在律师与 J 银行国际部负责人进行了整整一天的艰苦谈判后，J 银行终于承诺，将于近期全额无条件付款。12 月 12 日，出险项下货款 30 元万美元全部收回。

评析：

本案中，本应承担第一性付款责任的开证行与买方恶意勾结，通过恶意挑剔不符点的手段来达到协助买方逃避付款责任的目的，情节十分恶劣。综观整个案件，我们可以得到几点启示：

（1）开证行风险不容忽视。

诚然，信用证是实务界公认的安全系数相对较高的一种贸易结算方式，但我们同样不应忽视其中隐藏的风险。正像本案反映出来的情况，一些国家和地区的某些银行在进行国际业务操作时，并不总是严格依照国际行业惯例行事。例如，某些南亚的开证行在接受开证申请人申请时，一方面不要求申请人提供全额保证金；另一方面，在远期信用证受益人提交单据，开证行进行承兑后，如果到期后开证申请人没有将全额货款打给开证行，则开证行此时就可能会罔顾其在信用证下的第一性付款责任,拒绝向受益人支付货款。

出口商为了规避以上风险,通常可以要求买方选择国际银行排名较高的银行开立信用证,或者指定具备国际信誉的大银行为该信用证的保兑行。如果由于开证行资信太差或信用证本身存在问题导致指定行拒绝对信用证加具保兑,则出口商就应冷静考虑,这笔业务是否值得冒如此大的风险。

(2)信用证业务中的买方风险值得关注。

信用证一经开出,便与基础贸易合同相分离,具有相对的"独立性",只要出口商提交的单证相符、单单相符,开证行就应付款。如此看来,信用证交易似乎已经与买方信用的好坏关系不大。但实际上,在很多出现开证行风险的信用证案件背后,都有买方的身影存在。一些买方会人为地设置"软条款"等陷阱,使出口商在交单时遭遇重重阻碍,最终导致开证行以"不符点"为由,"合理"地拒付货款。此外,很多买方在有利可图时往往表现尚可,但在遭遇市场下滑等意外风险时,便会采用各种手段向出口商转嫁风险。以本案为例,据我们了解,孟加拉国买方通常从我国浙江等地进口纺织品面料,在孟加拉国当地进行加工后再转售欧美等发达国家的买方。

虽然中国到孟加拉国的船期不长,但在进口面料时,买方还是会选择账期超过 120 天的远期信用证进行结算,这样就可以在下家付款后再向我国出口商支付货款。由于多数进口商本身实力一般,抗风险能力较差,如果其应收账款因为种种原因不能及时收回,此时部分买方就会与开证行同谋寻找各种借口延付甚至拒付货款。所以,在采用信用证方式交易时,出口商应在评估银行信用的同时,注意收集、了解和评估买方所在市场、行业的情况,防患于未然。

4. 伪造信用证修改书诈骗

所谓"伪造信用证修改书诈骗"是指诈骗分子不经开证行而径向通知行或受益人发出的信用证修改证书,企图钻出口方空子,引诱受益人发货,以骗取出货物。

这种诈骗带有如下特征:

(1)原证虽是真实、合法的,但含有某些制约受益人权利的条款,亟待修改;

(2)修改书以电报或电传方式发出,且盗用他行密押或借用原证密码;

(3)修改书不通过开证行发出,而直接发给通知行或受益人;

(4)证内规定装运后邮寄一份正本提单给申请人;

(5)来证装船有效期较短,以迫使受益人仓促发货。

例如:一个 USD1 092 000.00 元的信用证,受益人为海南某外贸公司。来证含有这样一个"软条款":只有在收到我行加押的电报修改书并经通知行通知的买方装运指示、指定运输船名、装运日期时,才可装船;而且该修改书必须包括在每套单据中议付(SHIPMENT CAN ONLY BE EFFECTED UPON RECEIPT OF BUYER'S SHIPMENT INSTRUCTIONS NOMINATION NAME OF CARRYING VESSEL DATE OF SHIPMENT IN THE FORM OF OUR AUTHENICATED CABLE AMENDMENT THRU ADVISING BANK AND COPY OF SUCH AMENDMENT MUST BE INCLUDED IN EACH SET OF DOCU-MENTS FOR NEGOTIATION),同时,规定:"1/3 的正本提单在装船后快邮寄给申请人"。当地中行在将来证通知受益人时,提请其关注这些条款,并作好防范。稍后,当地中行又收到原证项下电开修改书一份,修改书指定船名、船期,并将原证允许分批装运改为禁止分批装运,但其密押却是沿用原证密押。该中行马上警觉起来，并迅速查询开证行，在确认该电文为伪造修改书后，立即通知受益人停止发货。而此时，受益人的出口货物（70吨白胡椒）正整装待发，其风险不言而喻。

5. 涂改信用证诈骗

是指诈骗分子将过期失效的信用证刻意涂改，变更原证的金额、装效期和受益人名称，并直接邮寄或面交受益人，以骗取出口货物，或骗取银行融资。

这种诈骗往往具有以下特征：

(1)原信用证为信开方式，以便于涂改；

(2)涂改内容为信用证金额、装效期及受益人名称；

(3)信用证涂改之处无开证行签证实；

(4)信用证不经通知行通知，而直接交受益人；

(5)金额巨大，以诈取暴利。

例如：江苏某外贸公司曾收到一份由香港客商面交的信开信用证，金额为127 318万美元。当地中行审核后，发觉该证金额、装效期及受益人名称均有明显涂改痕迹，于是就提醒受益人注意，并立即向开证行查询，最后查明此证是经客商涂改，面交给外贸公司，企图以此要求中方银行向其开出630万美元的信用证，以便在国外招摇撞骗。事实上，这是一份早已过期失效的旧信用证。幸亏我方银行警惕性高，才及时制止了这一起巨额信用证诈骗案。

(二)信用证的"软条款"的诈骗

"软条款"俗称"陷阱条款"，顾名思义，这类条款生效方式表现出来虚假性和隐蔽性，往往出口商不容易识别而疏于防范，最后落得个货款两空。"软条款"指的是在一份不可撤销信用证中，规定有若干赋予开证申请人单方面可随时解除付款责任主动权的条款，使得表面为不可撤销的信用证变为可撤销的信用证。据此条款，开证申请人（买方）或开证行具有单方面随时解除付款责任的主动权，即买方完全控制卖方，是否付款完全取决于买方的意愿。这种信用证实际变成了随时可以撤销永远无法生效的信用证，银行中立担保付款的职能完全丧失。如果遇到心怀叵测的奸商，则凭借信用证"软条款"还可以骗取卖方的保证金、质押金、履约金、开证费等。

"软条款"具有极大的隐蔽性，现将外贸实践中常见的"软条款"归纳以下几种：

1. 关于货物运输的限制条款

(1)开证申请人（买方）通知船公司、船名、装船日期、目的港、验货人等，受益人才能装船。此条款使卖方装船完全由买方控制。

(2)规定受益人不易提交的单据，如要求使用CMR运输单据。

(3)信用证限制运输船只、船龄或航线等条款。

(4)本证经当局（进口国当局）审批才生效，未生效前，不许装运。

案例 4-11

关于货物运输的限制软条款

北方某市的一出口商收到国外开来的信用证，购买石碱，在装运条款中虽然有装运效期，但又规定具体的装运日期和船名将由买方在装运前另行通知。为此，出口商在信用证

告知的装运效期前,将全部货物运到大连港,等待进口商的装船具体日期。殊料,这时石碱的国际市场情况不好,价格下跌,进口商毁约,不再发来具体的装运日期和船名的通知,致使出口商无法使用该信用证装运货物,从而造成不小的损失。

评析:

国际上现在通用的信用证都是不可撤销的,从而可以保障出口商只要按信用证的要求办理出口和制作单据,就能收到货款。但是,信用证上的条款和要求必须是出口商能够办得到的,更不能有受制于进口商的条款。除了本案的情况外,尚有国内出口花岗石的交易,来证中规定出口商提供的商检证必须要有由开证申请人授权的有权签字人签署,实际上,有这类信用证条款的交易完全是由进口商控制,尽管信用证有确切的付款承诺条款:"我行在收到单证相符的单据时将保证按照议付行的指示偿付货款",但这类信用证如进口商不再发来装运日期和船名或进口方的授权人拒绝在商检证上签字,这时要么出口方无法装船,取不到有关的单据,那么开证行的确切承诺是空的;要么,出口商另行装运取得有关单据,但这只能是单证不符的单据,开证行仍然不会给予付款。因此,接受这样条款的信用证,明显地对出口商来说是很不安全的,会承担不能装运或单证无法相符的风险。出口商在签约时一定要注意信用证中的软条款陷阱,凡是非出口商所能做到的或由进口商控制的各种条款都应提高警惕,拒绝接受,避免上当。

2. 另加信用证生效的条款

(1)信用证到期地点在开证行所在国,有效期在开证行所在国,使卖方延误寄单,单据寄到开证行时已过议付有效期;

(2)设置质量检验证书障碍;

(3)卖方议付时需提交买方在目的港的收货证明。

案例 4-12

含有卖方验货并签发检验证书的软条款

国外的进口商拿到联合国招标的一个项目,为联合国维和部队提供一次性的战地医院使用的床单和枕套共 50 万套。这笔生意的利润率是 50%,但要求中国出口商要先付履约金、介绍费,而且合同中含有卖方验货并签发检验证书的软条款。中方银行了解情况后,告诉出口商,这笔生意可能有问题。很明显,联合国维和部队怎么会需要那么多战地医院使用的床单和枕套,除非第三次世界大战打起来。出口商一开始还听不进银行的意见,银行就要求出口商试着按银行提供的条件与进口商修改合同。

第一,不先付履约保证金,改为出口方银行出具履约保函。

第二,把合同中的买方派人验货改为由第三方国家商检局检验。

第三,介绍费要等收到货款后再付给中间人,哪怕多给一些。

客户与国外进口商一谈这些条件,对方马上就不谈了。本来这就是诈骗,想用高利润引诱你,你识破了他的手法,他还怎么谈!现在是市场经济,竞争激烈,过去生意是 10 个人抢,现在是 100 个人在抢。如果遇到天上掉馅饼的高额利润,就一定要提高警惕了。

3. 凭证文件规定由申请人或其代理人出具的条款

（1）品质检验证书须由开证申请人或其授权者签发,由开证行核实,并与开证行印鉴相符。采用买方国商品检验标准,此条款使得卖方由于采用本国标准,而无法达到买方国标准,使信用证失效。

（2）收货收据须由开证申请人签发或核实。此条款使买方拖延验货,使信用证失效。

（3）货款须于货物运抵目的地经外汇管理局核准后付款。

（4）假客检证书诈骗。

所谓假客检证书诈骗,是指诈骗分子以申请人代表名义在受益人出货地签发检验证书,但其签名与开证行留底印鉴式样不符。致使受益人单据遭到拒付,而货物却被骗走。

这种诈骗通常有如下特征:

第一,来证含有检验证书由申请人代表签署的"软条款"。

第二,来证规定申请人代表签名必须与开证行留底印鉴式样相符;

第三,来证要求一份正本提单交给申请人代表;

第四,申请人将大额支票给受益人作抵押或担保;

第五,申请人通过指定代表操纵整个交易过程。

例如:某中行曾收到香港 BD 金融公司开出的以海南某信息公司为受益人的信用证,金额为 USD992 000.00 元,出口货物是 20 万台照相机。信用证要求发货前由申请人指定代表出具货物检验证书,其签字必须由开证行证实,且规定 1/2 的正本提单在装运后交予申请人代表。在装运时,申请人代表来到出货地,提供了检验证书,并以数张大额支票为抵押,从受益人手中拿走了其中一份正本提单。后来,受益人将有关支票委托当地银行议付,但结果被告知:"托收支票为空头支票,而申请人代表出具的检验证书签名不符,纯属伪造"。更不幸的是,货物已被全部提走,下落不明。受益人蒙受重大损失,有苦难言。

4. 似是而非的条款

（1）自相矛盾,既规定允许提交联运提单,又规定禁止转船。

（2）信用证开出后暂不生效,待进口许可证签发后通知生效,或待货样经申请人确认后生效。此类条款使出口货物能否装运,完全取决于进口商,出口商则处于被动地位。出口商见信用证才能投产,生产难安排,装期紧,出运有困难。

（3）在转让信用证条件下,转让行加列信用证有效期在国外,付款条件为收到原开证行付款后才付款给卖方的条款,中间商将风险转嫁给卖方。

（4）进口商规定要求不易获得的单据的信用证。

某特定人签字的单据,或注明货物配舱部位或装在船舱内的货柜提单,或明确要求 FOB 或 CFR 条件下凭保险公司回执申请议付,这些对作为受益人的卖方来说根本无法履行或非卖方所能控制。

如:信用证规定,要求受益人提供由商检局出具品质和数量和价格检验证明的条款,根据中国商品检验局的规定,商检局只能出具品质和数量的检验证明,但不能出具价格的检验证明。因此,非卖方所能获得,应及时要求买方通过银行修改,取消有关价格检验的词句。又如:我国对国外出口的陶瓷、散装矿石等,信用证规定陶瓷需装单舱、散装矿石要求装单舱或不准装深柜,必须在提单上加注"不准装深柜"。在实际工作中固然应适当考虑收货人的要求,但不能作为一条规定列入信用证内,因为:

①配舱是属船方的权力范围,只要承运人对货物不违反适当地、谨慎地装船配载原则,货

主是不能干涉的；

②船方配货是根据全船货物全盘考虑的，不可能由货主分别指定部位装船。

案例 4-13

信用证装船不符软条款案例

某年我工艺品进出口公司对日本出口一批柳编制品，2 月 10 日日本开来信用证，其中规定：

"200 cartons of Wicker Products in two shipments：100 cartons to Yokohama immediately，100 cartons to Kobe before 15th April，1994."（200 箱柳编制品，分批装运：100 箱立即装运至横滨，100 箱于 1994 年 4 月 15 日前运至神户。）

我工艺品进出口公司于 2 月 15 日接到信用证后虽即安排装运出口，但在租船时却出现了困难。因为到横滨港的最早船期为 3 月 10 日，后直到该日才装货上船，遂议付交单索汇。3 月 15 日进口方来电表示，2 月 10 日开出的信用证条款规定，到横滨港的 100 箱柳编制品必须"立即装运"，但出口方却拖延至 3 月 10 日才装运。由于出口方当时未提出修改信用证，即等于接受了"立即装运"的要求。为此，出口方对迟期交货所造成进口方的损失应负责赔偿。

我出口方工艺品公司即复电反驳：3 月 10 日装运 100 箱产品至横滨，并未超过双方签订的合同以及信用证所规定的交货期。"立即装运"词语的使用已不符合 UCP500 的规定，其第 46 条 b 款规定：信用证"不应使用诸如'迅速'、'立即'、'尽快'之类词语，如使用此类词语，银行将不予置理"。尽管我方也不断争取，但由于我们事先接受了该信用证，加上其他不符点，最后我方被迫降价 20% 收款结案。

主要表现为：提单上未注明"运费已付"而信用证要求 CFR 或 CIF 运输（Absence of "freight paid"statement on B/L where the Credit calls for CFR or CIF shipment）等。

这个案例告诉我们，收到信用证后，一定要认真审查其内容，不要急于装货、制单。

5."软条款"欺诈还经常出现在"三来一补"贸易中，特别是补偿贸易

银行开远期信用证用于进口设备后，按补偿贸易的惯例，用设备生产出来的产品返销国外，用产品的销售款归还到期的设备款。但中国补偿贸易失败的共性表现是返销失败。为什么会发生这种现象呢？因为我们违反了做补偿贸易的原则，即条件对等、互相制约。许多外商利用国内急于求成，急于引进外资或树立政绩的心理，把补偿贸易变成单向出口设备，根本就不想回购产品。因此，必须坚持条件对等的原则：对方提供商业信用，我们也提供商业信用；对方要求提供的银行信用是无条件的，那么对方也应提供无条件的银行信用。否则，补偿贸易必定失败！

6. 软条款诈骗主要特征

(1)来证金额较大：一般在 50 万美元以上；

(2)来证含有制约受益人权利的"软条款"/"陷阱条款"：如规定申请人或其指定代表签发检验证书，或由申请人指定运输船名、装运日期、航行航线或声称"本证暂未生效"等；

(3)来证中货物一般为大宗建筑材料和包装材料等：如花岗石、鹅卵石、铸铁盖、木箱和纤维袋等；

(4)诈骗分子要求出口企业按合同金额或开证金额的 5%～15% 预付履约金、佣金，且佣金或质保金给买方指定代表或中介人。

（5）买方获得履约金、佣金或质保金后，即借故刁难，拒绝签发检验证书，或不通知装船，使出口企业无法取得全套单据议付，白白遭受损失。

案例 4-14

信用证软条款案例

一、某中行曾收到一份由香港 KP 银行开出的金额为 USD1 170 000.00 元的信用证，受益人为广西某进出口公司，出口货物为木箱。来证有如下"软条款"：本证尚未生效，除非运输船名已被申请人认可并由开证行以修证书形式通知受益人（THIS CREDIT IS NON-OPERATIVE UNLESS THE NAME OF CARRYING VESSEL HAS BEEN APPROVED BY APPLICANT AND TO BE ADVISED BY L/C OPENING BANK INFORM OF AN L/C ANENDMENT TO BENEFICIARY）。

中行在将来证通知受益人时提醒其注意这一"软条款"，并建议其修改信用证，以避免可能出现的风险。后来，经磋商，申请人撤销该证，另由香港 IB 银行开出同一金额、同一货物、同一受益人的信用证，但证中仍有这样的"软条款"："装运只有在收到本证修改书，指定运输船名和装运日期时，才能实施"（SHIPMENT CAN ONLY BE EFFECTED UPON RECEIPT OF AN AMENDMENT OF THIS CREDIT ADVISING NAME OF CARRYING VESSEL AND SHIPMENT DATE）。可谓"换汤不换药"，主动权仍掌握在申请人手中，而受益人却面临若申请人拒发装运通知，则无法提交全套单据给银行议付的风险，此时，该中行了解到与该进出口公司联营的某工贸公司已将 40 万元人民币质保金汇往申请人指定的深圳的代表，而且该进出口公司正计划向其申请人民币打包贷款 600 万元作订货之用。于是，该中行果断地采取措施，一方面暂停向该公司贷款，另一方面敦促其设法协助工贸公司追回质保金。后经多方配合，才免遭损失。

二、辽宁某贸易公司与美国金华企业签订了销往香港的 5 万立方米花岗岩合同，总金额高达 1 950 万美元，买方通过香港某银行开出了上述合同下的第一笔信用证，金额为 195 万美元。信用证规定："货物只能待收到申请人指定船名的装运通知后装运，而该装运通知将由开证行随后经信用证修改书方式发出"（SHIPMENT CAN ONLY BE EFFECTED UPON RECEIPT OF APPLICANT'S SHIPPING INSTRUCTIONS THROUGH L/C OPENING BANK NOMINATING THE NAME OF CARRYING VESSEL BY MEANS OF SUBSEQUENT CREDIT AMENDMENT）。该贸易公司收到来证后，即将质保金 260 万元人民币付给了买方指定代表，装船前，买方代表来产地验货，以货物质量不合格为由，拒绝签发"装运通知"，致使货物滞留产地，中方公司根本无法发货收汇，损失十分惨重。

（三）跟单信用证中受益人（卖方）风险防范的对策

1. 信用证规定的要求与有关国家的法律规定不一致或有关部门规章不一致

实践中，卖方不可疏忽大意的是虽然信用证表面规定有利于己方的条件，但有关国家或地方的法律以及有关出单部门的规定，不允许信用证上的规定得以实现，因此，应预防在先，了解在先，适当时应据理力争，删除有关条款，不应受别国法律的约束。

例如,国外开来的远期信用证中,规定利息或最终贴现费由买方负担,但到期付款,开证行又要求扣除利息所得税,因为根据有关国家或地方法律,对利息收入均课征所得税。例如,巴黎国民银行根据法国税法第 125 条,擅自从付给受益人的利息中扣除了 30% 的利息收入,而根据法国法律征收所得税的对象应是法国的企业和公民,而远期汇票是由中国出口公司融资,利息规定由买方负担利息,所以不应扣除利息所得税。此外,意大利、塞浦路斯等亦有类似规定,作为出口商应予充分考虑,电洽国外买方修改信用证中可能涉及扣除利息所得税的条款。又如:国外开来的信用证规定,要求投保伦敦协会的保险和中国人民保险公司的保险条款,根据信用证要求投保伦敦协会的一切险(all risks)和中国人民保险公司的战争险(war risks)条款,虽然这两种险别可以同时投保,但根据中国人民保险公司的规定,不能同时投保中外两个保险机构,只能取其一。因此,中方出口商应及时联系客户,删除其中一个机构,然后再投保。

2. 出口方银行(指通知行)必须认真负责地核验信用证的真实性,并掌握开证行的资信情况

对于信开信用证,应仔细核对印鉴是否相符,大额来证还应要求开证行加押证实;对于电开信用证及其修改书,应及时查核密押相符与否,以防假冒和伪造。同时,还应对开证行的名称、地址和资信情况与银行年鉴进行比较分析,发现疑点,立即向开证行或代理行查询,以确保来证的真实性、合法性和开证行的可靠性。

3. 出口企业必须慎重选择贸易伙伴

在寻找贸易伙伴和贸易机会时,应尽可能通过正式途径(如参加广交会和实地考察)来接触和了解客户,不要与资信不明或资信不好的客户做生意。在签订合同前,应设法委托有关咨询机构对客户进行资信调查,以便心中有数,作出正确的选择,以免错选贸易伙伴,自食苦果。

4. 银行和出口企业均需对信用证进行认真审核

银行审证侧重来证的有效性和风险性。

一经发现来证含有主动权不在自己手中的"软条款"/"陷阱条款"及其他不利条款,必须坚决和迅速地与客商联系修改;或采取相应的防范措施,以防患于未然。

5. 出口企业或工贸公司在与外商签约时,应平等、合理、谨慎地确立合同条款

以国家和集体利益为重,彻底杜绝一切有损国家和集体利益的不平等、不合理条款,如"预付履约金、质保金,佣金和中介费条款"等,以免误中对方圈套,破财耗神,耻笑于人。

6. 银企双方还应携手协作,一致对外

要树立整体观念,互相配合增强防诈信息的交流。一旦发觉诈骗分子的蛛丝马迹,立刻跟踪追击,并严惩不贷,以维护跟单信用证业务的正常开展,确保中国对外贸易的顺利进行。

四

银行的风险及防范

作为负第一性的付款责任的银行,在处理信用证业务时,不但要考虑其能够获得的利益,还应充分考虑其自身的信誉和经济风险。几乎在银行信用证业务的每一个环节都存在风险,因此银行方在操作时应该格外谨慎。

"空"信用证是进出口双方勾结,以虚假交易申请开证,骗取银行打包放款的欺诈行为。例如某地一家企业与港商勾结,骗取银行开立"空"证到内地银行申办上百万美元的打包贷款,其实卖方无法提供信用证中的商品种类规格。

银行应警惕利用信用证项下的融资套取银行资金的行为。

例如,某年早春的海南,正处于房地产泡沫经济的病态期。年仅 41 岁的李家福,被任命为海南省财政厅下属的海南财信总公司法人代表、总经理。上任伊始,李家福就不得不面对公司资金困难、资不抵债的现状,为盘活公司经济,李家福想尽办法,但始终收效甚微。为使公司快速摆脱经济窘境,李家福采用由总公司成立多家子公司,以这些子公司的名义到银行申请开信用证的办法,同时疏通银行关系联系香港公司签订虚假的外贸合同,从而将信用证贴为现金,最终骗取了银行巨资。一年时间,财信总公司伪造进出口贸易合同,以海南广汇隆实业开发有限公司、海南广福实业开发有限公司等 9 家公司的名义,向海南省工商银行国际业务部申请,开出了 18 单远期进口货物信用证,共计金额 5 322.98 万美元。海南省工商银行为上述信用证垫付 5 387.53 万美元,折合人民币 4.47 亿元。

信用证业务是银行以自己的信用保证向单证一致的受益人履行付款责任的承诺,信用证的第一付款债务人是开证行。银行风险相对较大的情况主要有两种:①信用证中提单径(直)寄开证人的风险;②进口商提货担保。

(一)信用证中提单径(直)寄开证人的风险

出口商将提单径自寄往开证申请人的情况下银行风险大主要是因为,一旦受益人接受了此条款,履行了义务,且议付的单证相符,若申请人提货后不予付款,或倒闭破产,开证行是有付款责任的。

在执行国际贸易合同时,常遇到有下列条款的信用证:"1/3 ORIGNAL B/L AND ONE SET OF NON NEGOTIABLE DOCUMENTS TO BE SENT TO APPLICANT WITHIN 3 DAYS AFTER SHIPMENT"[发货后,请立即或在三天内将 1/3 份正本提单径(直)寄到开证申请人处]。

采用 1/3 份正本提单径(直)寄开证申请人即收货人做法的最大优点是方便了收货人在目的港的提货。采用这种方式收货人可以提早收到海运提单,避免了由于缺少提单造成的提货延误。因为近洋货物在装船后 1 至 3 天即可抵达目的港,而单据在银行间周转的时间通常为 5 至 10 个工作日之间,收货人如不能在货到目的港前拿到作为物权凭证的海运单据就无法办理进口清关手续并从船公司及时提取货物,而且货物滞留在港口还会产生额外费用,因此收货人多倾向于采用此种方式。

但采用此种方式发货人自身会承担很大的收汇风险。因为信用证项下的交易是以一方的交货换取另一方的付款为前提条件的。一旦发货人递交出运单,就意味着他自动将物权转移给另一方而解除了要求另一方必须付款的制约,这时如果收货人不付款,发货人将面临货、款两空的风险。

目前比较普遍的做法,可以使用以下两条路径来解决这个问题:

第一,在信用证规定 1/3 份正本提单直接邮寄给收货人提货的同时,规定收货人只有将全套三份正本提单全部退还银行后方能拒付货款。

采用此种做法既可以保证发货人按时收到货款,同时又可以方便收货人及时收到货物。但采用此种方式也会给收货人合理拒付造成许多不便之处,当发货方故意违约时,收货人因无法及时收回全套正本海运单据而不能拒付货款保障自己的权益,因此收货人应审慎考虑后再决定是否接受此种条款。

第二,可以要求开证人改证,让受益人通过船公司出具以开证银行为收货人的"不可转让海运单",特别是对欧洲、北美和中东等地的贸易界可以更多地采取这种 UCP500 单列的、联合国贸发会议支持的且受到贸易各方欢迎的非凭单提货方式来解决买卖双方及银行、船方各自的难题。

如果以上两条路径都走不通,且此业务又不能轻易放弃时,则可根据具体情况有条件地接受。所谓有条件,即接受此类条款时,应具备四个前提:

(1)开证申请人及开证行有良好的信誉,且出口商与他们有较长时间的良好合作实践;

(2)确定信用证中所有条款均能做到;

(3)出口的货物品质有保证,市场短期内不出现跌势;

(4)受益人的业务操作及单证水平较高,不会出现不可控的局面。

银行在接受开证申请人开立"提单径寄开证申请人"条款的信用证时,一定要具备的前提是:开证申请人有良好的信誉,并且已经获得银行授信;除了收取开证保证金外,一般还要求开证申请人出具一份"信托提货书",承认货物所有权属于银行,以防开证申请人提货后不付款。

(二)利用银行提货担保向开证行行骗

该行为主要发生在提单还在邮路上,开证申请人要求银行出具担保提货的情况下,通知银行主要负责进行信用证表面真实性的核对,并决定是否通知受益人。

开证行作出的担保是不可撤销的,并且担保的结清是以开证行以提单换回书面担保为前提。开证行一旦签订了担保书,就意味着其失去了对货物的主动权,只要提单到达开证行,开证行就要承担付款的责任,此时的开证申请人能否及时付款,就形成可担保提货中的信用风险。

开证行开证业务风险的防范具体来说主要分为两个方面:

1. 进口开证的前期审查

第一,提高对炒作商品、特殊的三废产品、许可证商品的警惕性。

第二,加强对付款期限的审查。

第三,加强对商品价格的审查。

第四,加强对代理进口的审查。密切监管进口商的经营能力、经营作风和清偿能力。

第五,加强对"三来一补"业务的监管。

第六,对于大额 FOB 成交者,开证行要求进口商提交预约保单。

2. 进口开证的后期管理

第一,严把修改关。对于增加信用证的金额、延展有效期、修改单据和付款条件等要严加审查。

第二,注意对负面消息的收集。

第三,独立审单。除非开证行与申请人签有信托协议,否则开证行不应将进口单据交申请人审核。

案例 4-15

涂改信用证金额、日期诈骗案

1995 年 9 月底至 11 月初,江苏某市一合资企业(以下称开证申请人)向某银行(以下称开证行)先后申请开立四份信用证,总金额仅为 2 500 美元,受益人均为澳大利亚一家公司,进口的商品为零配件。开证行审查其合同、购汇及核销手续均符合《关于结汇、售汇

及付汇管理的暂行规定》。申请人还向开证行提供了全额的人民币作为开证保证金。但开证行认为每笔开证金额不大,建议申请人洽出口商改为托收或电汇方式处理,但申请人告知澳方受益人坚持要用信用证结算方式。为此,开证行只得应其要求陆续开出了三份信用证,最后一份信用证金额仅为 150 美元,开证日期为 11 月 10 日。数天后国外澳大利亚悉尼西太平洋银行电查开证行称:

"你行 95LC51410 号 1.5 亿美元信用证密押不符,请查告。"

开证行经查从未开立如此巨额的信用证,为此即电告通知行,并嘱其以传真方式将所谓的 1.5 亿美元信用证传递开证行。经查对该传真文件,开证行发现其于 11 月 10 日开出的金额为 150 美元的信用证内容,除开证行、开证编号及电传号未改变以外,其余内容均已被作案人篡改,不可撤销信用证改为备用信用证,信用证金额 USD150.00 改为 USD150million,有效期由 1995 年 12 月 31 日改为 2000 年 11 月,受益人改为另一家澳大利亚商人,申请人则改为深圳的一家企业。经查,该备用信用证被该受益人用来作为向印度尼西亚某公司借款 1.5 亿美元的担保。开证行确认这是一起国内外犯罪分子勾结精心策划的国际金融诈骗案。

评析:

这是一件有计划有预谋的诈骗案,澳大利亚悉尼的西太平洋银行来电查询的 1.5 亿美元信用证可能是作案人员利用另外的传真机将经篡改的信用证冒充开证行直接开出的信用证,并仍以西太平洋银行作为通知行,但仍用开证行在 150 美元信用证的密押,否则通知行不会在查询中指称"你行 95LC51410 号 1.5 亿美元信用证"。由此看来,作案人员利用了开证行开出的注有密押码的陈旧信用证副本,大肆篡改内容。所以,开证行在向申请人提供副本信用证时应将密押码涂去,免得被别有用心的人利用。

在国际诈骗案中常会发现,作案人往往利用移花接木的方式将银行的文件留头留尾去中间,即保留文件或信笺上银行的名称以及其中最后的有权签字人,后将文件的主要内容作重大的篡改,再进行影印或其他处理,变成从表面上看是某银行的真实文件再去进行诈骗活动,例如本案例中作案人员用备用信用证作为借款的抵押品。为此,银行工作人员一定要提高警惕,不要轻易对外提供由银行信笺出具的任何承诺,包括接受存款的书面承诺等。

案例 4-16

凭副本运输单据付款案例

I 银行开立了一张不可撤销自由议付信用证,该证经由 A 行通知给了受益人。货物装运后,受益人将单据提呈给通知行要求议付,并称,由于进出口港距离较近,正本提单已直接寄给申请人,请通知行发电开证行,征求其凭副本提单议付的授权,同意后再进行议付。A 行审查单据发现其他不符,同意发电 I 行征询意见。I 行征求申请人意见,申请人同意。I 行递电复通知同意授权凭副本提单议付,通知行即对受益人付了款,并寄单开证行索偿。两天后,I 行收到了 A 行的单据,发现除未提供正本提单外,其他一切条件均符合信用证规定。于是 I 行贷记了 A 行的账,借记了申请人的账。次日,申请人要求 I 行出具提货担保以便提货。因为货物已到港,而正本提单尚未收到。I 行鉴于已对 A 行偿付并且已借记申请人之账,于是出具了提货担保,申请人以银行担保提走了货物。

一星期后,I行忽从另一银行X行收到了一套托收单据,其中的提单恰好是上述信用证下的正本提单,托收委托人却是一家不知名的商人并非原信用证受益人,而付款人则仍为原信用证的申请人。但I行已无法找到付款人,只得回复托收行并称保留单据听候托收行意见处理。

托收行X行将此情况通知其客户,并请求其客户指示。

托收委托人告知X行,A行已开立提货担保,申请人已据此提走了货物。既然作为物权凭证的正本提单仍在他手里,开证行无权任意处理,如收不到货款,将向船公司索赔货款。当托收行将情况通知开证行时,开证行才恍然大悟受了诈骗,但I行认为,它已代表申请人支付了货款,不能要求它对同一批货物再次付款。

分析:

这是一起不法分子乔装进出口商精心合谋诈骗银行的案子。受益人两次卖"单",两次获得货款。申请人免费收到货物。虽然开证行借记了他的账户,但申请人凭提货担保获取货物,并将此货物再次出售给另一卖主,因而获得货款,以偿付其在开证行处的借记账户。托收项下的委托人是无辜的,故他向船公司索赔货款。船公司则向I行反索赔。I行在权衡利弊之余,觉得银行信誉为重,只得自认倒霉,向船公司作了赔偿,再委托律师调查和追寻已逃的申请人。

这一案例向我们揭示了凭副本单据授权付款的潜在危害,鉴于目前信用证中加列自寄正本提单的条款屡见不鲜,商人和银行应具备对风险性的认识。除非申请人已提供了十足保证金,开证行不能容许加列这种条款。对加列了这种条款的信用证,开证行决不能再接受申请人的担保提货的要求,因为已不存在担保提货的需要。我们的出口公司也可以从中吸取教训,作为L/C受益人(即发货人),如来证规定正本提单直寄申请人或申请人要求他自寄正本提单,也应要求将信用证修改为"正本提单作成开证行抬头"以控制物权流向。

第二节

信用与风险

一

降低信用证的风险途径在于当事人坚守信用

信用即信誉。"信誉就是指掌握信息的一方不骗对方的承诺。""信誉就是为长远利益牺牲眼前利益。"①即拥有私有信息的一方,为了长远利益主动放弃自己可以利用私有信息占便宜的心理动机,行为表现为讲真话和守诺言,结果表现为把自己全部信息都告诉对方。同样,对方也要以坚守信用的方式来回报于你。这样这个世界也许就不存在"欺诈"了,那么社会的增体福利将大大提高,这个世界也变得更加美好。

二

荷兰船长靠信用为荷兰人赢得了"海上马车夫"的称号

1596 年,荷兰的一个叫威廉·巴伦支(William Barents,1550—1597,如左图所示)的船长,带着 17 名水手,试图找到从北面到达亚洲的路线。船行驶到三文雅岛(现在一个俄罗斯的岛屿)时被冰封的海面困住了。巴伦支船长和 17 名荷兰水手在这里度过了 8 个月的漫长冬季。他们拆掉了船上的甲板做燃料,以便在零下 40 度的严寒中保持体温;他们靠打猎来取得勉强维持生存的衣服和食物。在这样恶劣的险境中,8 个人死去了。图 4.1 是威廉·巴伦支之死的油画。

图 4.1　威廉·巴伦支之死

① 张维迎.产权、政府与信誉.三联书店,2001 年第 4、10 页。

但荷兰商人却做了一件令人难以想象的事情,他们丝毫未动别人委托给他们运输的货物,这些货物中就有可以挽救他们生命的衣食和药品等物。冬去春来,幸存的商人终于把货物几乎完好无损地带回荷兰,送到委托人手中。荷兰人有充分的理由权变,他们可以先打开托运箱,把能吃的东西吃了,等到了目的地,可以加倍偿还托运者,任何人都会同意这种人道的做法。

但是,荷兰人没有这样做。他们把商业信用看得比自己的生命更重要。他们用生命作代价,守住信用,创造了传之后世的经商法则。在当时,这样的做法也给荷兰商人带来显而易见的好处,那就是赢得了海运贸易的世界市场。荷兰本来只是个 150 万人口,陆地总面积 4.15 万平方公里(只相当于今天的两个半北京)的小国,但却因为巴伦支的信誉卓著,福荫世世代代的荷兰人。荷兰在 17 世纪的时候,却是整个世界的经济中心和最富庶的地区,将自己的势力几乎延伸到地球的每一个角落,被马克思称为当时的"海上第一强国"。后世人们为了纪念这位船长,把他用生命守望的海域命名为巴伦支海(Barents Sea)。

三

信用与市场经济

1. 信用的演变

最早的金融体系产生于美索不达米亚,公元前 1800 年的汉谟拉比法典中就有不少章节涉及对信用的管制。

中国春秋时代出了个故事:买椟还珠,然而郑人还珠时,楚人恰好不在家,其子收下了珍珠。楚人归后大怒,命其子将珍珠返给郑人,然送珠途中珠碎。于是,楚人再次购得珍珠,后送还郑人,即卖珠还珠。买椟还珠嘲笑了郑人取舍不当的"傻帽",如果卖珠还珠也成为一个成语的话,我想它最有可能使用的环境就是嘲笑有便宜不占的迂腐人士。其实,说郑人也好,说楚人也罢,真正受到嘲笑的,是信用。对于郑国人来讲,诚信是理由:我看中的就是这个盒子,珠子不是我的! 对于楚人来讲,诚信也是理由:我卖的是珠子,盒子只是包装。

案例 4-17

谁是"傻帽"

据说一位小商贩刚到俄罗斯做生意时,没有戴皮帽子——当地的冬天气温达零下 30度。他出外送货时冻得用手捂着耳朵在雪地里跑,这时一个俄罗斯汉子把一顶皮帽戴在他头上,用生硬的汉语说:"明天",同时又用手指指手表,再指一指脚下。那意思很明了:

"小伙子，先戴上我这顶吧，明天这个时间，在这里还我好了。"然而第二天小商贩不但没去还帽子，还沾沾自喜白捡了一个便宜，甚至还对真诚和信任作出了冷酷的嘲讽："你猜'傻帽'这个词是怎么来的，傻瓜等帽子，哈……"当人们嘲笑买椟还珠或者卖珠还珠的诚信时，信用正离我们这个民族渐渐远去。

在美国，一个唯一的社会保险号码跟随一个人一生。只要有民事刑事方面的不良记录，找工作，贷款买房、买车，上保险都会付出代价。因为几个号码一敲进电脑，降低你信用等级的事，都会显示出来。

在英国，常看到火车站贴的告示：不要逃票。万一抓到，就不是罚款的问题了，你得上法院说清楚。如何跟老板、女友、家人交代？买张车票吧，不要弄个刑事记录。意思是说，有了这不良记录，个人信用方面的代价很大。人无信不立，国无信不兴。

从经济的角度理解"信用"，它实际上是指"借"和"贷"的关系。信用实际上是指"在一段限定的时间内获得一笔钱的预期"。你借得一笔钱、一批货物（赊销），实际上就相当于你得到了对方的一个"有期限的信用额度"，你之所以能够得到对方的这个"有期限的信用额度"，大部分是因为对方对你的信任。马克思辩证地指出：一切节省流通手段的方法都以信用为基础。市场经济的基础和实质是信用，市场交易就是信用交易。市场经济，其核心是平等市场主体之间的商品交换，而信用的发展是商品市场交换和消费得以发展的动力，因而市场经济也可以说是信用经济，在生产环节当中我们需要通过外部的融资或者贷款、或者获得股权的扩张来扩展我们的生产规模。在销售领域我们需要有赊销的行为，或者是预付的行为，在消费领域我们有分期付款，只有这样才能促进我们的经济发展。相反如果社会陷入信用危机中，人与人之间、企业与企业之间、甚至老百姓对政府都充满了不信任感。互不信任的严重后果就是杀鸡取卵式的行为短期化。这不仅对于建立市场经济秩序、发展经济水平从而与世界接轨有着致命的影响，甚至可以断送一个人、一个企业乃至一个民族的前途和希望。

2. 信用魔力

金钱的魔力令世人感叹，但有一种东西比金钱更有魔力，那就是信用。它包括商业信用、金融信用或者仅是人与人之间的信任。金钱只能给你带来暂时的安全感，而信用却能令人获得永久的生命力。有的人可能一时身无分文，但转瞬间就能融来百万资金；有的人省吃俭用，攒了一笔钱，然后却只能眼睁睁地看着这笔钱逐渐地缩水，他在社会上的生存能力依然是那么脆弱。

年轻人都会关心怎么挣钱，关心自己的投资收益率，因为财富增长的速度取决于此。当我们处心积虑地计较几个百分点的收益的时候，反而有可能忽略更重要的一项投资。如果这项投资成功，那将意味着：未来稳定的现金流、无可限量的"钱"途，以及超出金钱投资之外的收益率。从财富的公式中，我们可以很明确地找到，这项投资就是信用。对我们普通人来说，个人信用可以用"能借多少钱"来概括。但对另外一部分人而言，信用是"在别人心目中你值多少钱"。基于这个评判，每个人都会有一个与自己对应的信用值。这里简单列举了几个人物，并对他们的信用值进行一个粗略的评估，让你体验一下信用的魔力。

或许，你该思考攒信用还是攒钱？

马云第一次受到投资者的狂热追捧是在2004年2月，阿里巴巴获得8 200万美元投资，投资人包括软银、富达等四家公司，其中软银一家就投入6 000万美元之巨。对于风险投资来说，在寻找项目的时候，除了挖掘好的商业模式外更重要的就是看管理者，软银6 000万美元显然也有相当一部分因素是冲着马云去的。

2001 年,马云向孙正义汇报公司情况的时候,孙正义告诉马云只有他还在说当年说过的话,其他人都和当年投资的时候说的不一样了。孙正义看重的正是马云的狂人不打妄语。实际上,"信用"也正是马云赖以打造阿里巴巴的核心武器。

如果说孙正义看中的是马云的信用,那么,雅虎酋长杨致远看中的就是马云的中国"功夫"了。这一次杨致远付出了 10 亿美元的支票成为马云的投资者,也把雅虎中国交给了狂人马云,希望他能够用自己的中国"功夫"帮助雅虎摆脱在中国的尴尬处境。虽然杨致远的 10 亿美元真正让马云拿到手的远没这么多,但是不可否认的是杨致远看中的还是马云这个人。

据调查,现代很多破产企业并不是由于产品没有市场,而是因为资金一时周转不畅。而现代企业的资金周转实际上相当程度上是靠信用支撑的。传奇人物史玉柱的成败故事就是最好的"活教材"。由史玉柱带领的"巨人集团"承造的"巨人大厦"资金告急,购楼者天天上门要求退款,媒体地毯式报道"巨人"财务危机,"巨人"骤然倒地。虽然当时集团还有数以亿计的净资产,但因丧失信用,也就失去了回旋余地,终致休克。此时的"巨人集团"欠债达 3 亿元,从法律角度看,这钱你可以不还,有限责任公司只要申请破产,个人无须承担偿还的责任。但史玉柱痛定思痛,非但没有如此举动,还公开宣布欠百姓的钱他一定会还。果然在他"重出江湖"运作"脑白金"时做的第一件事就是还债。2001 年,史玉柱以个人名义开始偿还原"巨人大厦"在香港及内地的楼花欠款。"还债英雄"、"诚信英雄"的桂冠蜂拥而至,CCTV 还把"2001 年中国经济年度人物"的"封号"慷慨相送。史玉柱真正明白了在市场上最珍贵的就是信用。信用又开始回归,虽然代价颇大,但回报相当可观。[①] 讲信用使史玉柱东山再起,巨人网络集团于北京时间 2007 年 11 月 1 日晚 21 点 30 分在纽约交易所挂牌上市,成为目前在美国 IPO(融资:8 866 亿美元)最大的中国民营企业。巨人上市史玉柱身家飙升至 410 亿人民币,同时造就了 21 个亿万富翁。

案例 4-18

马云靠信用理念构建起商业王国

马云简历(1964,10—),浙江杭州人,阿里巴巴公司董事局主席兼首席执行官。阿里巴巴集团的阿里巴巴网络有限公司于 2007 年 11 月 6 日在香港联交所挂牌上市,开盘 30 港元,收盘价 39.50 港元。实际融资额已经达到 16.9 亿美元,超过 2004 年 Google 股票上市募集的 16.5 亿美元,创下全球互联网融资额新纪录。在随后的几天中,股价上行至 41.80 港元,直接将阿里巴巴的市值推高至 2 100 亿港元以上。这也使马云个人资产市值达 79 亿港元(持有 1.89 亿股)。

1964—1982 年 18 岁以前的马云,从小学到高中,个性坚强,经常打架,打了无数次的架,"很少为自己打架,都为别人打架"。打得缝过 13 针,挨过处分("因为我人小,所以人家不防你。所以你进攻要速度快。"这些打架的经历形成了马云性格中争强好胜,不惧怕强

---

① 信用魔力.投资与理财,2006 年第 6 期,摘录第 40 页。

者的因素，这些性格特点在马云以后的企业经营中都可以看出来，在创办中国黄页时，不怕和电信公司的直接竞争；在创办阿里巴巴时，不怕已有的竞争者，最后做到全球最大的B2B网站；在创办淘宝时，C2C市场已经有了一个绝对的强者易趣，但淘宝依然强势进入，用了不到两年的时间成为易趣势均力敌的市场对手。）被迫转学杭州八中。马云的顽皮、打斗自然影响了其学习，在整个学生阶段他成绩都不是太好，仅仅处于中上水平。不过马云从12岁起就开始学习英语。没有家庭渊源，父母连ABC都不会，只是由于自己喜欢。1979年刚改革开放那阵儿，到杭州旅游的外国人多起来，马云一有机会就在街上逮着人家开练。就这样，没有出过一天国，马云练就了一口纯正、流利的英语，而且结识了许多外国朋友，这对他日后的发展大有裨益。

1982年18岁，马云高中毕业，参加第一次高考，结果数学才考了1分，高考落榜。

1983年19岁，第一次落榜后马云就参加了工作，当过秘书，也做过搬运工作，踩着三轮车帮人家把书刊扎在一起，25本成一包，踩10公里路通过火车转发到其他地方。后来看了一部路遥写的《人生》的小说，改变了马云的想法，让他决定重新参加高考而且一定要上大学。可惜，第二次参加高考，还是落榜了，数学才考了19分。

1984年20岁，马云坚持自己的想法，继续努力，白天上班晚上上夜校。最后参加第三次高考，功夫不负有心人，这次终于考上了杭州师范学院外语系外语外贸专业的专科，离本科差5分，但本科没招满人，马云幸运地上了本科。另外，这次高考马云的数学考了89分，有些出人意料。

1985年21岁，大一下学期，马云在一位过去在西湖边学英语时认识的外国朋友的帮助下去了一趟澳大利亚，这是马云第一次走出国门。

1986—1988年：大学学习阶段，除了继续学习英语，马云还把许多精力转到学生工作上，不仅顺利当选为学校学生会主席，还再接再厉登上了杭州市学联主席的位置。在这期间，马云不仅结识了日后成为其夫人的张英，还结识了一大批朋友，这里面有些人后来成为马云创业时的事业伙伴和重要助手。

1988年24岁，马云大学毕业，分配到杭州电子工业学院（现为杭州电子科技大学）教英文，成为杭州师范学院当年所有500名毕业生中唯一能去大学教书的人，其他人都去了中学教书。

1988—1991年：杭州电子工业学院教书生涯，期间还发起了西湖边的第一个英语角。

1991年27岁，马云和朋友成立了海博翻译社，这是一段必须要注意的历史，因为这是马云第一次进入商海，其对海博翻译社经营管理的经验必定会对马云以后的企业经营产生重要的影响。

翻译社成立后，第一个月的全部收入700元，但光是房租就2 400元，亏空很大。第一年实在不行了，马云就到义乌、广州去进货，翻译社开始卖礼品、卖鲜花，赚来的钱养翻译社，养了三年，到1994年才开始持平，1995年才开始赚钱。以后盈利逐渐增多，到后来成为浙江省最大的翻译社。

1991—1994年：在杭州电子工业学院教书，同时经营海博翻译社，晚上还教夜校。

1994年30岁，马云成为杭州十大杰出青年教师，还当上了学校外办主任，算是事业上比较辉煌的一年，可是马云在这一年想得最多的却是准备离开学校，因为他觉得自己已经30岁了，要去做一家公司，不管做什么公司，只要有一个行业就一定跳下去。那么应该选择哪个行业?

我想这一年的时间马云都在进行选择,到 1994 年的年底,一个偶然的机会让马云第一次听说了互联网这个当时极为稀奇的东西。

1995 年初,马云还不到 31 岁,这个时候马云有了一次到美国的机会。马云回忆到,"当时是这样的,杭州到阜阳正在修高速公路,美国有一个投资者。他跟杭州市政府,杭州市交通局谈判了一年了,但是钱一直没有到位。双方认为谈判中间翻译有问题,那么就请我做翻译。我的专业是英文,对于国外的情况比较了解。所以双方都相信我,请我中间做协调,但是在协调的过程中,发现中间的关系非常复杂。简直就是一部好莱坞的片子,特别是后来我到了美国被黑社会追杀,我现在的箱子还在好莱坞呢。特别复杂的一个故事。"[来源于录音资料]

不过,1995 年这次去美国的机会让马云第一次接触了互联网,改变了马云以后的人生道路,算是马云人生的一次重大转折,回国后创办网站"中国黄页"。如果一个人想改变自己的人生,让自己蜕变,就一定要有一个引导者,他可能是一本书、一件事、一个人,借此来改变你的思想。

1997 年,他加入中国外经贸部,负责开发其官方站点及中国产品网上交易市场。

1999 年初,马云回到杭州以 50 万元人民币创业,开发阿里巴巴网站(www.alibaba.com)。开拓电子商务应用,尤其是 B2B 业务。目前,阿里巴巴(Alibaba.com)是全球企业间(B2B)电子商务的著名品牌,是全球国际贸易领域内最大、最活跃的网上交易市场和商人社区。他挥舞着他那干柴一样的手,对台下的听众大声叫道:B2B 模式最终将改变全球几千万商人的生意方式,从而改变全球几十亿人的生活! 1999 年 12 月 8 日,孙正义的软银要给马云 3 500 万美元的投资。几天之后马云反悔了,不是嫌钱少而是嫌钱太多,因为马云不想在资本层面稀释掉对于公司的控制权,尤其是在创业成败的关键期。所以马云不想要 3 500 万美金,只要 2 000 万美金。

2000 年他获选《福布斯》杂志封面人物,成为 50 年来中国企业家获此殊荣的第一人。

在遭遇互联网寒冬的 2001 年马云给公司定了一个目标,要做最后一个站着的人。他说:"今天是很残酷,明天更残酷,后天很美好,但是很多人都看不到后天,因为他们死在明天的晚上。"这种抢先圈地的模式坚持下来并贯彻至今。

2001 年,马云认识到:在 B2B 领域最终决定胜负的不是资金或者技术,而是"诚信"二字,诚信最终能成为赚钱工具。阿里巴巴联手全国工商联、国务院发展研究中心等部门共同发起倡议在中国设立"9·19"诚信日,并在全球率先推出企业级网上信用管理产品"诚信通"。诚信通主要通过第三方认证、证书及荣誉、阿里巴巴活动记录、资信参考人、会员评价等 5 个方面来审核申请"诚信通"服务商家的诚信。如果你的记录里有不好的记录,"诚信通"要张榜公布出来的,你做了坏事,诚信通就让你活着比死了还难受。"诚信通"不仅是阿里巴巴的第二个创收产品,是阿里巴巴开辟的第二战场,而且是阿里巴巴的伟大创新。它开了中国网上信用建设的先河,为中国信用建设找到了一条快捷的高效之路,其结果必将影响和推动中国经济的发展。

谁都知道信用重要,都知道信用缺失是中国电子商务发展的拦路虎。但把诚信融进产品,把诚信当作门票,全力以赴打诚信牌的网站只有阿里巴巴。诚信通开始只是阿里巴巴的一个产品,是阿里巴巴提倡的一个理念。后来诚所代表的网上信用体系成为一个伟信通大的创举,成为解决中小企业信用危机的一条途径,成为中国信用建设的一条捷径。"让诚信的商人先富起来"是诚信通的口号,也是阿里巴巴的口号。

2002年结果显示,诚信通的会员成交率从47%提高到72%。于是,从2002年开始收费、年付费用2 300元的"诚信通"成了阿里巴巴赢利的主要工具,45 000个网商的营收源让阿里巴巴日进100万元。

如果仅仅逗留在圈地上,可以断定阿里巴巴无法获得4次私募融资了,早就灰飞烟灭了。马云成功的第二步是利用第一步的成功开展企业的信用认证,敲开了创收的大门。信用对于重建市场经济和经济刚起飞的是中国市场交易是拦路虎,电子商务尤为突出。马云抓住了这个关键问题,2002年力排众议创新了中国的互联网上的企业诚信认证方式。如果说,这种方式在普遍讲诚信的发达国家是多余的,在中国则是恰逢其时了。阿里巴巴既依靠了国内外的信用评价机构的优势,又结合了企业网上行为的评价,恰当配合了国家和社会对于信用的提倡。由于有了创收的渠道,2002年马云给公司提出一个目标,全年赚1块钱。到2003年的时候,就达到一天有100万了。现在这个项目,阿里巴巴带来每年几千万元的不断增加的收入。

这里要特别指出,中国信用问题突出,不等于企业就愿意参与你阿里巴巴的诚信通认证。在诱导企业缴费加入"诚信通"方面阿里巴巴巧妙利用了它抢先圈地的成果。几百万的企业为它提供了大量企业需求信息。这对于60%加工能力过剩的中国企业是非常宝贵的信息。阿里巴巴仅仅对于通过诚信通的企业提供需求信息,还通过电子邮件一年提供3 600条。这些需求信息对于众多千方百计寻求订单的企业来说,其价值不言而喻,最起码也有把握现实的市场动态的参考价值。用圈地中换取的关键信息作为企业进入创收项目的"诱饵",这也是难以模仿的招数。

2003年7月,阿里巴巴宣布1 200万美元打造C2C的交易网站淘宝网。业内为之吓了一跳,都说马云是彻底疯了。推出淘宝网之时,是中国互联网投资界最冷的季节,整整已经冰封了两年。而马云的举措,犹如把一块巨大的石子投入一潭死水之中。"我希望阿里巴巴做的事情永远和别人不一样。"

"它(淘宝)最多只能存活18个月",淘宝成立之初时,易趣网的拥有者eBay全球总裁惠特曼预言。但18个月后,2005年1月,易趣CEO郑锡贵宣称:"我们在中国要打的是一场'持久战',做的是一百年的计划。"

《2008年1季度中国网购报告》日前出炉,报告显示网上购物浪潮再次逼近传统零售和连锁超市,其中淘宝2008年第一季度以188亿人民币的成交额逼近沃尔玛2007年在中国市场全年营业额213亿,与去年同期相比增长170%,传统超市卖场面临新的抉择。

从一线城市到二三线城市全民都已融入这个规范、有保障的共享网络,加上国际资本这个催化剂的进入,保守估计五年内中国网购的市场将达到一万亿;就淘宝官方对外数据,二三线城市、中西部区域和农村已占其交易总量的73.20%,把北京上海广州等一线城市抛到了后面。很多国际级网上商城为什么在中国始终无法展开市场?很简单,他们不明白中国人怎么购物怎么消费;但中国马云知道。

四
───

信用评级的演变与标准

1841 年邓白氏公司(Dun&Bradstreet Corp.)创始人刘易斯·大班在纽约成立了第一家征信事务所,主要从事商业企业的信用调查和评估,首开企业、债券征信评信先河。随后,普尔(Poor)公司于 1860 年、穆迪(Moody)公司于 1890 年、标准(Standard)公司于 1920 年、菲奇(Fitch)公司于 1924 年先后加入企业、债券征信评信行列,标志着美国的征信评信制度开始萌芽。

目前美国主要的评级公司是美国邓白氏集团、标准普尔公司(Standard and Poor)、穆迪投资者服务公司(Moody)、菲奇(惠誉)公司(Fitch)、达夫公司(D&P)和麦卡锡公司(M&M)。但针对资本市场的信用服务机构,即对国家、银行、证券公司、基金、债券及上市大企业的信用进行评级的公司,目前,美国只剩下穆迪、标准普尔和菲奇这三家公司。其中穆迪、标准普尔公司由美国投资者控股,菲奇公司由法国投资者控股,这三家公司是世界上最大的信用评级公司。据国际清算银行(BIS)的报告,在世界上所有参加信用评级的银行和公司中,穆迪涵盖了 80％的银行和 78％的公司,标准普尔涵盖了 37％的银行和 66％的公司,菲奇公司涵盖了 27％的银行和 8％的公司。

美国的穆迪公司和标准普尔公司,专门给政府和企业评定信用等级。一个公司被他们两家降级,银行向那公司贷款时肯定得提高利率。至于自然人,需要社会保障号码连同他的历史确定信用等级。信用记录很好,就业容易,贷款的利息也低。

有了这个,美国的商业欺诈就大大减少,不是美国人觉悟高,而是社会记录系统让人非常在乎,不好的记录在社会上寸步难行。

例如,安达信(Andersen)和安然(Enron)败落就是失信的代价。安达信公司 1913 年由芝加哥的一位大学教授阿瑟·安达信创建,经过将近 90 年的经营,是全球五大会计师事务所之一。它代理着美国 2 300 家上市公司的审计业务,占美国上市公司总数的 17％,在全球 84 个国家设有 390 个分公司,专业人员达 8.5 万人,2001 年财政年度的收入为 93.4 亿美元。但在 2002 年却走投无路,不过,打败安达信的不是其对手,而是它自己的失信,安达信的致命错误恰恰是不珍惜它本应视为生命的东西——信用。即与安然沆瀣一气、合伙作假。相反通用电气 CEO 杰克·韦尔奇说:"我们没有警察,没有监狱。我们必须依靠我们员工的诚信,这是我们的第一道防线。"可以说,通用电气的市值所以能在短短 20 年里猛增 30 多倍,排名由世界第十跃升至第二,是与诚信经营大有关系的。

穆迪的等级标准从高到低可划分为:Aaa 级、Aa 级、A 级、Baa 级、Ba 级、B 级、Caa 级、Ca 级、C 级和 D 级;标准普尔的等级标准从高到低可划分为:AAA 级、AA 级、A 级、BBB 级、BB 级、B 级、CCC 级、CC 级、C 级和 D 级。两家机构信用等级划分大同小异。前四个级别信用高,风险小,第五级开始信用低,风险大。具体评级标准如表 4.1 所示。

表 4.1　标准普尔与穆迪信用评级标准

标准普尔	穆迪	各级别对应的风险程度
AAA	Aaa	还本付息能力极强,有可靠保证,承担风险最小。
AA+,AA,AA−	Aa1,Aa2,Aa3	还本付息能力很强,但风险比前者略高。
A+,A,A−	A1,A2,A3	安全性良好,还本付息能力一般,有潜在的导致风险恶化的可能性。
BBB+,BBB,BBB−	Baa1,Baa2,Baa3	安全性中等,短期内还本付息没问题,但在经济不景气时风险明显加大。
BB+,BB,BB−	Ba1,Ba2,Ba3	有投机因素,不能确保投资安全,情况变化时还本付息能力波动大,不可靠。
B+,B,B−	B1,B2,B3	不适合作为投资对象,还本付息及遵守契约条件等各方面均不可靠。
CCC	Caa	安全性极低,随时有无法还本付息的危险。
CC	Ca	极具投机性,目前处于违约状态中或有严重缺陷。
C	C	最低等级,完全投机性。

五

信用评级与信用风险

信用风险的来源:经济环境中的不确定性、信息不对称。信用评级是降低信用风险手段之一。

信用评级是一种降低信息不对称的程度的手段,在好的评级技术下,好企业寻求评级,劣企业不寻求评级,从而避免了逆向选择。

商业票据是信用性票据,直接反映了发行者的商业信用状况。商业票据评级是指对商业票据的质量进行评价,并按质量高低分成等级。其意义如下:有助于形成市场准入机制,推动票据市场的稳定发展。不能取得评级或评级不合格的企业自然被阻止在票据市场之外,起到了降低市场的非系统风险、保护票据投资者利益的作用。

票据的不同等级反映了不同的信用溢价。一般而言,等级越高,利率越低;等级越低,利率越高。

六

信用联系票据

1. 信用联系票据(credit-linked notes,CLN)的含义与原理

信用联系票据是一种附息票据,是将信用风险证券化的结果。该票据的投资者承担信用参照主体的信用风险,该票据定期支付高额利息作为回报。

CLN 可以只在保护性买方和保护性卖方之间进行,也可以作为一种投资证券向公众发行,并在二级市场进行交易。

发行 CLN 的是保护性买方,同时又是 CLN 的卖方。

CLN 的购买者既是投资者又是保护性卖方。投资者向保护性买方按发行价支付现金。

在 CLN 的有效期内,投资者收到利息直到到期或者信用参照主体发生违约。

(1)如果违约发生,CLN 的发行者停止付息,同时交割信用参照主体发行的债券。

(2)如果没有违约发生,投资者将在到期日收回 CLN 的全部名义价值,从而得到极有吸引力的回报。

CLN 是普通的固定收益证券与信用违约互换相结合的信用衍生产品。信用联系票据的购买者提供信用保护。一旦信用联系票据的标的资产出现违约问题,信用联系票据的购买者就要承担违约所造成的损失。信用联系票据的发行者则相当于保护的购买者,他向信用联系票据的购买者支付一定的利息。如果违约情况未发生,他还有义务在信用联系票据到期的时候归还全部本金;如果违约情况发生,则只需支付信用资产的残留价值。

银行可以利用信用联系票据来对冲公司贷款的信用风险。同时,它还可以作为一种融资手段,因为它还为其发行银行带来了现金收入。从某种意义上说,信用联系票据是对银行资产的一种重组。但是,同其他信用衍生产品一样,贷款本身还保留在银行的账户上。

信用联系票据的整个现金流过程如图 4.2 所示。

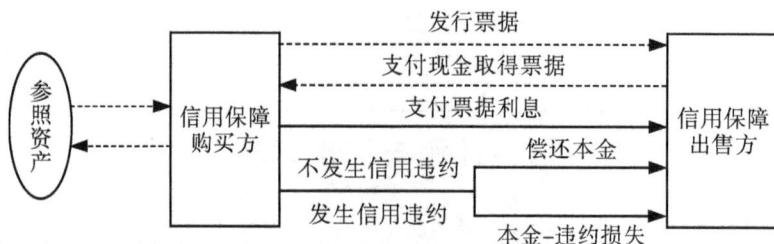

图 4.2　信用联系票据的整个现金流过程

信用联系票据,即通过放弃部分收益,将风险转移给那些有能力并且愿意承担风险的人。

2. 特殊目的机构(special purpose vehicle,SPV)

(1)资产证券化是 20 世纪 70 年代以来金融创新工具之一,它是指发起人把若干笔资产进行捆绑组合,构造一个资产池,然后将资产池出售给一家专门从事该项目基础资产的购买,并发行资产支持证券的特殊目的机构(SPV),SPV 以购买到的资产为基础发行证券,并委托发起人处置资产,资产处置形成的现金回流用于向证券购买者支付证券本息。资产证券化的主要程序包括构造资产池、设立特殊目的机构、出售资产、信用评级、证券发行和支付证券本息。

(2)SPV 也称为特殊目的载体,其职能是购买、包装证券化资产和以此为基础发行资产化证券,是指接受发起人的资产组合,并发行以此为支持的证券的特殊实体。SPV 的原始概念来自防火墙(China wall)的风险隔离设计,它的设计主要为了达到"破产隔离"的目的。SPV 的业务范围被严格地限定,所以它是一般不会破产的高信用等级实体。SPV 在资产证券化中具有特殊的地位,它是整个资产证券化过程的核心,各个参与者都将围绕着它来展开工作。SPV 有特殊目的公司(special purpose company,SPC)和特殊目的信托(special purpose trust,SPT)两种主要表现形式。

(3)随着信用联系票据的发展,出现了专门从事信用联系票据业务的金融机构。这些金融机构通常以 SPV 的形式发行信用联系票据,发行 SPV 所得的收入用于购买安全性较高的资产,例如国库券或者货币市场资产。有信用风险对冲需求的机构可以同 SPV 的发行者签订一种"纯粹"的信用互换合约。当违约事件发生时,SPV 的发行者负责向购买者赔偿违约资产的损失,这一支付过程由发行 SPV 所购买的安全性资产所保证。对于 SPV 的发行者而言,这一交易过程不存在什么风险,它实质上是位于信用保护的需求者(例如,有信用风险对冲需求的银行)和信用保护的提供者中间的中介机构。SPV 的购买者是信用保护的提供者,其收入就是安全性资产的利息以及 SPV 发行者从信用风险对冲机构那里收取的一部分费用。具体交易过程参见图 4.3 与 4.4 所示。

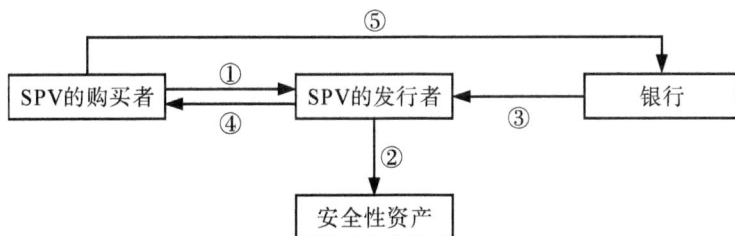

图 4.3　SPV 形式发行的信用联系票据过程

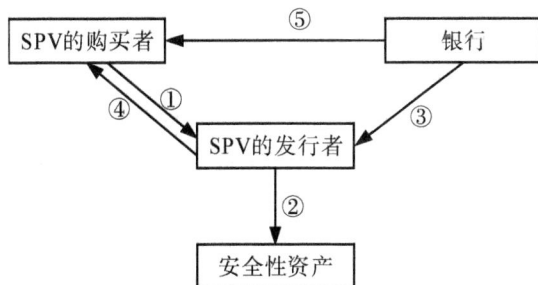

图 4.4　SPV 形式发行的信用联系票据过程

说明:① SPV 的购买者向 SPV 的发行者购买 SPV;

　　　② SPV 的发行者用发行 SPV 的收入购买安全性资产;

　　　③ SPV 的发行者同有信用风险对冲需求的机构(银行)签订"纯粹"的信用互换合约;

　　　④ SPV 的发行者向 SPV 的购买者支付安全性资产的利息以及一部分从银行收取的费用;

　　　⑤ SPV 的购买者向银行间接提供信用保护。

与违约互换相比较,信用联系票据减少了交易对手风险,因此有着对冲信用风险需求的机构更乐于采取这种方式。

3. 信用违约互换(credit default swap,CDS)

信用违约互换(credit default swap,CDS)最初是一种让银行管理信贷风险的工具。在信用违约互换交易中,违约互换购买者将定期向违约互换出售者支付一定费用(称为信用违约互换点差),而一旦出现信用类事件(主要指债券主体无法偿付),违约互换购买者有权利将债券以面值递送给违约互换出售者,从而有效规避信用风险。由于信用违约互换产品定义简单、容易实现标准化,交易简洁,自上世纪 90 年代以来,该金融产品在国外发达金融市场得到了迅速发展。

例如,如果某家银行觉得自己承担了过多通用汽车(General Motors)的信用风险,那么它可以把 10 亿美元的风险,与另一家银行 10 亿美元的福特汽车(Ford Motor)风险互换。通过这个交易,两家银行都能慎重地分散各自的风险,同时维持与重要客户的关系。

由于在购买信用违约互换后,投资者持有企业债券的信用风险理论上降低为零,我们可以因此认为企业债券收益(y)、信用违约互换点差(s)和无风险利率(r)存在等式关系 $s=y-r$。在具体交易中,国债收益率以及互换利率(swap rate)收益率都可用作无风险利率,而交易商对具体企业债券市场报价则简单表述为在同期限无风险利率基础上加上信用违约互换点差水平。

索罗斯说:CDS 已经发展成一个极大的业务,目前市值已经达到 45 万亿美元,相当于美国国债的五倍! 它发展这么快恰恰是因为它使得人们能够在市场繁荣时期投机,而无须借债,只需很少的资本,就能建立巨大头寸,而且还能预计风险,并从中获利。这一切做法都是不受监管的。这就好比是一家不受监管的保险公司。合约一方不知道对方是不是真的有人会履行其义务。这种不确定性造成了不信任,就像悬在市场头上的一柄达摩克利斯之剑。而且这柄剑一定会掉下来,因为一旦发生违约,一方将会发现,对方(比如某个对冲基金)根本无法履行义务。所以,重建偿债机制和合约诚信是很重要的,那是走出目前困境的重要对策之一。

案例 4-19

信用联系票据——某信用卡公司为筹集资金而发行债券

某信用卡公司为筹集资金而发行债券。为降低公司业务的信用风险,公司可以采取一年期信用联系票据的形式。此票据承诺,当全国的信用卡平均欺诈率指标低于 5% 时,偿还投资者本金并给付 8% 的利息(高于一般同类债券利率);该指标超过 5% 时,则给付本金并给付 4% 的利息。这样,信用卡公司就利用信用联系票据减少了信用风险。若信用卡平均欺诈率低于 5%,则公司业务收益就有保障,公司有能力给付 8% 的利息;而当信用卡平均欺诈率高于 5% 时,则公司业务收益很可能降低,公司则可付较少的利息,某种程度上等于是从投资者那里购买了信用保险。投资者购买这种信用联系票据是因为有可能获得高于一般同类债券的利率。在这个例子中,债券的购买者是保护的提供者,因为在购买债券的同时也就购买了债券附属的信用联系票据;债券的发行者即信用卡公司是保护的需求者;所要规避的信用风险是信用卡公司从事的信用卡业务。

---

4. 信用互换协议的作用——提高资本回报率

按照巴塞尔协议的规定,一家银行的总资本不能低于风险资产总额的 8%。银行持有的低违约风险资产,如经合组织国家银行之间的贷款,其风险权重为 20%;银行持有的高风险资产,如对企业的贷款,其风险权重为 100%。这样,一家持有商业贷款的银行可以通过向另一家银行购买信用保护的方法来达到降低信用风险的目的,同时还能提高资本回报率。

假设有 A、B 两家银行,A 银行的信用等级较 B 银行高。A 银行的资金成本是 LIBOR－0.20%,B 银行的资金成本是 LIBOR＋0.25%。现在,A 银行向企业发放利率为 LIBOR＋0.375% 的 1 000 万美元的贷款,它必须为该笔贷款保持 800 000 美元的资本来满足 8% 的资本充足率要求,假设 LIBOR 为 5.625%,则:

A 银行净收益:10 000 000×6%－(10 000 000－800 000)×5.425%＝100 900(美元)

A 银行资本回报率:$\dfrac{100\ 900}{800\ 000}=12.6\%$

如果 A 银行不愿意承担该笔贷款的风险,则与 B 银行签订一个信用互换协议,B 银行每年从 A 银行收取 37.5 个基点的费用,同时在合同违约后承担向 A 银行赔偿损失的义务。这样,贷款违约的风险全部转移给 B 银行,A 银行只承担 B 银行违约的风险。A 银行 1 000 万美元贷款的风险权重变为 20%,即 A 银行只要为该笔贷款维持 160 000 美元的资本就能达到资本充足的要求,此时:

A 银行净收益:10 000 000×(6%−0.375%)−(10 000 000−160 000)×5.425%=28 680(美元)

A 银行资本回报率:$\dfrac{28\ 680}{160\ 000}=17.9\%$

从以上的分析中,我们可以看出,A 银行通过签订信用互换协议不仅避免了该笔贷款的违约风险,同时还使其资本回报率增加了(17.9%−12.6%)/12.6%=42%。

图书在版编目(CIP)数据

UCP600 与 ISBP681 述评及案例/黄飞雪,李志洁编著.厦门:厦门大学出版社,2009.8
(2011.12 重印)
ISBN 978-7-5615-3332-1

Ⅰ.U… Ⅱ.①黄…②李… Ⅲ.①信用证-国际惯例-高等学校-教材②国际贸易-信用证-原始凭证-国际标准-高等学校-教材 Ⅳ.F831.6 F830.73-65

中国版本图书馆 CIP 数据核字(2009)第 154860 号

厦门大学出版社出版发行

(地址:厦门市软件园二期望海路 39 号   邮编:361008)
http://www.xmupress.com
xmup @ public.xm.fj.cn
厦门集大印刷厂印刷

2009 年 8 月第 1 版   2011 年 12 月第 2 次印刷
开本:787×1092   1/16   印张:16   插页:2
字数:409 千字   印数:3 020~6 020 册
定价:32.00 元
如有印装质量问题请与承印厂调换